JN218577

ジェイソン・ファゴン

コードブレイカー

エリザベス・フリードマンと暗号解読の秘められし歴史

小野木明恵訳

みすず書房

THE WOMAN WHO SMASHED CODES

A True Story of Love, Spies, and the Unlikely Heroine Who Outwitted America's Enemies

by

Jason Fagone

First published by Dey Street Books, 2017
Copyright © Jason Fagone, 2017
Japanese translation rights arranged with
Larry Weissman Literary through
Japan UNI Agency, Inc., Tokyo

王は彼らのもくろみをすべて知っておられる
彼らが夢にも思わないようなやりかたで情報を奪い取って
——シェイクスピア『ヘンリー五世』〔二幕二場〕一五九九年

知識それ自体が力である
——フランシス・ベーコン『随筆集』一五九七年

目次

第3部　見えない戦争　一九三九年から一九四五年

凡例

一　翻訳者による訳注は〔　〕で示した。
一　注記のある引用は既訳書から、ないものは訳者の独自訳である。
一　「原注」は本文の該当箇所に番号を振り、巻末の各注釈も番号で対応させた。
一　文中の写真の出典は、「原注」末尾に記載した。
一　文中の「National Security Agency（ＮＳＡ）」、「Central Intelligence Agency（ＣＩＡ）」の訳語は、マーク・Ｍ・ローエンタール『インテリジェンス』（茂田宏監訳、慶應義塾大学出版会、二〇一一年）に倣い、それぞれ「国家安全保障庁」、「中央情報庁」とした。

Umol-huun tah-tiyal

William Frederick

yetel

Elizebeth Smith Friedman

Lay ca-huunil kubenbil tech same.
This our book we entrusted you a while-ago.
Ti manaan apaclam-tz'a lo toon
It not-being you-return-give it us,
Epahal ca-baat tumen ah-men.
Is-being-sharpened our-axe by the expert.

著者まえがき——秘密の詮索

これは愛の物語である。

第一次世界大戦中の一九一六年、二人の若いアメリカ人が、シカゴ近郊にある、今や忘れ去られた、謎に包まれた地所で偶然出会った。当初、二人には共通点がほとんどないように思われた。女性のほうはエリザベス・スミス。クエーカー教徒の元学校教師で、詩を好む。男性のほうはウィリアム・フリードマン。貧しい家に生まれたユダヤ系の植物系生物学者。しかし二人は恋に落ち、一年もたたないうちに結婚した。それから二人はともに歴史を変えることになり、その影響は今日のわたしたちの生活にもおよんでいる。二人は独学で、生死を左右するような新しいタイプのスパイになったのだ。

二人が習得し、世界中の誰よりも巧みになった技術とは、他人の書いた秘密を暴くことである。二人は暗号解読者《コードブレイカー》だったのだ。鍵《キー》を知らずとも秘密のメッセージを読み解き、謎を解く人である。アメリカ全体でも経験豊富な暗号解読者がごく少数しかいなかった時代に、このカップルは夫と妻の二人一組で、言うなれば家族経営の暗号解読局として機能するようになっていった。このような事例は、先にも後にも見られない。コンピュータはまだ存在せず、二人は鉛筆と紙、そして自分の頭を頼りにしていた。

エリザベスとウィリアムのフリードマン夫妻は三〇年間にわたり、子ども二人を育てながら、二つの大戦時にやりとりされた何千もの通信文を解読し、密輸ネットワークや、ギャング、組織犯罪、外国の軍隊、ファシズムについて秘密のほころびを探り当てて突破した。二人はまた、暗号学《クリプトロジー》なる新たな技術を考案し、暗号作成の手法を一変させた。夫妻の慧眼《けいがん》から得られた成果は今日でも、巨大な政府機関から、インターネット上の個人のごく小さな活動に至るありとあらゆることの根底に潜んでいる。しかも夫妻は、数学の素養がほぼないにもかかわらず、これをやってのけたのだ。二人の生活を構成する基本単位は、方程式ではなく言葉だった。二人は心底、言葉を愛していた。言葉を練り上げ、引きちぎり、ひっくり返して格子やマス目や細長い紙片に並べ、白いメモ用紙に何行にもわたり書き連ねた。

第二次世界大戦から数十年のあいだに、夫のほうのウィリアム・フリードマンは、インテリジェンス史研究家から尊敬を集めるようになった。暗号の歴史について執筆した著名な作家デイヴィッド・カーンは、ウィリアムを「史上もっとも偉大な暗号学者」と称している。[1]「独力で、アメリカを暗号分野で傑出した国に成長させた」とカーンは書く。[2]ウィリアムはまた、国家安全保障庁（NSA）の父として広く知られてもいる。アメリカ合衆国政府機関であるNSAは、外国の通信を傍受し、それらを情報に変換する、すなわち〝シギント〟〔signals intelligence〕を行う組織である。ウィリアムの書いた信頼性の高い教科書をもちいて、何世代にもわたるNSAの暗号解析者が訓練を受けた。そうした人材はまだ現役で活躍している。一九七五年、NSAは、メリーランド州フォート・ミードにある本部内の大講堂をウィリアム・フリードマンにちなんだ名称に命名した。今もそこにはウィリアムの胸像があり、周囲に目を光らせている。像の下部にある銘板には、〈暗号学の先駆者かつ考案者、アメリカ現代暗号学の創始者〉と刻まれている。[3]

今日、ウィリアムと比べたエリザベスの知名度は、優れた才能をもち多大な貢献をしたにもかかわらず格段に低い。初期の時代には、エリザベスはウィリアムと席を並べて仕事をし、革新的な論文数本を共同で執筆していた。友人たちのなかには、夫妻のうちエリザベスのほうが才能に恵まれていると評価する者もいた。

エリザベスはやがて、独自の華々しいキャリアを切り開くことになる。一九四五年の時点で合衆国政府は、フリードマン夫妻の両名ともに暗号学の先駆者であると認識していた。作成当時は機密扱いであった文書に、「エリザベスとその夫はアメリカ軍暗号解析《クリプトアナリシス》の創始者のうちに数えられる」と記されている。[4] ちなみに暗号解析とは暗号解読を指す別の表現だ。さらに、とある連邦検事がFBIに「フリードマン夫人とその夫は……わが国における第一人者と認められている」と発言してもいる。[5] しかし、二〇世紀の暗号解読について書かれた標準的な書籍において、エリザベスは、多少の精彩を放ちはするが、偉大な男性の従順な妻、脚注とまではいかなくとも本筋からは離れた存在として扱われている。彼女の業績はほとんど忘れられているのだ。

　わたしがフリードマン夫妻について調べ始めたのは二〇一四年である。NSAがおびただしい数の一般アメリカ人の電話通話記録を収集していることをエドワード・スノーデンが暴露し、世界に衝撃を与えたあとのことだ。エリザベスについてさらにくわしく知りたくなって調査を続けると、バージニア州にある図書館のウェブサイトに、簡単な経歴と数枚の写真が掲載されているのが目に留まった。一〇〇年近く前に撮られた写真の人物は、白い服を着た小柄な女性で、草地に立っている。肌は陶器のように滑らかで、首をカメラマンのほうに傾け、笑みを浮かべ、きっと太陽がまぶしかったのだろう、目を少し細めている。

　その図書館には、フリードマン夫妻の個人的な資料が保管されていた。ある日の朝、わたしはバージニア州まで車を走らせ、エリザベスが残した物を見せてほしいと主任記録保管人《アーキヴィスト》に頼んだ。主任は、事務所の奥にあるがっしりとした灰色の金属製ドアを解錠し、さらに内側にある金属の柵を開けて、湿度調整のきいた薄暗い保管室へわたしを招き入れ、灰色の記録保管箱が並んだ複数の棚を指さした。保管箱は全部で二二個ある。「エリザベスの資料はすばらしいですよ、と来館者にお伝えするように努めています」が、研究者たちはたいていウィリアムの資料のほうを見たがるのだと主任は話した。[6]

ジャーナリストには、運が良ければときおりこういう瞬間が訪れる。ある人の身体か、ある一枚の紙から、とつぜん声があふれ出してくるのだ。その声には、美しさや切迫感、あるいは洞察がつまっている。エリザベスの箱には、彼女の書いた数百通の手紙が収められていた。恋文。子どもたちにあてて暗号で書かれた手紙。手書きの日記。出版されなかった未完の自伝。わたしは数学者ではないし、コードやサイファといった暗号に習熟することは決してないだろうが、エリザベスが自身の仕事について書いたものを読んでいくと、彼女のような人間が感じていたであろう感覚、すなわち生命を救うか戦争を誘発するかを左右するような難題《パズル》を解くときに感じる興奮が実感できた。エリザベスはつねに、暗号は身の回りにあると語っていた。子どもの成績表にも、スラングにも、新聞の見出しや映画や歌にも暗号が存在すると言っていた。暗号解読とは、パターンを見つけて処理することである。人間は無意識のうちにそれをする。人間の頭脳はもともと、パターンに気づくように作られているのだ。そして暗号解読者は、パターンをもっと深く探るための訓練を積む。

エリザベスの資料はたくさんあったが、どうもそれがすべてではないように思われた。一九四〇年あたりで記録が途絶えていたのだ。第二次世界大戦中、エリザベスは何をしていたのか？　それを知る者はいないようだった。

その答えを発見するまで二年近くかかった。エリザベスは大戦中、ナチのスパイを捕まえていたのだ。この働きを筆頭に、あまり知られてはいないが多くの功績をあげている。一九三一年に精鋭を集めて立ち上げた暗号解読班のメンバーと力を合わせ、さらにはイギリスとアメリカ両国のインテリジェンス機関と密接に協力して仕事に邁進《まいしん》するエリザベスは、西半球をじりじりと侵食するファシストの工作員《エージェント》を密かに追跡する探偵、言わばシャーロック・ホームズのような存在となっていった。[7] 彼らを追跡して正体を暴き、スパイ網を壊滅させ、ナチの夢を打ち砕いた。[8]

もっと広くとらえれば、頭脳戦の必要性に迫られるようになったが備えのできていない政府機関において、エリザベスは不足する部分を埋めていた。このパターンは、エリザベスのその後のキャリアをつうじて何度も認められる。連邦捜査局（FBI）、中央情報庁（CIA）、国家安全保障庁（NSA）。程度の差はあれ、これらの機関を成形する粘土がまだ湿っている時期に、エリザベスはその爪痕《つめあと》を残していった。組織の形成に力を貸しながらも、それらを相手に戦いもした。現在「インテリジェンス・コミュニティ」とよばれるものの歴史に、自身の存在を刻み込んだ。しかし、力をもつ男たちが歴史を語り始めると、エリザベスの存在は排除された。一九四五年、エリザベスが作成したスパイ関連資料に機密の判が押され、政府の記録保管庫にしまい込まれた。さらに、当局からの指示を受け、戦時中に行った仕事について秘密保持の宣誓をさせられた。こうしてエリザベスは沈黙を貫き、他人が自分の業績を横取りするのを傍観するしかなくなった。なかでも顕著な例が、J・エドガー・フーバーである。自身を売り込む才に長《た》けたフーバーは、ナチのスパイを追いつめたいちばんの英雄はFBIであるように巧みに見せかけた。大衆からの感謝の念はフーバーに集まり、すでにかなりの強さを誇っていた権力はますます拡大し、ついにはアメリカを象徴する偶像にまでなり、一九七二年に没するまで実質的に誰も手出しのできない存在であり続けた。

歴史は勝者によって書かれるというのはそのとおりだが、それでもまだ言葉足らずだ。勝ったチームにいる最強の宣伝家によって、歴史は書かれるものなのだ。

本書には、秘密主義や性差別、時の流れによって断片化していったパズルを元の姿に戻そうとしたわたしの試みが記されている。典拠としたのは、フリードマン夫妻の手紙や文書類、機密解除されたアメリカおよびイギリスの政府資料、情報公開法にもとづく請求により公開された文書、わたし自身の行ったインタビューである。本書において引用符〔邦訳版では「　」（カギカッコ）〕に囲まれた箇所はすべて、手紙もしくはそのほかの一次資料から取ったものである。

これらの資料から見えてきたのは、まさにアメリカ的な冒険談だ。第一次世界大戦中に、お金もコネもない若い女性が、シェイクスピアの作品をめぐる奇妙な学説を探るために大富豪に雇われる。この富豪の計略と、戦争という非常事態により、この風変わりな文学研究が、現実的な敵の秘密を探る生死をかけたプロジェクトへと変化し、暗号解読というまったく新しい科学が誕生する。一九三〇年代になるとこの女性は、世界でもっとも有名な暗号解読者のひとりに数えられ、新聞の第一面を飾る著名人となる。やがて政府に請われて、第二次世界大戦中もっとも厳重に秘匿された任務のひとつに携わることになる。こうした年月のあいだ、この女性は、夫のミューズかつ仕事のパートナーとして献身を続ける。この夫は、さまざまな問題を抱えた天才で、現代の監視社会の基礎を築いた人物である。

あらゆる民主主義は、セキュリティと透明性、秘密主義と情報開示の境界線上にある。一般市民には何を知る権利があるのか？　何がどういった理由で秘匿されなければならないのか？　フリードマン夫妻は、たいていの人たちよりも、こうした緊張感にいっそう強くさらされていた。二人の旅路は、母国に奉仕する崇高な使命を帯びていった。そしてさらには強い不安と恐怖、困窮、狂気の淵にも、その道は続いていたのである。

ジェイソン・ファゴン
フィラデルディアにて

用語早見表

本書を楽しむのに数学は必要ない。ほんの少しの専門用語を知っているだけで十分。

コードとは、一組の記号または概念と、もう一組の記号または概念とのあいだにある一定の関係のことである。とても平凡で日常的なコードもある。隠語《スラング》も絵文字もコードだ。ポール・リヴィアがボストン駐屯イギリス軍の侵攻ルートを知らせるために、尖塔にランプをつり下げた話を思い起こそう。陸路ならランプはひとつ、海路ならランプは二つ。これがコードだ〔リヴィアはアメリカ独立戦争で伝令を務めた人物〕。

サイファとは、通信文の文字を変換する規則である。たいていは一対一で変換する。ひとつの文字が別のひとつの文字、もしくはひとつの数字に置き換えられる。たとえば、A＝B、B＝Cなどであれば、SMASHはTNBTIになる。

暗号文《クリプトグラム》とは、手を加えられており、解読方法のわからない一連の文の総称である。コードもしくはサイファを使って生成される。

金庫に入ったお金を守る南京錠にも似た、言葉を防御する多種の錠前として、コードやサイファをとらえることもできる。このたとえで言えば、錠と鍵を作るセキュリティのプロは**暗号作成者**《クリプトグラファー》、鍵をもたず錠前をこじ開けようとする泥棒は**暗号解読者**《コードブレイカー》または**暗号解析者**《クリプトアナリスト》とよばれる。この二つの用語の意味するところはまったく同じである。

コードとサイファを作成、解読、研究したり、それらについて記述したりする幅広い学問分野が**暗号学**《クリプトロジー》である。

エリザベスとウィリアムは、キャリアにおけるさまざまな時期において、コードの作成を依頼され、それを巧みにやってのけたが、二人の主要な業績は暗号解読にかかわるものである。ときにはひとりで、ときには二人で力を合わせて、暗号文を保管した部屋にこっそりと忍び入り、手探りでかんぬきを外そうとした。二人の人生は、華々しく奇想天外な盗みの実績でどんどん彩られていった。二人は科学の力をもちいて、真実を盗んだのだ。

第1部　リバーバンク

一九一六年から一九二〇年

第1章　フェイビアン

　エリザベスが暗号解読の仕事に初めて携わってから六〇年後、高齢になった彼女が暮らすワシントンＤＣにあるアパートに、国家安全保障庁（ＮＳＡ）からひとりの女性職員が差し向けられた。[1] この職員は、テープレコーダーと質問リストを持参していた。エリザベスは唐突にたばこが吸いたくなった。

　ここ数日吸っていない。

「ところで、たばこは吸いますか？」と客人に勧めてから、エリザベスはたばこを切らしていることを思い出した。[2]

「いいえ、結構です。そちらは吸われますか？」

　エリザベスはあわてて「いいえ！」と答えた。しかし続けて、じつは吸うのだけれど、外出して買ってくるほど吸いたいわけではないのだと説明した。

　職員が、買ってきましょうかと申し出る。

　いいえ結構よ、酒屋は二ブロック先だし、そこまでしてもらう必要はありません、とエリザベスが返す。

　そうしてインタビューが始まった。その日は一九七六年一一月一一日、ジミー・カーターが大統領に選出されてから九日後のことである。録音機のテープが回転する。ＮＳＡは、機密扱いの過去資料についてのエリザベスの発言の記録を進めていた。インタビューをするＮＳＡ所属言語専門家のヴァージニア・ヴァラキは、アメリカにおいて暗号解読とインテリジェンスが発展をとげた過程におけるいくつかのできごとについて知りたがった。とりわけ初期、すなわちＮＳＡとＣＩＡが誕生する前で、ＦＢＩが発足したばかりのころの話に興味があった。強大な力をもつこれらの機関は、まるで惑星がちりから生まれたように、何もないところから巨大組織へと成長した。それは、さほど昔のことではない。

エリザベスはこれまで、ＮＳＡのインタビューに応じたことは一度もなかった。ＮＳＡをつねに警戒していたからだ。その理由はＮＳＡのほうも十分に承知していた。エリザベスの人生にもＮＳＡの歴史にも、過去のしがらみがまとわりついている。でも、このインタビュアーは親切で礼儀正しい。エリザベスも八四歳を迎えた。[3]もう、何も問題にならないのでは？　そこで、エリザベスは口を開いた。

記憶力は見事だった。返答に困った質問はひとつか二つしかない。記憶ははっきりしていたが、事情が謎に隠されていたので、明確に説明できないことがらもあった。エリザベスは、「あの場にいた人でなければ、こんな言い訳は信じないでしょうね」と笑う。[4]

インタビュアーは、リバーバンク研究所についての話を何度も聞きたがった。もはや捨て置かれてしまった風変わりな施設で、現在のＮＳＡの誕生にかかわりがあったが、ＮＳＡのほうは研究所についてほとんど何も知らない。若いころのエリザベスと、のちに夫となるウィリアム・フリードマンは、一九一六年から一九二〇年にかけてリバーバンクで暮らしていた。その時期に二人はさまざまな手法やパターンを発見し、それらが暗号学を永遠に変えることとなった。ヴァラキはいろいろと知りたがった。いったい何がリバーバンクで起こっていたのか？　二〇代初めのなんの知識もない二人がどのようにして、それもどうやらまたたく間に、アメリカ史上最高の暗号解読者になったのか？　「リバーバンクについてどんなことでも教えていただければうれしいです」とヴァラキが頼み込む。[5]「その、わたしはあまりよく知らないもので……そもそも質問すら思いつかないくらい、なにも知らないんです」

ヴァラキは数時間にわたり、リバーバンクでなしとげられたさまざまな発見の経緯を明かすようエリザベスに求めた。難題Aについての解法が新たな手法Bとなり、そのBからCが生まれた、というような説明をほしがった。しかしエリザベスは、そうではなく、人や場所の話ばかりをする。時の流れとともに、あらゆる風変わりな側面も薄れていった。エリザベスは、自分が最後の生き証人だとわかっていた。壁にぶちあたったときのこと、確信をもてないでいた問題に幸運が舞い降りたときのこと、一心不乱に前進していったことなどをおぼえている人はほかにもういない。インタビュアーは、ある技術的な躍進について六回たずねた。エリザベスは六回ともわずかに異なる回答をした。[6] とりとめのない回答もあれば、簡潔な回答もあった。NSAの記録に「あはは（笑い）」と残された回答もある。

インタビューも終盤になってエリザベスのほうから、そもそもどのようにリバーバンクに来て、研究所を設立した男性、ジョージ・フェイビアンのもとで仕事をすることになったのかを話したかしら、と言い出した。[7] その経緯についてエリザベスは過去数年のあいだに何度か語っており、大筋は活字にもなっている。ヴァラキはいいえと返事した。まだその部分についてはお話を聞かせてもらっていません。「それなら、話したほうがよさそうね。とってもおもしろい話だし、一言一句、まちがいなく事実そのものよ」とエリザベスは言う。

「はい」

「今すぐ話しましょうか?」

「ぜひ、お願いします」

一九一六年六月、エリザベスが初めてジョージ・フェイビアンに出会ったときのこと。[8] シカゴにあるニューベリー図書館の前で運転手つきのリムジンから、まるでパイプからたばこの葉がぽんと飛び出すかのように長身で大柄な男が降り立ったのだという。[9]

その日エリザベスがひとりで図書館に向かった目的は、シェイクスピアの稀少本を見ることと、文学か研究関係の職がどこかにないかと図書館員にたずねることだった。それから数分もたたないうちに、リムジンが道路脇に乗りつけて、エリザベスは困惑した。

エリザベス・スミスはこのとき二三歳、身長一六〇センチメートル、体重五〇キロ前後、[10] 髪はこげ茶色で短い巻き毛、目ははしばみ色である。[11] いかにも田舎から冒険を求めて都会に出てきた娘という服装をしている。こぎれいな畝《うね》織り生地のグレーのワンピースで、袖口は白く、襟は高くて幅が広い。ロビーに立ち、フェイビアンが図書館玄関のガラス扉から入ってくるのを見守る小柄な彼女は、きまじめな雰囲気をまとっていた。[12]

フェイビアンは扉をくぐり、エリザベスのほうに勢いよく突進してくる。恰幅《かっぷく》が良く、青い目の眼光は鋭い。その服装は、金持ちにしては意外とくたびれているように見受けられた。前裾を斜めに裁った着古したぶかぶかのコートと縦縞のズボン。口髭とあごひげは鉄のような灰色で、櫛をあてていない髪も同色である。あごひげに息がかかって揺れている。

フェイビアンが近づいてくる。二人の身長差は三〇センチ以上ある。[13] どこを取っても、エリザベスが格段に小さい。しかめ面をして、いきなり目前に迫ってきた。まるで、風車かピラミッドがこちらに向かって倒れてくるような感覚をエリザベスはおぼえた。[14]

「これからリバーバンクへ行って一晩過ごさないか?」とフェイビアンが言う。[15]

エリザベスは、この発言についてひとつも理解できなかった。一晩過ごすとはどういう意味なのか、リバーバンクとはなんなのか。どうにか返事をしようとして、口ごもりながらもこう言った。「あの、外で一晩過ごすような身の回りの物はなにももっておりませんので[16]」

「そんなのは構わん」とフェイビアンは即答する。「ほしいものがあれば、なんでもやろう。必要なものはなんでもある。さあ、行くぞ！[17]」

そうしてフェイビアンはエリザベスの肘《ひじ》をつかみ、身体ごと持ち上げるようにした。[18] エリザベスは仰天し、全身をこわばらせる。フェイビアンはエリザベスを引っ張って図書館を出て、待機していたリムジンに押し込めた。

エリザベスはたいてい周囲から、小柄だからおとなしい人なのだろうと見られていた。[19] そういうことが、つまりは無害で平凡な人間だと決めてかかられるのがいやだった。それと同じ理由から自分の苗字も嫌っていた。こんな名前だから思い出せなくてもしかたないと言い訳されているような気がしていたからだ。「この忌まわしいスミスという姓[20]」。二〇歳のときにつけ始めた日記に、こう記された箇所がある。「この一切意味のない『ミス・スミス』という名前で誰かに紹介されると、相手の頭のなかで、多少なりとも関心を引いたり、わずかにでも目立ったりするような部類にこの先も絶対に入らないような気がする」。この問題について対処できることはなかった。苗字を変えたら家族や親戚の気持ちをひどく害することになるだろうし、文句を言っても気持ちは収まらない。なぜなら、文句を口にしようものなら必ず、苗字を変えればいいのにと言われるからだ。「そんな愚かな返事にうんざり」して、腹が立った。「こんなありふれて、無意味で、ばかげた気休めを口にするような人間の舌を残らずちょん切ってしまいたくなる[21]」

エリザベスの家族には、平凡であるのをいやがる者はいなかった。採石場で知られる中西部の田舎町、インディアナ州ハンティントンで質素な暮らしを営むクエーカー教徒の一家である。父のジョン・マリオン・スミスの家系は、一六八二年にウィリアム・ペン〔ペンシルベニア植民地の創設者〕と同じ船でアメリカに渡ってきたイギリス人クエーカー教徒までさかのぼる。[22] ジョンはハンティントンで農業に従事し、共和党員として地元の自治体でも働いた[23]（「インディアナの家族はみなものすごく保守的な共和党員で、どんなときにも別の政党の候補者には投票しなかった」とエリザベスはのちに書いている）。[24] 主婦である母ソーファ・ストロックは、ジョンとのあいだに一〇人の子どもをもうけた。[25] ひとりめを産んだのは、まだ一七歳のときだった。ひとりは赤ん坊のころに死んだが、残る九人は無事に成長した。エリザベスは九人きょうだいの末っ子で、一八九二年八月二六日に誕生したときには、兄や姉の大半はすでに大人になって家を出ていた。[26] 仲が良かったのは二人か三人くらいで、二歳年上の姉エドナとはとくに馬が合った。エドナは現実的な娘で、のちに歯医者と結婚してデトロイトに引っ越した。

ソーファは「エリザベス」をふつうとはちがう綴りの「Elizebeth」にした。za ではなく ze である。スミスという姓をもつ九番めの子どもが、自分だけの特徴をほしがるだろうと思ったのかもしれない。しかしエリザベス当人は、ファーストネームのわずかな特徴がなくても、自分がほかとはちがう人間だと自覚していた。吐き気の発作が思春期に始まり、長年苦しめられることになったエリザベスは、黙ってじっと座っているのが苦手だった。そして父親とはしょっちゅう衝突した。実際的で頑固な父は、子どもたちに口うるさく命令し、女は若いうちに結婚すべしと信じて疑わなかった。エリザベスは、両親の信仰にも異議を唱えた。ジョンとソーファは、極端に敬虔《けいけん》な信者ではなかったが、クエーカー教徒のコミュニティに所属し、その考えを支持していた。すなわち、戦争はまちがいであり、沈黙は善を高め、神と直接ふれあうことは可能であると信じていたのだ。エリザベスにとっての神は、もっと広がりがあった。「わたしたちは、実際には自分自身のまちがった努力の結果もたらされる多くのことを運と称する。しかし、自分とは関係のないところで、ときには成功に、ときには失敗にわたしたちを導くようななにかがあるのは明白だ。それはなんなのか？　それが神なのか？」と日記に書いている。[27]

父親はエリザベスの大学進学に反対していた。エリザベスは父に反抗し、学費は自分で払うと宣言して複数の大学に願書を送った。のちにひとりの友人が、「父親からの援助や励ましがなくても、絶対に大学に行くという固い決意をもっていた」と述懐している[28]（ジョン・スミスは結局、四パーセントの利子をつけて娘にお金をいくらか貸した）。ペンシルベニア州にあるクエーカー教徒が集まる一流大学スワスモア・カレッジには不合格となったが、オハイオ州のウースター・カレッジに入学し、一九一一年から一九一三年にかけてギリシア語と英文学を学んだ。その後、母親が癌になり、実家に近い、ミシガン州にある小規模なリベラルアーツカレッジのヒルズデール・カレッジに転校した。いずれのカレッジでも、お針子をして授業料を稼いだ。[29]寮の部屋にはつねに、作業途中のドレスやシフォンのリボンが散らばっていた。

カレッジでの勉学をつうじて、生来の懐疑的な気質に磨きがかかり、体系化され正当化されていった。ウースターとヒルズデールでは詩と哲学に出会った。どちらも未知なるものを探索する手法、事実と思考を切り分けるメスとなるものである。シェイクスピアやアルフレッド・テニスン卿の作品を研究し、詩集や戯曲集をキャンパス内で持ち歩いては、注釈を書き込んだり下線を引いたりして、本の背からページが取れるまで読み込んだ。[30]哲学の授業でルネサンス期の人文学者エラスムスを知り、夢中になった。エラスムスは「貴族政治のひとつの形態、すなわち知者による政治を是としていた。そして、ひとつの信条をもっていた。つまり、思考の力、思想の優越を信じていた」とレポートに書いている。[31]労働者層の家庭出身の優秀な学生エリザベスにとって、この考えかたは解放的だった。人を判断する尺度は、財産や聖書の文言を操る能力ではなく、その人がもつ思想である。こうして悟った啓示を、次のような詩で表現している。

墜ちた偶像の並ぶ廃墟のなか、力なく茫然と座り込む。
因習を打破する哲学が、それらを粉々に打ち砕いたのだ。
おお神よ……
混乱した廃墟の奥から、いまだに望みを失わず
ともかくも両の手を掲げ、わたしに告げる――
願い続けよ！　さすればついに
過ちと疑いと不信の迷路をくぐり抜け
憔悴した汝も、最終的な結論へきっと到達し
そこに自身が新たに築かれるであろう。
汝は、壮大なる作業仮説、
堅固な岩を見つけるであろう。[32]

シェイクスピアとテニスンのすり切れた本のほかにも、自分の日記帳をどこにでも携帯していた。柔らかい黒の表紙に「Record（記録帳）」という銀色の筆記体の文字がある。ページは角が丸く、罫線が引かれている。エリザベスは羽ペンを黒いインクに浸し、あまりきれいではない傾斜した筆記体で、たとえ人の気持ちを害しようとも、ものごとを表す正しい言葉を選ぶことが重要である、としたためた。友人が、人が死んだ

ことを「世を去った」とか、パーティーで酔っ払って千鳥足になった人のことを「少々気分が悪くなった」とか言うのを耳にすると、いやな気分になった。[33] 正直であることのほうが重要だ。「不快な呼称をすっと避けて通り、美しい称賛の言葉をもちいて心を安らかに保つうちに、道徳感覚そのものが鈍ってくる」。「ものごとを明らかに見せよ、現実の色のまま出現させよ。そうすれば、上品な大衆によって光沢のかけられた罪に陥りにくくなるだろう！」

エリザベスはときおり、こうしたエネルギーやフラストレーションを適切な方向に向けるのに苦労した。教授たちからは、とても聡明だと評価されたが、ひとつのことに集中できず理屈っぽいとも言われた。何人かから「すごい才能をもっているが、それを使っていない」と指摘された、とエリザベスは述べている。[34] エラスムスについてのレポートの裏に、「示唆に富み、優れたアイデアやフレーズが多数あるうえ、斬新でもある。しかし、文体にむらがあり、アイデアが雑然と配置されている」と哲学の教授から書かれた。[35] このコメントのかたわらに、エリザベスは反抗的な文句を走り書きしている。最近開催された州の弁論大会で準優勝したくらいなのだから、こんな批判をされる筋合いはない、と。

エリザベスは男性芸術家たちに心をひかれた。ある晩、合唱団の演奏会を聴きに行き、「ひとりのバリトン歌手に完全に心を奪われた」と書いている。[36]「その人は歌うという行為を心底楽しんでいた――そのことが、目にも口元にも、抑えきれずにわずかに動かすその手にも表れていた。その姿を見ていると、わたしも上手に歌えるようになりたいという気持ちがこみ上げてきた。その思いが強すぎて、じっと座っていられないくらいだった」。ヒルズデール・カレッジにいたころ、ハロルド・ヴァン・カークという詩人と付き合っていた。友人たちからはヴァンとよばれていて、ハンサムでたくましい男だった。フランス語のソネットをタイプしてエリザベスに捧げたこともある。やがて陸軍に入隊し、ニューヨークへ行ってしまった。ヴァンと別れると、彼のルームメイトだったカールトン・ブルックス・ミラーがエリザベスに言い寄ってきて、ジェームズ・ブランチ・キャベルの官能的な空想小説『ジャーゲン』を読むよう熱心に勧めた。「赤裸々な男の精神をありのままに描いているから」だという。[37] カールトンも陸軍に入り、その後はカレッジの近くにある会衆派教会の牧師になった。数年後、手紙が送られてきて、そこにはまだ結婚相手を探していると書かれていた。

一九一五年春に卒業を迎えるころ、エリザベスはまだ、「揺れ動き、意欲旺盛で、立ち止まることなく、心のなかは謎で満ちていた[38]」。これからどこへ行くのか、この先の人生において何をしたいのか、わからないでいた。その年の秋、子どものころに住んでいた家から西に三〇キロほど離れたところにある郡立高校[39]に校長代理として赴任した。[40] インディアナ州の田舎町の風景は気が滅入るほどになじみがあり、仕事の一部（学校運営だけでなく授業も担当していた）にはやりがいを感じながらも、閉塞感をおぼえていた。一九一五年当時の教育を受けたアメリカ人女性ができる仕事と言えば、せいぜい高校や小中学校で教えるくらいのものである。公立大学の教授の九〇パーセント近くを男性が占めていた。[41] 一九一五年にアメリカ国内で修士号を取得した女性はわずか九三九人で[42]、博士号を取得した女性は六二人だけだった。[43] エリザベスは、荒涼とした列車の旅の終着点にすでにたどり着いていたのだ。教師の仕事の先には、やりがいのもてそうな何かにつながる道は存在しなかった。女は、教師をして、子どもを産み、退職して、人生を終えるものだったのだ。

エリザベスはずっと、落ち着くことを知らない心は欠点であり、大人になればどうにかして消えてなくなるだろうと考えていた。「この小さな、とらえどころのない、深く埋もれた棘《とげ》」と名づけ、それが「わたしの心から抜ければ」よいのにと願っていた。[44] だがようやく、この棘は一生消えない自分の一部であり、取り除くことはできないとわかってきた。「『すべきではない』とされていることをするときほど、楽しく感じることはない。なぜそうなのか？　わたしは異常なのか？　いったいどうして、リスクを伴うものに情熱がこれほどかき立てられるのだろうか？　これがなんなのかはわからない。ただ、こういう特性があるために、男に生まれるべきだったと大勢の人から言われるのだろう」[45]

さらに前進を望むエリザベスは冒険に乗り出した。一九一六年春にインディアナ州の高校を退職し、次に何をするか思案するために両親の家に戻った。まもなくして、父との生活がどれほど不快だったかを思い出す。六月頭には限界に達して荷物をまとめた。不安を抱えながらも気持ちを奮い立たせ、新しい仕事か、少なくとも新しい方向性が見つかることを期待して、シカゴ行きの列車に乗り込んだ。

六月の時点で、ヨーロッパでの戦争、つまり当時は「大戦争」とよばれていた第一次世界大戦が始まってから二年が経過していた。アメリカはまだ参戦していなかった。大統領一期目が終わりに近づいていたウッドロー・ウィルソンは、平和重視の路線を取り、一一月選挙での再選を目指していた。そのころちょうど、代議員一〇〇〇名以上が集結して、ウィルソンの対抗馬を選出するための共和党全国大会が開幕していた。[46]大会は、エリザベスが誘《いざな》われた都市で開催されていた。中西部の中心地である若い街、家畜置場と摩天楼が立ち並ぶ新興都市シカゴである。

この都会の大きさにエリザベスは悩まされた。中心街にひしめくオフィスビルや銀行、アパートメント、ホテルのあいだを迷路のように交錯する歩道では、人々が体をかすめるようにして行き交っていた。ほとんど毎日、冷たくわびしい雨が降っていた。[47]氷のように冷たい大きな雨粒で代議員たちのウールのコートがずぶぬれになり、[48]野球場の芝生が水浸しになってカブスとホワイトソックスの試合が中止になった。[49]エリザベスは、サウスサイドにある友人のアパートに泊まり、毎朝、仕事探しに出かけては職業紹介所で資格や技能を申告した。文学や研究にかかわる仕事を希望していると受付係に申し出る。机の並ぶ部屋で自分の席につき、先のとがった鉛筆でメモを取っているイメージを思い描いていたのだ。事務職ではなく、頭を使うことが必要とされるような仕事を求めていた。職業紹介所の職員たちからは、申し訳ないが、そのような仕事の口はありませんという答えが返ってきた。

ほかに打つ手はなかった。お金も人脈もなく、シカゴで意志を貫き通す方策もない。自分がちっぽけで名もない人間のように感じられた。一週間がたち、家に帰ろうと決心した。

だが、列車に乗る前に、この街でもう一箇所だけ訪れたいところがあった。以前に耳にしたことのあるニューベリー図書館という場所で、そこにはウィリアム・シェイクスピアの第一・二つ折り本《ファースト・フォリオ》という稀覯本《きこう》があるらしい。エリザベスはカレッジでその本の歴史を学び、関心を抱いていた。詩人シェイクスピアの戯曲は、生存中にまとめて一冊の本に印刷されることはなかった。シェイクスピアが活躍した時代、すなわちエリザベス一世治下のイングランドの文化では、書き言葉より話し言葉のほうが重んじられていたからだ。作家の没後七年となる一六二三年になってようやく、崇拝者らが、シェイクスピアの書いた喜劇と悲劇あわせて三六作品を収集して大部の本にまとめ、これがファースト・フォリオとよばれるようになった。本を出版することと自体が過激な行為だった。劇作家の書いた文章が、聖書と同程度の注意を払って文書に記録されるに値すると主張することであるからだ。ロンドンの職工たちが手作業で活字を組み、製本して、約一〇〇部を製作した。五人の職工たちは、活字を組む時間を短縮するために戯曲の一部を暗記していた。そうして、金属製の活字をひとつずつ拾い、単語や文にしていった。

それから数百年のあいだに、ファースト・フォリオの大半が失われたり、破損したりした。ニューベリー図書館には、アメリカで公開されている数部のうちの一冊があった。そういうわけで、シカゴでの最後の日と定めたこの日、エリザベスは図書館に向かったのである。

そこは、亡くなったある男性の遺志と運命の巡り合わせによって設立されたという少々変わった経緯をもつ図書館だった。裕福な商人ウォルター・ニューベリーが一八六八年、汽船の乗船中に死亡した。[50]乗組員が、航海が終わるまでニューベリーの遺体を空のラム酒の樽に入れて保管し、帰港後、彼のふるさとの街に送り届けた。その後、弁護士の調査によって、ニューベリーが、公共図書館建設のために二一五万ドル近くを遺《のこ》していたことが判明する。

ニューベリーの遺言には、図書館は無料で利用できるものとし、ノース・シカゴに作るべしと定められていた。[51]条件はそれだけだった。図書館にはそもそも所蔵本さえなかった。ニューベリーが他界してから三年後の一八七一年に発生したシカゴ大火で、彼の所有していた稀覯本が焼失してしまったからである。

図書館建設は白紙状態にあった。当時、図書館の評議員らは自身の身分について不安を抱えていた。彼らはシカゴ在住の裕福な事業家で、世界随一の都市に暮らしていると自負していたが、世界のほうはそれを認めていないと痛感していた。[52]摩天楼や工場、百貨店が林立し、屠場《とじょう》をいくつも抱えるなど、シカゴはにわかに物質的な面で成功をとげたが、絵画や音楽、科学関連の施設は皆無だった。そうした施設の充実したニューヨークやボストン、パリは、都市の序列を測る伝統的な尺度で高く評価されていたが、シカゴは選外にあり、大柄なこの男たちは肩身が狭く感じていた。

彼らは、文化的で洗練された人間であることを証明したいと願っており、そのためにできることはなんでもするつもりだった。

これと同様の自信の欠如から、シカゴ建設の父たちは、まるで夢のようなホワイト・シティを作り上げるに至った。[53]一八九三年夏に開催されたシカゴ万国博覧会にて、ミシガン湖の南端にそびえ立った仮設の展示館の数々である。ホワイト・シティは、未完のパズルのように将来像を描いていた。一八九三年八月二六日、連邦議会議事堂の倍の大きさの機械芸術館[54]で実演会が催された。館内では数々の機械が騒音をたてて回転し、粗糖からキャンディを作ったり、ソーセージや馬蹄《ばてい》やれんがを製造したり、一時間に一万個のボタン穴をかがったりしていた。[55]一日中、延べ一〇万人が四方八方に伸びる通路を歩き、機械の轟音に耳をつんざかれ、噴水器からわき出るレモネードを飲んだ。[56]板材がパルプへと加工される工程から始まり、きっかり六三分で新聞が一部丸ごと印刷される過程を人々が見守った。「圧倒的な頭脳の力がいたるところで実地に提示され、物質がその命令に従っていた」と『トリビューン』紙に報道された。靴をはいた状態で身長が二・五メートル近くある世界一背の高い男、テキサス州出身のH・C・サーストン大佐が群衆のなかにいた。その日の午後、屋外に五万人がつめかけて、湖の潟の上空にそびえる柱にぶら下がったボローニャ・ソーセージめがけて丸々と太った男が飛び込むようすを見物した。

その日は、エリザベスがインディアナで一歳の誕生日を迎えた日だった。大勢の人々が驚嘆してホワイト・シティを歩き回っていたころ、騒々しい万国博の会場から十数キロメートル北ではニューベリー図書館が竣工し、初の利用者たちが、敬意を払い口をつぐんで図書館に足をふみいれた。[57]

大衆向けの見世物であるホワイト・シティとちがい、ニューベリー図書館は「より優れた清廉な層」向けの「精選された場所」として計画されたと、『シカゴ・タイムズ』紙は開館によせた称賛記事を掲載した。[58]黄褐色のみかげ石をもちいた堂々とした五階建ての建物だった。[59]来館者は、用紙に研究目的を記入せねばならず、具体的に回答できない者は入館を断られた。[60]本は閲覧のみ可能で、裕福な紳士が自宅に構える書斎に似せて作られた閲覧室の棚に並べられていた。こぢんまりとした居心地の良い空間には、通俗的なシカゴの金で調達できるかぎりの稀少で高尚な本が収まっていた。設立から数十年間、館長たちは、豚肉業者らしい愚直さで本を収集していった。修道士の手により一五〇一年以前に印刷された初期刊本《インキュナブラ》を何百冊と購入した。[61]革や木の板、羊皮紙や子牛皮紙などのめずらしい材質に手書きされた、もろくなり色あせた本を買い込んだ。過去の経緯が知られておらず、誰にも説明できないような、真偽のほどが定かでないいわくつきの本も買った。図書館の本棚には、柔らかい革で製本されたアラビア語の手稿本が呼び物として置かれていた。表紙をめくると、献辞二文が記されている。[62]最初の文には、インド大反乱勃発から七日後の「一八五七年九月二一日、デリーの藩王の宮殿において」その本が発見されたとある。第二文には「人間の皮で製本」されたと書かれていた。

とりわけ重要な購入事例が、シンシナティの金物類業者から買い取った六〇〇〇冊である。[63]そのなかには、一六八五年刊のシェイクスピア第四・二つ折り本《フォース・フォリオ》と、一六三二年刊の第二・二つ折り本《セカンド・フォリオ》、そしてひときわめずらしい一六二三年刊の第一・二つ折り本《ファースト・フォリオ》、すなわちシェイクスピア初の戯曲集が、それぞれ一冊ずつあった。[64]

このファースト・フォリオこそが、一九一六年六月、二三歳のエリザベス・スミスが絶対にその目で見たいと願った本である。

エリザベスはニューベリー図書館のガラス張り正面扉を開け、小さな入口ホールを通り抜けて壮麗なロマネスク様式のロビーに向かった。[65]受付デスクにいた図書館員がエリザベスを呼び止めて、さっと品定めする。ふつうなら研究目的を用紙に記入しなければならなかったが、この日は運が向いていた。たまたま一九一六年はシェイクスピア没後三〇〇年で、ニューベリー図書館をはじめ全国の図書館で、記念展示会が開催されていたのだ。[66]

エリザベスが、ファースト・フォリオを見に来ました、と告げる。図書館員は、展示品のなかにあると答え、一階の左側にある一室を指さした。エリザベスはその部屋に向かった。ファースト・フォリオは、ガラスケースのなかに陳列されていた。

その本は大判で厚みがあった。縦三〇センチ強、横二〇センチほどで、九〇〇ページ以上と辞書のように分厚い。[67] 表装は赤色で、磨き込まれた山羊皮を使っており、大きなしぼがついている。小口《こぐち》は金色に塗られている。前のほうのページを開いた状態で置かれており、淡い灰色の紙は経年劣化で黄色味がかっている。エリザベス朝時代の襟《えり》と上衣をつけた男の版画絵がそこにあった。[68] 頭はおおかたはげているが、残った髪がきれいに櫛でなでつけられ、左右に分かれて両耳まで届いている。そして、次のような文が記されていた。[69]

ウィリアム・シェイクスピア氏による喜劇、歴史劇、および悲劇。
真正の原典をもとに出版。
ロンドン
アイザック・ジャガードおよびエド・ブラント発行、一六二三年

のちにエリザベスは、フォリオを見たときに、「偉大なファラオの墓を発見したことを不意に悟った考古学者」とまったく同じ感情に襲われた、と書いている。[70]

エリザベスの陶然とした表情に気づいたらしく、若い女性図書館員が近づいてきて、シェイクスピアに興味があるのかと声をかけてきた。[71] 二人が会話を始めると、共通点が多数あることがわかった。その図書館員はインディアナ州リッチモンドという、エリザベスの故郷からそう遠くない町に育ち、二人ともクエーカー教徒の家庭の出だった。[72]

エリザベスはすっかり気を許して、文学か研究の仕事を探しているのだと打ち明けた。「ふつうとはちがうことがしたいのです」[73]

図書館員はほんの一瞬だけ考え込んだ。そう、フェイビアン氏のことが思い出されたのだ。[74] その名前を、最初のａの音を長く伸ばして「フェーイビアン」のように発音した。

エリザベスはその名を耳にしたことがなかったので、図書館員がくわしく教えてくれた。ジョージ・フェイビアンはシカゴの裕福な事業家で、よく図書館に来館してはファースト・フォリオを調べている。この本には暗号で書かれた秘密のメッセージが組み込まれていると考えているらしい。そして、その研究を進めるために助手を雇いたいと言っていた。「カレッジ卒で若くて感じが良く魅力的で、英文学にくわしい人」が望ましいと。[75] あなたは、こんな仕事に興味あるかしら？

エリザベスは驚きのあまり、なんと返事すればよいかわからなかった。[76]

「フェイビアン氏に電話しましょうか？」と図書館員がたずねた。[77]

「ええ、はい。ぜひお願いします」とエリザベスは返事をする。[78]

図書館員は少しその場を離れたのち、エリザベスに合図を送ってきた。フェイビアンさんはすぐにこちらに来るそうよ。[79]

なんですって？

フェイビアンさんは今日たまたまシカゴにいらっしゃるの。すぐにこちらに着くわ。[80]

その言葉のとおり、すぐにフェイビアンがリムジンに乗って現れた。勢いよく図書館に入ってきてエリザベスに問いかける。あっけにとられたエリザベスは、なんと答えたらよいかわからなかった。「これからリバーバンクに行って、一晩一緒に過ごさないか？」。フェイビアンはこう言って、エリザベスの腕を取り、待機しているリムジンへと引っ張っていったのだ。

「こいつはバートだ」と怒ったような声で言い、運転手のバート・ウィリアムズに向かってあごをしゃくる。[81]

フェイビアンはエリザベスと一緒に後部座席に乗り込んだ。

リムジンはニューベリー図書館を出発すると、南西方向に二〇ブロック進み、シカゴ・アンド・ノース・ウェスタン・ターミナル駅にある古代ローマ建築様式の高くそびえる円柱の前に停車した。[82] シカゴに五つある鉄道駅のなかでもっとも活気にあふれた駅である。フェイビアンはエリザベスをせきたててリムジンから降ろし、両脇に円柱の立つ階段を上らせて、全長二七〇メートル以上もある車両庫に入った。その暗い空間には、とてつもなく長いプラットホームが何本も並び、列車と乗客がさまざまな方角に向かって走り出している。構内の電報局で家族に電報を送って、自分の居場所を知らせてもよいか、とエリザベスはフェイビアンにたずねた。フェイビアンは却下した。そんなことは必要ないし、時間もない。

エリザベスはフェイビアンのあとをついて、ユニオン・パシフィック鉄道の列車に向かった。二人は後方の車両に乗り込んだ。フェイビアンはエリザベスを先頭車両まで歩かせて、いちばん前の窓際の座席に座るよう指示した。それから車両のなかをどたばたと歩き、ほかの乗客にあいさつをして回った。そのうちの何人かとは顔見知りのようで、あれこれと雑談を交わし、車掌には愛想良く冗談を飛ばしている。そのあいだエリザベスは窓際の席で待っていたが、列車はまったく動かない。一向に動き出す気配もない。とつぜん不安に襲われたエリザベスは胸がむかむかし、酸《す》っぱいものが喉までこみ上げてきた。

「ここはどこ?」と自問する。[83]「わたしはいったい誰? どこに行こうとしているの? 夜には地球の裏側にいるのかも」。フェイビアンが背を向けている今のうちに、すぐさま席を立って走るべきかどうか考えた。

だが、そのままじっと座っていた。[84] そのうちにフェイビアンが乗客との話を終えて、大きな足音を立てて車両の前方へと戻ってきた。そして、エリザベスの向かい側の席に大きな体を押し込んだ。エリザベスは、これまで教えられてきたとおり礼儀正しくあろうと努め、この大金持ちの気分を害さないようにほほえみかけた。[85] 質素な環境で育ったので、金持ちや、彼らのもつ力を警戒する習慣がついていたのだ。

　それからフェイビアンのしたことを、エリザベスは生涯忘れることはなかった。身を乗り出し、赤らんだ顔をエリザベスの顔から数センチのところに突き出して、[86] 青い目で彼女のはしばみ色の目をとらえ、車両中の人に聞こえるほど雷のようにとどろく大声でこう言ったのだ。「さて、**一体全体、きみはなにを知っているんだ**[87]**？**」

　エリザベスは、フェイビアンからもその質問からも身をのけぞらせた。その問いがきっかけで、頑固な一面に火がついた。[88] 顔を引き、ほおを窓にもたせかけるという失礼な態度を取って、二人のあいだの距離を確保する。[89] 高く幅広の襟が冷たい窓ガラスにふれた。その姿勢で、謎めいた視線を斜めから投げかける。

「それは、だんな様がお察しください[90]」

　のちに思い返すと、生涯において口にしたなかでもっとも不品行な発言だった。[91] だが、フェイビアンはそれをおおいに気に入った。大きくのけぞり、その重みで座席がきしむ。ばかでかい笑い声を放つと、車両中に響き渡り、薄いスチールの壁に反響した。[92]

　それから、フェイビアンの顔の表情筋がすっと落ち着いた。明らかに、真剣な話題を持ち出そうとしている。とつぜん列車ががくんと前方に揺れ、ようやく駅を出発すると、フェイビアンは、エリザベスに目をつけた理由、すなわちシェイクスピアについて語り始めた。[93]

『ハムレット』、『ジュリアス・シーザー』、『ロミオとジュリエット』、『テンペスト』、それにソネット集。どれもみな、世界でもっとも有名な作品のうちに入る。数え切れないほどの人々がそれらを読み、引用し、暗唱し、演じ、意識せずとも日々の会話でその文句を使ってきた。それでいて読者たちはみな、あることに気づいていない。隠された命令が、とてつもない重大な秘密が潜んでいることに。

車窓の光景は、シカゴの町並みから、サイロと淡い黄色の草原へと変わっていた。エリザベスはどんどん、この初めて会った男の話に引きずり込まれていった。どこへ行くかも知らないまま。

ファースト・フォリオは、とフェイビアンは続ける。ニューベリー図書館にある、あのシェイクスピアの本。あれは、見かけとはちがうのだ。ページに書かれた語句は、一見、恋人たちや王たちの苦痛や背信を描いているようでありながら、じつは、まったく異なる物語を語っている。巧妙に作られた秘密の文字をもちいて、秘密の物語を綴っているのだ。そのメッセージは、戯曲の作者はウィリアム・シェイクスピアではないと明かしている。真の作者で、そのメッセージを忍ばせた人物は、じつはエリザベス朝イングランドで活躍した先駆的な科学者で哲人王であるフランシス・ベーコンなのだ。

エリザベスはこの金持ちの男をじっと見つめた。どうやら本気でそう信じているようだ。[94]

フェイビアンは先を続けた。彼のもとで働く才能ある女性研究者、ミセス・エリザベス・ウェルズ・ギャラップがすでに、戯曲の謎を解明し、ベーコンが忍ばせたメッセージを取り出すことに成功した。[95] しかし、理由はあとから説明するが、ミセス・ギャラップは、若いエネルギーと鋭い目をもつ助手を求めている。そういうわけで、エリザベスに、自分とミセス・ギャラップのいるリバーバンクに来てほしいのだ。リバーバンクとは、フェイビアンの暮らす家で、一・四平方キロメートルの地所がある。[96] だが、それだけではない。

そこには、フェイビアンの雇った天才的な科学者たちも暮らしていて、世界でも類を見ない研究施設で働いている。著名人たちが研究所を訪れて、進行中のプロジェクトを見学していく。個人的な友人でもあるテディ〔セオドア〕・ローズベルトや、[97] P・T・バーナム[98]〔アメリカの興行師〕、それに有名女優たちもやってきた[99]。リバーバンクは驚きに満ちた場所だ。きみも見ればわかるだろう。

列車が西に向かって九〇分ほど走り、草原を抜けて五、六〇キロメートル移動したところで、速度が徐々《じょじょ》に落ち、シューッと音を立てて停止した。フェイビアンがドアを開け、二人で長いプラットホームを歩いていくと、暗色のエナメルれんがにテラコッタで装飾された立派な待合室に出た。そのまま歩き続けて正面扉を抜けると、イリノイ州ジェニバという人口二〇〇〇人の村の大通りに通じた。ジェニバはもともと、ひとりのペンシルベニア出身ウィスキー醸造業者が入植して始まった土地であるが、近年、外国からの移民で人口が増加していた。アイルランド人やイタリア人、スウェーデン人たちが、混雑したシカゴを離れ、大草原の広々とした土地を求めてやってきたのだ。ウィスキーは今なお、ジェニバにおける産業のかなりの割合を占めていた。畑でとれた麦の粒を、村を南北に縦断するフォックス川のおいしい水と混ぜ合わせて作られている。

驚いたことに、ジェニバ駅では一台のリムジンがエリザベスを待っていた。一時間前にシカゴで乗ったリムジンではなく、別の運転手がついた別のリムジンだ[100]。フェイビアンと二人で乗り込むと、リンカーン大通りという名の地方道を南に二キロ近く走った。すると左手に、長々と連なる背の高い石塀が見えてきた。その先には門がある。

リムジンが速度を落とす。大通りを右にそれ、塀と門を過ぎ、広い玄関ポーチのついた二階建ての農家の家屋[101]の前に止まった[102]。

ここがロッジだ、とフェイビアンが告げる。エリザベスは今晩、ここに泊まるのだ。

第2章　信じられないが、それは目の前にあった

エリザベス・スミスとジョージ・フェイビアン、
1916年夏リバーバンクにて

リバーバンクのコテージには裸の女が住んでいる。[1] ジェニバの町では、こうしたうわさが広まっていた。一〇代後半か二〇代初めの若い女らしい。コテージ入り口の上には、フェイビアンという表札がかかっている。[2]

人から人へ伝わるにつれ、話の内容は変わっていった。リバーバンクのコテージには、フェイビアンの欲望を満たすために大勢の魅力的な女性たちが囲われているらしい。[3] そういう女たちが服を脱ぐところを見た。女は五人、いや一〇人いた。

地所を取り囲む小さな農村ではつねに、フェイビアンと、彼の運営する奇妙な研究所についてのうわさがささやかれていた。地所は私有地で、特定の時期だけに公開された。一・四平方キロメートルの一部は石の壁で囲われ、フェイビアンの雇った守衛が巡回している。夜間には、川に浮かぶ島にある灯台から、侵入者に向けた警告が暗号で継続的に発信される。白い光が二回、それから赤い光が三回。「23-skidoo」、つまり「立ち入り禁止」という意味だ。[4] ときおり日曜日に、王様が臣民に情けをかけて城内を散策させてやるかのように、厚意を表すために地元住民にリバーバンクが公開される。オーロラ・エルジン・アンド・フォックス・リバー電鉄が運行する路面電車が、通常は地所内を停車せずに通過しているが、公開日には川の近くで停車することが許された。[5] 乗客がどっと降りてきて、感嘆した面持《おもも》ちで手の込んだ日本庭園を散策する。翌月曜日になると、路面電車はリバーバンクで停車せず、人々はまた、内部で何が行われているのか遠巻きに推測するしかなくなった。

地所の方角から、まるで爆発音のような大きな音が聞こえてくる。[6] 戦闘機のような形の物体が建物の周囲をぶんぶん飛び回るのが見えて、ひどい騒音を立てている。[7] フェイビアンは記者たちからよく「フェイビアン大佐」、あるいは単に「大佐」とよばれていた。フェイビアンはどうやら軍事関連の研究をしているようだが、町の住民たちは具体的に何をしているのかを知らず、新聞や雑誌から手がかりを拾い集めるしかなかった。フェイビアンはしょっちゅう記者や大学教授を招いては、制約つきで研究所を見学させていた。見学者たちは、リバーバンクは、この世のものとは思えないほどのすばらしい場所であると称賛した。リバーバンクを訪れた人は、さまざまな名前でそこをよんだ。

フォックス川沿いのエデンの園[8]
フェイビアン氏の共同体[9]
シカゴ近郊の奇跡を生み出す研究所[10]
アメリカ随一の、奇妙でありながら美しい田舎の地所[11]

ジョージ・フェイビアン自身については、次のように形容された。

世界最高峰の暗号《サイファ》の権威[12]
三つの異なる領域、すなわち事業、文学、科学において成功を収めた人物[13]
千の趣味をもつ男[14]
大御所[15]

シカゴの発明家[16]
億万の富をもつ地方紳士[17]
リバーバンクの賢人[18]
スケールの大きな首長《カリフ》[19]

リバーバンクを訪れた人々がその後に語る話は、おおむね二種類に分かれた。ひとつは、フェイビアンをまるで狂った王様であるかのように描写する、彼個人のふるまいについてのとっぴなうわさや逸話である。「信頼筋によると、活力あふれる毛並みの美しいシマウマ二頭が馬車を引き、ジェニバ駅まで駆けつけて……朝晩フェイビアン氏を送迎しているという」とある新聞に書かれた。[20] こうした奇抜な話に混じって、解剖実験がされているとか、古い本に隠されたメッセージを探しているとかいった、研究所で行われている信じがたい科学実験についての話も流れてきた。

研究所を設立する前、フェイビアンは、政治家への献金や証券取引所取締役会への出席など、実業界の大物がするようなもっとふつうの活動でシカゴの新聞紙面にたびたび登場していた。[21] 世間の人々は、フェイビアンの経歴を知っているつもりでいた。ニューイングランド地方の裕福な一家に生まれた変わり種で、父親と衝突を繰り返したあげく、一六歳で寄宿学校を退学。[22] 家出をして、一八八〇年代の数年間、材木や枕木を売って生計を立てながら西部を放浪した。のちにシカゴに移り住み、父親と和解する。父が他界すると、遺産三〇〇万ドル――今日なら一億ドル近く――を相続したうえ、家業の経営権も譲り受けた。[23] アメリカ最大規模の繊維会社、ブリス・フェイビアン・アンド・カンパニーである。ジョージ・フェイビアンは、セールスの才能を活かして会社を大きくした。同社がメイン州にもつ織物工場で縞模様のあるシアサッカーの生地の生産を開始し、商品名を「リプレット」とした。[24]アイロン不要でしみがつきにくい無染色の白いベッドカバーで、何度洗濯しても白さを保つという夢のような生地である。「吹きだまりの雪のように真っ白……『リプレット』という商品名のベッドシーツだけが、リプレット品質を保証します……」[25]

フェイビアンは利他主義者を名乗ったことは一度もない。「わたしは清廉な人間じゃない。ニューイングランドの綿織物業界にはそんなやつはひとりもいない。もしもいるとしても、ひとり残らず破産するさ」と述べたことがある。[26]しかし生涯のある時期、ある種の公共の利益を追求しようと努力した。そして、そのことを世間に知ってもらいたがった。フェイビアンは、余暇の楽しみとして科学を学んだのだ。ピッツバーグの鉄鋼王らは、古い時代や現代の絵画の傑作を収集していた。[27]新聞王ウィリアム・ランドルフ・ハーストがまもなく、大理石の彫像をぎっしり所蔵した一六五部屋ある大邸宅を建設することになるが、[28]フェイビアンはさらに大きな計画を描いていた。「金持ち連中には、芸術品の収集に熱中したり、リヴィエラで楽しく過ごしたりするやつらもいるが、どうせみんな飽きがくる」。「だからわたしは科学の実験をやり続ける。金をかけて、大学では資金不足でできないような有益な発見をするのだ。知識がありすぎて飽きることは絶対にない」[29]

一九一六年の時点では、原子はまだ核分裂されていなかった。DNAの構造は明らかにされていなかった。抗生物質も作られていなかった。アスピリンやビタミン、血液型、X線の医療活用はどれも、この年以前の二一年のあいだに発見されたものばかりである。[30]アインシュタインの一般相対性理論が発表されたのも、一年前にすぎない。[31]アインシュタインによれば、空間と時間は同一のものであり、万有引力の影響を受ける。人々は、これをどう解釈すればよいのかわからないでいた。リバーバンクを訪れる人々は、主要な科学的発見は、トーマス・エジソンやニコラ・テスラなど個人の研究所でなしとげられたことを知っていた。だから、この丘の向こうで新たな時代の驚異が待ち受けていると信じる心構えができていた。そうしてフェイビアンは、それをかいま見させた。訪問客をさまざまな実験室に案内し、さまざまな驚異を披露した。かつて学校をドロップアウトし家出をしたティーンエイジャーが、今や、科学のエデンの園を見せびらかしているのだ。いたるところで実験が行われているもようだった。ヴィラとよばれるフェイビアンの自宅も同じである。『シカゴ・ヘラルド』紙からきた男性は、ヴィラの開け放した窓を蜂の群れが通過するのを目撃してぎょっとした[32]。フェイビアンは笑い飛ばして、「こいつらは、蜜を貯めるために音楽室に行く途中なんだ」と言った。「こいつらを信用していないから、巣を［ヴィラの］なかに置いて、ガラス張りにしたのさ。ずるをしないように見張るために……」。そうやって始終監視していると、蜂たちはまじめに働くようになったよ」『シカゴ・デイリー・ニュース』紙の記者がある春の晴れた朝、取材に訪れた。フェイビアンが記者にたずねる。「きみはそもそも考えるということをするのかね。いや、しないだろう。九九パーセントの人は考えない。だから、きみだって考えはすまい。わたしなら、きみが考えるよう仕向けられる。ここにいる者はみな、考える人間だ。そうだ、リバーバンクにいる一五〇人はひとり残らず頭を使って考えている」[33]。山高帽をかぶり、薄紫色の襟巻きとあつらえたベストを身に着け、フランスのレジオン・ドヌール勲章のロゼットをフロックコートの下襟に留めたフェイビアンは、自分自身もほかの者たちと同じ「一介の研究者」で、リバーバンクには上司もタイムカードも厳密な規則もない、と続けた。そしてシガレット・ケースから金口たばこを一本取り出して二つに折り、近くにあるサルの柵のなかに差し出した。フェイビアンの伸ばした手からサルがたばこを奪い、紙をはがして中身を口に押し込む。

「そう、ここは考える者たちの集まりだ」とフェイビアンは言葉を継ぐ[34]。記者を農場に案内し、科学者たちは牛や豚や羊を捕まえて大きな氷で冷凍してから、サラミのように薄くスライスして組織を調べるのだと説明する。ヴィラのそばに置かれたアヒルの像とエジプト王座を見せて、これらは大理石や石ではなくコンクリート製なのだとうれしそうに語る。コンクリートは石よりも長持ちするし、石のように彫ることもできる。オランダ製の風車を指して、これはちゃんと動く、小麦をひいてパンを焼き、研究者たちに食べさせているのだ、と自慢する。さらには記者を音響研究所に連れて行った。その中央部には超静音試験室があり、[35] 室内では、迷い込んだ蚊の羽音が空襲警報くらいの大音量に、[36] 紙に鉛筆で書きつける音が十数人の咳に聞こえる。[37] ここでの実験がいつか、都会から機械や群衆の「騒音問題」をなくし、住みやすい場所にするのに役立つだろうとフェイビアンは述べる。[38]

「この望遠鏡のような物をのぞいてみよ」とフェイビアン大佐は誇らしげに大声で指示する。[39] そして音叉をたたく。記者が目を細めてのぞくと、揺らぐ光が見えた。まるでガスの炎が風に揺れているかのようだ。「それは、この音叉から出た音なのだ！　そう、音が見えているのだぞ！」

研究所見学の間中、フェイビアンは研究所最大の使命を何度も口にした。あらゆる研究の根底に見え隠れする不死というテーマ、すなわち人間の寿命を延ばすことである。どんな人間も一〇〇歳かそれ以上生きられるだろう、とフェイビアンは言う。[40] リバーバンクの研究者たちは、死なない方法を突き止めるために、この緑豊かな辺鄙な土地に引きこもっているのだ。

「あそこの温室では、キンレンカやランやバラやチューリップを使って遺伝の研究をしている」。フェイビアンはシカゴから来た記者に温室の方向を指さす。「なんのためにかって？　平均的な人間を見てみろ。肉と骨でできたとてつもなく哀れな機械だ。もしもわれわれリバーバンクの研究者が、最初は花や植物を使って実験して、人間も改良できるようになれば――それはすばらしいことではないかね[41]？」

実験のなかには、倫理的に怪しい領域にふみこむ事例もあった。フィラデルフィアからやってきた記者が、

「青いオーバーオールを着たかわいい女の子」をよび止めて道をたずねた。「フェイビアン大佐の共同体の一員で、ほっそりした体つきの金髪のおかっぱ頭」だったという。[42] 悪い姿勢を矯正する実験に若い娘たちを参加させているのだとフェイビアンは説明した。こうした被験者たちは、リバーバンクの地所に隣接する寄宿学校から連れてこられていた。ジェニバにあるイリノイ州立非行少女訓練学校、といっても実態は、田舎にある警備の手薄な少年刑務所で、イリノイ中の判事が、知的障害があったり性的にふしだらとみなされた「不良少女」を送り込む場所である。[43] 訓練学校の創設者は、少女たちを生皮のむちで打つように命令し、行政による不妊措置を強制すべきという考えをもっていた。「体がある程度まで成長すると、血管を流れる血液の影響が出始めて、救いようのない娘ができあがる」。学校には、出入りはあるが一〇歳から一八歳までの女子が常時五〇〇名在籍し、そのうちの一部は、ジョージとネルのフェイビアン夫妻が寄付して建てられたコテージに住んでいた。[44] これが、町の住民たちがうわさしていたコテージである。ドアの上にフェイビアンという表札がかかっているのは、寄付で建設されたからであり、裸のうわさも姿勢矯正の実験から出てきたものだ。娘たちは、身体検査をするために服を脱がされていたのだった。[45]「ジェニバの少女たちを対象としたわれわれの実験からは、すばらしい結果が得られた」とジョージ・フェイビアンは自画自賛した。[46]「いわゆる『お年頃《デビュタント》の猫背』がすっかり消えた。まっすぐ立てるようになり、歩きかたを習い始めたばかりの類人猿っぽさがなくなってきた。目指すところは人類の改良である。女性の体格の欠点を調べるのだ。すべての女性の胸がくぼんでしまったなら、次の世代はいったいどうなるというのか」

フィラデルフィアから来た記者は、「若い娘たちに曲がった背骨の恐ろしさを植えつけるために」、フェイビアンはリバーバンクに「恐怖の部屋」と名づけた実験室をもっている、とも明かした。[47] その部屋には、背骨がグロテスクなまでにゆがんだ本物の人間の骨格がいくつもある。それらをどこから調達したのか、フェイビアンは決して明かさなかった。のちに複数のリバーバンク研究者が、フェイビアンが「病院や墓地から引き取り手のいないたくさんの死体を集めてきて、科学者たちが放射線をかけたり、切断して検査をしたり、解剖をしたりしてから、地所のあちこちにある秘密の墓に残りの部位を埋めていた」と、イリノイの歴史学者に語っている。[48] 夜になると研究所では「梁が音を立ててきしんだり、椅子が動いているように見えたりしたものだった」[49]。「窓から外の暗い庭を見ると、少女たちが白い服のすそをたなびかせて走っているようすが見えたのが思い出される」と話す者もいた。[50] こうした光景についての解釈は人それぞれだった。訓練学校をほんの一時抜け出してきた「不良少女」だと考える者もいれば、あれは幽霊だったと信じる者もいた。

ある年の夏、ひとりの科学ジャーナリストがやってきた。オースティン・レスカーブラはプロのデバンカー〔超能力者などの偽りを暴く活動をする者〕で、フーディーニ〔米国の奇術師〕と組んで、占い師たちが嘘つきの詐欺師であると証明してみせたことがある。ジョージ・フェイビアンはレスカーブラを、ある実験室のなかの暗室に案内した。「研究者たちが、闇に包まれた秘密を守る古代エジプトの司祭たちのように動き回っていた」と、レスカーブラはのちに『サイエンティフィック・アメリカン』誌に書いている。[51]

ひとりのきれいな娘が連れてこられ、謎めいた空気が強くなった。案内された狭い部屋の壁には光沢のない黒いカーテンがかかっている。ニューヨークで行った心霊実験が強烈に思い出された。実験を三回行い、有力な霊媒の正体を暴いたときのことである。大佐の指令のもと、実演が始まった。数分もしないうちに、目の前の光景に愕然とさせられた。信じられないが、それははっきりと目の前にあった。人間の構造にかかわるいくつかの事実を突きつけられたのだ。これほど説得力のある実演を見せられなかったなら、推測すらかなわないようなことである。われわれが目にしたものは——いや今はまだ、これ以上は言えない。フェイビアン大佐に約束させられたからだ。後日、実験がさらなる進展をとげるときまで、この研究がどういうものであるか何ももらさないと。

レスカーブラの見たものは、X線スクリーンの後ろにひとりの女が立ち、[52]七五万ドルの価値のあるラジウム[53]から放たれるX線が透過して、その骨の構造が照らし出される現象だった。X線はすでに一八九五年に発見されていたので、[54]レスカーブラの訪問時点ではもはや新技術ではなかったのだが、リバーバンクには神秘的な雰囲気が色濃く漂っていて、行われている科学実験の種類も非常に多岐にわたっていたため、レスカーブラのような教養を誇る懐疑論者でさえ、必ずしも現実と夢想との区別がつかなかったのだ。「ときおり、世界は停滞すれすれのところに到達してしまう。なぜなら、なにもかもが完璧に発展し終えたように思われるからだ」とレスカーブラは書いている。[55]「しかし科学者は、自然の秘密を熱心に探り続け、いずれ既存の障壁を打ち破り、新たな領域に通じる道を開く。そうしてまもなく、われわれの目の前に、探索すべきまったく新しい機会が出現するのだ」

二三歳のエリザベス・スミスは、ロッジの玄関に続く階段を上がり、正面扉を開けた。そこは暖かく広々とした客間だった。壁には二重ガラスの入った観音開きの窓が並び、一方の側の窓の外には草地が、もう一方の外には道路が見える。客間にはたくさんの人がいた。

フェイビアンはせわしなくぶっきらぼうに、エリザベスを豪華なドレスを着た二人の女性に紹介したかと思うと、すぐに姿を消し、エリザベスは知らない人たちのなかに取り残された。[56]

二人の女性たちの貴族のような装いがあまりに場違いに感じられたエリザベスは、本物の人間かどうか確かめようとまじまじと見つめた。[57] 二人は姉妹だった。姉のほうは黒っぽいドレスを着て、まばゆく光る宝石が連なるネックレスをかけていた。白髪まじりの髪をひとつにまとめ、ほつれた髪が上品な顔の周りにかかっている。まるで、フランスの公爵夫人がアメリカの大草原にテレポートされてきたかのようで、その声には教養がにじみ出ていた。わたくしはミセス・エリザベス・ウェルズ・ギャラップです、と自己紹介する。リバーバンクで暗号学校を運営しているという。髪の色が黒い妹のほうは、ミス・ケイト・ウェルズといった。

若いほうのエリザベスは、二人と短い会話を交わすうちに、ミセス・ギャラップとミス・ウェルズはリバーバンクのこの家屋に暮らし、仕事もしていると知った。[58] 料理人と召使いの居住スペースもあり、彼らが姉妹に加えて、地所で働いている学者や科学者の食事などの世話をしているらしい。

姉妹がエリザベスに、もうすぐロッジで夕食になるので、わたしたちや、ほかの科学者たちと一緒にいただきましょうねと声をかける。そうして二人はエリザベスに、二階に行って、今晩あなたが泊まる予備の寝室で身繕いしてらっしゃい、と勧めた。[59] エリザベスはその言葉に従った。数分後、階段を降りると、人目を引く新たな装いで戻ってきたフェイビアンがそこにいた。[60] 乗馬ズボンと、乗馬用の襟のついた大きくふくらんだシャツ、つばの広い大きなカウボーイハット。今にも馬に飛び乗って、ギャロップで駆けて行きそうに見えた。今から夕食の席だというのに、どうしてこんな装いをしているのか、このときはわからなかった。のちに、フェイビアンはただ、自分の思い描く地方紳士の服装を楽しんでいるだけなのだとわかる。フェイビアンがリバーバンクでふつうの仕事用のスーツを着ているところを、エリザベスはこの先一度も見ることはなかった。

草原の薄れゆく日の光のなか、客人たちがぽつりぽつりとポーチにつながる階段を上がり、ロッジに入ってきた。エリザベスは階段の手すりに腰かけ、リンカーン大通りのほうに視線を向けてコオロギと蟬《せみ》の鳴き声を聞きながら、入ってくる客人たちを観察する。[61] 客たちはみな田舎風の略装だったが、ほっそりとしたひとりの男だけはちがった。[62] 細い縦縞のシャツとズボン、すっきりとした蝶ネクタイ、ぴかぴかに輝く白いバックスキンの靴。[63] 短い黒髪を真ん中で分け、ポマードで左右になでつけている。そして耳の先がとがっている。どうやら、やってくる客たちのなかでいちばん年下のようだ。しかも、服のセンスが際立って良い。まるで、都会の邸宅で開かれた上流階級の夕食会に招かれた人のようだ。エリザベスは、その若い男性からボー・ブランメルを連想した。[64] 一八世紀から一九世紀にかけてイギリスのファッション界をリードした、靴をシャンパンと桃のマーマレードで磨いていた男である。[65]

みなが、美しいリネンと磁器が置かれた長いテーブルについた。こぎれいな白の制服を身に着けたスウェーデン人とデンマーク人の召使いが、リバーバンクの農場で収穫された肉と野菜が盛られた皿を運んでくる。[66] 食費を抑えつつ、自分好みの肉が食べられるようにと、フェイビアンは、鶏とアヒル、羊、七面鳥の飼育場を運営しており、[67] そこで妻のネルが育てた家畜は賞を受賞するまでになっていた。[68] ギャラップ夫人は上座につき、その脇には客人たちが座っている。[69] 彼らはみなフェイビアンに誘われて、さまざまな分野の研究をするためにここにやってきていた。エリザベスはほとんどしゃべらずに、彼らが何者で、ここで何をしているのかをつかもうとした。五〇代とおぼしき感じのよい男性が、わたしはJ・A・パウエルですと自己紹介する。[70] シカゴ大学出版局の社長で、大学広報部門の責任者だという。彼の仕事は、「シカゴ大学の知名度をアメリカのふつうの田舎町においても北京においても同程度までに高める」ことである、と『トリビューン』紙はかつて表現した。[71] ほかにも、バート・アイゼンハウアーというリバーバンクの主任技師で、地所にあるさまざまな建物を建築した人物がいた。[72] 背が低い赤ら顔の男で、エリザベスは田舎者という印象を受けた。[73]

そして、白いバックスキンの靴をはいた着こなしのよいあの男性がいた。はにかんだ笑顔をエリザベスに向け、ウィリアム・フリードマン、リバーバンク遺伝学部門の責任者です、と自己紹介をする。種子と植物の研究をしており、トウモロコシや小麦などの作物の品種改良をして、好ましい特性をもつ新品種を作ろうとしているらしい。

まったくもって奇妙な取り合わせだ。こうした人々をつなげるはっきりとした共通点がエリザベスにはまったく見当たらなかった。文学研究者、技師、遺伝学者とは。たぶんフェイビアンは、お金や株に加えて人間も収集するたぐいの金持ちなのだろう。

その夜の主役はギャラップ夫人だった。[74] 肉料理の匂いや銀食器のふれあう音が部屋を満たし、召使いが空いた皿をさっと下げるなか、ギャラップ夫人はこれまでに体験した旅の話を披露した。フランスやイギリスなど、自分の理論に賛同し研究を支援してくれる世界中の裕福なパトロンたちの邸宅に滞在しながら、フランシス・ベーコンとシェイクスピアについての研究を行ってきたのだ。ギャラップ夫人が自身の研究やその成果について細かく説明するあいだ、口をはさんで懐疑的な問いを投げかける者はひとりもいなかった。ここにいる人たちはギャラップ夫人に最大の敬意を払って接することに慣れているのだと、エリザベスははっきり悟った。ギャラップ夫人はリバーバンクにおける重要人物で、夕食会では、彼女が女王然とふるまい残りの人たちがほほえんでうなずくという図式の会話がこれまでに幾度となく交わされているのだ。「ギャラップ夫人は、自分の理論の前提に同意する人たちとしか交わらず、自説を信じない立場の人とはほとんど接触したことがない」という印象をエリザベスは受けた。[75]

夕食後、客人らは散会した。フェイビアンはエリザベスに男物の寝間着を渡し、朝にもっといろいろと話し合おう、それではゆっくり休んでくれ、と告げた。[76] エリザベスが二階の部屋に戻ると、ベッド脇のテーブルに、氷水の入った水差しと新鮮な果物の盛られた大きな器、それを切るためのナイフも用意されていた。[77]

リバーバンクで迎えた二日めの朝、ロッジで目ざめて身支度を調えたエリザベスのもとにフェイビアンがやってきて、地所内のほかの場所も見ておきなさいと勧めた。そして使用人に、簡単に案内をするよう命じた。[78]

ロッジを出て大通りを五〇メートルほど行くあいだに建物が数棟ある。これらはリバーバンク研究所と総称され、多数の科学者たちが働いている。音波の研究のための新しい研究所が建設中だという。[79] アメリカ随一の音響学専門家、ハーバード大学のウォーレス・セイビン教授が設計するもので、新研究所が完成したら教授もリバーバンクに移籍する予定らしい。[80] リバーバンク研究所の近くには武器庫があった。[81] コンクリート製の天井の低い小屋で、そこでフェイビアンと数名の科学者が、アメリカ軍が今後使用することを想定して爆弾や迫撃砲の試験を行っている。

エリザベスはこれらの建物の内部までは入れなかったが、大通りを渡り、昨日リムジンのなかから目にした鉄の門のところに連れてこられた。そして歩いて門をくぐった。短い車道がカーブを描きゆるやかに下って、ヴィラとよばれるフェイビアンの私邸につながっている。[82] 長い十字の形をした背の低い二階建てで、薄い羽目板の壁の上からどっしりとした屋根がのしかかり、家全体が丘の地面に押しつけられているかのように見えた。もとは、はるかに小さな農家だったが、一九〇七年に著名な建築家フランク・ロイド・ライトが増築し、田舎の穏やかな風景に似合う邸宅をフェイビアンのために作り上げた。芝生には奇妙な物体が点在している。コンクリート製の小さなプール、コンクリート製のテーブル、エジプト象形文字が丹念に彫られたコンクリート製の半円形ベンチ、前脚がスフィンクスの形をしているコンクリート製の椅子、人間の八歳児ほどの大きさのあるコンクリート製のアヒル。

ヴィラの内側の壁には濃いクルミ色の正方形の板がはめられており、丘側の壁に張られた薄い羽目板にライトの指示で入れられた彫り込みから日の光が入ると、反対側の壁が菱《ひし》形の光で彩られた。居間や客間にある椅子や長椅子、さらには二階にあるベッドまでもが、天井から鎖でつり下げられているのを見てエリザベスは驚いた。[83]椅子やベッドにはどこにも脚がついていない。エリザベスにはわけがわからなかった。フェイビアンとネルには、それぞれ別の寝室がある。二人が同じ部屋で眠っているのかどうかは定かではなかった。川を見下ろす広いベランダには、ここにも鎖でぶら下がった家具がある。肘の部分が太い葦の茎で織られた籐椅子だ。

屋内では、壁やガラス張りの陳列ケースから、動物の剝製がこちらをじっとにらみつけている。[84]フェイビアンや金持ちの友人たちが狩りで仕留めて剝製にしたものだ。雄ジカ、ワニ、アメリカ毒トカゲ、サメ、さまざまな種類の鳥〈ライチョウ、フクロウ、タカ〉、青色や黄色やピンク色の斑点のついた何百個もの鳥の卵。ヴィラには、かつてホワイト・シティで数百万人に向けて展示されていた貴重な美術品もあった。ライオンをかわいがる実物大の裸婦大理石像で、右手をライオンのたてがみに置き、ライオンは穏やかに横を向いている。[85]この像の作品名は〈ディアナとライオン、あるいは野獣の力を支配する知性〉である。

自然を征服すること、これがフェイビアンの第一の関心事のようだ。

エリザベスは外に出て、フォックス川につながる急な坂道を歩いていく。やがて、川から一〇〇メートル近くのところで地面が平坦になった。弧を描く小道をたどると、木の鳥居を抜け、自然が手つかずに残された庭に出た。[86]周囲には、日本風の建物や椅子、提灯が並んでいる。この庭はすべて日本の天皇お抱えの庭師が設計したのだ、とエリザベスは教えられた。花をつけた木々は、ピンクや赤、青、オレンジの色に燃え立

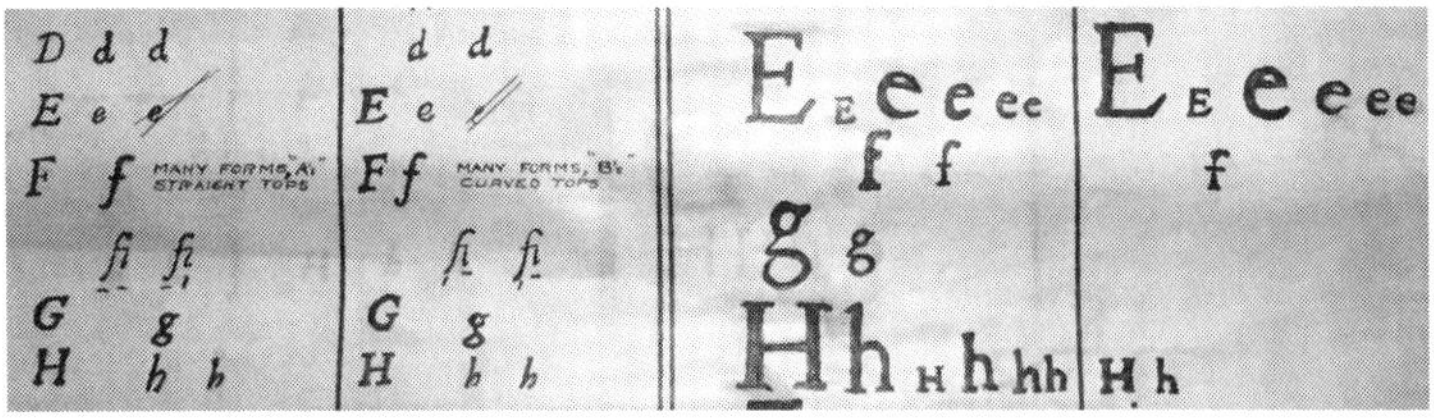

ち、庭の中央にある円形のプールにその影が映し出され、水面が、絵の具を塗りつけた画家のパレットのようになっている。プールには半月形の橋がかかっている。木の葉や花のひとつひとつ、木の板の一枚一枚、水滴の一粒一粒が、最高の静けさを生むように設計されているかのようだ。ただし、プールの右手にある背の低いコンクリート製の物体だけは異質である。六角形で、重そうな黒い鉄格子で囲われている。それは熊の檻だった。フェイビアンはそのなかに二頭のハイイログマを飼っていた。名前はトムとジェリーである[87]。

　向こう側には川がある。銀色の水が穏やかに、左から右へと、ジェニバの町中から遠ざかって南へ流れていく[88]。エリザベスの目が、川の中州にある小さな島をとらえた。それは二本の橋で近くの岸と結ばれている[89]。川岸の奥のほうには、大きなオランダの風車がそびえ、Xの形をした巨大な羽が空を背景に回転している。説明によれば、フェイビアンがオランダでその風車を購入し、部品にばらして輸送させたということだ[90]。

その日、見学を終えてから、エリザベスはロッジでギャラップ夫人と、この研究所の職を引き受けるなら二人一緒に取り組むことになる仕事について話し合った[91]。二、三時間かけたが、研究プロジェクトの全体像を把握できるまでには至らなかった[92]。それでも、ギャラップ夫人が当面求めていることと、彼女の人となりについては十分わかった。

　フェイビアンとはちがい、ギャラップ夫人は抑制のきいた慎重な学者らしい口調で話した。強引なところはまったくない。特大サイズの紙に説明を書きつけて、巻物のように丸めてあった。[93] エリザベスに見せるために紙をいっぱいに広げ、[94] 巻き戻ってしまわないように両端に重しを載せる。[95] 紙は美しく、大文字や小文字、ローマン体やイタリック体など、微妙に異なるスタイルの手書きのアルファベットで埋められていた〔前頁図〕。

ギャラップ夫人の話によれば、これらの文字は、ニューベリー図書館が所蔵するシェイクスピアのファースト・フォリオの拡大写真から取ったものであり、こうして書き写すことで、フランシス・ベーコンがシェイクスピアの戯曲に織り込んだ秘密が明らかになったという。どういうしくみなのかエリザベスにはまだ理解できなかったが、文字の形自体に、秘められたメッセージが埋め込まれているらしい。ファースト・フォリオのあるページに記されたfの文字と、別のページにあるfの文字とのあいだに、わずかな形のちがいがあるのだ。

ギャラップ夫人は、すでにそうしたメッセージを発見したという。メッセージの内容もわかっている。その存在を信じて疑っていない。一部の文学研究者が彼女の手法に異議を唱え、メッセージなど存在しないのではないかと疑っているが、これはゆゆしき問題だ、とギャラップ夫人は言う。したがって、リバーバンクでエリザベスがするべき仕事は二つある。[96] ひとつは、ギャラップ夫人の手法をもちいて既存の研究結果を再現し、科学的な裏付けを与え、批判の声を沈黙させること。もうひとつは、ギャラップ夫人の新しい調査の助手を務めること。ベーコンは、シェイクスピアの作品を書いただけでなく、クリストファー・マーロウ、ベン・ジョンソンなど当時の主要な作家の著作であると一般的にみなされている作品を密かに執筆していた、とギャラップ夫人は確信していた。エリザベスとギャラップ夫人はともに、一七世紀のイギリス史、ひいてはイギリス文学史全体を書き換えることになるのだ。

ジョージ・フェイビアンが少し顔を出し、二人がうまくやっているかどうかを確かめにきた。[97] ギャラップ夫人の巻物を一枚広げ、満足げな表情でながめている。

あまりの展開に、エリザベスは事態を飲み込めないでいた。たった二四時間のあいだに、風変わりな大人物に声をかけられ、田舎にある驚きのつまった研究所まで連れてこられ、にぎやかな科学者集団に引き合わされ、ファースト・フォリオに秘密の暗号が埋め込まれていると聞かされ、歴史をひっくり返す仕事を補佐するよう求められたのだ。

その晩、エリザベスがロッジの部屋に戻ると、ベッド脇には、花を活けた花瓶と、またも果物がふんだんに盛られた器があった。[98] しばらく横になったまま、これまでに見聞きしたことをあれこれ思い返す。フェイビアンの築いた奇妙な王国には、少し神経にさわるところもあったが驚嘆し、ギャラップ夫人の教養と静かな自信には感銘を受けた。たしかに彼らの理論は型破りだが、もしも正しいとしたら？　フェイビアンとギャラップ夫人が重大な事実に気づいている可能性がわずかにでもあるとしたら、意義深い研究にかかわる機会をどうして逃すことができようか？　翌日、シカゴに戻るユニオン・パシフィック鉄道の列車に揺られながら、エリザベスの頭のなかでは「驚愕、懐疑心、好奇心が交錯」していた。[99]

六月七日の朝、エリザベス・スミスが職探しのためにシカゴに初めてやってきたころ、五〇〇〇人の女性たちが参政権獲得を訴えて、共和党全国大会が開催されているコロシアムを目指して行進していた。[100] 風雨のために傘がますます役に立たなくなり、柄を握る女性たちが右に左に押しやられる。黄色のたすきからにじみ出た染料が、脚をつたっていく。会議場前に到着した女性たちは、入口へ殺到した。麦わら帽子、服のすそ、袖口から水がしたたり落ち、足下に水たまりが広がっていく。[101] 多くの女性たちが、雨で文字のかすれたプラカードを掲げていた。「女性も市民になりたい。女性も好ましい市民ではないか？」。行進の参加者は、女性に投票権を与える憲法修正の支持を共和党に求めていたが、代議員らは議論の末、憲法修正は「各州が本件を独自に解決する権利」を侵害するとの結論を出した[102]。

エリザベス・スミスは参政権運動に関与していなかった。二三歳の時点でのエリザベスがもっていた女性の権利についての見解は複雑だった。参政権運動の先駆者たちを崇拝していたが、男たちは権力を手放したがらず、意地の悪い戦いをしかけてくるだろうと感じていた[103]。その年、エリザベスが混雑したバスに乗車中に、大柄な女からきっとにらまれて、尻を使って押しのけられるという体験をした。エリザベスは日記に怒りをぶちまけた。「あんな状況で女性の権利なんてあっても役に立たない！　まぎれもない男という肩書きがほしかった。もしわたしが男だったなら、あの女は絶対にあんなことをしようとしなかったはずだ[104]」

そのシカゴに戻り、エリザベスは選択肢についてじっくり考えた[105]。ジョージ・フェイビアンが提示した仕事を受けるか、インディアナの実家に戻るか。なかなか決められなかった。フェイビアンはこわかった。それでもエリザベスはもともと、ふつうとはちがう仕事がしたかった。これまでの人生において、フェイビアンのところほどふつうではない場所は見たことがない。

スーツケースに入れてきた洗濯済みの服がなくなりそうだ。もう時間がない。

エリザベスはシカゴ・アンド・ノース・ウェスタン鉄道の駅に向かった。切符売り場で、丁寧な口調できっぱりと、イリノイ州ジェニバまでと告げた。

リバーバンクにふたたび現れたエリザベスを、フェイビアンとギャラップ夫人は喜んで出迎えた。二人はすぐに、フランシス・ベーコンが残した手がかり、すなわち水没した言葉の宝物、海底に眠る黄金を積んだ船を探る方法を教えにかかった。

第3章　ベーコンの幽霊

1916年リバーバンクにて、ベーコン＝シェイクスピア説の研究者たち。ギャラップ夫人は前列左に座り、エリザベス・スミスは中央列の左から三番めに立っている。

ギャラップ夫人は、このエリザベス・スミスという新しい助手が、訓練すればきちんと見えるようになるかどうか確かめる必要があった。そこで、手始めに解読テストを受けさせた。ロッジの部屋で、ギャラップ夫人はエリザベスの前に数枚の紙を置いた。そのうちの一枚の白い紙には、シェイクスピアのフォリオから取った文が八行にわたりタイプされている。[1] 文は、五文字ずつのまとまりに分割されていた。

> TheWo rkeso fWill iamSh akesp earec ontai ninga llhis Comed iesHi stori esand Trage diesT ruely setfo . . .

エリザベスは空白を飛ばして読んでいく。すると、理解できる英語の文となった。

> The works of William Shakespeare containing all his Comedies Histories and Tragedies Truely set . . . 〔ウィリアム・シェイクスピアのすべての喜劇、歴史劇、悲劇の作品、真正に……〕

この文は、ファースト・フォリオの冒頭に近い「主要な役者名」のページから取られたものだとわかった。[2] フランシス・ベーコンはこのページにメッセージを忍ばせている、とギャラップ夫人はにらんでいた。夫人はすでに秘密を見抜いていたが、エリザベスにもそれが見つけられるかどうか確かめる必要があったのだ。

自分は敬虔なキリスト教徒なので、フランシス・ベーコンが忍ばせた秘密のメッセージを初めて発見したときはぞっとした、とギャラップ夫人はつねに言っていた。[3] 欺瞞《ぎまん》や恐喝、不義、女王や伯爵たちの飽くなき欲望など、ベーコンのメッセージで語られていることに、夫人は縁がなかった。「隠されたメッセージが明らかになるにつれ、次から次へと驚愕に襲われた。失望に包まれることもまれではなかった。明らかになった事実の一部は、わたし自身にとって多くの点において不快なものだった」とギャラップ夫人は書いている。[4] しかし、自身の道徳観は関係ない。「唯一の論点は——何が事実か、である。事実は、ごく少量の不十分な調査や先入観、観念的な思考、強烈な弾劾によって確定されるものではない」[5]

シェイクスピアの正体がフランシス・ベーコンであると主張したのは、ギャラップ夫人が初めてではなかった。「ベーコン説」として知られるこの理論は広く人気があり、ある程度は理にかなっていた。フランシス・ベーコンとシェイクスピアは、エリザベス一世治下のイングランドという同じ時代、同じ国に生きていた。二人のうちではベーコンのほうが、はるかに際立った経歴の持ち主だった。神童の誉れ高く、一五歳にしてトリニティ・カレッジを卒業し、法学を修め、国会議員として活躍し、大法官に上りつめ、ヴェルラム男爵とセント・オールバンズ子爵に叙せられ、科学時代の黎明を予告する著作をものにし、のちの世代の発明家や革命家たちにインスピレーションを与えた。チャールズ・ダーウィンはフランシス・ベーコンに心酔していた。トマス・ジェファーソンは、ベーコンは歴史上もっとも偉大な数名のうちに入ると評価した。ベーコンの著作を愛読していたセオドア・ローズベルトは、これに感化されてアメリカ国立公園制度を確立した。

ベーコンを伝説的な人物たらしめた急進的な思想が、本書に掲げた二つの題辞のひとつ、「知識それ自体が力である（Knowledge itself is power）」だ（ベーコンの崇拝者らはしばしばこれを「知は力なり（Knowledge is power）」と短縮した）。ベーコンの時代に科学とよばれていたものは、むしろ哲学や論理学に近かった。すなわち、高尚な思考をめぐらせることである。ベーコンはこれを否定し、科学は物的証拠にもとづくものであるとした。知識は、頭のなかにあるのではなく、自然と接触するなかで獲得される。ベーコンはそして、あらゆる形態の知識を収集し分類することを自身の使命とした。十分な知識を集めて分類し、ページにピンで留めたなら、人間に達成できないことはなにもない、というのが持論だった。未完のユートピア小説『ニュー・アトランティス』でベーコンは、けたはずれに優秀な科学者たちが支配する緑生い茂る孤島を描いてみせた。[6] 住民たちは日々、島の動物や植物を研究し、塔や洞窟、人造湖、特別に建設された専用の研究所で実験を行う。その島はまるで研究大学と自然保護区を足して二で割ったもののようだ。光、音響、香料、動力機関、炉、哺乳類、魚類、花、種《たね》、幾何学、錯覚、欺瞞、そしてなによりも、人間の寿命を延長させ不死を実現させる手法を研究することに捧げられた場所である。ベーコンは、人間は永遠に生きて不死身の存在となり、神のようになることができるかもしれないと考えていた。

このようにベーコンは傑出した人物だったので、一九世紀後期から二〇世紀にかけての作家や学者たちは、ベーコンが偽名でシェイクスピアの戯曲を書いた可能性があるという説をごく妥当なものとして受け止めた。マーク・トウェインはこの説を信じていた。[7] ナサニエル・ホーソーンも同じである。[8] 証拠はあったのか？　ベーコンはこっそりと署名を残したのか？　男も女もこぞってテキストという広大な草原を駆け回り、ありとあらゆるツールをもちいて一文字一文字をこすってみた。たとえば、もとの文字を入れ替えて新しい語や句にするアナグラム（一六二三年版のフォリオにある“Maister William Shakespeare”というフレーズをアナグラムで“I maske as a writer I spelle Ham.”〔「わたしは作家に擬装する、その作家の綴りはHam」〕に並べ替えることができる）。[9] 文字を意味のありそうな数に変換させる数秘学（A＝1およびB＝2であれば、“Bacon”という名前は2＋1＋3＋14＋13、すなわち33となる。シェイクスピア作品にある単語を数字に変換した場合に33となったら、それはベーコンの残した署名である）。[10] デトロイト出身の医師、オーヴィル・ウォード・オーウェンなる人物は、ある機械を発明し「ホイール」と名づけた。[11] さまざまなエリザベス朝時代の作品から取った数千ページを貼り付けた長さ三〇〇〇メートルの画布《カンバス》を、二つの大きな木製の円筒に巻き付けた装置である。オーウェン医師と助手たちはホイールを回転させ、重要とみなす四つの「符号語」（FORTUNE〔幸運〕、HONOUR〔名誉〕、NATURE〔自然〕、REPUTATION〔名声〕）が出てくる箇所を探し、これら四つの単語の次にくる単語を書き留め、それらを並べ替えて文にした。

　ギャラップ夫人がこうした研究家たちと一線を画していたのは、自身はなによりも科学者であると自認していた点と、隠されたメッセージを見つけるための手法が、当時においてはもっとも科学的で信頼できそうなものであった点にある。[12] 彼女のもちいた技法は、夢のなかでひらめいたものではなかった。フランシス・ベーコンその人が、シェイクスピアのファースト・フォリオと同じく一六二三年に出版された著書『学問の進歩（*De Augmentis Scientiarum*）』において実例を提示した手法だったのだ。[13]

　その年ベーコンは、新たな種類のサイファを考案したと発表した。「omnia per omnia」、すなわち、万事をもちいて万事《オムニア・ペル・オムニア》を表す手法である。[14] この手法には、ベーコンの言う優れた暗号にある三つの長所がある。「書くのが簡単で骨が折れない」、「安全」、かつ疑念を抱かせない。つまり、暗号文が一見まったく暗号のように見えないということだ。この三つは今日もなお、暗号の原則として妥当である。二つの文字だけでアルファベットのすべての文字を表すことができる、というのがベーコンのアイデアだった。二つの文字を、五文字の枠内にさまざまな順序で並べるのだ。ベーコンの時代にはｉとｊ、ｕとｖの文字は入れ替え可能だったので、残りすべての文字を表す二文字にａとｂを選ぶなら、新たなアルファベットは次のようになる。[15]

A	B	C	D	E	F
aaaaa	aaaab	aaaba	aaabb	aabaa	aabab
G	H	I, J	K	L	M
aabba	aabbb	abaaa	abaab	ababa	ababb
N	O	P	Q	R	S
abbaa	abbab	abbba	abbbb	baaaa	baaab
T	U, V	W	X	Y	Z
baaba	baabb	babaa	babab	babba	babbb

一文字が五文字になるので、Riverbank（リバーバンク）のような単語をこのサイファで書くと五倍の長さ

になる。baaa abaa baabb aabaa baaa aaab aaaa abbaa abaab.

これはまさに、コンピュータやモールス信号の根幹にある二進《バイナリ》コードのようなものだ。この種のシステムでは、二つの記号をさまざまな組み合わせで配列させることで、ほかの多数の記号を表すことができる。バイナリコードでは0と1、モールス信号では点《トン》と線《ツー》が使われる。フランシス・ベーコンはこの基本原理を一六二三年に発見していた。

ベーコンがこのサイファの柔軟性と威力を実例をもちいて示したことが、ギャラップ夫人にとって決定的となった。ベーコンいわく、このサイファにおいて、ほかの文字を表す二文字はaとbである必要はない[16]。cとdでも、xとyでもよい。物体、たとえばリンゴとオレンジをテーブルに並べるのでもよい。音、たとえばマスケット銃と大砲のように聞き分けることのできる発砲音を交互に発生させるのでもよい。ベーコンのサイファでは、ㇷㇷㇷココㇷㇷコㇷㇷㇷㇷㇷㇷㇷㇷㇷコㇷコの平文は「deaf〔聾《ろう》〕」、❤❤❤♡♡❤♡❤❤❤❤❤♡❤❤の平文は「die〔死〕」である。必要なものは「二文字アルファベット」、つまり、ちがいが認識できる任意の二つの型だけから作られるアルファベットだ。キャンディで声明書を書くことも、弾丸で書いたラブレターを送ることもできる。a型とb型を指定するだけで、何をもちいてもほかの何かを表すことができる。これぞ万事をもちいて万事《オムニア・ペル・オムニア》を表すである。

秘密のメッセージをありふれた体裁にしてカムフラージュすることもできる。*aaaba abbab aaabb aabaa* と書かれたメッセージは暗号だとすぐにわかる。これを奪い取った者は誰でも、このなかに秘密が隠されていると気づくだろう。ベーコンはこの問題を克服するために「二型アルファベット」を提案した。一文字をわずかに異なる形状にした二つの型を、a型とb型として使用するアルファベットである。たとえば、イタリック体をa型、通常の「ローマン」体をb型とする。すると、

knowledge is power

のような文が、

run〔走れ〕

と解読できるだろう。

これこそが、ギャラップ夫人の手法の核をなすものだった。シェイクスピアのファースト・フォリオやそのほかのエリザベス朝時代の本のページの拡大写真を徹底的に調べ、ベーコンがテキストに埋め込んだはずの「二型アルファベット」、すなわち二つの形の異なる文字からなるアルファベットを見つけようと、文字の形に見られるごくわずかなちがいを探した。[17] そうして、a型文字とb型文字の図表を作成した。[18] それからまた古い本の原文を調べ、一文字一文字を自作の表にある文字と比較し、a型かb型かを判別した。このようにして五文字を特定すると、ベーコンの鍵（*aaaaa* = A、*aaaab* = B、*aaaba* = C）と照合して、暗号文に隠された一文字がようやく書ける。ここで、クリスチャンとしての良心を苦しめるような秘密を発見してしまったのだった。

エリザベス女王はわたしの本当の母であり、わたしは王冠の法定継承者である。わたしの著書にある暗号文を見つけよ。そこには大きな秘密が記されており、どのひとつをとっても、万が一公にされれば、

わたしの命が危うくなるであろう。F・ベーコン[19]

ヴェルラムのフランシスは、これまでにマーロウ、グリーン、ピール、シェイクスピアによって出版されたすべての戯曲と、このたび初めて出版された二二の作品の作者である。そのうちの一部は、歴史を継承するために部分的に改変されている。[20]

トロイアの偉大なる英雄の子孫であり高貴な祖先を敬愛するセント・オールバンズのフランシスは、その著書に、ホメロスの『イーリアス』および『オデュッセイア』を（暗号で）秘匿し、ローマの大詩人、高貴なるウェルギリウスの『アエネーイス』をもちいてエリザベスへの手紙をしたためた……。彼はかくのごとく、おびただしい箇所に忍ばせた暗号文のなかで、背信者を迫害するであろう者たちから秘匿されたいくつかの重要な秘密を見つけ出し明らかにするための十分な指示を与えている。[21]

迷宮のなかで案内人に出会うか、道に迷うか、どちらかであろう。

——Fr. St. オールバンズ[22]

これらのメッセージは、一八九九年に出版されたギャラップ夫人の著書『フランシス・ベーコン卿の作品中に発見されエリザベス・ウェルズ・ギャラップ夫人が解読した二文字暗号（*The Biliteral Cypher of Sir Francis Bacon Discovered in His Works and Deciphered by Mrs. Elizabeth Wells Gallup*）』において初めて公開された。[23] そこには、エリザベス朝イングランドのこれまでとは異なる歴史が語られており、記者たちの注目を集め、学者たちを分断した。

ギャラップ夫人の解読によれば、フランシス・ベーコンは、当代の偉大な天才にとどまらない人物だった。ベーコンは隠された王である。[24] すなわち、レスター伯との過ちがうわさされたエリザベス女王の私生児なのだ。存命中ベーコンは、もしも王家の血筋を公言すれば、スキャンダルを鎮めるためにきっと殺されるだろうと恐れていた。そこで、偽名（シェイクスピア、マーロウ）で執筆した「偉大な戯曲」と、さらには本名で発表した「科学の著作」のなかに暗号をもちいてメッセージを秘匿することによって、歴史のなかに真実を忍ばせる方法を思いついた。印刷業者の協力を得て、誰にも気づかれることなく本に暗号を仕込んだ。そして、技師の集う秘密結社、イギリス薔薇《ばら》十字会のメンバーに暗号を教えた。[25] 彼らは、妖術の罪に問われることを恐れて、秘密裏に科学実験を行っていたのだ。暗号をもちいることで、ベーコンと薔薇十字会のメンバーは、発覚の不安なく危険な知識をやりとりし、技術的に高度な機械を作ることができた。

ギャラップ夫人の著書は熱狂を巻き起こした。それまで無名であったにもかかわらず、圧倒的な科学的手法を駆使して大量の証拠を提示したと評価された。「三六〇ページにわたる解読文があり、十分な証拠も提示されており、いかなる研究者も納得させる」という典型的な論評記事がある。[26] 懐疑的な人々はメッセージの信憑性《しんぴょうせい》に疑問を投げかけ、ギャラップ夫人が勝手に作り上げたにちがいないと主張した。[27] ギャラップ夫人は、冷ややかな文面のパンフレットや編集者あての手紙で、批判者たちにかみついた。自分の分析手法は「印刷された文字にある形や線、角度、曲線のごくわずかな差違を区別できるような、非常に鋭く完璧な精度を誇る観察眼をもたない人間には実践が不可能である。それに加えて、無限の時間と忍耐、適性、難解な問題を克服したいという熱意も絶対的に不可欠である。ときには霊感《インスピレーション》も必要だろう」と書いている。[28] もしも自分の発見を再現できないなら、その人自身に原因がある、とも主張した。視力が悪いか、怠惰であるか、霊感が足らないかのどれかだ。

ギャラップ夫人はイギリスのオックスフォードに赴き、文壇に味方を獲得した。[29] ガートルード・ホースフォード・フィスク夫人、[30] ヘンリー・ポット夫人、ヘンリー・シーモア、[31] D・J・キンダースリー夫人、ジェームズ・フィニー・バクスター[32]など、解読を再現できたと主張するイギリスやアメリカの研究者たちの証言を提示した。支持者のなかでもっとも揺るぎない確信をもっていたのが、ジョージ・フェイビアンだった。フェイビアンは一九一二年、ギャラップ夫人とその妹をリバーバンクに招き、最終的な目的を実現するまで研究を自由に続ける裁量を与えた。研究のために必要な物はなんでも買い、なんでも建てた。どんなとっぴな内容や値が張る調査も容認した。リバーバンクに落ち着いたギャラップ夫人は、とあるベーコンの暗号文を解読したと報告した。そこには「音響浮揚装置」、すなわちベーコンが一七世紀に発明したと思われる反重力装置について記されているという。[33] 楽器の弦の振動を利用して円筒を急速回転させ、空中に浮揚させるというしくみだ。フェイビアンは主任技師のバート・アイゼンハウアーに指示し、木製の装置を作らせた。できあがってきたのは、水車のような機械だった。その装置は作動しなかった。[34] 弦の調整がうまくいかなかったようだ。フェイビアンはこれにくじけず、「ギャラップ夫人の研究が世界に授けたものは、今まで受け継がれてきたもののなかでももっとも意義深い」と述べている。[35]

　フェイビアンがこう記したのは一九一六年のことである。同年、エリザベス・スミスがリバーバンクにやってきて、ギャラップ夫人から最初の解読テストを課された。

　エリザベスがテスト用紙に目をやる。

TheWo rkeso fWill iamSh akesp earec ontai ninga llhis Comed
iesHi stori esand Trage diesT ruely setfo . . .

このようにタイプされた紙に加えて、ギャラップ夫人は、これらの単語が出てくるファースト・フォリオの実際のページの拡大写真も添えた。[36] ファースト・フォリオの該当部分からギャラップ夫人が以前に抜き出した二型アルファベット、つまりはベーコンが忍び込ませたと思われるすべてのa型とb型の文字を列挙した表もあった。またギャラップ夫人は、自分の読書鏡をエリザベスに貸し与え、二文字暗号《バイリテラル・サイファ》の鍵、すなわち*aaaaa* はAを、*aaaab* はBを意味するといったことを教えた。秘密のメッセージを突き止めるために、エリザベスは読書鏡越しにフォリオのページを目を細めて見つめ、一文字一文字がa型かb型かを判断し、用紙にタイプされた文章の文字の上に横棒か斜線を書いていかなければならなかった。横棒はa型、斜線はb型を示す。横棒と斜線で五つになったら、鍵と照合して、隠されたメッセージ内の一文字を書き留める。たとえば、横棒と斜線が、

-//-

のようなパターンになっていれば、Gという文字を書く。

この時点でエリザベスは、暗号について何も知らなかった。それまでコードやサイファについて学んだことは一度もなかった。そのうえ、パズルがとくに好きというわけでもなかった。[37] 世間のどのような人とも同じくらい、暗号については初心者だった。それでもギャラップ夫人はエリザベスにルールを教え、エリザベスはそれに応えようとした。

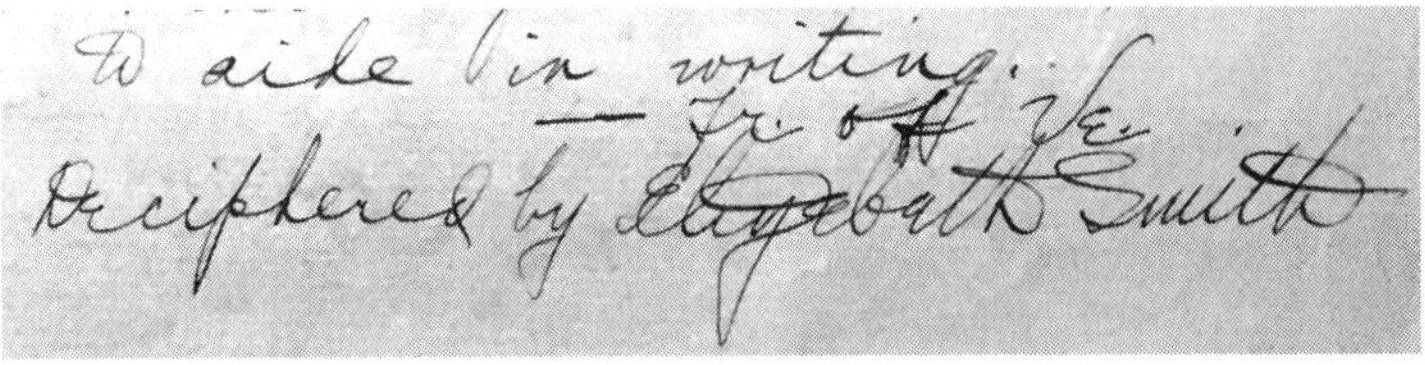

TheWo rkeso fWill iamSh akesp earec ontai ninga llhis Comed
iesHi stori esand Trage diesT ruely setfo . . .

エリザベスの目がフォリオのページと二型アルファベットの表のあいだを行ったり来たりして、文字がa型かb型かを判別しようとした。なかなか先に進まない。最初の二、三個でつまずいた。[38]読書鏡越しにいくら凝視しても、文字がa型かb型か判別できない。Hの縦棒がかすかにゆがんでいるとか、gの楕円形が傾いているとか、微妙なちがいしかない。まるで、ブルーベリーを色で分けたり、海岸の小石を滑らかさの度合いで分けたりするようなものだ。結局はギャラップ夫人に助けてもらって答えを導き出したが、それでもなお、英単語二四個の平文に翻訳するの[39]に八時間かかった。[40]「ときにはわたしがほかのサイファで規則や指示を伝える場合もあるため、ほかのものも探さなくてはならない、近々の執筆に役立てるために。ヴェルラムのフランシス」。エリザベスはこの文の下に署名した〔上図〕。

次のテストも、このような感じで行われた。ギャラップ夫人がフォリオから新たな文を与え、エリザベスが何時間もかけて解読を試みるが、ギャラップ夫人が介入しないと完了しない。ときどきエリザベスが紙をギャラップ夫人の机にもっていく。ギャラップ夫人は読書鏡に目を押しつけ、とがった鉛筆で紙に印をつけてエリザベスに返す。エリザベスは感服し、わたしが判読できなかった文字をどうやって解読できたのですか、と毎回ギャラップ夫人にたずねた。[41]「正しい」答えが得られるように、a型とb型のリストをいじって手を加えていたのだろうか？　いや、夫人はそんなことはしていない。自分は初心者なので、文字の微妙な差を見分けることができず、ｉの上部にある点のちょっとした角度のずれや、濃さのちがいや、わずかな位置のずれを見落としていたにちがいない。

エリザベスは最初のうち、ギャラップ夫人の手法の習得にてこずりはしても悩んだりはしなかった。毎朝、目ざめるとそこは夢の国だった。ここに職を得て来たとき、リバーバンクは一年でもっとも快適な季節を迎えていた。心地よい夏の盛り、いたるところに色彩があふれて良い香りが漂い、食材が豊富にあった。朝食には農場の鶏が産んだ卵が、夕食にはきびきび立ち働くデンマーク人とスウェーデン人のコックたちが調理した肉や果物が並ぶ。エリザベスは川沿いを散歩した。河岸には野生の蘭が咲いている。太陽の光が川面に反射して、コインが回転しているかのようにピカピカと輝いている。どこかからラグタイム〔シンコペーションを伴うスタイルのピアノ音楽〕が聞こえてくる。[42] どこから聞こえてくるのかと、エリザベスはぐるりと首を回した。夫妻がどの場所にいても音楽を聴けるように、フェイビアンは地所のいたるところに拡声器を設置しており、ヴィラにある制御盤で操作できるようになっていた。[43] 曲目は、朝から晩にかけてどんどん切り替わっていった。庭から聞こえたり、次はベランダから聞こえたりと、方向も変化した。ラグタイムの次はジャズに、その次はベートーベンの交響曲にと移っていった。気性が激しく落ち着きのないフェイビアンは、一度にあらゆる種類の音楽を聴きたがり、決して満足することはなかった。

フェイビアンはエリザベスに、エングルデュー・コテージとよばれる二階建ての家屋にある寝室をあてがった。コテージの名称は、フェイビアンの友人でもある地元の草花栽培家の名前にちなんだものだ。「頭脳労働者」が暮らす地所内に点在する多数のコテージのなかで、比較的大きな建物のひとつである。エングルデューは、ロッジから数百メートル南に行ったところにあり、すぐ隣には、大きな納屋があり、ネルが育てて賞を獲得した豚のいる農場がある。ロッジと同じくエングルデュー・コテージにも共有の作業室があり、日中は、大通りをコテージからコテージへと、資料や本を抱えた男女が行き交い、馬車や自動車が走っていた。

リバーバンクで暗号研究の仕事を与えられた若い女性は、エリザベスだけではなかった。エリザベスがやってきたとき、少なくとも二人の女性がいた。高校を卒業したばかりのシカゴ出身の姉妹である。[44]フェイビアンはよく、事務員紹介所から女性を採用していた。便利だからという理由だったが、やがて、女性のほうが男性よりも多くの点で暗号の分析が得意であると認識するようになった。女性は一日中、文をにらんでいられる持久力と忍耐力があり、不満を口にすることが少ない。「リバーバンクでの経験から、女性がこの種の仕事に格別に順応性が高いとわかった」とフェイビアンは書いている。[45]

二、三週間もするとエリザベスは日課に慣れ、新しい仕事に順応していった。ギャラップ夫人は、ロッジの広い居間で助手たちと仕事をすることが多かった。背の高い開き窓は東に面し、大通りをはさんでヴィラと川が見える。自然史博物館や蝶や蛾の研究者の実験室では、壊れやすい物を細かく分析したり、蝶の死骸を紙にピンで留めてスケッチをしたりしているのだろうかとエリザベスは想像していたものだが、ロッジの職場環境はそれに少し似ていた。ギャラップ夫人が立派な木机で、楕円形の読書鏡越しに古い本のページの拡大写真をにらんでいる。[46]拡大写真を作成したのは、遺伝学者のウィリアム・フリードマンだった。ロッジで初めて夕食会に出席したエリザベスの目をとらえた、白いバックスキンの靴をはいたあの男性である。ウィリアムの仕事場にはたまたまカメラと暗室があったので、本来の業務ではなかったにもかかわらず、フェイビアンから暗号のプロジェクトに引きずり込まれていたのだ。そういうわけでウィリアムは、現像した写真をギャラップ夫人に渡すために、ロッジをたびたび訪れた。

ギャラップ夫人は、読書鏡を上げ下げしてはノートに数語を書きつけ、またもや読書鏡を上げ下げしては数語書きつけるといった作業を何時間も続けていた。エリザベスが助手の女性たちに、ギャラップ夫人は何をしているのかと質問すると、ベーコンの未完のSF小説『ニュー・アトランティス』を完成させようとしているのだという答えが返ってきた。[47] 未完の部分の文章が、ベーコンのほかの著書のなかに埋め込まれているとギャラップ夫人は確信しており、それを掘り起こそうとしているらしい。

ギャラップ夫人の書く筆記体の文字はとても美しかった。ノートのページはどれも、まるで芸術作品のようだ。[48] インスピレーションを得るために、ベーコンの肖像画をいつも手許に置いていた。ひとつは、全盛期のころの若々しい美男子姿を描いた版画で、襞襟《ひだ》の上に巻き毛がかかっている。もうひとつは、ロンドン郊外にあるベーコンの邸宅、ゴーラムベリー・ハウスの絵だ。夫人自身の研究とライバルたちの研究について書かれた記事の切り抜きを小さな木箱にため込んでおり、順次、スクラップブックに貼り付けていた。[49]

女性たちは、日が暮れて太陽が沈み、ポーチに蠅《はえ》がたかるまで長時間働いた。「あれはハードコアな毎日だった」[50]。エリザベスはのちにNSAのヴァラキにこう述懐し、きまり悪そうに少し口をつぐんだ。なにも猥褻《わいせつ》な意味ではない。「つまり、お酒を飲んで騒いだり、パーティーを楽しんだり、は一切なし。フェイビアンが必要としていたのは一種類の人間だけ。彼の仕事を理解して、ハードに働くような人間ね」。暗号解読者や科学者たちに支払う給料は少額だったが、食事や住居、娯楽などあらゆる面倒を見ると約束していた。[51] リバーバンクでフェイビアンの庇護のもとにいるかぎり、「ちょっとした有閑階級」のように暮らせた。[52]

それなら、そこを去りたい人などいるだろうか？　週末になるとエリザベスは水着姿で丘を川岸まで駆け下りて、橋を渡って島に向かった。フェイビアンはその島を、響きが「アイ・ラブ・ユー」に似ていて好きだからという理由で、「ながめの良い島《アイル・オブ・ビュー》」とよんでいた。島の北岸には灯台がそびえ、南岸には背の高い木々が繁り、フェイビアンが職員たちのために造った大きなプールもある。プールの周囲には背の高いローマ様式の柱が立ち並び、夜間になると投光器で照らされる。エリザベスは、そのプールで泳ぐと、イタリアの王女か映画女優のような気分になった。冷たい水で汗を落とし、太陽の熱で体を乾かし、ギャラップ夫人の助手を務める女性たちと談笑した。

一九一六年八月、エリザベスは二四歳になった。

リバーバンクにいる男たち、それもとりわけ頭脳労働をする男たちは、早くからエリザベスに注目した。みな、安いたばこを詰めたパイプをくゆらせていた。エリザベスについて聞いて回り、独身かどうかを確かめて、振り返ってもらう方法を画策した。大工で技師のバート・アイゼンハウアーはフェイビアンに頼み込み、四サイクルエンジンのロードスター、スタッツベアキャットを借り、エリザベスを誘った[53]。エリザベスを乗せた車はまたたく間に、屋根を開けた状態で時速一〇〇キロ以上の速度でリンカーン大通りを突っ走っていた。道路の大半が土や砂利《じゃり》だった当時、リンカーン大通りは、フェイビアンと地元の事業家たちの協力で舗装されていた。その結果、ある訪問者の文を借りれば、「史上最高に滑らかなビリヤード台の上を転がるボールですら、あのきらきら輝きくねくねと曲がるコンクリートの道路上をパワフルな自動車に乗って疾走するイリノイ人が体感する以上の爽快な動きはできなかっただろう[54]」。ベアキャットの助手席に座ったエリザベスは、地面すれすれの状態で、家畜小屋やサイロの脇を走り抜けた。カールした髪が風を受けてぺしゃんこになり、エンジンの轟音が耳のなかで鳴り響く。頭が吹き飛ばされるのではないかと心配になるほどだった[55]。

余暇にエリザベスとデートしていたもうひとりの男性が、遺伝学者でギャラップ夫人の写真助手を務めていたウィリアム・フリードマンである。風邪を引きたくないので水泳は好まなかったが、自転車に乗るのは好きだった。[56] エリザベスと二人で地所内をゆっくりとサイクリングして、[57] 草地で自転車を止めてピクニックを楽しんだ。カナダヅルやアカノスリが二人の頭上を旋回していた。[58]

　ウィリアムは二五歳と男性科学者たちのなかでも若く、エリザベスと年齢が近かった。[59] だから、二人が一緒に過ごすのは自然なことに思えた。エリザベスは、ウィリアムの、遠慮がちで厳密な言葉の選びかたや、自身に反論しながらしゃべっているような、穏やかな声のとつとつとした話しかたを気に入った。まるでつねに、言葉が印字された紙テープを、頭のなかで正しいかどうか確認しているかのようだった。ある日、ウィリアムは地所にある自分の住まいをエリザベスに見せた。それは、風車として使われている建物だった。川の向こう岸にある、あのばかでかくて派手なオランダ製風車ではなく、ロッジや武器実験庫と同じく川のこちら側にあるもっと小さな風車である。建物は二階建てだ。ウィリアムが扉を開け、エリザベスがなかに入る。古い床がきしみ、じめじめとして温かく、むせかえるような土の匂いがした。[60] 一階には、顕微鏡や作業棚がいくつかある。奥にある扉はウィリアムが管理する温室につながっており、フェイビアンの指示のもと、スミレや小麦、穂軸のないトウモロコシなど、穀物や花の新品種を栽培していた。

　二階は寝室で、この一階は実験室に使っていて、生きたキイロショウジョウバエで遺伝の実験をしているんだ、とウィリアムが説明した。エリザベスの目の前には、小さなミバエがたくさん入った瓶が並んでいる。[61] 瓶はコーヒーカップくらいの大きさで、厚みがわずかに薄く、ミバエの餌用に熟しすぎたバナナがこすりつけられていた。ミバエはとても短い周期で繁殖して死んでいくから、遺伝学者はこれをよく実験材料にするんだ、とウィリアムが説明する。[62] ふつうのミバエと、生物学的コードが変化して遺伝子が変異し眼が黄色くなったミバエを繁殖させると、三週間で子どもが生まれ、黄色の眼をもつ子どもがいるかどうか、つまりは黄色い眼の遺伝子を受け継いだかどうかを確かめることができる。この、ぱりっとアイロンのかかった白いシャツに蝶ネクタイを身に着けたハンサムな若い男が、田舎の草原のまんなかにぽつりと立つ、バナナや、植物の腐敗するほんのりと甘い匂いのたちこめる風車のなかで仕事をしている光景は、なんだか不釣り合いで非現実的に感じられた。エリザベスはよくここで、ウィリアムが、ミバエを瓶から別の瓶に移し、遺伝子コードを交換させせて繁殖させる[63]ようすをながめた。

リバーバンクの規模や研究範囲がエリザベスにも徐々につかめてきた。初めて訪問したときには広い敷地に建物が点在するだけに見えたこの場所が、今では、自己完結した小さな村であるとわかった。一五〇人の職員が生活しており、なかには一〇年以上前からフェイビアンのもとで働く者もいた。[64]日本庭園の庭師コバヤシ・ススム。[65]ボートハウスの管理人で体格が良く快活なノルウェー人、ジャック・〝ザ・セイラー〟・ウィルヘルムソン。[66]フェイビアンの個人秘書でスコットランド出身のベル・カミング。[67]彼女はリバーバンクの財務記録を黒いフォルダに保管し、限度を超えていると判断した客人たちに罰当たりな言葉をとうとうと浴びせかけた。フェイビアンお抱えの彫刻家、シルヴィオ・シルヴェストリ。[68]フェイビアンは人々を気まぐれに雇い入れた。彼らの業績や学歴ではなく、自分の受けた印象を信じた。際立っていると感じた人間をリバーバンクに連れてきた。フェイビアンはつねに、エリザベスやほかの面々にこう言っていた。「成功しろ！　際立った人間であれ！　そうすれば道は開かれるぞ[69]」

際立った人物に滞在してもらえるように、フェイビアンは配偶者や子どもたちも歓迎した。地所内で子どもが生まれるとフェイビアンから銀行口座に入金される。利子がついて金額が増え、将来の学費に使えるようにという配慮からだ。この点にも、エリザベスは感銘を受けた。ここには何組もの家族が暮らしていた。男の子や女の子たちがリバーバンクで育っていたのだ。フェイビアンは心から子どもが好きなようで、上着のポケットに入っているぴかぴか光る一〇セント硬貨をあげたりしていた[70]。リバーバンクの動物園にいる生き物について子どもから質問されたら何をしていても手を止め、動物の奇妙な行動について説明してやった。檻からヘビを手づかみで取り出し、ヘビがあごを外して卵を丸飲みするようすを実際に見せてやったりもした[71]。

エリザベスにとってはまるで幻覚であるかのように思われるリバーバンクでのすべてのことが、子どもの目には当然ながらまったくふつうに映っているようだった。子どもたちにとっては、赤いおむつをはいた二匹の猿が外をうろつき、そのうちの一匹が男の人から鍵を盗み取る手癖をもっている場所で生活するのは、ごくふつうのことだった[72]。ジャック・ザ・セイラーが子どもたちに水夫のはやし歌を歌ってあげたり、せがまれてジグを踊ってみせたり、ロープの結びかたを教えてあげたりするのも、いつもの光景だった。外で遊んでいるときに、通りがかった有名女優やテディ・ローズベルトを見かけることもめずらしくはなかった。ローズベルトは、フェイビアンと連れ立って地所内を散歩して農作物や遺伝学、フランシス・ベーコンについて語り合うのを好んでいた[73]。夏になるといつもジャック・ザ・セイラーがロープを編んで、二本の楡《にれ》の木にかけわたして巨大な蜘蛛の巣のようなものを作った。リスたちがそこを駆け上がり、子どもたちも登ろうとした。舞台やボードビルで活躍する女優で、大胆に馬を乗りこなすリリー・ラングトリーも同じく登ろうと試みた[74]。ほかにも著名人たちがリバーバンクで休暇を過ごした。縮れた巻き毛の女優で飛行機も操縦するビリー・ダヴ[75]。飛行家で極地探検家のリチャード・バード[76]。ブロードウェーの興行主フロー・ジーグフェルドと妻で女優のエレガントなビリー・バーク[77]。バークはのちに『オズの魔法使』で北の良い魔女グリンダを演じることになる。フェイビアンもその一員であるシカゴ証券取引所の有力者たち。彼らはジョージとネルの夫妻とともに夕食を食べ、たき火を囲んで酒を飲みたばこを吸った。

エリザベスはこうした著名人たちに感銘を受けることはなかった。当時のアメリカでもっとも有名な女性のひとりリリー・ラングトリーと対面して言葉を交わしたが、そのことについては、後日ついでにふれただけだ。[78] 自分が「スター・コンプレックスや英雄崇拝に侵され」ていないことを誇りに思う、とエリザベスはのちに書いている。[79]「追従やスター崇拝をおおいに好む人間たちがもつ資質がどのようなものであれ、わたしの場合は、注目されない自由、そしてプライバシーを強く求める性質がそうした資質に取って代わっているようだ」

こうした性質もあって、エリザベスは仕事を始めてすぐにジョージ・フェイビアンを警戒するようになった。フェイビアンはエリザベスの生活のあらゆる面に首を突っ込みたがった。エリザベスがリバーバンクに落ち着くとすぐに、フェイビアンは、彼女が好んで着ていた白やグレーの控えめな服はふさわしくないと言って、シカゴのマーシャル・フィールズ百貨店で新しい服を一式買ってこいと言いつけた。[80] もともと倹約家のエリザベスはブランド品に大金を使いたくなかったので、異議を唱えようとしたところ、フェイビアンから黙れと一喝された。「いかにもフェイビアンらしかった」とエリザベスは回想する。[81] もしもフェイビアンがまちがっているとでも言おうものなら、「すぐさま喉元に拳銃が突きつけられたでしょうね」。フェイビアンは秘書をひとりつけてエリザベスをシカゴに行かせた。秘書は百貨店のなかまで付き添い、エリザベスがちゃんとフェイビアン好みの服を買うのを見届けた。

一、二週間のうちに、この男は、無尽蔵の資金と多様な顔をもつ頭が少々おかしい人間だということがエリザベスにはわかってきた。

フェイビアンには、命令や儀式を好む権威主義的な面があった。そういうわけで、らっぱ吹きに朝は起床らっぱを、夜には消灯らっぱを吹かせた。[82] 毎朝、アメリカ国旗を掲げ、夕方になると下ろし、黄昏時の草原に向かって大砲から祝砲が放たれる時間には旗を三角形に折りたたませた。職員たちはフェイビアンを「大佐《カーネル》」や「ザ・カーネル」とよんだ。「フェイビアン大佐」とよぶように指示されたエリザベスは、きっと軍隊にいたことがあるのだろうと思い従ったが、あとから本当のことを知った。大佐という称号は名誉上の肩書きで、イリノイ州兵の訓練のために地所を開放したことで知事から感謝の印として授けられたものだったのだ。[83]知事は、騎兵斥候隊をフェイビアン隊と命名もした。[84]得意満面のフェイビアンは、まるで私兵を組織するかのように地元の農民たちを募って市民軍を結成し、フォックス・ヴァレー・ガードと名づけた。[85]

フェイビアンは、ヴィラのすぐ隣にある木から鎖でつるした籐椅子によく座っていた。みんながそれを「地獄椅子《ヘル・チェア》」とよぶのを耳にしたエリザベスは、すぐにその名の由来を知った。フェイビアンが職員や客人にたいして腹を立てると、地獄椅子のところまで相手を引っ張ってきて、自分は椅子にどかりと座り、鎖の音をキーキーと立てながら椅子を前後に揺すって、相手に向かって罵声を浴びせかけ地獄送りにしていたのだ。[86]ときおり夜に地獄椅子に座り、暗闇のなか、たき火に石炭をくべることもあった。[87]

フェイビアンには混沌としたものを好む面もあり、衝動やインスピレーションに突き動かされて何日も休まずに突っ走った。鉄道の有蓋貨車の貨物を中身を確かめずに買う習性があった。高層ビルを建設できるほど大量のI型鉄鋼、[88]鋤《すき》七五個[89]などを購入し、オランダ製風車の隣にある、がらくたの殿堂《テンプル・ド・ジャンク》と名づけた倉庫に保管していた。[90]荒唐無稽なことも大好きで、自身を支える基盤となるものを茶化しもした。ジョージ・フェイビアン著『綿製品および国産品の将来にかんする私見』という本を出版し、オフィスに何冊か置いていた。[91]客人たちが汗をかいた手で本をつかみ、裕福な綿実業家から株式の知識を学べないかと期待してページをめくると、なかには一〇〇ページにおよぶ白紙があった。[92]これは、商売をネタにしたフェイビアン流のジョークだった。アメリカ流の独断専行の手法のおかげで成功し、十分な額の金をふところに収めているので、これ以上お金の心配をする必要がなくなったと言いたかったのである。

　騎手か狩猟家のような服装を好んだフェイビアンは、乗馬用コートや膝丈のブーツを身に着けていたが、馬に乗ったり野生動物を狩ったりするところを見た者はいなかった。また、白いセーターに粋な青い帽子というヨット愛好家のような出で立ちも好きだったが、ボートを操縦するところを見た者もいなかった。自分の王国を歩いて回り、あちこちで人を怒鳴りつけ、大量のアイデアをぶち上げては先に進み、実行は人に任せた。ある日、水泳プールのそばを通りかかったとき、小さな女の子を見かけた。[93] 庭師の棟梁《とうりょう》の娘、コバヤシ・スミコで、初めての水泳のレッスンをいやがって水がこわいと泣いていたのだ。フェイビアンはそこにいた大人に、スミコをプールに投げ入れて、体でおぼえさせろと命令した。怯《おび》えた女の子が水中でもがくようすを観察してから、自身の解決策に満足して立ち去った。一方、大人たちがプールに飛び込み、溺れかけているかわいそうなスミコを助けた。

　フェイビアンは常軌を逸した人間だったかもしれないが、決して愚かではなかった。彼の知性を過小評価するのは危険だとエリザベスは察した。正式な教育は受けていなくても「とても聡明な人」だというのがエリザベスの評価である。[94] 狡猾《こうかつ》で、緊急事態や重大局面に直面したときに人や組織がどのように対応するかを見通す能力のあることは明らかだった。周囲の人間に、自分の話に耳を傾けさせるのが上手だった。科学論文はまったく読まない。エリザベスは、フェイビアンが新聞の見出しよりも長い文を読んでいるところを見たことが一度もなかった。[95] しかし、写真のような正確な記憶力に近いものがあり、科学者たちから聞かされたことを一語一句たがわずに復誦することができた。[96] こうした模倣力と、セールスマンとしての生来の能力が合わさって、フェイビアンは信頼の置ける科学予言者のような雰囲気をかもし出していた。科学的に不可能だと断言されていることについて語っているときでさえ、それは変わらなかった。無から無限のエネルギーを生み出すという永久運動の研究に取り組み、実験室の奥にしまっていた永久運動機関の試作品をエリザベスに見せたことがある。[97] エリザベスはまったく感心しなかった。「実験室に入って、かなり時間をかけて観察したけれども、ばかでかい金属製の物体にしか見えなかった」。また、人間によくある病気のおおもとの原因は、霊長類の祖先が腹ばいで移動していたため、人類はいまだ正しい歩きかたを習得できていないところにある、とフェイビアンは主張していた。[98] なお、皮肉のつもりでこうふれ回っていたのではなく、本当にそうだと信じていたのだ。フェイビアンは、空想と現実の境目をあいまいにしてみせるのが上手だった。そんな境界線など存在しないと考えていたからだ。あるときなどウィリアム・フリードマンに、非現実的であり得そうにないことが実現されるのをいくどか見てきたと語ったことがある。あり得そうにないことを実現するために必要なのは、楽観的な心構えと、あきらめない意志だけである。

「毎日、最善を尽くして勝負をするだけだ」とフェイビアンはしょっちゅう言っていた。

リバーバンクで行われている研究のなかで、フェイビアンはベーコン暗号研究をもっとも熱心に売り込んでいた。訪問者にたいして研究成果全体を紹介する際には、暗号研究についても必ず少しはふれていた。しかし、それを受け入れなかったり、あからさまに敵意を向けてきたりする学者連中にたいしては、別途、視察旅行を開催して、リバーバンクがすでに暗号の真実を明らかにしたと納得させようと試みた。

一九一六年の夏が終わるころには、フェイビアンはエリザベスの力に頼るようになってきていた。弱冠二四歳のエリザベスの話に、みなが耳を傾けることがわかったからだ。美しい容姿が男たちの視線をくぎづけにし、厳密で真剣な知性あふれるようすも人をひきつけた。フェイビアンは、某大学の某教授が暗号研究の発見について話を聞きに来る予定なので、その教授にリバーバンクの研究手法が正しいことを認めさせてほしいなどと、エリザベスに指示するようになった。[99]「うまくやれると思うが[100]」。「ここに滞在する気になってもらいたいね」

教授連の訪問費用はすべてフェイビアンが負担した。[101] たくさんの料理とたくさんのワインでもてなした。フェイビアンはいつも、ランタンを使ったスライドで暗号の説明をした。ウィリアム・フリードマンが焼き付けた四角い写真の原板を、湾曲したレンズを通して、暗くした部屋の壁に投影するのだ。フェイビアンは、文化人は弱腰で体制にすぐ順応すると軽蔑しながらも、同時に、彼らを味方につけたいと願っていた。そこで自分自身を、彼らから尊敬されそうな、注意深く実際的なタイプの人間に見せようと骨を折った。フォリオと、ギャラップ夫人がそのなかに発見したと主張する手書きの美しい二型アルファベットのスライドを見せながら、フェイビアンは、誰がシェイクスピア作品を書いたかという「無益なベーコン＝シェイクスピア論争」はどうでもよく、[102] 戯曲に隠された暗号を解読することだけに興味があるのだ[103]と説明する。自身もリバーバンクの研究者たちも「厳然たる事実」しか求めておらず、[104] 暗号の存在はそうした確かな事実であり、入念な検証に耐えている。リバーバンクでは誰ひとりとして見返りに金銭を得ていない。彼らは人類の利益のために研究しており、発見を世界中の人々と分かち合うつもりである。こうした主張に、いったい誰が反対できようか？　暗がりのなかに響くフェイビアンの厳粛な声を聞き、壁に映った繊細な文字を見ているうちに、客人は感覚が麻痺してきて、リバーバンクの見解を受け入れる気持ちになっていく。[105] 頭がわずかに縦に振られるようになり、口元が緩んでくる。こうなるとエリザベスの出番だ。フェイビアンの話に飽きてきた客人がエリザベスのほうに顔を向け、彼女の考えをたずねると、研究内容は信頼できるものであり、暗号文は本当に存在すると確信しています、と答えるのだ。[106]

だが、エリザベス個人としては疑念をもち始めていた。[107] 懐疑的な客人たちは、反駁《はんばく》しがたい議論を投げかけてくる。シカゴ大学英語学部長でチョーサーの権威であり、アマチュア暗号研究家でもあるジョン・マシューズ・マンリーは、ひところリバーバンクに滞在し、すべてでたらめという結論を下した。[108] マンリーはすでに自身の研究分野で名声を得ており、フェイビアンが差し出す金銭やそのほかのものを一切必要としていなかった。そして、赤い風船で埋まった部屋で、ひとつずつ風船をふみつけていく少年のように、ギャラップ夫人の手法にある穴を嬉々として指摘していった。週末にマンリーと「取っ組み合い」してくれとフェイビアンから頼まれたエリザベスは、マンリーが鼻持ちならない尊大な人間であると思い知らされた。[109] 議論のさなか、激しさを増してきたマンリーの声にたいしてエリザベスが冷静に反論していると、マンリーがエリザベスの肩をぐいと押した。[110] 偉大なるジョン・M・マンリーに刃向かう人間がいることに困惑し、狼狽したのだ。エリザベスはこのできごとを忘れることはなかった。「なんてこと！　あれはいただけなかった。うーん！」[111]

しかし、マンリーをはじめ懐疑論者たちの発言には、こちらの意識をひきつけるような、しっかりとした論理的な中身があった。ギャラップ夫人の手法の基本は、遠い昔、初期の印刷技術をもちいて製作された本を調べて、文字の形にある、ごくわずかではあるが一貫して認められる差違を見抜くことであった。一六二三年の時点では手作業で活字を組んでいた印刷業者が、何百部もあるファースト・フォリオすべてにおいてこうした微妙な差違を再現できたと考えるのは、信憑性において無理がある。[112] そのうえ実際のところ、複数のフォリオ間での差違が、一冊のフォリオのなかに発見したとギャラップ夫人が主張する差違よりも大きいことがたびたびあった。

もうひとつ、エリザベスを動揺させた懐疑論があった。それは、ベーコンが忍ばせた秘密のメッセージの文学性を問題視したものである。はっきり言うと、ただただ、ひどい文なのだ。〈トロイアの偉大なる英雄の子孫であり高貴な祖先を敬愛するセント・オールバンズのフランシス〉――こんな退屈な文を書く者が、ジュリエットを求めるロミオのあの軽やかでしなやかな台詞を書いた者と同一人物なのか？〈見ろ、小首をかしげ頬を片手に預けている。あの手を包む手袋になりたい。そうすれば、あの頬に触れられる！〉[113]（『ロミオとジュリエット』第二幕第二場、松岡和子訳／ちくま文庫より）。ギャラップ夫人の理論を信じるなら、これらの戯曲と、そこに登場する情熱的で魅惑的な人物たちが、ほぼ後知恵として、女王を母にもつ男についての誇張された回顧を覆う隠れ蓑として作られたと考えるしかなくなってしまう。それはあまりにナンセンスだ。神が遠くにいる別の神に、だじゃれのジョークを伝えるためだけに、星の形を使った暗号を埋め込んだ銀河を創造したようなものだろう。

そうなると、大きな疑問がわいてくる。ギャラップ夫人が発見した秘密のメッセージが実際には存在しないとしたら、彼女が見ているものはなんなのか？

エリザベスは、ギャラップ夫人が詐欺師ではないかと疑ったことは一度もなかった[114]。夫人のなかに欺瞞はまったく認められない。唯一ありうるのは、夫人が自分自身をなんらかの方法で欺いているという可能性だ。人間はパターンを認識するのが得意なあまり、実際には存在しないパターンを見ることができてしまうという例がよくある。ギャラップ夫人は、望む結果に沿うように、自身の手法のルールに手を加えていたにちがいない。文字を二つの容れ物（a型とb型）へ割り振るという非常に重要な作業を、意味の通る単語が見えてくるまであれこれやり直していたのだろう。数十年後、エリザベスとウィリアムは二人の共著で、ギャラップ夫人が何をしていたのかを考察している。

彼女はテキストを読み進めながら、そのなかに見たいと無意識のうちに願っていたものを拾い出していたのかもしれない……。解読していく一文字一文字について、制限はあるがたしかに存在する複数の可能性から選び取ることができた。したがって、作業を進めるにつれて、解読者とテキストが相互に影響を与え合い、一種の協力関係ができていったのだろう。おそらくその結果、拾い出されたメッセージが、霊界との交信にも似た奇妙でとりとめのない冗長な文になったのだろう。なんらかの意味はあるが、その奥には実質的な思考はなく、単に観念らしきものが漂っているだけである。テキストがときおり唐突に気まぐれを起こし、その一瞬、解読者を操るのだ。[115]

こうしてはっきりわかるのも、あとから振り返ればこそである。リバーバンクにいた当時、エリザベスは感じた疑念をどうすべきかわからなかった。フェイビアンやギャラップ夫人の批判への対応を、目の当たりにしていた。ギャラップ夫人は、けんか腰の手紙や論説で自説を繰り返し主張し、すべては夫人の想像の産物にすぎないという反論を否定して、みずからをガリレオになぞらえた。[116]「地球が動くという説は、かつては幻想とみなされた」。フェイビアンは宣伝にさらに力を入れた。ベーコンと二文字暗号について書かれた子ども向けの絵本『小さな子のためのサイファ（*Ciphers for the Little Ones*）』を出版したのだ。また、ベーコンはエリザベス女王の庶子であると書いた名刺を印刷した。[117]下部には次のように書き添えられている。

史実にもとづくが、今まで知られていなかったこれら事実の根拠および出典にかんする質問については、以下の機関より迅速に回答いたす

リバーバンク研究所
イリノイ州ジェニバ

実際に質問がくると、フェイビアンは、暗号プロジェクトについて説明した定型文を送った。

リバーバンク研究所は、真剣かつ熱心な研究者が集まり事実を探究する施設であります。フェイビアン大佐がジェニバに構える田舎の別荘にて、大佐自身の学識を深め愉悦を得るためにこれを支援しております。[118]……

エリザベスが胸のうちに抑えつけていたものが、どんどんふくれあがっていった。それは、大学生のころ、世間の人たちは真実よりも礼儀を重んじると悟ったときにおぼえた焦燥感と同じものだった。さしあたり、疑念は胸の奥にしまっておいた。自分の疑念が正しいのかどうか確信がもてなかったからだ。自分が正しくてほかのみんながまちがっていると言い切れるのか？　虚栄心がそう思わせているのではないか？　疑念を口に出したとして、どうやってそれを証明するのか？　この仕事を失うだろうか？　誰か擁護してくれるだろうか？　エリザベスは二四歳で、ここでは無名の人間だった。どこに行っても、無名だった。ロッジで会話が交わされるなか、部屋にいる同僚の顔を見渡しては、彼らが本当に信じているのか、それとも単に信じるふりをしているだけなのかを見分けようとした。ときおり、ウィリアム・フリードマンと目が合った。彼は何を考えているのだろう、とエリザベスは思いをめぐらせた。

最近、二人で話す機会がますます増えていた。ウィリアムは、カメラの黒い箱を首からぶら下げて、どこにでも持ち歩いている。エリザベスは、ウィリアムお気に入りの被写体だった。庭園や草地に立ってと頼み、胸の高さでカメラを構え、視線を落としてレンズに映るエリザベスの顔を見た。

エリザベスはウィリアムについて、出身地やここに来た経緯など、さらに多くのことを知りつつあった。フリードマン一家はユダヤ人で、もともとはロシアのキシニョフ〔現モルドバ共和国の首都キシナウ〕という町に住んでいた。[119] ウィリアムは誕生当時、ウォルフという名前だった。生まれてから一年後、両親は子どもの名前をウィリアムに改め、ロシアを襲った飢饉と、皇帝の命じた反ユダヤ的規制から逃れるためにアメリカに移住する。そうしてピッツバーグに居を構えた。

ウィリアムによれば、父親はまじめな性格で読書家、八か国語を流暢に操り、タルムード〔ユダヤ教の聖典〕を学んでいた。[120] ロシアでは郵政局に勤めていたが、アメリカでは職探しに苦労し、シンガー製ミシンの戸別訪問販売の仕事を得た。母親は衣料品会社の行商をした。こうしてウィリアムと四人のきょうだいは、ピッツバーグで貧しい暮らしをしながら成長していった。その生活は、インディアナ州に暮らすエリザベスの一家よりも苦しかった。

奨学金を得てコーネル大学に進学し、遺伝学を専攻した。その理由は、この分野が新しく、「研究や新たな発見の可能性に満ちているように思われた」からである。[121] 学位を取得してからも大学に残り、終身在職権《テニュア》のない講師としていくつかの課程を教えた。そのころ、フェイビアンからの手紙が一方的に生物学部あての郵便受けに届いた。ウィリアムはフェイビアンが何者か知らなかった。手紙には、イリノイ州で研究所を運営しており、遺伝の専門家を求めていると書かれていた。遺伝学部門を設立し、農作物とミバエの品種改良実験の監督を行ってほしいのだという。[122] ウィリアムは返事を書き、自己紹介をした。それからの三か月間、フェイビアンはせっせと勧誘の手紙をよこし、自由な研究と冒険ができる生活を約束した。「農業の専門家を探しているのではない。こちらにはそうした専門家が大勢いる。国内のさまざまな農業試験場や上級の学校や大学で行われている研究を再現するような人材を求めているのでもない……。もしも、われわれの役に立ちそうな話をどこかで耳にしたなら、きみに現地に出かけて調査してもらうこともあるだろう。つまり、わたしは後戻りを好まない人間なのだ[123]」

ウィリアムは、丁寧に礼儀正しく感謝の気持ちをこめて返信した。「成功を収める機会をお与えくださったことを心より感謝いたしますとともに、わたくしたちの今後の関係がおたがいにとって好ましく有益なものになることを望んでおります[124]」

こうしたやりとりのなかで、フェイビアンのもとで働くのはやっかいなことになりそうな予感をおぼえた。慎重なたちのウィリアムは、給料について質問した。フェイビアンの回答は、あいまいで回りくどかった。「実際的で分別のある自律的な人間を雇って、見返りを求めず、最高の成果を出すコミュニティを作りたい。われわれの成果にひかれて、さらに多くの者たちがやってくるにちがいない[125]」。ウィリアムは、リバーバンクの農場では何を栽培《レイズ》しているのかたずねた。フェイビアンは、大騒ぎ《ヘル》を引き起こして《レイズ》いると答えた。フェイビアンは、美辞麗句を並べたきてれつなたとえをもちいた。乾燥した気候でも生長でき、飢餓に苦しむ人々の糧となるような小麦の新しい品種を作りたいという趣旨の手紙は、次のような表現で書かれている。「ひとつ問題を思いついたので、きみに取り組んでもらいたい。乾燥した土地でも子どもが成育できるような小麦の父親とその妻を手に入れたいのだ[126]」そしてこう続けた。「金持ちのユダヤ人の友人」もこの問題に取りかかっているが、「そいつよりも先に成功できれば、きっと喜んで経費を払ってくれるだろう……。非現実的であり得そうにないと思われるかもしれないが、非現実的であり得そうにないことが実現されるのを、わたしはこれまでに見てきた」

フェイビアンは結局、住居費はただで月給一〇〇ドルという条件を提示し、ウィリアムはそれを受け入れた。たまたま、農場で暮らしたいという昔からの夢がかなうことになった。その願いは、ユダヤ人というアイデンティティに根ざすものだ。子どものころ両親から、ロシアで起こった迫害《ポグロム》の話を聞かされていた。ユダヤ人を標的にした集団暴力事件で、一家はかろうじてその難を逃れた。高校に進学するころには、反ユダヤ感情がアメリカでも広まっていることをウィリアムは肌で感じていた。アメリカの大衆雑誌では、東欧からのユダヤ人移住を「ユダヤ人侵攻」[127]と表現し、白人の仕事を奪う脅威とみなし、ロシア系ユダヤ人は「神経質で落ち着きのない野心」[128]を抱いているためにとりわけ陰険であると非難していた。不安にかられたウィリアムは自分たちの身を守るために、高校の同級生らとともに「土に帰る」運動に傾倒した。これはシオニズムのなかでも地味な活動で、土地を耕すことによって心身を鍛えて自立し、反ユダヤ感情に抵抗しようとアメリカに住むユダヤ人青年によびかけるものである。ウィリアムはこの思想に真剣になり、ミシガン州にある農業大学の授業を受けた。実際に農業をやってみたところ、肉体労働から服につく土埃に至るすべてのことに気が滅入った[129]。そこを辞め、コーネル大学に入った。

それなのにリバーバンクでまた、農業に近い仕事に携わることになったというわけだ。

エリザベスはこれまで、内気な男性に魅力を感じたことはなかった。だが、ウィリアムのことは好きになった。エリザベスのようすを見にリバーバンクにやってきた姉のエドナも同じだった。歯医者の夫が最近亡くなり、未亡人になっていたエドナは、小粋《こいき》な身なりの遺伝学者に好印象をもった。ウィリアムあてに、粉をかけるような手紙を二通書いている。「E［エリザベス］は本人が自覚しているより、そして周囲に与える印象より、はるかにあなたのことを大切に思っているみたい」と、妹がウィリアムのことをどんどん好きになってきていることを知らせながらも、たぶん、大人できちんとした自分のほうが、若くて変わったところのあるエリザベスよりもウィリアムの相手にふさわしいともほのめかしている。「わたしが本当の愛と考えるのは、ロヒンヴァーのような愛です[130]」。ロヒンヴァーとは、古いスコットランドの詩にうたわれる英雄である。〈これほど愛には忠実、戦では恐れを知らぬ勇士、ロヒンヴァーの若殿ほどの騎士はほかにいませんでした〉〔ウォルター・スコット『マーミオン』佐藤猛郎訳／成美堂より〕。「猛烈な勢いで馬に乗って駆けてきて、片手で花嫁をさらい、走り去っていったのです」

　エリザベスはウィリアムを魅力的だと感じていたが、最初は、言葉や物事や衣服への几帳面な向き合いかたや控えめなところなど、ふるまいのほうに興味をおぼえていた。それはジョージ・フェイビアンとは正反対だった。フェイビアンの誇大な放言を何時間にもわたり浴びせられたあと、よくウィリアムに会いに行った。長く歩いたあとに冷たいレモネードを飲むかのように癒やされた。それに、ウィリアムはすばらしい知性の持ち主だった！　エリザベスは人と話すとたいてい、相手の思考が、部品がきちんと接合されていない、いいかげんな大工仕事のように思えてしかたなかったが、ウィリアムからは、まるで工房で完成された作品のようにアイデアがよどみなく完全な状態でわき出てきた。しかも、つねに遊び心がある。そこがフェイビアンやギャラップ夫人とはちがっていた。この二人にとって、重力に打ち勝つ、文学史を書き換える、永遠の命の神秘を解き明かすなど、科学研究で重要なのは結果だった。壮大で勇壮、衝撃的で革命的な目標をつねに掲げていた。一方、ウィリアムは決してそのような言葉を口にしなかった。答えよりもむしろ問いのほうを大切にした。科学とともに生きることがおもしろいから、科学とかかわっていたのだ。

　ギャラップ夫人の仕事を手伝ったり、少年のころにエドガー・アラン・ポーの短編小説『黄金虫《こがねむし》』に夢中になったこともあって、ウィリアムには暗号のセンスがあった。[131]この小説は暗号文を軸に展開する。その暗号を解けば、殺人者の残した、ダイヤモンドやルビー、エメラルド、サファイア、金貨のつまった宝箱の埋められている場所がわかる。[132]ポーは、コードやサイファについての記事を執筆し、どのような暗号文も解読できると自慢し、挑戦してみろと読者をけしかけた。それから数十年間、アメリカ人は、暗号解読者と聞けば、ほおのくぼんだ、みすぼらしいポーの風貌を連想したものだった。[133] ウィリアムの暗号との付き合いかたは、もっと自由だった。暗号に植物学の知識を織り交ぜて、ジョークを言ったり、芸術作品を作ったりするのを好んでいた。リバーバンクで、茎が長く、葉に細かい葉脈が通っている植物のスケッチを描いたこともある。[134] 離れて見るとふつうの植物画のようだったが、近くでじっくり見ると、根や葉や花びらにある刻み目のパターンから、二文字暗号で綴られた「ベーコン」と「シェイクスピア」という単語が認められる。ウィリアムはその絵に、「サイファ・ベーコニス・ギャラップ」、「リバーバンク研究所に繁殖する非常に興味深い独特な植物」という説明文を添えた。

秋の数週間が過ぎ去っていった。気温がぐっと下がり、エリザベスはリバーバンクで初めての冬を体験した。長い灰色の冬のあいだ、風が間断なく音を立てて草原を吹き荒れ、地所を襲う。[135] 空一面が、淡い青に包まれる。吐いた息が葉巻の煙のように空気中で結晶化し、寒気が肺まで入り込んだ。コテージや実験室では石炭が一日中たかれ、煙突から黒い煙が立ち上る。エリザベスとウィリアムはいっそう親密になっていった。友だち以上、恋人未満とでも言えるだろうか。ウィリアムはときおりロッキングチェアに腰かけ、その膝の上にエリザベスが座った。[136] ウィリアムが細い腕をエリザベスの華奢《きゃしゃ》な腰にまわして、椅子を前後に揺らす。椅子は一定のリズムで音を立て、その間、二人はどちらもほとんど言葉を交わさない。

エリザベスが勇気を出してギャラップ夫人の仕事への疑念を打ち明けるまでに、しばらく時間がかかった。ウィリアムによそよそしい目で見られはしまいか、自分がまちがっていると思われて、ばかにされるのではないかと不安だったのだ。しかし、この問題をそのままにはしておけなかった。そしてついに、ウィリアムの意見をたずねた。ほかの人には見えないものをギャラップ夫人だけが見えるなんて、おかしくない？

同じ疑問を抱えていたという答えが返ってきて、エリザベスは安堵した。[137] ときおりウィリアムの頭を、リバーバンクにおける大それた異端の思考がよぎるのだという。シェイクスピアには隠されたメッセージなどない。[138]

まるでこわれたチャイムのように、この言葉が二人のあいだの空中で鳴り響く。不快で耳障りな音だ。エリザベスとウィリアムは顔を見合わせた。このとき初めて、今後何度となくそうなるように、二人の力を合わせると、その音が和音に変化した。シェイクスピアには隠されたメッセージなどない。ベーコン説の研究にかかわっている人間が、二人を除いて全員が正気でないとしたら、どうなるだろうか？

第4章　怖じ気づく者は死んだも同然

そうして始める、一、歩、一、歩、跳、躍を
何度も何度も跳躍を
コードをスクランブル、必死によじのぼる《スクランブル》、卵をスクランブル
計画は立てず、でも、できれば完全な弧を描いて
楽しく過ごそう

——アン・カーソン[1]

傍受され復号された電報がロンドンからワシントンへ、下級外交官から上級外交官の手へ渡されるにつれ、強烈な衝撃が発生した。人々の口から思わず驚愕の声がもれ、目が飛び出しそうになる。[2]大統領みずからその電報を見る必要があるのは明白だ。一九一七年二月二七日午前一一時、アメリカ国務長官ロバート・ランシングが、傍受した電報の写しをホワイトハウスに持参し、ウッドロー・ウィルソンに見せた。[3]大統領はそれを読み、めずらしく怒りをあらわにした。「なんたることだ！」と口に出す。「なんたることだ！」[4]

その電報は一月一六日、ドイツからメキシコに三つのルートをたどって発信されていた。[5] 130 13042 13401 8501 115 3528 416 17214 のように、数桁の数字の配列をつなげた暗号文に組まれている。[6]イギリスがこれを

傍受し、少人数の民間人暗号解読者チームがホワイトホール〔ロンドンの官庁街〕にある秘密のオフィスにこもって一か月悪戦苦闘した末に、暗号を削り落とし、平文を明らかにした。[7] そこで目にした衝撃は、アメリカ合衆国にたいする陰謀計画にほかならなかった。

ドイツ外相アルトゥル・ツィンマーマンが書いたこの電報には、ドイツとメキシコの同盟関係樹立が提案されていた。「われわれは二月一日に無制限潜水艦攻撃を開始する意向である。しかしながら、アメリカを中立状態に保つよう努力する。これに成功しない場合に備え、われわれは次のような条件でメキシコに同盟を申し入れる。ともに戦い、ともに和平を結び、寛大な財政援助を行い、かつメキシコが、テキサス、ニューメキシコ、アリゾナの失地を回復することに了承を与える。詳細の決定は貴下に一任する」[8]、のちにツィンマーマン電報として知られることになるこの電報は、アメリカにたいしてドイツが企てた陰謀の動かぬ証拠であった。歴史家のバーバラ・タックマンは「背後から突きつけられたナイフのように明白で、隣家ほど接近している」と表現する。とりわけテキサスの住民たちは、ドイツ皇帝が自分たちをメキシコに引き渡そうとしていると知り憤慨した。それだけでなく、ドイツにたいする憤怒の念はアメリカ中に拡大した。[9] この電報によって歴史の動きが加速された。アメリカは、戦う準備ができているかどうかにかかわらず、ドイツとの戦争に追い込まれたのだ。

実際アメリカは、戦う準備ができていなかった。

この一通の電報が、エリザベス・スミスとウィリアム・フリードマンの運命を変えた。アメリカにとってとつぜん必要不可欠となった特異で稀少な暗号解読の技能を、二人はたまたまもっていたからだ。

一九一七年一月、エリザベスのもとに知らせが届いた。長く癌を患っていた母ソーファが危篤状態にあり、最期に一目会うためにインディアナに帰ってこいという内容である。エリザベスは荷物をまとめ、ハンティントン行きの列車に乗り、子ども時代を過ごした家に向かった。父と、姉のエドナがそこにいた。[10]姉妹がなぐさめ合うそばで、医者たちが腫瘍について低い声で話しながら古い家のなかを歩いている。ソーファは激痛に苦しみ、ひどく嘔吐する。ひとりの医者がソーファをうつぶせに寝かせ、背中全体にヨードを塗った。ある部位をコカインで麻痺させ、皮膚に金属棒を打ち込み、ピンク色の液体を抜き取った。[11]その液体は、エリザベスの目にはぞっとするほど大量に見えた。

エリザベスは仕事をするつもりで暗号の資料をもってきていた。「本を入れたかばんはまだ開けていません」と、リバーバンクにいるウィリアムあての手紙に書いている。[12]「仕事をしようとするのですが、できません。腰を下ろしてもそれは続かず、わたしにもなにかできないかとむなしい希望を抱きながら、母のベッドとのあいだを何時間も行ったり来たりしています。ああ、ビリー・ボーイ、あのような死相を、死が手招きしているような顔を見るのはとてもつらいです。あの顔を見ていると、後世や責任とかいったことについて考えさせられてしまいます」。こうした手紙のなかでウィリアムをどうよべばよいのか、彼との関係において自分自身をどう称すればよいのかわからなかったので、たいていはプラトニックに徹して「エリザベスより」という署名を書き、[13]ウィリアムが「これまでに得たなかでもっとも信頼できる友人のひとり」であることに感謝を伝えた。[14]それでも、ウィリアムにロッキングチェアの上でやさしく「揺《ロッ》すって《キング》」もらえなくてさみしいと思わず告白し、[15]ある手紙ではつい、深い表現を使ってしまった。「愛をこめて、エリザベスより」[16]

ソーファは一九一七年二月に亡くなった。エドナは葬式のために実家に残ったが、エリザベスはリバーバンクに戻った。新たな焦燥に駆られたからだ。[17]これ以上、ベーコン暗号に時間を費やしたくなかった。見込みのない研究を続けるには人生は短すぎる。再会したウィリアムは、自分も同じ思いだと言った。このプロジェクトから手を引くべきだと二人の意見が一致した。問題は、どうやってそうするかだ。

ギャラップ夫人に正面切って宣言するのは少々残酷なことに感じられた。[18] 夫人はあまりに長年にわたり、ひとつの目標に向かって邁進してきたために、自身の羅針盤が狂っているとは認められなくなっていた。それに、二人にはずっと親切にしてくれていた。そこで、ギャラップ夫人ではなく、フェイビアンに話をすることにした。若い二人は何度か、フェイビアンをつかまえて話を聞いてもらおうとした。[19] ギャラップ夫人の理論はまちがっています、もっとほかのプロジェクトにお金をかけたほうが有効でしょう、と訴えた。思ったとおり、フェイビアンは二人を怒鳴りつけた。[20] 理論に異議を唱えるために給料を払っているのではない、理論が正しいと学者たちを納得させるために払っているのだ、というのがフェイビアンの言い分だった。

しかしそのころには、たとえ認めたくなくても、フェイビアンの関心は文学作品の暗号から新たな計画へとそれつつあった。シェイクスピア、ベーコン、ギャラップ夫人、古い書物、死者たち——これらは生者の世界と比べると緊迫度という点で影が薄くなっていたのだ。

この数か月間、フェイビアンは自身の愛国心と、リバーバンクを国家に役立ててもらいたいという意向の宣伝にいそしんでいた。ロッジの隣にある塹壕《ざんごう》の模型を拡張せよと地所の管理人たちに指示を出し、数か月かけて作業員たちが泥を服にはねとばしながら地面を掘った結果、塹壕の全長は五キロメートル近くにまで達していた。[21] フォックス・ヴァレー・ガードが、本物の迫撃砲弾を使って歩兵訓練を実施するのに十分な長さである。しかもフェイビアンはワシントンの政府役人に、暗号解読の手助けが必要とあれば、リバーバンクはいつでも勤めを果たす準備ができている、とまで進言していた。

フェイビアンは一九一七年三月一五日、ワシントンにあてて次のような手紙を書いている。「拝啓。当方の手許にあるものはすべて政府に提供いたします。もしも職員を当方に派遣し、実際の作業を視察されたいのであれば、喜んでご覧に入れましょう」[22]。自分は古い暗号、それもとりわけフランシス・ベーコンの二文字暗号に関心を抱いていると述べ、次のように付け加えた。「変人か単なる理論家という印象をもたれることを避けたく、わたくしは元内務長官の故コーニーリアス・N・ブリス氏の共同事業者でありましたことを謹んで申し上げます。ブリス氏のことは、ワシントンにおられる年長の方々の大半が、多大なる尊敬と称賛の念とともにご記憶のことと存じます」

もちろん軍当局はイリノイの偽大佐に権力や責任をもたせたくはなかったが、フェイビアンの提案を受け入れる以外にほとんど選択肢はなかった。軍部は、暗号解読者を喉から手が出るほど必要としていた。無線通信技術によって、戦争のありかたが変化しつつあったからだ。

それまでの戦争では、暗号解読者はさほど重要ではなかった。通信文を奪取するのは困難だったため、軍事通信文や外交通信文が暗号化される例は少なかった。敵の通信文を盗むには、馬に乗った伝令を捕まえるか、郵便局で手紙を開封するか、電信線に盗聴器を仕込むかしかなかった。しかし、無線通信が出現すると、アンテナさえあれば通信文を傍受できるようになった。空中は突如、点と線をトン、ツーという音で表すモールス信号をもちいたメッセージであふれかえるようになった。そうしたメッセージは、空中でかすめ取ることができる。そのため軍は秘密保持のために、通信文を暗号化してから、モールス信号で無電送信するようになっていた。

こうした事情から暗号解読者は、評判のよろしくない変人からスーパーヒーローになる可能性を秘めた人間、生命に影響をおよぼす魔術師へと格上げされた。上空は今や、戦術上非常に重要な情報や、多大な利害が関係する情報の暗号文であふれていた。船舶の海上航路。陸上における軍隊の動き。航空機の目撃事例。外交交渉とうわさ話。スパイについての報告。無数の難解な暗号文が空中を飛び交っていた。そのうちのどれかが解読されたなら、戦闘の結果が左右されたり、連隊が壊滅したり、船が沈んだりするかもしれない。この新しい世界においては、有能な暗号解読者が突如として軍事的価値がもっとも高い人間になった。世界の救世主、戦士、そして破壊者にもなりえるのだ。

それでいて、エリザベスがのちに記したように、コードやサイファといった暗号について多少なりとも知識のある人間は、アメリカ全土においても「たぶん三人か、せいぜい四人くらいしかいなかった」[23]。そのうちのひとりがエリザベスで、もうひとりがウィリアムだった。

政府には、外国の通信文を確実に傍受する能力も、ましてや暗号を解読して中身を読む能力もなかった。一九一七年にはCIAは存在していなかった。NSAもなかった。FBI（連邦捜査局）は設立からわずか九年[24]の、将来の姿からするとほんの芥子粒程度の、単に捜査局という名称の組織で、捜査員はたったの三〇〇名、予算総額は五〇〇万ドル未満だった。[25] まったくもって、今日言われるようなインテリジェンス・コミュニティというものは存在しなかったのである。国防総省は当時、戦争省という名称で陸軍を統括していた。戦争省には軍事情報部（MID）という情報収集部門があったが、弱小で資金も不足していた。連邦議会が宣戦を布告した一九一七年四月六日、[26] MID所属の士官はわずか一七名だった。[27] MID管轄士官のラルフ・ヴァン・デマン少佐は、政府が暗号に無知である現状は「危機的状況」であると評した。[28]

そこで四月の第二週、戦争省はリバーバンクに使者を派遣した。陸軍大佐ジョゼフ・モーボーンが、現場を視察し、適切かどうかを報告する任務を背負ったのだ。

モーボーンは、アメリカで三人か四人しかいない、暗号解読について多少なりとも知識のある人間のうちのひとりだった。一九一二年、カンザス州にある陸軍通信学校――と言っても飛行場と無線技術研究所しかない簡素な施設――に駐屯していたモーボーンは、飛行機から地上への無線信号の送信方法を初めて考案するという歴史的な快挙をものにし[29]、一九一四年には、五掛ける五のマス目にアルファベットを並べた表をもちいるイギリス陸軍の暗号、プレイフェア・サイファをアメリカ人として初めて解読した。

モーボーンがリバーバンクに到着すると、フェイビアンはいつもの人を圧倒する勢いで出迎え、研究所の二階に案内し、リバーバンク暗号局はこちらで稼働しています、と仰々しく宣言した。オフィスは以前よりもずっと忙しそうで、人がひしめき合っていた。陸軍の視察に備えて、フェイビアンが外部から事務員や速記者、ドイツ語とスペイン語に堪能な翻訳者を十数名雇い入れて、エリザベスとウィリアムの補助にあたらせていたのだ。フェイビアンは、若い二人が政府関係の暗号解読業務を主導し、一方でギャラップ夫人が長年のベーコン暗号研究を継続することを望んでいた。オフィスは表面上、フェイビアンが頭のなかに描いていたイメージ、つまりはワシントンへの売り込み文句と一致しているように見えた。まるで、暗号解読機関が大草原に誕生したかのようだった。

このできたての暗号局で、エリザベスとウィリアムはモーボーンに自己紹介をした。二人はモーボーンとすぐに馬が合った。モーボーンは三六歳で、とにかくすべてが大きかった。体も声も、頭脳のスケールも大きく、黒縁の丸眼鏡をかけていた。二人がこれまでに会ったなかで、フェイビアンと目を合わせてもひるんだようすを見せないただひとりの人間だった[30]。モーボーンのほうもエリザベスとウィリアムを気に入った。若い二人の暗号解読者のなかに、才能の輝きを見て取った(「これまで知り合ったなかでもっともすばらしい人たち」とのちに述べている[31])。二人は正式な訓練はほとんど受けていないが、聡明で熱心だという印象をもった。秩序がなく、いろんな約束を盛んに並べたててくるフェイビアンには警戒心をおぼえたが、軍事的な観点から見てリバーバンクの安全性が優れていることには議論の余地はなかった。辺鄙な場所にあるという長所に加えて、敵の攻撃を受ける心配がなく、灯台に守られており、すぐ近くにはフェイビアンの私兵フォックス・ヴァレー・ガードも控えている。万が一、すべての防御を破ってドイツ軍が侵攻してきたら、庭園の熊と狼の檻を開放し、侵入者にけしかけてやる、とフェイビアンは言った。

四月一一日、モーボーンは上官に、リバーバンクは準備万端だと報告した。陸軍と、さらには司法省にも、「捕獲した通信文を解読するというフェイビアン大佐の申し出をただちに受け入れるべき」だと勧めた。[32] フェイビアン私蔵の暗号関連書には「大量の資料」があり、敷地内の安全性が高く、職員たちの質も優れており、「八名から一〇名の暗号の専門家たちが古い時代の書物を徹底的に調査し、隠されていた史実を発見している」という理由も提示した。

モーボーンからの熱意あふれる報告書を読んだMIDのヴァン・デマンは、フェイビアンに感謝の手紙をしたため、「貴殿の非常に寛大で愛国的な助力の申し出」への礼を述べた。[33] まもなくして、暗号通信文がワシントンからリバーバンクに送付されるようになった。戦争省、海軍、国務省、司法省などさまざまな政府機関から、郵便や電信で送られてきた。これら通信文の大半は、全国各地の電信会社から内密に取得したものだった。[34]

こうしてフェイビアンの望みが実現した。近い将来リバーバンクが、アメリカにおける軍事暗号解読の中心地、事実上の政府機関となるという夢がかなったのだ。エリザベスとウィリアムならこの先起こることに対処していけるだろうと見込んで、二人を戦争に引き込んだ。しかし、届いたばかりの郵便袋から机の上にぶちまけられた、わけのわからない通信文の山を目にした二人は、フェイビアンの判断が正しかったのかどうか確信がもてなかった。

あわただしいようすの部屋のなか、男女が隣り合って座っている。人々が出入りするたびにドアが開閉し、タイプライターのキーがインクを紙に打ち付ける音がする。窓の外では、鷹が舞い飛び牛が鳴き、鉄檻のなかの熊が体をかき、鸚鵡《おうむ》が歌い、川が流れ、なぜかしらおむつを着けられた猿が歩いている。

その二人の男女、エリザベスとウィリアムには、目の前の机の上にあるものしか見えていない。二人は、一枚の紙を見下ろしている。その紙にすべての注意を集中し、そこにタイプされている文を理解したいという熱い視線を注いでいる。

その文は、なんの変哲もないものに見える。二人が精通しているフランシス・ベーコンの二文字暗号で書かれたものでないのは明らかだ。別の何か、新たな次元の謎がそこにある。これを読み解かなくてはならないが、目の前のものがなんなのか見当もつかないでいる。

BGVKX TLXWB SHSFW KWGRI KZTZG
RKZFE YDIWT KOFOB GUHGD SFVRE
UIUQX HSLDS OHSRM HTWKY VHUIK
BJDUH VSART BGVNG VBAFO AZOXG
PQPMJ DRODW RCNML MTMXL SSVAR [35]

記号の羅列。意味のわからない文字の塊。これは暗号文だ。何者かが目的をもってこれを書いて送り、誰かが傍受して、今こうして机の上に置かれている。これらの文字には意味がある。鍵《キー》を知らずに、どうしたら解錠できるのか？

メッセージを暗号化する方法がいくつあるかを知っているなら、暗号解読の基本的な作業ですら不可能なことのように感じられるだろう。人間の言語には、それぞれ特有の癖や変わった点がある。そのうえ、それぞれの言語において暗号作成者は、何十個ものさまざまな錠《ロック》、すなわちコードやサイファから、使用する錠前を選ぶことができる。そして、それぞれの錠は、ありうる無数の鍵のなかのたったひとつにしか対応しない。

たとえば、もっとも簡単な種類のサイファのひとつに、文字体系を別の文字体系と入れ替える単アルファベット換字《かえじ》式サイファ（MASC: mono-alphabetic substitution cipher）がある。A＝B、B＝C、C＝Dとしてもよいし、A＝X、B＝G、C＝Kとしてもよい。あるいは、平文に使われているアルファベット二六文字と、暗号文に使われる二六文字を、ほかのどのような方法でマッピングしてもよい。MASCは、メッセージを暗号化する手法のなかで非常に基本的なものだ。それでいて、ありうるアルファベットの種類は403,291,461,126,605,635,584,000,000、すなわち四〇三セプティリオン〔10の24乗〕通りもある。[36] 一〇〇〇台のコンピュータで、一台が一秒につき一〇〇万種のアルファベットを検証しても、すべての可能性を調べ尽くすには一〇億年以上かかるだろう。[37]

しかし、新聞のパズル・コーナーにある暗号問題を解いたことのある人なら、四〇三セプティリオンの可能性を制覇しているはずだ。なぜなら当然、近道があるからだ。暗号文にある特定のパターンをとらえることで、作業を楽にする方法があるのだ。

パターンを見つけることこそが暗号解読の真髄である。この能力は人間にもともと備わっている基本的な能力であることから、暗号解読者はつねに思いがけない分野から、畑ちがいの分野から不意に誕生してきた。そういう彼らは、変わり者や門外漢である例が多い。もっとも重要とされるのは、純粋な数学のスキルではなく、人一倍深く注意を払う能力である。修道士、図書館司書、言語学者、ピアニストやフルート奏者、外交官、写字者、郵便局員、占星術師、錬金術師、ゲームのプレーヤー、女たらし、コーヒーショップに集まる革命家、国王と女王。[38] こうした面々が、何世紀もかけて暗号という分野を確立し、その領域を拡大してきた。彼らはしぶとくて、たくさんの時間があり、じっと座ったまま思考し続け、決してあきらめることがない人間である。

暗号解読者の大半は男性で、彼らは、女性は知能の面でも道徳的な観点でも暗号を破れないと思い込んでいた。それでも、女性の暗号解読者も存在し、偏見を逆手にとってこっそり秘密を盗んできた。一七世紀に活躍した狡猾で有能な暗号解読者のひとりに、ベルギー人の伯爵夫人アレクサンドリーネ〔アレクサンドリーネ・フォン・タクシス〕がいる。[39] 一六二八年に夫が死ぬと、彼女は多大な影響力をもつ郵便業務の運営を継承した。トゥルン・ウント・タクシス郵便はヨーロッパ中に手紙を配達していた。伯爵夫人にはスパイ趣味があり、郵便組織を厚顔無恥なスパイ組織に作り替えた。諜報員や写字者、贋造者《がんぞう》者、暗号解読者を雇い、手紙の封蠟《ふうろう》を融かして内容を写し取り、暗号があればそれを解読してからふたたび封緘させた。これは、フランスでのちにキャビネ・ノワール、すなわち黒い部屋《ブラック・チェンバー》とよばれることになる、郵便局内に設置された秘密のスパイ部屋の先駆けである。[40] 伯爵夫人の周囲の男たちが、夫人が本当は何をしているのかを見抜くのに長い時間がかかった。女性にそのような欺瞞を働く能力があるなど思いもよらなかったからだ。「伯爵夫人がわれらの手紙を開封しているばかりか、その内容を解読できているのなら、どうなるのだ?」と、ある外交官が狼狽して別の外交官にあてて書いている。[41]「あの女がいったい何をしでかすか、見当もつかないではないか!」

エリザベスとウィリアムが駆け出しの暗号解読者だったとき、アメリカには二人の傑出した暗号解読者がいた。パーカー・ヒットとジュネビーブ・ヒット夫妻である。[42] パーカーは背が高く、日焼けした肌のさっそうとしたテキサス男で、三〇代で歩兵隊長を務めていた。米西戦争で志願兵として戦った際、メキシコ軍から奪取した通信文を解こうとした体験から、暗号に興味を抱くようになっていた。南部の名家に育った妻のジュネビーブがパーカーと恋に落ちたとき、家族一同はカウボーイごときと何事かと憤慨した。ジュネビーブは暗号学も学び、ついにはサン・アントニオに拠点をおく戦争省南部管区の暗号業務責任者にまで上りつめた。「これは男の人の仕事です」とジュネビーブは義母にあてて書いている。[43]「それでもうまくやれそうです。最後までやりとげるつもりです。……修練や集中力などたくさんのことを学んでいます（この仕事をするには集中力が、それもたくさんの集中力が必要ですから。四方八方で機械が大きな音を立てていて、二人や三人の男の人たちが一斉に話しています）」。パーカーはジュネビーブを支え、誇りに思っていた。「きみはよくやっているよ」と、妻あての手紙に書いている。[44]

パーカーは当時のアメリカで、暗号学について本格的な本を執筆した唯一の人物だった。[45] 暗号についての訓練を受けたことのない陸軍部隊向けに書かれた『軍事暗号マニュアル（*Manual for the Solution of Military Ciphers*）』には、戦場において五、六名の兵士で暗号解読室を急ごしらえする方法や、敵の信号を傍受する無線装置、一日から二日間の学習内容が説明されている。[46] さらに、軍事暗号作成術の基礎も紹介され、世界各国の軍隊が使用する手法は数百年間あまり変わっていないという正しい解説もある。世界中に鶏肉料理のレシピは何百万もあるのに、鶏肉を調理する基本的な手法は数種類しかない（あぶる、揚げる、煮る、ゆでる）のと同じで、サイファの数は無数にあっても、よく使われる種類はひとにぎりしかない。パーカーはまた、サイファをもちいた暗号文を解読するための数個の基本的なステップを提示している。今日ならどのステップもコンピュータを使えば数ピコ秒〔一兆分の一秒〕で実行できるだろうが、一九一七年当時は、紙と鉛筆を使ってすべてを手作業しなくてはならなかった。

ひとつめのステップはたいていとても簡単で、暗号文にある文字を数えることである。英語では、もっとも頻繁に使われる文字がE、もっとも頻繁に使われる二文字のグループがTH、もっとも頻繁に使われる三文字のグループがTHEである。[47] したがって、サイファで暗号化されたテキストにある文字を数えた場合、もっともよく出てくる文字がBであれば、それはおそらくEを表し、もっともよく出てくる三文字グループがNXBであれば、それはおそらくTHEを表す。

暗号文で数えるものはほかにもある。母音と子音の総数や、特定の文字や文字グループがほかの文字の前か後に出現する頻度。これらを数えれば、隠された構造への手がかりが得られる。頻度を数えることで、平文が英語、ドイツ語、フランス語、スペイン語、あるいはほかの言語で書かれたものかどうかもわかる。文字の出現頻度は、その言語特有の署名のようなものだからだ。[48] ドイツ語でもっともよく使われる六文字は頻度の高い順から、E、N、I、R、T、Sである。フランス語ならE、A、N、R、S、I。スペイン語ならE、A、O、R、S、Nである。

頻度を数えるには体系的にやるとよい。まず、頻度表とよばれるものを作成しよう。暗号文を部分に区切り、その前後にある文字にしたがい整理する。すると、次頁のような表ができる。[49] わけのわからない表に見えるかもしれないが、これは強力なツール、エリザベスに言わせれば「本物」のツールとなる。縦の列をさっと見ていけば、暗号文でもっとも頻出する文字グループと、その前後に出てくる文字がわかるからだ。ある言語で使われる文字は、幼稚園のクラスにいる子どもたちのようなもので、たがいの相性があり、小さなグループに分かれている。昼食に並ぶ列では、子ども1は子ども2のうしろを歩きたがり、そのうしろには子ども3がいて、子ども4は離れた隅に座って紙袋に入った弁当を食べている。この頻度表から本当に見えてくるのは、エリザベスとウィリアムの表現によれば、「英語アルファベットに

A	B	C	D	E	F	G	H	I	J	K	L	M	N	O	P	Q	R	S	T	U	V	W	X	Y	Z
IP	HF		NR	PX	BA	JN	DJ	UJ	IG	NR	RJ		GD	JW	RE	AD	DP	FQ	AR	—I		OR	EY	XJ	
OQ	FR		QH		WS	PR	UN	RA	YO	PR	AI		HH	RA	AG	PJ	WI	JF		JH		JF	RP	JQ	
FT	FN		HR		JB	JJ	NB	WQ	HU				BG	WR	RQ	SW	GO			RI		QI	QP		
GL	PR				SB	NA	RD	QR	QW				QQ	RJ	XQ	II	TP					RO			
IP	HP						NB	LQ	LF				PH	IJ	XQ	PJ	IL								
							JR	PN	QG				IK		RB	IX	BH								
								QR	GS						RN	PN	DX								
								UA	OY						BI	NR	QP								
								QR	OH						AK	RI	BW								
								QO								YI	OR								
																RI	RP								
																	KQ								
																	IU								
																	KO								
																	IQ								
																	H—								

における特定の内部関係」の図である。[50] 言語自体の根本的な構造が見えるのだ。

これで、難問の取っかかりが見えてきた。暗号文の皮をはぎ取り、奇妙な外見に隠された見慣れたかたちの認識に取りかかることができる。クロスワード・パズルと同様に、暗号文の解読には、うまくいくと保証された一直線のルートはない。知識をもとに推測し、文字を当てはめて認識可能な単語になるかどうか確認し、推測がまちがっていればもとに戻ってそれを消し、新たな文字で試してみなければならない。

エリザベスはすぐにこつを飲み込み、暗号文のなかをかき分けて前進し、文字を数えた。これまでの言語への向き合いかたとはまったく異なる、すっかり新しく奇妙な体験だった。それまでの人生でエリザベスはずっと、言語がもつ、ありえそうにないほど大きな世界を賛美してきた。二六個の地味な文字からなるアルファベット。その稠密な小さな点が爆発し、銀河のようにはるか彼方まで広がっていく。エリザベスは大学時代、戯曲作家や詩人の韻律、すなわち彼らの口から流れ出る音節のパターンを読み取る訓練をしていた。たとえばテニソンなら、

There lives more faith in honest doubt,
Believe me, than in half the creeds.[51]
There LIVES more FAITH in HON-est DOUBT,
Be-LIEVE me, than in HALF the CREEDS.
〔正直な疑いのなかにこそ、それ以上の信仰が宿る。
本当だ、あらゆる教義の半分を積み重ねたよりも多くの信仰が〕

しかし以前は、一行を韻律で区切っていただけだった。単語はもとの位置から動かさず、何も手を加えなかった。暗号解読では、もっと徹底した処置が必要となる。今のエリザベスは、文字が振り落とされるくらい単語を揺さぶらなくてはならない。引き裂き、破り取り、穴を開け、削り、切り取り、粉々につぶし、残ったかけらを両腕でかき集める。暗号文のすべすべした岩を削って薄片にそぎ、いくつかの山にまとめ、問いを投げかける。以前には想像もしなかった、無慈悲で暴力的な分析をするのだ。テキストの真っ赤な胴体に手を突っ込むと、両手が血まみれになる。

ああ、なんということ！

エリザベスが初めて解読した数通の本物の軍事暗号文は、メキシコ軍から傍受したものだった。大半の軍事暗号文と同様に、たとえば TZYTV RGFQF MQFHC のように五文字単位で書かれていた。[52] そうする目的は、通信文のもとの長さをぼかして、敵に破られにくくするためである。エリザベスは文字を数え、頻度表を作成し、スペイン語のさまざまな文字や文字の組み合わせの出現頻度についての資料を調べ、推測を方眼紙に書きつけた。すると、ほらそこに、単語のようなものが見えてきた。暗がりのなかから探り出した美しいかたちが、きらきらと光りながら現れてきたのだ。

このプロセスから、まるで電気が体内を走り抜けるようなこれまでにないパワーを感じ、先に突き進む意欲がわいてきた。ギャラップ夫人と二文字暗号の研究をしていたときとはまったく異なる感覚だった。神秘的な謎など一切ない。イタリック体の文字のくるりと巻いた部分を読書鏡越しに目を細めてにらみ、完全な根拠などないあいまいな基準にもとづいて分類しようとすることもない。こちらの手法は非常に明確だ。論理的な小さなステップをひとつずつたどり、ゴールを目指す。「これほどぞくぞくしたのは人生で初めて」だったと、暗号通信文を解読したときの感覚をエリザベスはのちに形容した。[53]「単語の骨格が跳び出してきて、こちらも驚いて飛び上がる」

しかも、エリザベスはひとりではなかった。これにも心が弾んだ。エリザベスとウィリアムはチームを組んで仕事をした。日中、二人は数メートルと離れることなく書類をやりとりし、たがいの作業を確認し、困ったときには質問し、親しく言葉を交わし、紙に書かれた文字をアメリカ陸軍で一般的に使われる「単語同等」アルファベットで「読み上げる」。Aは Able、Bは Boy、Cは Cast、Dock、Easy、Fox、George、Have、Item、Jig、King、Love のように。[54] たとえば FVGEQ という暗号文を読み上げるとき、エリザベスは「Fox! Vice! George! Easy! Quack!」と声を張り上げた。

仕事はきつかった。見つけた解をすべてチェックして、まちがいを修正しなければならない。文字をひとつ写しまちがえただけで、数時間の努力が無駄になってしまう。[55] 疲れ果てて目をこするあいだ、自分の代わりに紙を見ていてもらうパートナーが必要だ。相手の疲労の兆候に気づくことができるようになり、そろそろ休憩しよう、と声をかけるタイミングがわかってきた。また、考えるべきことが少ないほど、作業の質が高く正確になる。[56] エリザベスとウィリアムは同じ種類の鉛筆と同じ種類の紙を使い、ほかのものに手を出すことは決してなかった。[57] 二人とも、芯がやわらかく大きな消しゴムのついた鉛筆を好んでいた。[58] 消しゴムも、芯と同じくらい活躍した。

Cast! Easy! Jig! King! Opal! 二人は一日中、風変わりな学校で出席を取る教師のように文字を読み上げた。Pup! X-ray! Vice! Love! Sail! リバーバンクではたくさんの鉛筆をただで使えた。持ち手が黒で白い消しゴムのついた鉛筆は、広告も兼ね備えている。一本一本に白い字で、サイファ・アルファベットと、イリノイ州ジェニバのリバーバンク研究所と印刷されていたのだ。

マイク（Mike）、エリザベスが口元にほほえみを浮かべて声を上げる。Zed、Rush、Fox、Zed。

ウォッチ（Watch）、ウィリアムがにこりと笑って声を出す。Dock、Yoke、Pup、Easy。

二人が使う紙は、マス目が四分の一インチ〔六・三五ミリ〕の方眼紙だ。[59] ひとマスに一文字を書き入れる。[60]
二人は何も捨てなかった。まもなく、「作業用紙は破棄すべきではない」と、研究成果をまとめた数本の論文のうちのひとつに記すことになる。作業用紙は、「問題の解法に関連する記録の一部として必須のものである。重要性が低く破棄しても構わない作業などはない。したがって、最初からきちんと作業を行うべきである」からだ。

Tare. Yoke. George. George. Able.

Unit. King. Nan. Zed. Boy.

こうした作業の流れを指定されたり、共同作業をするように求められたわけではない。試行錯誤を重ねた末に、共同作業をすれば仕事がいっそう迅速に進むということがわかっただけだ。「二人の作業者が一体となり調和して作業をすれば、四人の作業者がばらばらに作業をするよりも多くを達成できる。異なる思考をひとつの問題に集中させれば、補足しあって確認でき、まちがいが迅速に見つかる。アイデアを交換すればすばやく結果が出る。要するに、『同一の考えをもった』二人の思考をもってすれば、与えられた問題にたいして、ひとりの思考だけでは不可能であるような集中的な労力と柔軟な処理を発揮することができるのだ[61]」

ウィリアムとエリザベスは、最初に手がけた軍事暗号文の山を、パーカー・ヒットの教本から学んだテクニックをもちいて解読したが、本から得られるヒントはすぐに使い尽くしてしまった。エリザベスは教本の余白に、青色のペンでびっしりと注釈を書き込んだ。[62] 不正確だと判断した文や、ヒットがいささか誤解していた箇所や、もっと上手な説明ができそうな部分、あるいは検討不足の部分についての解釈を記入した〔八五ページのある一文に下線を引き、その隣に「この表現は拙い」と書いている)。エリザベスとウィリアムはもはや、いわば地図の最果てを示す非常線に到達していた。ここから先は、新たなテクニックを開発する必要があるだろう。科学者かつ探検家となって、荒野に向かって前進していくしかない。

科学とは、存在しないかもしれないパターンを見てしまうという人間の傾向に歯止めをかけるものである、という考えかたがある。パターンが本物であるときと錯覚であるときを見分けるための、ひとつの手法なのだ。エリザベスとウィリアムのリバーバンクにおける研究は、ギャラップ夫人の主張する偽のパターンを探すことから始まった。しかし、数年たった今では、本物のパターンを見る手法を発見した。それはあたかも、泳ぎかたも知らないうちに妄想の逆巻く川に投げ込まれ、たがいにしがみつきながら、溺れずに生き延びる方法を見つけ出したかのようだった。こうした奮闘の末に二人は、かつては想像できなかったほどに強くなった。新しいパワーを獲得した二人は、見ちがえるほどの姿になって川からはい出し、体についた水滴をふるい落として猛スピードで発進し、未踏の大陸の山々を駆け抜け、沼地を越えてきた。

一九一七年から一九二〇年にかけて、フェイビアンはリバーバンク自慢の出版所から、新たな種類の暗号解読手法を解説する八冊の小冊子を発表した。[63] 飾り気のない白いカバーにタイトルが控えめに記された小ぶりの本だ。今日これらは、現代暗号学の礎石と評価されている。リバーバンク出版物として知られるこれらの論文は、「暗号史上、ひとつの里程標となり」、「それらのほとんどは新しい分野を開拓したものであり、その内容を通過することは、より高度な暗号教育を受けるための前提条件になった」と歴史家のデイヴィッド・カーンは書いている。[64]〔カーン『暗号戦争』秦郁彦・関野英夫訳/ハヤカワ文庫より〕

八冊のリバーバンク出版物は通例、ウィリアムひとりの著作物とされているが、例外が二つある。ウィリアムが所有していたリバーバンク第二一号『主要アルファベット再構築の手法(*Methods for the Reconstruction of*

Primary Alphabets)』のタイトルの下には、ウィリアムの手で「エリザベス・S・フリードマンおよびウィリアム・F・フリードマン著」と黒のインクで記されている。[65] もうひとつの例外は『進行鍵サイファの解読法（*Methods for the Solution of Running Key Ciphers*）』で、こちらにはエリザベスの名は記されていないが、二人はつねに、これは共著だと同僚に話していた。[66]

　しかしながら、エリザベスが関与していたのは二本の論文にとどまらないとする証拠がある。リバーバンク出版物のタイプ打ち原稿を手作業で編集したものが現在、ニューヨーク公共図書館の原稿部門に所蔵されており、エリザベスの手書きの文字がいたるところに認められる。技術的な箇所の多くはウィリアムが執筆したようだが、草稿には二人の手で校正が入れられ、ウィリアムの注釈のあいだにエリザベスの注釈がところどころ交ざっている。[67] 一方でエリザベスが歴史に関連する箇所を調査、執筆しており、その部分をウィリアムが同様に編集している。[68]

　二人はほとんどの件においてチームで仕事をしており、伝説に残ることになる論文も同様だった。一九一八年にエリザベスにあてて書いた手紙で、ウィリアムは、初期のリバーバンク出版物を「わたしたちの論文」と称している――わたしの〔my〕ではなくわたしたちの〔our〕と。[69] そのうえ、リバーバンクのほかの職員たち、男性と女性、暗号解読者や翻訳者の力添えもあった。これらの出版物は「スタッフ全員で完成させた作品」だった、とエリザベスはのちに語っている。[70]「ひとりの名前だけが単独の勝者であるかのように挙げられてはいません。全員が協力したのです」。エリザベスが自身の功績を主張したといっても、せいぜいこの程度である。今となっては、エリザベスの業績を正確に知ることは難しい。彼女自身が、このようなかたちを望んだからだ。「フリードマン夫人には、夫妻の共同作業の多くについて、自身の貢献が、ほとんどあるいはまったく記録に残らないように配慮する傾向があった」と、フリードマン夫妻の個人的な文書の管理人が一九八一年に、エリザベスに関心を示した研究者あてに書いている。[71]「そのために、夫人がいったいどのような役割を果たしていたのかを明確に知ることが難しくなっています」

なぜエリザベスの果たした役割を隠すのか？　ひとつには当時では、男性のほうが科学者で、女性はそれを助ける存在であることが当然と思われていたからだ。だが、リバーバンクは別世界で、通常のルールは当てはまらなかった。ギャラップ夫人を熱心に売り込んでいたことからもわかるように、フェイビアンはなんのこだわりもなく女性の働きを後押しした。そうなると、エリザベスが、リバーバンク出版物の著作権をめぐるウィリアムとフェイビアンの争いで夫の肩をもとうとしたのではないか、というそれらしい理由が考えられる。最初フェイビアンは、ウィリアムの名前はなかのページに記載するだけで、表紙に印刷することさえ許そうとしなかった。しかも著作権をフェイビアン自身の名前で登録していた。研究費用を払ったのだから倫理的な問題はない、というのが言い分だった。「わたしのわがままかもしれないが、バイオリン弾きに金を払っているのはわたしだから、演奏する曲のいくつかは選ぶ権利があると言わせてもらおう」とフェイビアンがウィリアムに説明している。[72]

遺伝学の博士号をもつ、立派な科学者であるウィリアムが自分の業績を認めてもらうことすら、これほど大変だったのだ。ウィリアムとエリザベスは、フェイビアンにエリザベスの功績も認めさせるのはその倍も大変だろうと判断したのかもしれない。

いずれにせよ、リバーバンク出版物と、そこに記述された画期的な成果は、今日から見てもにわかに信じがたいものである。八冊のうち七冊はわずか二年のあいだに、イリノイのまんなかにぽつんとある小さなコテージのなかで執筆された。[73]その二年は、暗号学において、アルベルト・アインシュタインの奇跡の年に匹敵する。アインシュタインはたった一年のあいだに、光、質量、時間についての言語をすっかり書き直した。

彼は当時二六歳、スイスで特許局の職員をしながら、事務所の窓の外をながめては同僚にアイデアをぶつけていた。これほどの成果を上げられたのはなぜか、と一九七六年にＮＳＡのインタビュアー、ヴァージニア・ヴァラキはエリザベスに何度も説明を求めた。〈いったい、どうやって？〉。エリザベスの返事は、十分納得のいくものではなかった。インタビュー記録には次のようにある。

「第一次世界大戦が激化して、あまりに急激にいろんなことが起こって……[74]」

「それほど綿密にやっていたわけではなかったんです。日々、作業を積み重ねていっただけで。対処しなくてはいけない問題について、できることをやっていただけです[75]」

「すぐには思い出せないわ。こちらのブランコに乗るか、あちらのブランコに乗るかで、ものすごくばたばたしていたから。（笑い）[76]」

「それについてはどう言えばいいのか、自信がない。なにをどう説明したらよいか、まったくわからないかも[77]」

真実は、過去を振り返って見るからありえそうにないことに思えるだけだ、ということかもしれない。当時二人は、どういうことが困難であるとみなされているのか知らなかった。周囲にそれを教えてくれる人もいなかった。自分たちが新しい科学を発明しているという自覚などなかった。フェイビアンの口癖を借りれば、毎日、最善を尽くして勝負をしていた。どんどん送られてくる通信文をせっせと解いて、ためこまないようにしていただけなのだ。

ワシントンからくる郵便物の中身は、いたるところから集められた玉石混淆の通信文だった。まるで動物園に集められたかのような、さまざまな種類のアルファベットを、じっくり調べて分類しなければならなかった。サイファは、「転置」と「換字《かえじ》」といういわば二つの動物界に大別されよう。転置式サイファはスクラブルのようなもので、文字はそのままで順序をばらばらに入れ替える。換字式サイファでは、文字を別のものと置き換える。いずれの動物界にも多様な生き物が多数いて、さまざまな手法で飼いならさなくてはならない。しかも、迅速な回答を求められているために、つねに時間に追われている。したがって、プレッシャーのかかったなかで解法を見つけなければならない。

一九一七年初めのある日、大柄な男がリバーバンクを訪れた。はるばるスコットランド・ヤードすなわちロンドン警視庁から任務を帯びて派遣されてきた人物だ。[78] アメリカ司法省の仲立でリバーバンクにやってきたという。フェイビアンがエリザベスとウィリアムに大声で紹介すると、刑事は書類かばんを開けた。なかから大量の通信文があふれ出た。これらの通信文はイギリスの郵便検閲で押収したもので、受取人のなかには、当時イギリスの植民地だったインド在住の二〇〇名もの人物が含まれているらしい。ドイツがヒンドゥー教徒の独立主義者に革命運動をたきつけようとしているのではないかとスコットランド・ヤードは怪しんだが、確証がなかった。刑事の知っていることは数名の容疑者の氏名だけで、それをエリザベスとウィリアムに伝えた。

二人の若き暗号解読者は、通信文を前にして「まったく不可解」だという印象をもった。[79] それらは数字で書かれており、短い桁《けた》と長い桁のまとまりに分かれていた。

38425　24736　47575　93826

97-2-14

35-1-17

73-5-3

82-4-3

このようなまとまりに分けられることから、エリザベスとウィリアムは、独立主義者は三つの異なる暗号を使っているのではないかと推測した。数字五桁のまとまりは、長方形の格子に文字を配置して作成する単純なタイプの暗号のように思われた。

	1	2	3	4	5	6	7
1	A	B	C	D	E	F	G
2	H	I	J	K	L	M	N
3	O	P	Q	R	S	T	U
4	V	W	X	Y	Z		

格子を使って文字が数字に変換され（Cは13）、その数字に、あらかじめ設定した鍵語《キーワード》にもとづいて、ある数が加算される。キーワードがLAMPだとすると、Lの値（25）がC（13）に加算され、38となる。エリザベスとウィリアムはキーワードを推定し、頻出する数字と、それらのあいだの間隔を分析して暗号を解読した。

ふたつめの数字の配列（97-2-14）は、刑事のかばんのなかにあった一通の長い通信文だけに見られるもので、エリザベスとウィリアムは、まんなかの数字がつねに1か2であることに気づいた。これを手がかりにして、陰謀の共犯者たちが、どの本かはわからないが特定の本をもちいて通信文を暗号化しており、その本は、辞書のように二段組みになっていると推測した。数字はおそらく、この不明な本の特定の箇所にある単語を指しているのだろう。たとえば、97-2-14という配列なら、97はページ番号、2は右側の段、14はその段のなかで一四番めにくる単語のように。同様の論理を、刑事のもってきた通信文のなかの三番めの種類の暗号（73-5-3、82-4-3）に当てはめてみる。そして二人は、これらの数字は、共犯者たちが所有する別の本のなかの一文字を指すと推論した。通信文を受け取った者は、73-5-3という数列を見て、その本の七三ページを開き、五行めを見て、その行の三番めにくる文字を書く。

もちろん、こうした情報だけでは暗号を解読するには足らず、リバーバンクの若き暗号解読者たちは、これより先に進めるかどうかわからなかった。文字や単語が特定の本から選ばれているにしても、エリザベスとウィリアムがその本の題名を知らないか、その本をもっていないのなら、どうしようもないのではないか。「一時、これは解決不能な問題のように思われた」とウィリアムは書いている。

しかし二人はすべての数字を順番に書き留め、反復を探し、検討を重ね、ようやく足がかりを見つけた。

ハーバード大学の教授がそのころ、長い英語のテキストに出てくる単語を数える研究を行っており、イリノイの二人もその論文を読んでいた。総語数一〇万語のうち、一回しか出てこない単語は一万一六一個だけで、わずか一〇個の単語が、一〇万語のうちの二万六六七七語を占めていた[80]。その一〇語とは、“the”、“of”、“and”、“to”、“a”、“in”、“that”、“it”、“is”、“I”である。「これらの単語を使うだけでは、たいした情報は伝えられないが、あいまいさを排した明瞭な長文のメッセージを書くには、必ずこれらの単語を何度も使うことになる」とウィリアムは書いた。

どうやら辞書をもとにしていそうな数字を見ながら、二人は、“and”のようにアルファベットの最初のほうにくる単語は、“the”のように後ろのほうにくる単語と比べて、若い数字（1、2、3、4）で始まるコードに対応するのではないかと推論した。これを見抜いたことから、通信文に頻出する単語を解明でき、それらにもとづいて残りの単語を解くことも可能になった。97–2–14がYOUだとだとすれば、99–2–17は辞書のなかで“you”の近くにある単語にちがいない。おそらく、“your”か“young”か“youth”だろう。エリザベスとウィリアムは結局この手法で、共犯者らの使う辞書を実際に見ないまま、通信文の九五パーセントを解読した。最後のタイプの配列、すなわち未知の本にある文字を指していると思われるものについても、二人は同様のプロセスをたどり、頻出するコードを、頻出する文字や二文字の組み合わせと結びつけ、本の文章を逆算で再現していった。平文にある新たな文字を見つけるたびに、本の内容についてさらに多くのことがわかり、文字を並べていって新しい行が見えてくるたびに、通信文の平文についてさらに多くのことがわかった。ある共犯者の書いた通信文の一部は、次のような内容だった。

> われわれの諜報員らによる堅実な働きを大胆にも無視しようとする者がいれば、異議を申し立てる……。

われわれ仲間は働き、苦しんだ。いまだに苦しんでいる……。われわれは、将来のための基礎を築き上げることに成功した[81]……

若き二人の暗号解読者はついに、スコットランド・ヤードに依頼されたかばん一杯の通信文を解読し、ニューヨーク在住のヒンドゥー教徒独立主義者らがドイツからの資金と援助を得て計画した、武器弾薬をインドに輸送するという複雑な計略を、日時、場所、関係者の氏名に至るまで明らかにした。数名の共犯者がサンフランシスコで起訴され、検察官がウィリアムを公開法廷に召喚し、暗号の解読手法について証言するよう依頼した。エリザベスには声がかからなかった。ウィリアムが西海岸への刺激的な旅に赴いているのに、自分だけがイリノイに残るのは口惜しかった。自分も証人として召喚されるに値すると思っていたからだ。「でも、誰かがここに残って、リバーバンクの仕事を回さなくてはならなかった[82]」。エリザベスは、自分ではなくウィリアムが選ばれた理由をあれこれ憶測したりはしなかった。おそらくその答えは明白だからだ。男性の専門家のほうが陪審の信頼を得られやすい、と検察官が判断したのだろう。結局、裁判では大事件が起こった[83]。ウィリアムが証言台に立って発言する機会が回ってくる前に、傍聴席にいたひとりのインド人の男が立ち上がり、上衣から拳銃を抜き出し、「裏切り者！」という一語を発して被告人のひとりの胸を撃ったのだ。その後すぐ連邦保安官が、驚愕している傍聴人たちの背後から犯人に向かって発砲し、射殺した。犯人はどうやら、被告が政府に密告し、暗号をもらして味方を裏切ったと考えたようだった。ウィリアムとエリザベス、そして暗号解読の技術について何も知らなかったのだ。

信じがたいことではあるが、アメリカ参戦後の八か月間、ウィリアムとエリザベスをはじめとするリバーバンクのチームが、アメリカ政府のあらゆる機関、すなわち国務省、戦争省（陸軍）、海軍、司法省のためにすべての暗号解読を行っていた。[84] したがってリバーバンク出版物に収められた幅広い科学的知見は、戦時下の緊迫状態において日々の謎を解明していくなかからじかに得られたものだった。二人が一通の暗号文を解読し、これは一般的な手法が確立できたかもしれないとひらめく。その手法をほかの暗号文でも試してみて、どこを解読できるか、どういう限界があるかを確認し、その場その場の解読法を普遍的な原則までに高めて、その知識をほかの人々と共有しようとした。

　暗号文にある文字の頻度から解読の手がかりが得られるということは、ずっと以前から知られていた。暗号作成者はそれを承知したうえで、文字の出現頻度をぼかすための多くの手法を開発し、暗号文を敵から破られにくくしてきた。単一のアルファベットではなく複数のアルファベットをもちいてメッセージを暗号化することもできた（多アルファベット式〔多表式〕サイファ）。ヒンドゥー教徒の陰謀計画のように、秘密裏に選んだ小説や辞書をもとにして暗号文を作成することもできた。送信者と受信者が通信文とまったく同じ長さの鍵、いわゆる「進行鍵」をその本から選んだなら、通信文を破ることがさらに難しくなる。戦争省は、進行鍵暗号は解読不能であるとみなしていた。[85] さらに、これらの手法を組み合わせて暗号解読者の裏をかくこともできた。たとえば、「strawberry」のような平文にある単語を、WUBCW のようなコードに変換してからサイファ化して LWJJ に変換するという「高度暗号化」のプロセスをたどることもできる。

　これらのうちのどのテクニックも、通信文と暗号解読者のあいだに壁を築くことができる。その壁は、ときにはすりガラスであったり、ときには金属板や石の板であったりする。エリザベスとウィリアムは、こうした壁を打ち砕くためのハンマーや酸性腐食剤、爆弾のような新たなツールを開発した。ストレート・アルファベット、ダイレクト・アルファベット、逆アルファベット、多アルファベット、混合アルファベットなど、数種類の換字式サイファを識別し、解読できるようになった。書籍サイファを、その本自体が手許になくとも解読できる一般的なテクニックも開発した。進行鍵でサイファ化された通信文を解読する手法も独自に編み出した。二人はエングルデュー・コテージで、破壊道具を手にして暗号文という町のなかを歩き回り、喜び勇んでハンマーを振り回し、れんがを粉々に打ち砕き、鋼鉄を溶かし、ガラスを割り、その音を平原中にこだまさせた。それから科学論文を書いてリバーバンク出版物を発行した。そこには解読方法が正確に記録され、ほかの人も同じ手順をふめば同じように解読できると示されている。

この最後の点がきわめて重要だ。科学的発見の検証とは、ほかの人が再現をして同じ結果が得られるかどうかを確認することである。ギャラップ夫人は一度もこの検証をパスしなかった。エリザベスとウィリアムは検証にパスしたかった。二人はのちにこう書いている。「ギャラップ夫人の解読を『売り込む』なかでフェイビアン大佐が理解できていなかったことは、いかに優れたデモンストレーションをしようとも、繰り返し実施して同一の結果が得られる実験の代わりにはなりえないということである」[86]

この点を強く訴えるために、ウィリアムは新しい用語「暗号解析《クリプトアナリシス》」を作った。[87]「暗号解読《コードブレイキング》」の同義語である。新しいリバーバンク・メソッドは、魔法ではなく解析にもとづく手法だった。化学者や天文学者、あるいは橋を設計する技術者が行う解析と同類のものだったのだ。

それでもなお、セレンディピティも暗号解読において役割の一端を担っていた。「多くの場合、頭脳にとっての最大の味方となるものは、名状しがたい漠然とした何か、できうるなら永遠に追い求めていたいもの――つまりは幸運である」と二人は書いている。とつぜん、啓示が訪れて、どこからともなく直観がわいてくる。不意に雷鳴がとどろくと、頭にぱっと推量が浮かんできて、退屈な作業を何日間も続けたときよりも解読がはるかにはかどる。ギャラップ夫人はいつもこれを「霊感《インスピレーション》」とよんでいた。エリザベスとウィリアムは「柔軟な思考」や「直観力」という表現のほうを好んだ。こちらのほうが魔法っぽい響きが少ないからだ。二人にとって直観とは、努力の末に獲得した体内コンパスのようなものだった。忍耐と熟練、経験によって体に刻み込まれた、前進するすべを教えてくれる感覚である。そしてその力は、鍛えることができるものなのだ。

リバーバンク時代に始まり生涯にわたり、エリザベスとウィリアムの頭脳は男女それぞれに特有な性質をもっていると語られがちだった。あたかもエリザベスの解読スタイルが、ウィリアムのスタイルとはまったく異なっているかのように受け止められた。たいてい、エリザベスは直観的で、ウィリアムは数学的だと評された。ウィリアムのほうが機械に強く、エリザベスのほうは言語に強いと思われていた。たしかにエリザベスはドイツ語とスペイン語を急速に習得し、ほかの言語もいくつか学んでいた。こうした見かたには一理あるかもしれない。しかし実際のところ、ウィリアムも含めて二人とも数学については初心者だった。のちにウィリアムの同僚となるランブロス・カリマホスは、フルート奏者でありながら数学の素養があり、個人的な癖までまねるほどウィリアムを崇拝していた。ウィリアムがかぎたばこを好むと知ると、カリマホスもすぐにかぎたばこをやり始めたくらいだ。[88]しかしカリマホスは、ウィリアムの優れた資質は数学とはあまり関係がないことに気づいた。ウィリアムは「幸運に呪われた」男であると評し、次のように書いている。[89]「ウィリアムがたとえ確率の計算をまちがっても、結果にはまったく響かなかった。なぜなら、幸いにもそれに気づかぬままじりじり前進し、とにもかくにも問題を解いてしまうからだ。彼が何回かわたしに言ったことがある。もっと数学の素養があったとしたら、これまでに解読したもののいくつかは解けなかったかもしれない、と[90]」。もしもウィリアムがもっと年長であるか、もっときちんとした訓練を受けていたなら、「だめになっていたかもしれない。彼の定義する暗号文とは、解読されるべき秘密のメッセージ、ただそれだけだった」

二人が仕事をするようすを見たことのある者には、ウィリアムとエリザベスの頭脳は、同じくらい驚嘆に値し、同じくらい理解不能なものに思えた。二人の頭脳は、イースター島のモアイ像のように堅固で堂々としていた。同僚たちは神話になぞらえた。ウィリアムはまるで現代のミダス王〔ふれるものすべてが黄金に変わったというギリシア神話の王〕のようだ。「彼のふれたものはみな、平文に変わった[91]」。エリザベスの謎を解く才能は「天賦」のもので、「原因が見えないうちに結果が現れた[92]」。ウィリアムとエリザベス、どちらのほうが優れた暗号解読者なのか？　人々は、その答えを出そうとするのをあきらめた。一九一七年一一月、バージニア州出身の奔放な若い陸軍士官、J・ライヴズ・チャイルズが、リバーバンクでウィリアムとエリザベスに初めて出会った。二人から暗号解読技術の手ほどきを受け、戦時中に活躍することになる。ウィリアムのほうがエリザベスより頭が切れるのか、あるいはその逆なのか、チャイルズには判断がつかなかった。「どちらのほうが優れているのかを決めるなど、まったくもって無理だった[93]」

ときに二人は、ウィリアムが機械に強い男性的な思考をし、エリザベスが感受性の鋭い女性的な思考をするというステレオタイプで語られた。説明のつかないことを説明するには、これが手っ取り早いやりかただからだ。

今では有名な話だが、二人が、たがいの性質を異にする頭脳をどのようにとらえていたかを要約するような逸話がある[94]。戦時中のある日、ワシントンから五通の短い通信文がリバーバンクに送られてきた。それは一種のテストだった。通信文は、イギリス陸軍が戦場における通信の安全性を高めるためにそのころ開発した小型の手動式暗号機で暗号化されていた。その装置は円盤型サイファの一種で、二つの輪の縁部にそれぞれアルファベットが並び、連携して回転する。ただしひとつ工夫が加えられている。外側の輪にあるのは通常の二六文字であるが、内側の輪にあるのは二七文字なのだ。一文字余分にあるために多少の不規則性が生じ、アルファベットの文字がどのようにずれていくかを暗号解読者が頭のなかでイメージしにくくなる。また、この装置を使えば、暗号作成者がアルファベットを素早く容易に変更できた。

イギリスはすでに、この装置は解読不可能であると結論づけていた。フランスの専門家もアメリカにいる数名の専門家も同様の意見だった。だが、ワシントンの役人が念のためにこの装置を使い、二つのアルファベットを任意に設定してテスト用の五つの通信文を暗号化した。それを、リバーバンクで解読できるかどうかを確かめるためにフェイビアン大佐に送ったのだった。

ウィリアムが通信文をじっと見る。暗号文を作成した装置についての説明は受けていたが、どのアルファベットを使ったのかは知らされていなかった。通信文を解読するには、ワシントンの役人が使ったアルファベットを逆算して突き止めるしかない。

ウィリアムはまず、その役人は暗号作成の専門家ではないと仮定した。そんな人はほとんど存在しないので、もっともな仮定である。それならば、その役人は、安全な通信をしようとするときに犯しがちなよくあるまちがいをたくさんしているだろう。暗号システムの強度はふつう、システムの設計よりも人の使いかたとの関連性のほうが高い。鎖を構成する輪のなかで、人間がもっとも弱い部分なのだ。鍵やパスワードを定期的に変更せずに、同じものを何週間も何か月も、あるいは何年も繰り返し使う。同じ単語（「secret」など）を複数の通信文の冒頭で繰り返し使ったり、通信文全文を何度も送信したりして、暗号解読者に手がかりを与えてしまう。居住地や職場の地名、職業名、そのときに取り組んでいるプロジェクトに関連するものなど、簡単に推測できる語句を選んでしまう。人間が誤りを二つか三つ犯せば、世界一安全な暗号システムも屈服してしまうだろう。

この暗号装置をもちいた重要なテストを作成するにあたり、ワシントンの役人は暗号作成に関連した語を鍵語《キーワード》に選んだかもしれないとウィリアムはひらめいた[95]。そこで、「サイファ」、「アルファベット」、「解読不能」、「解答」、「システム」、「手法」などといった単語を試してみた。二時間集中して作業をすると、外側の円盤にあると思われるアルファベットが見えてきた。そして鍵語はサイファのようだ。次にウィリアムは、役人が、一方のアルファベットで簡単に推測できるような鍵を使うほど不注意なら、内側の円盤のアルファベットにも同じような鍵をおそらく使ったのではないか、と仮定した。だが、こちらはなかなか手強かった。あらゆる鍵を試してみたが、どれもうまくいかず、エリザベスに助けを求めた。

「わたしは部屋の反対側に座って、別の通信文を忙しく解いていた」とエリザベスは回想する[96]。

夫はわたしに、椅子の背にもたれて目を閉じ、頭をできるかぎり空っぽにしてほしい、と頼んできた。質問を投げかけるので、それにたいする返答を一瞬たりとも考え込まずに、質問を聞いて頭に浮かんだ単語をすぐさま口に出してほしい、と。それで夫の指示に従った。夫がサイファ、という単語を言ったので、わたしは即座に「機械《マシン》」と答えた。するとすぐに、大当たりだ、とビルが言った。

のちの著作やインタビューで、エリザベスはよく、この瞬間に自身の頭が「バネのように弾力性」があったと説明している[97]。どうして「マシン」という単語が口から出たのか？ いったいどこからやってきたのか？ エリザベスに言えるのは、次のようなことだけだった。イギリスの暗号装置は小型で手動だったことから、「[ウィリアムは] 緻密な思考をする人だったので、機械《マシン》という単語を使うなどとは考えつかなかった。でもわたしにとって、その装置はマシンだった[98]」。エリザベスの推測が当たったおかげで、二人は五通の通信文を三時間以内に解くことができた。

ウィリアムは、エリザベスがこうした洞察力を働かせたのは、女性だったからだと考えた。のちにある講演で、「女性の頭脳というものは、みなさんご存じのように男とは別物ですね」と述べている。[99] さらに男女差についてのジョークも口にしたようだ。このできごとがあったころ、二人は新婚だった。ウィリアムは男性ばかりの聴衆に向かって、次のように回想した。「どうにも行きづまってしまい、妻になったばかりのフリードマン夫人に声をかけました。『エリザベス、仕事の手を止めて、わたしのお願いをきいてほしい。ちょっとリラックスしてくれないか』――すると妻は口紅を取り出して塗り直しました[100]」。男たちの笑い声が聞こえるようだ。

エリザベスに言わせれば、ウィリアムのほうが頭が良かった。二人が結婚する前、さらには交際する前からすでに、エリザベスは、自身の能力を低く評価したり見過ごしたりするほどまでにウィリアムの能力を称賛するようになっており、こうしたパターンは生涯変わらなかった。ウィリアムについて友人や記者に語るときにはいつも、歴史に残る人物、運命を操る人物と称え、「とても温かい人で、どこまでも寛大な心と広範な知性の持ち主[101]」であり、さらには「史上もっとも頭の切れる人[102]」であると述べたものだった。それでいながら、エリザベスはもともと競争心が強いので、ときおり二人で楽しく張り合うこともあった。

あるとき二人は、ほこりにまみれた一八九六年刊の文芸雑誌『ペル・メル』にある、ロシア皇帝に敵対する無政府主義者が使った暗号についての記事を見つけた。[103] その記事の末尾には短い暗号文が掲載されていた〔次頁〕。一般的に、暗号文は短いほど解読が難しい。歌のメロディから三つの音しか聞かされないほうが、二〇の音を聞かされるときよりも、曲名を特定するのが難しいのと同じである。この「無政府主義者《ニヒリスト》」の暗号文は、数個の数字と二個の疑問符だけで書かれていた。[104]

解答は提示されていない。筆者は「以下の暗号の意味は今後誰にも解読されないだろう」と述べ、錠が

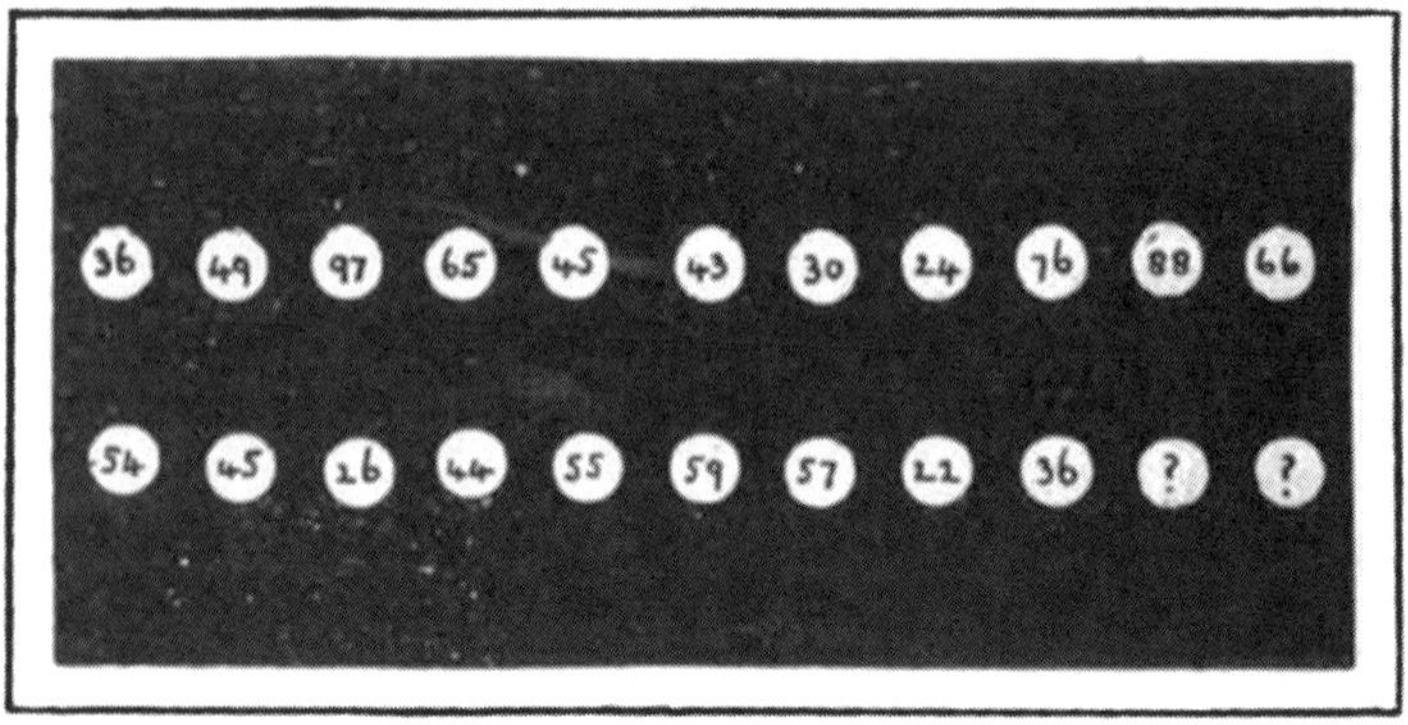

「下ろされ、かんぬきがしっかりとかけられた」と結んでいる。[105]

　当然ながらウィリアムは鉛筆を握り、錠をこじ開けにかかった。「そうして」、ウィリアムは「この暗号文に出会うと、挑戦を受けて立ち、難問に食らいついた。そうして信じがたいことに、いくら短いといっても、暗号文とさらには鍵も一五分で解いてみせた！」とエリザベスは書いている。[106] 鍵には、ひとつの単語「courage」〔勇気〕が反復して使われていた。[107] 平文は、「He who fears is half dead」〔怖じ気づく者は死んだも同然〕だった。

　この逸話は、ウィリアムの偉大さを納得させるに足る証しである。史上もっとも頭の切れる男、ウィリアム・フリードマン。だが、エリザベスはここで話を終わらせず、次のように続けた。「もちろん、そう聞かされて、わたしも〔その暗号文に〕挑戦しないわけにはいかなかった。そして、永遠に秘匿される定めにあった秘密を一七分で解いた」[108]

　一九一七年の春、ウィリアムは苦悩していた。エリザベスと知り合ってからもう八か月か九か月が過ぎ、今ではつねに彼女を求めていた。[109] それを口に出すのがこわかった。エリザベスが自分の愛に応えてくれるかどうかわからなかったからだ。エリザベスはウィリアムのことを友だちとしか言ってくれていなかった。でも、自分が彼女を愛していることは、はっきりとわかっていた。一日中、彼女とともにいながらも、仕事のことを考えているふりをするのがつらくなってきていた。はたからはカリカリと鉛筆を走らせて暗号を解いているように見えるときでも、ウィリアムはじつのところ別のことを考えていた。エリザベスの首のうしろに手を回してヘアピンを抜いたら、髪はどんなふうになるだろう？ 抱き寄せたら、美しい髪がどんなふうにほどけるだろう？[110]

ウィリアムはエリザベスと一緒に歩む人生を、家を構え、子どもがいる光景を想像した。[111] 同時に、そんな人生は想像できなかった。ピッツバーグにいるユダヤ人の家族や友人たちが、ユダヤ人以外との結婚は絶対に認めないとわかっていたからだ。地元のユダヤ人コミュニティでは、ユダヤ人と異教徒との結婚は一種の裏切りであり、敵対的で偏狭なアメリカ文化にたいするユダヤ人の抵抗を弱体化させるものだとみなされるのがつねだった。ウィリアムが子どものころ、ピッツバーグの週刊紙『ジューイッシュ・クライテリオン』には、異民族間の結婚に反対する記事や論説がたびたび掲載されていた。

ユダヤ人と非ユダヤ人どのあいだの氷のように冷たい人種的反感は、愛という太陽から発せられるもっとも熱く激しい光によってすら、決してぬるむことがないだろう！ 統計や離婚裁判がその証左である。[112]

部分は、部分であることをやめないかぎり全体に同化することはできない。ユダヤ人は同化を望まない。[113]

ユダヤ人の異人種間結婚は自殺行為か？[114]

ウィリアムは仲間たちの反応を恐れた。だが、欲望が恐怖に勝った。まだ先ではあるが、そのうちすぐに、ウィリアムはエリザベスに、彼女のことをどう思っているかを告げることになる。「あなたの容姿が美しいのと同じくらいに、あなたの魂と精神と心はすばらしく、美しく、清らかです」[115]。完璧な容姿に比肩するのは、「鮮やかで機敏で才気あふれる」頭脳の正確無比な働きだけであり、知能という領域でその頭脳に「徹底的にやっつけられた」。エリザベスが、問題の限界を突破して、思考という火打ち石をさまざまな岩や、歴史や数学、論理学、さらにはウィリアムにも打ち付けて、火花を散らし、炎を燃え立たせる能力に、ウィリアムは驚嘆していた[116]。「わたしは暗号が得意だけれど、きみのほうがもっと頭が良い。空高く雲の上まで舞い上がっても、堅固な地面や根拠にしっかりと足をつけていられる。きみは、夢を見ると同時に実際的でもいられるんだ」[117]。心の内をうまく言い表せない、と何度もエリザベスに訴えた。「ああ、神聖なる火の源よ。きみを心から崇拝する。言葉はなんと無用なことか！」[118]

神聖なる火。ウィリアムの父が大切にする聖書をふまえた表現だ。聖書に描かれた、すべてを焼き尽くす神。〈主はシオンに火を／エルサレムに炉を持っておられる〉[119]〔イザヤ書31章9節、新共同訳より〕。

恋愛の謎のひとつに、言葉でうまく表現できなくなると同時に雄弁にもなるというものがある。ふつうに話したり書いたりする力を失いながらも（言葉はなんと無用なことか！）、相手も自分を愛してくれているという想定のもとに、愛する人と目線やしぐさでさっと思いを伝え合う技法を築いていく。最初のうちは恋人が「暗号を使って話し」ているように感じられる。それからはたぶん、二人が秘密の暗号を共有している感覚になっていく。

この感覚を、ある奥深い科学的理論をもちいて説明できるかもしれない。一九三〇年代から一九四〇年代にかけて、デジタル・コンピュータ発明以前、ミシガン州の田舎出身の若い科学者クロード・シャノンが二本の論文を執筆した。それにはコンピュータ革命を起こす魔法の豆のような力があり、そこから伸びた巨大な豆の木に、ＩＢＭ、アップル、シリコンバレー、インターネットが結実した。マサチューセッツ工科大学の大学院生時代、シャノンは、電子回路の配列によって論理演算や決定が実行可能になることと、0と1だけで、歌からヴァン・ゴッホまで、世界中のあらゆる情報を符号化できることを察した。[120] 彼自身がコンピュータを生み出したわけではないが、デジタル・コンピュータなら計り知れないことを行えると初めて理解した人物のひとりである。

のちにＮＳＡの機密プロジェクトで、ウィリアム・フリードマンなどの暗号学者とともに仕事をすることになるシャノンは、コードやサイファについて考えることも好きだった。[121] シャノンはベル研究所に勤務していたころ、電話線など騒音のあるシステムで通信を行うという問題は、メッセージを暗号化して解読するというプロセスとほぼ同じであるというひらめきを得た。[122] 言い換えれば、自分の言っていることをほかの人に理解してもらうことは本質的に暗号学の問題なのである。自分と相手とのあいだにある通信路の騒音（騒音の代わりにシャノンは「情報エントロピー」という用語をもちいた）を、数量化できるかたちで減少させる。その騒音を減らす手法――そのままでは失われるか化けてしまう恐れのある通信を回復させる手法――が、解読なのだ。

シャノンの理論からすれば、親密なコミュニケーションは暗号プロセスそのものである。恋に落ちると、心の状態をいっそう効率良く共有し、騒音を抑え、恋人をもっと近くに感じるための、コンパクトな符合化の手法を開発する。この観点からすれば、すべての恋人たちは暗号解読者だ。そして、アメリカの参戦が間近に迫るなか、リバーバンクの若い暗号解読者二人はまもなく恋人どうしになろうとしていた。

第5章　脱出計画

1918年ごろ、エリザベスと陸軍中尉の軍服を身に着けたウィリアム

「あなたの北極星になりたい。ビリー・ボーイ、心からそうなりたい！」[1]

エリザベスは手紙に「北極星《ノース・スター》」と書いた。その意味も、ウィリアムにどう答えてほしいのかもわからないままに。その二語は、ウィリアム・フリードマンに魅了され引き寄せられる力を表すのにぴったりだった。その力には不思議な作用がある。まるで植物が太陽に向かって伸びるように、ウィリアムのほうに向かっていつも少し傾いてしまうのだ。

エリザベスが初めてその力に気づいたのは、インディアナに帰省して臨終の床にいる母を見守りながら、リバーバンクにいるウィリアムに手紙を書いていたときのことだった。これはなんだろう？　あなたを愛してはいないのに、「あなたがいなくてものすごくさみしい[2]」。愛しています的な愛なのかはわからないけど、もしもあなたが望むなら「あなたのために仕事をします[3]」。あなたの夢を見たけれど、どんな夢だったかおぼえていない。[4]「とにかく、いつもわたしのことをほんの少しだけ好きでいて、ビリー・ボーイ。今のままの大切な友だちでいてほしい。たとえそれ以上にならなくても。わたしたち二人でなにかを『達成』するのを、そう、とても望んでいるのです[5]」

どのような恋愛感情よりも先にこの思いを、エリザベスはウィリアムにぶつけた。二人で勝ちたいという漠然とした願いだ。「暗号文のテストをがんばって解いてください――お願いです！　勝たなくてはいけませんよ。あなたには勝ってほしいから[6]！」エリザベスはウィリアムの才能を見抜いており、そのうえ自分自身にどれくらいの能力があるのかにも気づき始めていた。二人が別々でいるよりも、一緒に力を合わせたほうがいっそう強くなれそうに感じていた。それを思うと心がわきたった。ロマンスや恋愛や愛の営みについては、あまり想像しなかった。二人が初めてキスをしたとき、エリザベスはさほど心を動かされなかった。のちに次のような詩を書いて回想している。

恋人のことを強く心から思えないときがあった
熱のこもった求愛、激しい口づけ
それでもわたしの心は冷静なままだった。
わたしは彼に身を任せた
彼はわたしに優しかったから。
そして情にほだされて、彼に口づけを返した
思い焦がれる目と熱い心で
「きみもぼくと同じくらい愛してくれたならいいのに」と言われたとき。[7]

一九一七年の初めにウィリアムが結婚を口にし始めたが、エリザベスはどうしてよいかわからなかった。フォックス川の氷が割れ、春が冬の錠をこじ開けて水が流れ出すと、ウィリアム・フリードマンは、二人がもしも結ばれたなら、どのような良い点と悪い点、障害と利点があるかについて、感情を排した慎重な口調で、まるで就職先について相談するかのようにエリザベスに話をもちかけた[8]（心のなかのダムが決壊して恥ずかしい思いをしないように、激しい感情を押しとどめようとしていただけだ、とウィリアムはのちに告白している）。[9]ウィリアムはひざまずいてプロポーズはしなかった。その一歩引いた姿勢を見て、エリザベスのほうも同じ

ように、冷静に検討する余裕がもてた。彼と結婚するという可能性を、少し離れたところに漂うなんの変哲もない小さな雲のように、浮かばせておいたのだ。

ウィリアムとの結婚には、良い点も悪い点もあった。もしも結婚するとなれば、家族や地元の人たちはきっと困惑するだろう。インディアナのきちんとしたクエーカー教徒の娘は、ユダヤ人の青年とは結婚しないものだ。しかしエリザベスは、ウィリアムの場合より、もっと家族と疎遠になっていた。自分自身の道を歩むために、自由を求めて必死で戦ってきたからだ。

その春、話し合いを続けたが、たいていの場合、結婚は賢い選択ではないだろうと二人の意見は一致した。[10]なぜなら障害がたくさんありすぎるからだ。家族や宗教のちがい、そしてお金の問題もある。信じがたいことだが、フェイビアンから支払われる給料は、二人がここにやってきたときと同額の月三〇ドルのままだった。新たな重責をたくさん背負わされたのに昇給がなく、何か月か給与がまったく支払われないときもあった。それにもしも結婚するなら、どこに住めばよいだろう？　ウィリアムの風車に二人で住むのだろうか？　リバーバンクで結婚生活を送るという見通しは、二人のどちらにとっても合理的には感じられなかった。永久運動機関やベーコンの幽霊からのメッセージと同じくらい、酔狂な思いつきだった。

一方で二人は、このままリバーバンクにいたいのかどうかについても迷っていた。

ここで長く生活するにつれて、フェイビアンの陰の顔、すなわち周囲の人にたいする支配欲求へのエリザベスとウィリアムの懸念は深まっていた。フェイビアンはどうやら、ウィリアムに恥をかかせるのをとくに楽しんでいたようだった。二人でワシントンに赴いたときなど、フェイビアンがウィリアムに街頭の売り子から新聞を買ってこいと命令した。[11]ウィリアムが、ホテルの受付でも新聞は買えますと言うと、フェイビアンは、街頭で売っている新聞がほしいんだ、と怒鳴った。ウィリアムは命令に従った。後日、ウィリアムが夕食の席にアイロンをかけたばかりの夜会服で現れると、むさくるしい服装をしていたフェイビアンが、自分に合わせろと言い、もっとくだけた服に着替えてこさせた。[12]「所有物のように扱われるのは受け入れられなかった」とエリザベスは語っている。[13]「フェイビアンの策略や嘘にはうんざりしていました。フェイビアンはいつも得をして、わたしたちはいつも損をしていました」

エリザベスとウィリアムは基本的に、どちらも野心的な人間だった。いったいどうして、リスクを伴うものに情熱がこれほどかき立てられるのだろうか？　エリザベスは思い切った人生を歩みたかったし、ウィリアムは「何かに足跡を残し」たい、と言っていた。[14]「その何かとは、たぶん遺伝学だ」とエリザベスに打ち明けた。「あるひとつのことについて、ほかの誰よりももっとよく知りたい、その分野の先駆者になって、続く人たちのために道を切り開きたいという野心がある。どうしてそういうふうに思うのか、自分でもわからない。ただ、心のなかにこの望みがあって、なんらかのかたちで実現させなくてはならないんだ」。リバーバンクが、二人をとてつもない冒険に送り出した。しかし今は、リバーバンクが足かせとなっている。いつか逃げ出すつもりがあるなら、二人一緒にそうすべきだ、と二人は悟った。

一九一七年五月、冷たい雨の降る月曜日、二人の姿はリバーバンクになかった。[15]

仕事を抜け出すなど、彼らしくなかった。二人が不在のまま数時間が過ぎていった。牛は草地で草を食み、ミバエは瓶で増殖している。その晩、二人は戻ってきた。ウィリアムは黒っぽいブレザーと明るい色の縦縞の入ったズボン、同じく縞柄のネクタイという身なりで、エリザベスは簡素な白いレースのドレスを着ていた。[16]同僚たちが集まってきて、幸福な知らせを聞いた。二人はシカゴに行って結婚してきたのだ。ハーシュという名のラビが結婚式を執り行った。[17]

結婚発表の記事が、五月二三日付『ジェニバ・リパブリカン』紙の第一面に掲載された。[18]すぐ隣には、連邦議会を通過したばかりの、二一歳から三一歳の男性に徴兵制度登録を義務づける選抜徴兵制法案の記事があった。[19]「フリードマン氏はコーネル大学卒業後ただちにリバーバンクに来られ、しばらく、リバーバンクの温室で実験に従事していた」とウィリアムについての記述がある。[20]「氏はのちに、ベーコン研究にかかわる業務も手がけた」。エリザベスについては「スミス嬢の実家はインディアナ州にあり、カレッジ卒で優れた読書家である。スミス嬢とフリードマン氏は、ベーコン暗号について、カレッジや学校、クラブで多数講演を行ってきた」とある。記事には、エリザベスの存在がきっかけとなりウィリアムが暗号「業務を手がける」気になったとは書かれていなかった。

エリザベスは恋愛感情をもたないままウィリアムと結婚した。後日、それを認める文を日記に記している。[21]『大草原の妻（*The Prairie Wife*）』という小説を手に取り、語り手の女性が話す冒頭の一行、「バシャーン！……わたしは、恋に落ちる間もないうちに結婚生活というプールにざぶんと落ちた」[22]を読んだあと、エリザベスにはこの文が「まるでわたしの口から出た」言葉のように思えた。ウィリアムと結婚したのは、彼が良い人で、あまりにも熱烈に求婚してきたからだった。ほかのことはすぐに追いついてくるだろうと確信していた。絶対すぐに。これほど短い期間に、たくさんのことが次々と起こったのだから。フェイビアン大佐がシカゴでエリザベスと出会い、大草原のこの場所に連れてきてから、丸一年がたとうとしていた。「ものごとをありのまま受け止めるのに慣れてきたところだ」と、結婚式のすぐあとに日記に書いている。[23]そうして、自分の人生がまたたく間に移り変わってきた経緯を振り返る。

ずたずたになり、非難にさらされ、魂はやつれはてて——日々、死ぬことだけを強く願っていた。……それから奇跡が起きて新しい場所に連れてこられた。夢中になれる魅力的な仕事をするために。その場所ではすべてを忘れ、平穏、それも輝かしい平穏を見つけた――そのうえ、そう、奇跡中の奇跡、愛を見いだした！　ああ、すばらしき神よ！　誠に、真実はフィクションよりも奇なり！　こんなことが起こりうるとはとうてい信じられなかったが、わたしはここにこうしている。このわたしがようやくこれから、若さ、愛、そして人生のすべてを手中にするなど、ありうるだろうか？

二人の結婚にたいするピッツバーグでの反応は、まさに恐れていたとおりだった。ウィリアムが少しだけ帰省して両親に報告すると、息子が非ユダヤ女性と結婚したと聞いた母親は卒倒した。ウィリアムはこのことを電報でエリザベスに知らせている。[24]それを読んだエリザベスは具合が悪くなり、「あなたにたいする自責の念と苦痛、悲しみの渦のなかに放り込まれました」とウィリアムへの手紙に書いている。[25]「ああ、ビリー、ビリー、わたしたちはなんということをしてしまったのでしょう？」。何年ものち、エリザベスは自分の家族に、ピッツバーグのフリードマン家を訪問したときウィリアムの母親は座ったまましくしく泣き続けた、と話している。「まるでビルが殺人でも犯したかのように見えたことだろう」と、ウィリアムの兄弟のひとり、マックス・フリードマンがのちに回想している。[26]「ウィリアムがまだピッツバーグに住んでいたなら、村八分にされただろうね」

だが、ウィリアムはもうピッツバーグに住んではいなかった。イリノイの、金持ちの男が所有する風車で暮らしていた。そして今では、エリザベスもそこに暮らしている。エングルデュー・コテージから風車に引っ越したのだ。[27]ウィリアムは、エリザベスの雑誌や書類や本を置くスペースを作り、彼女の手を引いてはしごを上がり、二階に案内した。湿気があり狭苦しく土の匂いがしたが、そこが二人の居場所だった。

その夏、軍当局は全国各地に人員を派遣して志願兵の募集事業にあたらせていた。フェイビアンは七月、陸軍をリバーバンクに招待した。[28]職員に命令して、ヴィラの横に広がる草地のもっとも高い地点に木製のステージを建て、その隣に徴募用のテントを設営した。ジェニバと近郊の町から三〇〇〇人がつめかけ、馬車や自動車で道路がふさがり、大草原に交通渋滞が発生した。

アメリカ陸軍大尉がステージに立つ。[29]長身でひげをきれいにそり、茶色い髪をジェルでかためてとがらせ、金色の縁取りのついた、くすんだオリーブ色のウールの軍服で身を包み、正装用の革靴をはいている。「戦地に行かないよりも、行って死ぬほうがよい」と声を張り上げる。[30]「女性のみなさん、息子や兄弟、恋人を説得するのです」。平和を口にする者は誰でも反逆者として銃殺されるべきだ、と大尉は断言する。演説が終わるやいなや、エルジンから来た少年が立ち上がり、徴募テントに向かった。群衆が喝采を送る。すると、さらに多くの少年たちが立ち上がり、そのあとに続いた。そののちフェイビアンはひとり二五セントの料金を取って、塹壕模型の見学会を実施した。収益は赤十字に寄付する予定で、三五〇ドル以上が集まった。[31]山高帽をかぶった男たちと日傘をさした女たちが塹壕の縁に立ち、下をのぞき込む。子どもたちはなかまで入り、泥まみれになって遊んだ。

ウィリアムはその日のうちには志願しなかったが、検討を始めていた。戦時下に健康な男性が戦わないのはどうかという罪悪感もあったが、自分とエリザベス、二人の将来のためでもあった。暗号解読のスキルを使って将校に任官されることはできないか、と考えたのだ。軍のほうがフェイビアンより給料が高い。昇進の道筋も明確だ。陸軍基地は、全国各地、さらには世界各地にある。二人がリバーバンクを離れるときがきたら、将来の見通しをもって出発できるだろう。

ウィリアムはフェイビアンに話を何度ももちかけ、ワシントンのつてに連絡を取り、ジョゼフ・モーボーンが所属する陸軍通信隊に自分を推薦してほしいと頼み込んだ。[32] フランスに行って、戦場のもっと近くでコードやサイファの知識を活用したい、とも訴えた。フェイビアンはいつも、その願いをはねつけた。[33] きみは今の職場で必要とされている。陸軍のことは忘れて、自分の仕事に集中しろ。

失望したウィリアムは、自力でなんとかしようとジョゼフ・モーボーンに手紙を書き、陸軍で自分の能力を活用してもらえないだろうかとたずねた。そのころエリザベスも海軍に手紙を出し、暗号解読の仕事の口がないかどうか問い合わせていた。二人は返事を待った。数か月が過ぎたが、なしのつぶてだった。

二人が真実を知ったのは、もっとあとになってからのことである。モーボーンらから、二人と連絡を取ろうとずっと必死に画策していたのだと聞かされたのだ。フェイビアンが、夫妻あての郵便物を検閲していた。[34] 夫妻あてにワシントンから届いた仕事の依頼の手紙を読み、引き出しにしまい込み、フリードマン夫妻はそちらの職務は行えません、と勝手にワシントンに返信していたのだった。

そのうえ、暗号の訓練を受けるためにリバーバンクを訪れていたひとりの陸軍士官が、教室で盗聴器を発見した、とウィリアムに報告した。[35] 隠しマイクがあったのだ。フェイビアンが盗聴器をしかけた目的が生徒を探るためでないのは明らかだった。生徒たちは何も知らないのだから、そんなことをしても無駄だろう。もっともらしい説明はひとつしかない。フェイビアンはフリードマン夫妻を監視していたのだ。二人の動きを読み、自分の作ったエデンの園から出て行かないようにするために。そうやって始終監督していると、蜂たちはまじめに働くようになった。フェイビアンは若い二人を、ガラス張りにした巣のなかの蜂であるかのように監視していたのである。

小さな紙切れがエリザベスのもとにひらりと落ちてきた。ウィリアムと、シカゴ大学の広報担当者である物腰柔らかなパウエル氏と一緒にリバーバンクの戸外にいて、新鮮な空気のなか、草地を歩いているところだ[36]。紙を拾うと、筆記体の文字が薄い鉛筆で記されていた。ウィリアムの書いたものだ。「いとしいきみへ。ここに座ってきみの顔をじっと見ている。完璧に美しいよ!!　B．B．[37]」。ビリー・ボーイからだ。エリザベスはパウエル氏に見られないように紙を隠し、あとで日記のページのあいだにはさんでおいた。「喜びがほとばしり、わたしの胸が歌を歌った」と日記に記す[38]。

エリザベスはもはや、恋をするふりをやめていた。親切心からウィリアムの気持ちに応える時期は過ぎていた。コテージでの仕事中、ギャラップ夫人が見ていないすきに、エリザベスのほうからウィリアムに抱きつき、引き寄せてキスをした[39]。今ではウィリアムを「愛する夫」とよんでいる[40]。

今夜、愛する夫とわたしは、将来のためのあいびきをした。目標が決まった。成功するだろうか？　二人ですべてを計画した――頬を寄せ合い、新月の満ちゆく力を受けながら――

「きみはすばらしい」と夫が言う。「すべてきみのため――きみだけのためだ！」夫を抱きしめ、強い希望がわいてきて息をのむと――「おや、泣いているのかい？」とたずねられた。わたしは答える――「いいえ、祈っているだけ」。わたしはこう祈っていた。

「ああ、外界と内界の聖霊よ、わたしをきれいなままでいさせて！　ずっと仕事を続けさせて、健やかでいさせて――炎を燃やし続けられるように！」

一九一七年の夏から秋にかけて、二人の仕事が枯渇していった。[41] ワシントンから届く郵便物はどんどん軽くなり、解読すべき傍受通信の数は減少していた。何か変化があったのだ。フェイビアンはいらいらして歩き回り、地獄椅子に座ってわめきたてた。

戦争省〔陸軍〕が最近、独自の暗号解読部門を立ち上げたことが判明した。責任者は、ハーバート・O・ヤードレーという二八歳の陸軍中尉である。[42] インディアナ生まれでやせぎすのこの男は、ヨーロッパのブラック・チェンバーについて書かれた本を図書館で読んだのがきっかけで暗号に夢中になった。「なぜアメリカには、秘密の外交暗号や、外国政府の暗号電報を解読する部局がないのだろうか？」とヤードレーは自問した。[43]「もしかすると俺も、外国人暗号家のように、世界中の首都という首都の秘密を暴くことができるかもしれない」

大胆不敵で魅力的、ポーカーの達人でもあるヤードレーは、自身の率いる新しい部局がアメリカのブラック・チェンバーになるともくろんだ。[44] 従来なら一〇〇〇キロ以上も離れたリバーバンクに送られるはずの暗号通信文の解読を自身の部局に任せるよう、戦争省を難なく説得してのけた。ワシントンの陸軍戦略大学内に拠点があり、MI‐8を正式名称とするヤードレーの暗号局は、アメリカにおける暗号解読事業のフェイビアンの独占に近い状態を粉砕した。[45]

影響力と権力を日に日に失いつつあることに気づいたフェイビアンは、それを取り返すために一計を案じた。軍部は、速やかに暗号解読者を養成して、ワシントンにあるヤードレーの暗号局とフランスの海外派遣軍（AEF）に配属させようとしているが、現状では解読者の数がまったく足りていないとフェイビアンは見抜いていた。アメリカには暗号解読学校が必要で、ここには、すでに大学のような体制をもつリバーバンクがある。フェイビアンは陸軍に、訓練のために人員をリバーバンクに派遣してほしいと申し入れた。陸軍はその任務をフェイビアンに課した。

一九一七年一一月、訓練生の第一陣が到着した。前線に送られる予定の四人の若い陸軍中尉たちである。暗号についての知識はゼロだった。のちのＮＳＡ歴史研究員に言わせれば、彼らは「そこらにいる人間と同じくらい能なし」だった。[46] フェイビアンは、エリザベスとウィリアムに彼らの教育を任せた。

フリードマン夫妻は、それまで生徒相手に暗号を教えたことがなかった。授業計画もなく、自身の暗号解読の経験もたったの一年しかなかった。とにかく、やってみるしかない。

「教えられることはすべて教えました。手許にあるものを使って教えました」とエリザベスはのちに振り返る。[47]

最初は四人だった訓練生はまもなく八〇人に増えた。陸軍戦略大学から派遣された若い士官で、多くは妻を帯同していた。リバーバンクにこれだけの人数を滞在させるスペースがなかったので、フェイビアンは近くのオーロラという町でいちばん大きなホテルの部屋を借り上げた。[48] ウィリアムとエリザベスはそこで毎日指導にあたり、午前中は講義をし、午後には解答の添削をした。[49] まずはフランシス・ベーコンの二文字暗号から始め、次にはもっと現代的な暗号化と解読の手法に進んだ。米西戦争時代や、大戦が勃発してから二年の間に傍受したドイツの暗号文など、実際の通信文を題材にもちいた。ギャラップ夫人は授業のあいだ離れた場所に座って見守ってはいたが、みずから教えることはなかった。

訓練生たちは、この課程を卒業したら、多くはそのまま海外派遣軍の暗号士官としてフランスに派遣されて戦地に赴くことになり、残りはワシントンで同様の業務に配属されると知らされていた。試練が待ち受けているのを予期しているがために、リバーバンクがいっそう心地よい場所に、まるで天国に駐屯しているかのように感じられた。[50] フェイビアンは訓練生のために、農場の新鮮な食材を使った昼食用の弁当を毎日配り、田舎へのピクニックも企画した。パーティーも開いて、独身の兵士が地元の娘たちと知り合う機会を与えた。豪勢な舞踏会も開催し、ジェニバの金髪娘たちを軍服姿の士官たちの腕のなかに飛び込ませた。[51] 少なくとも四人の士官の妻が授業に参加し、課程を修了した。[52] フェイビアンは、戦争省にあてた手紙で彼女たちの「優秀な成績」を称賛したが、そこに記したのは本人の氏名ではなくその夫の氏名だけだった。

一九一八年二月下旬の訓練課程の最終日、訓練生と教員たちが写真撮影のためにホテルの外に集まり、建物の端から端にわたって二列に並んだ。[53] 写真では、ウィリアムとエリザベス、フェイビアンは中央に座り、ウィリアムが右側に顔を向けている。陸軍士官たちはぴしっと起立しているが、左右どちらかに顔を四五度ひねっている者たちと、正面を向いている者たちに分かれている。写真を当時目にした人々のなかで、こうした奇妙な特徴がもつ意味に気づく者はほとんどいなかった。一人ひとりが、二文字暗号で書かれた暗号文の一文字を表していたのだ。[54] 横を向いている者は暗号のb型文字を、正面を向いている者はa型文字を表す。全員で、フランシス・ベーコンの格言を綴っていたのだ。音響研究所のドアの上にある石にフェイビアンが彫り込んだ、〈知は力なり〉というフレーズである。

ウィリアムは生涯、この写真を引き伸ばしたものを、仕事机の天面のガラスシートの下に入れていて、ほぼ毎日ちらりと目を落としていた。[55] この写真は、自分がもっと無垢だったころを思い起こさせた。たがいに関係する二つの暗黒の力から贈り物がもたらされ、ウィリアムの将来進む道とエリザベスの道までもが決定されるようになる前の、良き時代を思い出させた。二つの暗黒とは、ひとつは戦争であり、もうひとつは、避けることのできない過度の不安症《パラノイア》である。

ウィリアムが何度も直談判した結果、フェイビアンはようやく、戦争が終結したら戻ってくるという条件でリバーバンクを離れる許可を与えた。ウィリアムは陸軍に入隊し、通信隊の中尉となった。士官ではあるが階級は低い。フランスに派遣され、海外派遣軍（AEF）で暗号の能力を発揮することになった。陸軍のカメラマンが、ウィリアムの公式顔写真を撮影した。薄暗い部屋のなかでライトが左から当たり、顔と体の左半分が明るく照らされている。写真のウィリアムはまじめで繊細で整った顔立ちをしている。両耳が、ふつうの人よりとがっているようにも見える。ウィリアムはこの写真を気に入り、一枚を額に入れてエリザベスにプレゼントした。一九一八年五月、二人はさよならを交わした。[56] エリザベスが涙を浮かべながらほほえむなか、フリードマン中尉はシカゴ行きの列車に乗った。[57] 行き先は、フランスはショーモンという農業の町にあるアメリカ軍総司令部（GHQ）である。

エリザベスはウィリアムと一緒に行きたかった。自分もAEFの暗号担当官としてフランスで任務につくことが許されない妥当な理由は見当たらなかった。しかし、「女なので、ついて行って『仕事』をするわけにはいかない」と陸軍からはねつけられたため、リバーバンクに残り、ほかの頭脳労働者とともにロッジで引き続き暗号を解読した。[58] そして日記に、戦争についての詩をしたためた。そこでは、「愛する人と海を隔てて離ればなれでいる胸の痛み」について思いめぐらし、[59] 自分自身を大切にして、心の内側にある明晰で確固たる部分を保つ必要があると述べている（「静かなる全体、統合された平穏」[60]）。そうしながら、ウィリアムから次々と届く手紙を読んでいた。手紙は投函されてから数週間、さらには数か月も遅れて配達された。封筒にはAEFによる検閲の赤いスタンプが押され、大西洋を渡って大草原に届けられた。

ウィリアムの手紙からは、難題に行きづまったときにエリザベスに相談できないのを残念がっているようすがうかがわれた。秘密保持のため、あいまいな表現しかできず、技術的な詳細は省略しなくてはならなかった。「仕事はとても大変だ」とウィリアムは書いている。[61]「そのうえ、ごくごく小さな成果しか得られない。

ときどき、まったく理解できていないんじゃないかと心配になる。きちんと説明はできないけれど、少し想像してみてくれないか。まったくの暗闇のなかで、とてつもなく不可解な問題と角突き合わせて、推測の基盤とするべきデータも誘導してくれる一般法則もなく、あるのはひどく漠然とした頼りにならないものばかりだ――ああ、愛しいきみ、この仕事をやりとげるのは、ひどく難しそうだ」

それでいながら、ウィリアムの評判が陸軍内で高まっていることがはっきりと読み取れた。ときには、答えが「不意に」ひらめいて、同僚を驚かせたこともあった。[62]「土曜日にM大佐が客人の某大佐を連れてきた――名前はおぼえていないが。机の前までやってきて、某大佐にぼくを紹介して『この者はコードの魔術師だ』と言ったんだ。ひどく気恥ずかしくて、なんと返せばよいかわからなかったよ」[63]。M大佐とはウィリアムの指揮官であるフランク・ムーアマンだった。ムーアマンがリバーバンク出版物をほめていたと、ウィリアムは忘れずにエリザベスに伝えた。[64]エリザベス自身の貢献に自信をもってほしかったからだ。「いとしい人よ、昨日の会議でM少佐がぼくたちのR. K. 冊子を回覧した」。リバーバンク出版物第一六号『進行鍵サイファの解読法』である。「最後まで興味深く読んだ、暗号解読について読んだなかで最高のものだと言ってくれたよ[65]」

ウィリアムは、身の安全については心配しないようにと伝えた。ショーモンは塹壕から遠く離れていて、銃撃戦の気配を察しても、腰に携帯している四五口径の拳銃を使うほどの危険はないらしい。[66]

ほかの士官と同様に、ウィリアムは宿舎として割り当てられた民家で生活していた。家主はフランス人女性で、ウィリアムはマダムとよんでいた。[67]フランスの田舎は夜間とても暗く、最初の数週間は宿舎を見つけるのに苦労して、たばこを懐中電灯代わりに使っていた。[68]日中は、GHQの裏手にあるガラス・ハウスとよばれる建物で、AEF所属の暗号士官や通信員とともに業務にあたった。ドイツ軍はA、D、F、G、V、

Xの六文字からなる野戦用暗号をもちいていた。[69] 通信文は、FAXDF ADDDS DGFF とか、DDFAX SDGVV AFAFX とかいう体裁をしている。ウィリアムはこの六文字を使った意味をなさないメッセージに長時間取り組み、真っ暗闇の暗号文のどこかに光がささないかと模索した。暗号班の男たちはひとりきりで仕事をするのを好んでおり、ウィリアムにはそれが理解できなかった。「わたしたちの仕事では『共同作業』がどれくらい大きな意味をもつか知ってるよね。ひとりの力だけで、いかほどのことを達成できるというんだ？」とエリザベスに書いている。[70]

ウィリアムはフランスのワインを飲んでみたが、好きになれなかった。[71] レモネードのほうが口に合っていた。[72] 士官クラブでは、燃えさかる暖炉の火の前に置いたフラシ天の椅子にひとりきりで座り、ゆっくりとハイボールを飲んだ。[73] たまに仲間に引っ張られてポーカーに加わったが、ゲームのたびに負けて金を失い、毎回後悔した。[74] 暗号の王ミダスにも、人の表情を読む才能はなかったらしい。この点において、ウィリアムはハーバート・ヤードレーと正反対だった。ワシントンにある暗号解読局MI‐8のトップであるヤードレーも、戦争中フランスにいた。[75] この地で初めてヤードレーに対面したウィリアムは、この男はどうも偽物くさいと感じた。「Yにはかなりの嫌悪感をおぼえると白状しなければならない。率直に言って、ぜんぜん好きになれない。まるで愚鈍なインディアンのようなふるまいだった」とエリザベスに書き送っている。[76]

ウィリアムは、途方に暮れ、環境にもなじめず、妻がショーモンで任務につくのを許可してくれればよかったのにと軍を恨みながら、夜遅く暗闇のなか宿舎まで歩いて帰り、エリザベスにあてて何時間も手紙を書いた。石油ランプの隣にエリザベスの写真を飾り、マッチを擦るたびに写真を見つめて、「やあ、いとしの人！　やあ、リタ・ビタ・ガール」と声に出してよびかけてからランプに火をつけ、それから手紙を書き始めた。[77] リバーバンクで二人してベッドに横たわり、エリザベスの髪をなでながら、幼い子に向かって甘くささやきかけるようなつもりで。そして、エリザベスをぽんとたたく空想もした。「きみのビーウィー・ボーイがいなくてさみしいかい？　お行儀よくしてるかな？　たたいてお仕置きしなくちゃいけないかな？　このいたずらっ子さん」[78]。検閲で逐一読まれているから、これくらいが精一杯だと断り、いつか「電線の絶縁体が焦げるくらいの本物の言葉」を電信する、と約束した。

アメリカから六〇〇〇キロ以上も離れたショーモンで過ごす数か月間、ウィリアムは、劣等感と、自分は恋愛向きではないという気持ちに苦しめられるようになっていった。その後もこの悩みは完全には消えず、生涯にわたりさいなまれることになる。お金より科学に関心があって女々しい自分は、エリザベスにとってふさわしくないのではないか。「ぼくの資質には欠点がたくさんあって」申し訳ないと謝った[79]。ぼくは「良い恋人」だと言って自信をもたせてくれないか、「前にそう言ってくれたよね？」と頼んだ[80]。ある日、たまたまパーカー・ヒット大佐に会った。あのテキサス出身の暗号解読者で、今はフランスに派遣されていた。ウィリアムは、目を合わせるために首を思い切り伸ばさなくてはならなかった。「大佐はぼくより本当に背が高かった」[81]。夜は窓を開けたまま眠り、よく妻の夢を見た[82]。エリザベスが、もう愛していないからと言って自分のもとを去っていく夢を繰り返し見て、そのたびに汗をかいて目をさまし、すぐさまペンと紙に手を伸ばして夢の内容を書き留めた[83]。「きみがぼくのことをぜんぜん好きじゃなくて、がっくりきた」と、子どもっぽく嘆いている[84]。「お金もなく、たくさんの借金を負わせ」たまま、ひとりリバーバンクに残してきてすまない、と許しを請い、これからはエリザベスの幸福にもっと気を配ると約束した[85]。「一緒にいたころ、ぼくはとても意地悪だったね。きみをもっとあちこち連れ出してやらなくて。そうする『お金の余裕』もなかったし、やらなくちゃならない仕事がたくさんありはしたけれど。恋の季節だったのに、きみにしてあげられるはずだったことを、ぜんぜんできなかった。きみには借りがある。もういちど二人一緒になれたら、一〇〇〇倍にして返すよ。『余裕』があろうとなかろうと」と書いた。

こうした不安と後悔に対抗するためにウィリアムがもっていた武器はただひとつ、言語、すなわち言葉の遊びだった。毎日、妻を少しずつ失いつつあるのではないかと恐れ、毎日、妻を取り戻すために戦わなくてはならないと決意して、せっせと手紙を書き、修正、校正し、ごくたまにある文法のまちがいを直し[86]、紙を九〇度回転させて余白に縦に書き込んだ。地球を平たくつぶして二人のあいだの距離を消し去るような、魔法の呪文の記号を見つけ出そうと試みた。エリザベスならわかるはずだと確信をもって、紙を暗号化されたメッセージで一心不乱に埋め尽くした。「この電信は一見するとあたりさわりのないものに見えるが、それぞれの文字と句読点が統合されると、あるひとつのフレーズを表す。ああ、もっといろんな言葉で表現できる力がぼくにあったらよかったのに——でもそんな力はない。そのフレーズは『I love you!』で、別の二通りの表現『I adore you!』〔きみを敬慕する〕と『I worship you!』〔きみを崇拝する〕もある。だから、これらの小さな電気の光がきみに話しかけることができるなら、何度も何度もきみにささやきかけるだろう。きみへの愛を伝えるメッセージを無限の数の順列にして[87]」。それは恋人どうしの暗号だったのだ。

A = I love you! / I adore you! / I worship you!
B = I love you! / I adore you! / I worship you.
C = I love you! / I adore you! / I worship you!
! = I love you! / I adore you! / I worship you!
. = I love you! / I adore you! / I worship you!

エリザベスも長い返事を書いた。一通には、自分の髪を一房同封した。[88]

エリザベスの書いた手紙は現在残っていない。きっと戦後に廃棄したのだろう。[89] それでも、ウィリアムの手紙にその形跡が見て取れる。エリザベスの書いた文をウィリアムが引用したり、エリザベスの質問にウィリアムが答えたりしているからだ。

頻繁に出てくる話題が、リバーバンクでの二人の将来だった。とどまるべきか、去るべきか？ ジョージ・フェイビアンはどうするべきか？ フェイビアンは執拗だった。ウィリアムがフランスに派遣されているあいだじゅう、フェイビアンはショーモンにいる彼にあてて、機会がきたらできるだけ早くリバーバンクに戻ってきてくれ、と懇願する手紙を書き続けた。フリードマン夫妻はこの件について注意深く話し合った。リバーバンクはR.[90]、ジョージ・フェイビアンはG. F.[91]、ベーコン暗号プロジェクトはB. C.[92] という略語をもちいて。もしかするとフェイビアンの友人が検閲局にいるかもしれないと思ったからだ。もうこれ以上、二人の会話に首を突っ込んでほしくなかった。

エリザベスは手紙のなかで、リバーバンクはもう安全な場所とは思えない、とウィリアムに訴えた。フェイビアンの「行き過ぎ」た行為について漠然と伝えると、ウィリアムは、よく知らなかった、「きみはどこでどうやってそれを知ったのかい？」と反応した。[93] ウィリアムがエリザベスに二人の子どもがほしいと伝えると、エリザベスは、リバーバンクで子どもを育てるのは安全ではないと答えた。「まったくきみの言うとおりだ。『安全』になったら、子どもをもとう[94]」

一九一八年九月二一日、エリザベスは手紙で、あることを打ち明けた。[95] 今に残っているのはウィリアムの反応だけだ。「ああ、あの口に出すのもはばかられる悪党についてのくだりを読んだあと、犯罪くらい何件かできそうな気分になった。あのことのせいで一日中取り乱していた。二人がこんなにがんばってきたのに、

あいつがきみにあんなことができるなんて」[96]。エリザベスはのちに友人に、ウィリアムがフランスにいるあいだにフェイビアンが口説いてきたのだ、と明かしている[97]。

いやな思いをしているならリバーバンクを離れようとウィリアムは促した。「どうかこわがらないで一歩ふみ出してほしい。きみの能力と頭脳は、ぼくが知っているどんな女性よりも優れているんだから。女の人向けの仕事ならなんでもできるし、男がやっている仕事の多くもきみならできる[98]」

一九一八年一〇月、ドイツ軍の戦線が崩れ、イギリス軍とアメリカ軍が前進し、領土を獲得していった。ショーモン周辺の道路は、やせ衰えたドイツ人捕虜の護送車両で混雑するようになってきた[99]。一一月一〇日、ＧＨＱでは、アメリカ人兵士が新聞を囲み、笑いながら大きな声をあげている[100]。ドイツ皇帝《カイゼル》が退位したのだ。戦争は終わり、連合国が勝利した。五キロ先のＡＥＦ毒ガス防衛学校では、祝賀の爆弾を爆発させ、ロケットを発射し、上空で轟音が響き渡った[101]。放心した面持ちのショーモンの市民が通りに出てきて、家の窓にランタンをつるした[102]。

同僚たちは酒を飲み歌を歌ったが、ウィリアムは宿舎にこもり、エリザベスにあてた手紙のなかで、抑圧していた大きな不安感や数々の夢を吐き出した[103]。「宇宙で最愛の女性へ。今日はまちがいなく運命を決する日です」と書き出す。それから、たくさんの約束をした。帰国したら二人でどんな生活をしようかと、あれこれ語った。エリザベスには家事で消耗してほしくない。ウィリアムは子どものころ、掃除に追われて疲れ果てた母親を見てきた。「家庭というのは、ちりひとつ落ちていない台所や、完璧な客間を指すのではない」と続ける[104]。「家庭とは、調和して鼓動する心臓があってこそ成り立つものだ――家屋があばら屋であれ、宮殿であれ」。ウィリアムはエリザベスに、自由に知的な野心を抱いていてほしかった。彼女がつねにウィリアムにたいして望んでいたことと同じである――だが、それはエリザベスの本音だったのだろうか？　エリザベスが心のなかで夫に求めるものは、頭脳の働きよりも銀行口座の残高のほうではなかろうか？「最愛のエリザベス。きみはわたしに研究を続けて、道を切り開いてほしいとか言うけれど、そういう、運に恵まれているとも恵まれていないとも言えるあわれな人間たちはたいてい銀行の頭取ではないとわかっているかい？　もしもぼくが研究を続けられるなら、この世における相応の安逸と幸福を手にできてきっと幸せだろう。もしもぼくがひどく誤解していなければ――そうでないと思うけど――きみは贅沢品とか華美な服飾品をほしがるような女性ではないよね。もしもそうだったとしたら、ぼくたちはたがいに惹かれなかっただろう[105]」

その晩の午後一一時すぎ、ランプの石油が切れてウィリアムは就寝した。翌朝、休戦の知らせを受けて、手紙の最後に一行を書き足した。「やっと終わったよ」

この手紙が届くよりずっと前にエリザベスはリバーバンクで休戦を知り、ウィリアムに手紙を書いた。その内容をウィリアムが自身の手紙に引用している。「休戦条約が署名されて――わたしは昨晩、空想にふけりました……あなたと親密にふれあうところを。恋しさとあなたを求める思いとで心が焼けつくようでした」とエリザベスは書いたのだ[106]。「もう、そんな空想はしてはいけません」

この手紙にウィリアムは、「きみの言葉を読んで、ぼくの体がどんなふうに震えたか、どう言えばよいだろう？　ぼくも空想にふけったよ……。ああ、いとしい人、いつになったらまたああしたことをできるだろう？」と返している[107]。

それからウィリアムは悪い知らせも告げた。陸軍がまだ彼を解放してくれないのだ。ショーモンにとどまり、陸軍がこれから技術的な参考書とするための暗号秘史を執筆しなければならない[108]。あと数か月はフランスにいることになるだろう。

この時点でようやくエリザベスはリバーバンクを離れる決心がついた。フェイビアンには何も言わずにこっそり荷物をまとめ、密かにインディアナ行きの列車に乗った。戦争が終わり、解読すべき緊急の通信文がなくなったのだから、フェイビアンは否が応でも、しばらく自分がいなくてもやっていけるだろうと想定してのことだった。

ハンティントンでは暇つぶしに、地元の図書館で短期間の仕事についた。石灰石でできた二階建ての建物で、鉄道工学についての資料を集めた特別室がある。農家の人たちが本を探すのを手伝い、過去に縁があった男たちから送られてきた手紙を開封した。

そうした手紙のなかには、仕事の申し出もあった。エリザベスから出した問い合わせにたいして、色よい回答が返ってきたのだ。ワシントンにある海軍情報局は、エリザベスを暗号通信課に招聘《しょうへい》しようと言ってきた。[109] また、戦争省のある士官は、エリザベスがリバーバンクで積んだ訓練は軍事情報部（ＭＩＤ）で「最大の価値」を発揮するだろうと述べた。[110] その士官はほかならぬジョン・マンリーだった。チョーサーの権威で、ベーコン暗号をめぐってエリザベスと議論を戦わせ、肩を押してきたあの人物だ。マンリーは今、ハーバート・ヤードレーと組んで仕事をしていた。「ここでの業務には、スペイン語かドイツ語の完璧な知識が必要とされる」とマンリーは書いている。「いずれかの言語で思考することのできる女性を、年俸一四〇〇ドルで暗号研究者として求めている」

もちろん、ウィリアムからの手紙もあった。相変わらず感情的で不安定な内容だった。電子がどれくらい小さいか知っているかと問いかけ、そこから話をふくらませて、エリザベスにたいする計り知れないほど大きな愛情について何度も語っている。[111] パリでエリザベスのためのランジェリーを買ったと報告してきた。オーダーメイドの絹のテディ〔ワンピース形式の下着〕で、陸軍大尉から寸法について教わり注文を手伝ってもらったという（「申し分なく立派な既婚男性二人がかりでなら、人には見せないものだけど、申し分なくすてきな女性用衣類をデザインできるはずだよね?」[112]）。そして、二人の戦後の未来に思いをはせた。フェイビアンは、ウィリアムにただちにリバーバンクに帰還するよう強く要請していた。「もう十分長い休暇を取った。きみの給料は引き続き支給されており、できるかぎり速やかに戻られたし」と書いてよこした[113]。しかしウィリアムは、もしも二人がリバーバンクに戻って仕事を再開し、フェイビアンから有無を言わせずベーコン暗号の調査を続けさせられることになれば、二人の暗号研究者としての信頼性が損なわれ、ほかの仕事を見つけるのが難しくなるのではないかと心配した。「ぼくはB．C．〔ベーコン暗号〕とは一切かかわりたくない」とウィリアムは書いている[114]。「ああいう研究は、心理学者にとってなら良い実験になるかもしれないが……。それに、きみをああいう研究にかかわらせたくない。あの仕事から得られたものは、不満や非難や不毛でしかなかった。人生において手中にした最大の宝物であるぼくたち二人の深くて完璧な愛は別として、R．〔リバーバンク〕で得られたものは、心痛や論争や不満以外にはほとんどない」

その手紙の末尾で、リバーバンクを離れて二度と戻らないのが正解だ、という結論に達した。「うぬぼれているわけじゃないが、〔フェイビアンは〕これから、フリードマン・コンビに代わる人材を探すのに苦労するだろうな!」[115]。ある手紙には署名の代わりに、暗号で愛の言葉が記されている。「横棒柵《レール・フェンス》」とよばれる転置式サイファをもちいたものだ[116]〔次頁〕。

隠されたメッセージを見つけるには、左上のIから出発する。縦列を下に読むとILOVE、それから右隣の縦列のいちばん下から上に読むとYOUVE、また下に読み、上に読み、を繰り返す。

ジョージ・フェイビアンは、インディアナにいるエリザベスにも手紙を送ってよこした。エリザベスが封蠟に爪を立てると、フェイビアンの書いた黒インクの文字がぐしゃぐしゃになった。

several times. She
has a blouse exactly
like yours, so you are
members of the same
"lingerie sorority."
Mrs. R. Owen,
Madison, Wisconsin

ZÉROU !
LVYHL !
OUMSDO
VOUISS
EYCHAY
Bury.

「きみは元気だろうか、何をしているのだろうか。まだ休暇を取り足りないのだろうかとあれこれ考えている」という、内面の怒りをかろうじて隠した、わざとらしい慇懃な文面だった。[117]フェイビアンは、青の鉛筆の飾り文字で署名を書くのを好んでいた。丸くなった鉛筆の先で、できるだけ太い線の文字を書くのだ。[118]いったいどうして、先のとがっていない鉛筆で文字を書くのにがまんできるのか、エリザベスには理解できなかった。なんて野蛮な人なんだろう。

　フェイビアンはエリザベスに飴と鞭を交互に差し出し、手を変え品を変え戻ってくるように迫った。分割統治の戦略を試みもした[119]。つまり、エリザベスがリバーバンクに戻ると約束するなら、ウィリアムには必ずしも同じことを強制しないというのだ（エリザベスがこれをフランスに伝えると、ウィリアムは激怒した。「きみはR．に、ぼくはシカゴに住めというのか!!　……そんなふうにして夫と妻のあいだに不和の種をまき、不協和音を作り出そうとするやつは、悪党だ[120]」）。フェイビアンはまた、エリザベスに自分の力を見せつけようとして、ワシントンの軍事情報部長と最近交わした会話を聞かせもした。軍事情報部長は、エリザベスをはじめ、リバーバンクの女性暗号解読者全員を雇おうと申し出たのだという。「わたしは部長に、そんな条件でうちの大事な女の子たちがワシントンに取られるくらいなら地獄で会おう、と言ってやった」とフェイビアンは書いている[121]。

やがてフェイビアンは理性的になろうと、エリザベスを介して夫妻二人にたいしてよびかけた。「わたしは年寄りで下り坂だが、きみたちは若く上り坂にいる。好機がリバーバンクにあるのか、別の場所にあるのかを判断するのはきみたちに任せよう[122]」。郵便はかなり「不便で」時間もかかるから、シカゴでエリザベスと差し向かいでこの件について相談したい、とも述べている。

エリザベスは手紙で反撃した。「手紙のやりとりはかなり不便だというご意見に、たいていの場合なら同意するでしょう。しかし、相手があなたの場合、手紙のほうが都合が良いと申し上げましょう――おわかりのように、話し合いの場では、あなたが一方的にしゃべるばかりですから！　今だって、あなたはきっと『女がそんなことを言うのか？』と言い返すことでしょう[123]」

ようやく一九一九年二月初めに、待ちわびていた手紙がエリザベスのもとに届いた。フランスでの職務が終了し、ウィリアムがまもなく帰国するのだ。「ぼくたちの再会は、想像しうるどんなハネムーンよりすてきなものになるんじゃないかな？　愛してるよ！　愛してる！　とてもとても愛してる!![124]」

ウィリアムは二か月後の四月、ほかの帰還兵らとともに海路でニューヨーク市に到着した。エリザベスはウィリアムを出迎えにニューヨークに行き、一年ぶりの再会を果たした。

二人は東部の町に部屋を借りて数週間滞在し、これから何をするかを検討した。[125]

エリザベスは、もうリバーバンクに戻ることはできないと気持ちを固めていた。[126] 夫のほうはかねてから、なぜだかよくわからないがフェイビアンを少しはおもしろい人間だと評価しているようだったが、エリザベスにとってはただの悪党だった。ウィリアムのほうは、これ以上軍隊にはいたくなかった。陸軍が気まぐれに世界のどこにでも自分を派遣できて、またもや妻から引き離される可能性があるのが、気にくわなかった。多少なりとも戦争を自分の目で見て、戦争は華々しいものなどではないと実感していた。あるときエリザベスへの手紙に「戦争をつうじて、わたしたちがより良い人間になることはない」と書いている。[127] もしも自分の進む道を選べるなら、職業人としての生活の最後の数年間を巻き戻し、初恋の遺伝学に戻りたい、と本心を明かした。[128] 大学で植物とミバエの実験を続けられるかもしれないし、それがだめでも、会社に入ってお金を稼げるかもしれない。

エリザベスも、ウィリアムがもつ「科学的解析の非凡な才能」は正当に評価され報酬が与えられるべきだと考え、四月のうちに陸軍から除隊になるよう勧めた。[129] 除隊後、ウィリアムを雇ってくれそうな人物と面会するために、二人はほうぼうに出向いた。エリザベスは、ウィリアムが就職した土地で、自分の働き口も見つけたいと思っていた。ウィリアムを面接した会社の重役たちが、暗号の知識の深さに決まって驚いたとエリザベスは述べている。「誰もがこう言いました。『でも長年のあいだ暗号学はいったいどうなっていたんだ？　今は目の前に、こんなにすばらしい科学的な世界が開かれているが、これまでどこに隠れていたのだ？』[130]」

しかし奇妙なことに、どの企業もウィリアムを雇わなかった。フリードマン夫妻がどこに行っても、職探しはあきらめろという電報がフェイビアンから届いた。「リバーバンクに帰ってこい。給与は支給され続けている」[131]。フェイビアンが二人の居場所を突き止められるのは、スパイを放っているからとしか思えなかった。ウィリアムを雇いそうな人間をフェイビアンが脅かしていると考えるのが理にかなっている。「フェイビアンはわたしたちを尾行させていた。郵便物を勝手に開封していたのです」とエリザベスは言った[132]。

敗北感を味わったフリードマン夫妻は、ほかに選択肢はなく、リバーバンクに戻るとフェイビアンに告げた。ただし、ジェニバで独立した住居に暮らすことと、二人とも昇給すること、確実な証拠にもとづきギャラップ夫人の理論に異議を唱えるのを容認することという条件を出した[133]。フェイビアンは同意し、二人の帰還を歓迎した。

フェイビアンは約束を守らなかった。昇給は一度も実現しなかった[134]。要求を無視し続け、それればかりかベーコン暗号への批判を抑えつけもした。有名な活字製作者から、ギャラップ夫人がシェイクスピアの時代の印刷慣習を誤解しているとする報告書が提出されると、自身が金を払って書かせたものであるにもかかわらず、フェイビアンはそれを引き出しに突っ込んだ[135]（何年もあとになってフリードマン夫妻が議会図書館で、しまい込まれていたこの報告書を偶然見つけた）。もっともたちが悪いのは、非常に優れた科学的業績である[136]一九二〇年に書かれた論文「一致指数および暗号解析への応用」[137]をウィリアムの名前で発表することを巧妙に拒んだことだ。

ウィリアムは、どのような英語の文章でも、ある一文字が下の行にある同じ文字のすぐ上に現れることがときおりあることに注目した。dの上にdが、wの上にwが、qのうえにqが重なる場合があるのだ。そして、こうした「一致」頻度は計測可能であり、各言語において明確に異なるという事実を発見する。つまり、それぞれの言語の一種の署名のようなものなのだ。英語では、一致は厳密に六・六七パーセントの確率で起こる。[138] つまり、上下一〇〇組のうち七組で一致することになる。この気づきがきっかけで現代統計学と暗号学が初めて手を結び、それによって新たな扉が開かれ、その後、閉じられることはなかった。[139]「一致指数」とそこから派生した研究が、第二次世界大戦において暗号解読が果たした偉業に直結することになる。フェイビアンは、表紙にウィリアムの名前を載せずに、まずはフランスで論文を出版した。[140] 世間は、フランス人暗号学者が著者であるような印象をもった。

ウィリアムとエリザベスは「フェイビアンのぺてん」に激怒した。[141] エリザベスはこの言葉や、憤慨に満ちたフレーズを、フェイビアンからウィリアムに届いた手紙の余白に走り書きして、フェイビアンの使った二枚舌や嘘を記録した。リバーバンクに戻って一年もたたないうちに二人は逃れたくてたまらなくなり、ワシントンの同業者に連絡を取ろうと試みた。今回は、フェイビアンの監視の目をかいくぐるため、ジェニバの自宅から手紙をやりとりした。陸軍のジョゼフ・モーボーンが、フリードマン夫妻を雇用できるチャンスに飛びつき、二人同時に職を見つけると約束した。[142]「もしもフリードマン夫妻が暗号から手を引いて、ほかの職種に転身するなら、大きな不幸だろうとわれわれは感じた」とモーボーンは書いている。[143]

一九二〇年一二月、フリードマン夫妻はこの申し出を受け入れた。ウィリアムはこのことをフェイビアンに告げるのがこわかった。友人であるモーボーンに何かするのではないかと恐れてもいた。「フェイビアンは影響力が強いが、それと同じくらい情け容赦ない」とウィリアムはモーボーンに警告している。[144] この金持ちがどういう挙に出るのか、三人は恐れおののいた。「恰幅のよいフェイビアン大佐にこの知らせが届いたら大騒ぎするだろうし、少なからぬ怒りの矛先がわたしにも向かうだろう」とモーボーンはウィリアムにあてて書いている。[145]「できるなら、その方面に手立てを講じておいたほうがよかろう」

エリザベスはフェイビアンには告げず真夜中に引き払いたかったが、ウィリアムは、それはあまりにひどすぎると感じた。[146] エリザベスは、考え直すよう懇願した。ここから脱出したいなら、フェイビアンと同じくらい狡猾でなくてはならないと。[147]

そこで二人は隠密作戦を練った。「喉をかき切られることなく逃げ出すための秘密の計画」とエリザベスは表現している。[148] ある日の朝、なんとか借り出した車に所持品をすべて積み込み、ジェニバで借りていた家を隅々まで掃除し、すべての扉に鍵を掛け、リバーバンクまで車を走らせてフェイビアンと対面した。[149] 二人はフェイビアンに、荷物が満載された車を見せた。そして、三時の列車で出発する、これは最終決定だと宣言した。[150]

フェイビアンは激高し、顔を真っ赤にして怒鳴るだろう、もしかすると引き留められるかもしれない、と二人は予想していた。ところがフェイビアンの態度は不気味なほど冷静で、にこりと笑い、幸運を願うと言っただけだった。[151] あまりにも彼らしくなかったので、将来いつか復讐をするとすでに心に誓っているにちがいない、とウィリアムは勘ぐった。[152]

そのことについて心配するのはあとにしよう。今の二人は心も軽やかに、ワシントンに向けて東へ移動していた。これで自由になれた。「ごく限られた年月のあいだに」リバーバンクは「地上から姿を消して歴史の汚点となるだろう」とウィリアムは確信していた。[153] ウィリアムは脱出できてせいせいし、新しい街で妻とともに仕事をするのを楽しみにしていた。戦時中に語っていたように、フリードマン・コンビを継続するのだ。「ああ、きみはすばらしいパートナーだよ！　……そのきみが、こんなぼくを愛してくれているなんて！」[154]

エリザベスのほうは、今後の仕事について少しちがう心づもりをしていた。リバーバンクを離れることで、ウィリアムからある程度、距離を置くことになるだろうと予想していたのだ。リバーバンクではときおり、ウィリアムと並んで仕事をしながら、自分も負けない働きをしなくてはというプレッシャーを感じていた。しかし、戦争でウィリアムの名声が急速に高まり、エリザベスにはとうてい追いつけない存在となった。だからワシントンでは、ウィリアムに匹敵する仕事を期待されることはないだろうと思い、かえって安堵もおぼえていた。エリザベスはのちにこう語っている。「戦争が終わるころ、わたしは多少なりとも軍事暗号の専門家として名を知られていたが、それよりもわたしの夫の妻としてのほうが通りがよかった」。夫の「評判はすばらしく高く、自分が夫に追いつけるような見込みはまったくないと思っていた[155]」。しかし、もはや夫に匹敵するような仕事はできないだろうと考えていたのなら、それはまちがいだった。この国の首都において、エリザベスはこれから自身の道を切り開き、名声を確立しようとしていた。彼女の操るナイフが将来、ナチの計画を打ち砕くのにぴったりの道具であることが判明するのだ。

第2部　射撃訓練

一九二一年から一九三八年

この分野の仕事をするには、自身も狡猾にならなくてはならない。攻撃をしかけてくる意地の悪い敵のような思考をして、自身の弱点を見つけなければならない……。パラノイアは暗号家の職業病だ。完全に気が狂ってしまわないよう、職業上のパラノイアを現実の生活と区別することが重要である。

『クリプトグラフィー・エンジニアリング』
――ファーガソン、シュナイアー、コウノ、二〇一〇年[1]

第一次世界大戦後、アメリカの暗号研究は混乱状態にあり、危険な状況に陥っていた。軍隊が使用していたコードはすでに時代遅れとなっていた。いずれ「まったく不適切」になるだろうというのがウィリアムの見解だった。[2]

問題は二つあった。スピードとセキュリティである。紙と鉛筆で暗号文を書くという古いやりかたは、モールス信号で点と線を無線で送信するスピードと比べるとあまりにも時間がかかりすぎた。「陸軍、海軍、航空隊、外交にかかわる暗号通信の高速化が図られるべきであった」[3]。しかも、きわめて重要なメッセージが無線で送信される例がますます増え、したがって敵から傍受・研究される可能性があったため、そうした情報を他者の目から防御するための新たな技術が求められていた。セキュリティとインテリジェンスは表裏一体である。[4] どちらかが欠ければ、もう一方も使い物にならない。世界中の敵方のうま味のある秘密を傍受して解読できても、こちら側の暗号セキュリティが確保されていなければ自滅してしまう。水もれのするバケツに秘密の情報を注ぎ込めば、底から秘密がもれ出るからだ。

あらゆる強国の政府は、すでに気づいていた。暗号文を作成する新たな種類の機械を発明する必要に迫られていることに。これまでより高速で、使いやすく、格段に高い安全性が確保されているという三拍子そろった機械を開発しなくてはならない。「世界中のあらゆる国が、誰にも読めず、解読できない機械を開発しようと試みていました」とエリザベスはのちに語っている。[5]「みなが、ああでもない、こうでもないと機械をひねり回していました」

こうした認識から平時における軍拡競争が始まり、次の世界大戦に向けた戦線が張られることになった。フリードマン夫妻は、一九二〇年の年の瀬にワシントンに到着するやいなや、こうした事態のただなかに放り込まれた。リバーバンクでの疲れも癒えないまま、落ち着いて一息つく間もないままに。

一九二一年一月三日、エリザベスとウィリアムの二人は政府機関での勤務を開始した。アメリカ史上初のアルコールなしの大晦日から三日後のことである。大晦日には、新たに雇用された一四〇〇名の禁酒法取締官（「ドライ・エージェント」）が全国各地で真夜中のパーティーを監視した。[6] ワシントンDCのレストラン店主たちは、「現状においても、祝宴をなるたけ華やかにするため」に努力を惜しまなかった、とあるホテル経営者が『ワシントン・ヘラルド』紙に語っている。[7] その次の月曜日、フリードマン夫妻は、ワシントンのナショナル・モールにある低層階のばかでかいコンクリート製の建物、軍需部ビルに出勤した。[8] 大戦中に急遽建築されたこのビルには、併せて一万四〇〇〇名の陸軍および海軍の職員が勤務しており、そのなかには通信を担当する陸軍通信隊の職員もいた。[9] 通信隊のトップは、あの親切な暗号家ジョゼフ・モーボーンで、フリードマン夫妻は彼の後輩となった。

二人にとってこの職は、給料が定期的に支払われ、頭のおかしな上司に悩まされることのない、過去何年ものあいだで初めてのきちんとした仕事だった。二人は幸せで、希望を抱き、心から安堵していた。喉をかき切られることなく、パラノイア的な大金持ちの支配を逃れられた。これで、恐怖を感じることなく生活していける。

ウィリアムは以前の中尉の身分のまま陸軍予備役にあり、その資格で通信隊に勤務する一方、エリザベスは民間人として勤務した。ウィリアムは二九歳、エリザベスは二八歳。陸軍でのウィリアムの初任給は四五○○ドル、[10]エリザベスは二二○○ドル、[11]現在のドルに換算すればそれぞれ五万八○○○ドルと二万八○○○ドルである。リバーバンクでの低い賃金と比べれば、二人のどちらにとっても大金に感じられた。しかも、ようやく本物の都会に出てこられた。若い二人にとっては、給料がきちんと支払われるのと同じくらいうれしいことだった。友人に会ったり、演劇や映画を観たり、オーケストラの演奏会に行ったりできた。ワシントンで初めて住んだところは、パン屋の階上にあるピアノの練習室だった。[12]毎朝、パンの焼ける匂いで目がさめ、出勤後には、アパートの持ち主が部屋で生徒たちにピアノを教えた。暖かい夜には、ジョゼフ・モーボーンがチェロを抱えてやってきて、窓を開けてエリザベスはピアノ、ウィリアムはバイオリンを弾いて、三人で合奏することもあった。[13]窓の外の歩道では、道行く人々が立ち止まり演奏に耳を傾けた。[14]部屋のなかで演奏している三人が、この国でもっとも経験豊富な暗号家、いや、この国に三人しかいない経験豊富な暗号家だとは誰も知るよしもなかった。

アメリカの暗号関連の世界はまだごく小さかった。政府内に暗号解読を行う部局は三つしかなく、職員は併せても五○名以下しかいなかった。職員が二○数名と規模が最大で、財政的にもいちばん恵まれていたのが、元陸軍中尉のハーバート・ヤードレー率いる暗号局だった。[15]大戦後、ヤードレーは国務省からの資金援助を受け、ニューヨーク市レキシントン・アベニューの裏手にある四階建ての住宅に暗号解読局を立ち上げた。ヤードレーはこの組織を、昔のヨーロッパにあった黒い部屋《キャビネ・ノワール》、すなわち諜報員たちが手紙の封蠟を融かしていた郵便局の秘密の小部屋の現代版である、アメリカのブラック・チェンバーとした。ヤードレーと妻のヘイゼルは最上階のアパートに暮らし、ヤードレーと職員たちは下の階で作業して、外国外交官の手紙を読んでいた。そこでは紙に書かれた暗号を扱い、日本人外交官の通信文を解読してある程度の成功を収めたが、[16]その先の機械の時代に足をふみいれるほどの技術はヤードレーにはなかった。[17]フリードマン夫妻はヤードレー夫妻と知り合いで、ニューヨークでときおり夕食をともにしたこともあった。男たちは愛想よく会話しながらも、二人のあいだには職業上の対抗意識と個人的な性格の不一致という深い溝があった。ウィリアムは内気で妻一筋、一方のヤードレーは酒飲みで話上手なうえに、戦時下のパリで愛人をアパートに囲っていた。[18]ヤードレーはエリザベスの知性を買っていたが、ウィリアムに、彼女には「棘がある」と言ったこともあった。[19]

アメリカに存在した残る二つの暗号解読部門は、いずれもワシントンにあった。ひとつは海軍、もうひとつは陸軍所属で、どちらもヤードレーのブラック・チェンバーよりも規模が小さく資金も乏しかった。

その陸軍の暗号部門でフリードマン夫妻は勤務を始めた。軍需部ビル内の窓のない狭いオフィスだった。ウィリアムはパイプたばこを、エリザベスは紙巻きたばこを吸った。午後も遅くなると、その部屋はまるで、遠くからながめる工業都市のようで、たばこの靄《もや》のなかから二人の姿が教会のようにぬっと突き出ていた。二人は力を合わせて、陸軍史上初の、紙と鉛筆を使ったコードとサイファの科学的暗号システムを構築した。[20]当時はまだ、機械暗号にたいして、「手」や「紙」をもちいる暗号の存在する余地があった。最良の紙の暗号システムは、弱い機械よりも、あるいは強力であっても不適切に操作される機械よりも安全性が高かった。そういうわけで一九二〇年代の暗号機械の発明家たちは、操作が容易で、ほぼ誰にでも簡単に使える試作品を作ろうと苦心していた。

陸軍からの要請を受け、ウィリアムはこうした機械の検討を始めた。あらゆる角度からじっくりと観察し、脆弱な箇所がないかを探す。夫妻のなかでウィリアムのほうが先に暗号機械の時代と対峙したが、エリザベスもそのうちに暗号機械と、しかも非常に華々しいやりかたで向き合うようになる。
「機械式暗号と紙の暗号とはまったくちがいます」とエリザベスはのちに説明している。[21] 紙に書かれた暗号を紙と鉛筆と頭脳だけで解こうとするときには、メッセージにある反復やパターンを見つけることに重点を置く。しかし、新しい世代の暗号機械からは、パターンのなさそうな無意味な文字の連なりが生成されてくる。「最初から最後の最後まで読んでいっても、一度も反復がないこともあります」とエリザベスは言う。理論上、メッセージを解読する唯一の方法は、機械の内部部品の起点の配置、すなわち「鍵《キー》」を知ることである。鍵の情報は、メッセージの送信者と受信者だけがもっている。さらに、暗号機械は、奪取され研究されたあとでも、使用できるように設計されている。[22] たとえ機械を手に入れて、時計のように部品をばらし、歯車をじっくりと一個一個調べても、別の一台で作成されたメッセージを読み解くことはできないだろう。

暗号機械の発明家の多くは一般市民で、金目当てや夢想家、技師、色事師、盗人など癖のある人物ばかりだった。そのうちのひとりエドワード・ヘバーンとウィリアムは面識をもった。ヘバーンはカリフォルニア出身のたくましい男で、アルファベットの並ぶ円盤に電流を通して回転させる機械を開発した。[23] ロータとよばれる電動式の円盤を使うのは大きな進歩であり、後日いっそう高度に改良されてドイツのエニグマ機に使われることになる。ロータは簡単に取り外したり、交換したり、連携させたりできる。ウィリアムはヘバーンに、どうやって有線ロータという洗練されたアイデアを思いついたのか、とたずねた。[24] ヘバーンは「そうですね、刑務所にいたもので」と答えた。ウィリアムは、何をしたのかと重ねてたずねた。「馬泥棒で」。有罪だったのかとウィリアムがたずねると、ヘバーンは「陪審はそう判断しましたね」と答えた。

ヘバーンは、自分の機械は解読不能だと確信し、海軍に売り込みをかけていた。ウィリアムはヘバーンの機械を机の上に置き、検討を開始した。一九二三年、六週間ぶっ通しでこの小さな箱形の機械をにらみ続けた。エリザベスに、「気分が滅入って、失神してしまいそうになった」と話している。[25] そしてある夜、二人でパーティーに向かう身支度をしているとき、解法がウィリアムの頭に浮かんだ。「黒い蝶ネクタイを結ぼうとしていると、とつぜんひらめいた」[26]。有線ロータ式の暗号機が解明されたのは、これが初めてだった。ウィリアムはジョージ・フェイビアンあての手紙のなかで、この成功にふれている。フェイビアンから暗号の骨董品、一九世紀のサイファ装置を講演で使うために借りており、それを返すついでに、手紙の最後に「追伸」と書き足した。[27]「最近、すばらしい『解読不能サイファ』機械を破りました。多くの点においてきわめて重要な成果です……。海軍にショックを与えてやりました！　わたしの業績のなかでも最高の仕事です。B.」

二度とフェイビアンと口をきく気もなく、リバーバンクを離れてから一通も手紙を書いていないエリザベスとは対照的に、ウィリアムはフェイビアンと連絡を取り合っていた。通信隊のオフィスからフェイビアン大佐に定期的に手紙を書いて送り、個人的な話題を知らせたり、リバーバンクにあるほかに類を見ないほど豊富な蔵書から、暗号についての文献を送ってもらうよう頼んだりしていた。そうしていた理由はひとつに、これほど影響力の強い人物とは好ましい関係を保っていたほうがよいという職業上の配慮だった。だがウィリアムは、フェイビアンがいまだに管理していたリバーバンク暗号局の記録文書が欲しくもあった。それらの記録をもとにして暗号学の真の歴史を執筆することができるだろうと考えていたのだ。そういった著作は、まだ誰も書いていなかった。ウィリアムはフェイビアンにあててこう書いている。「地球上のあらゆる場所で、海底で、天空で、刻々とやりとりされている情報、あらゆる人間に直接的あるいは間接的にかかわる情報の根幹をなす論題について、信頼できる詳細な歴史が記録されていないのは、あまりに道理に合わないことです。誰かがどこかで、その歴史を執筆することになるでしょう」[28]。それが自分であることを願い、そのためにフェイビアンのもとにある文献を利用する必要があったのだ。

ヘバーンの暗号機を攻略したウィリアムは、それに次いで解読不能とされていた機械に取り組んだ。一九二四年に、アレクサンダー・フォン・クリハというドイツ人が発明したものである。ちなみにクリハは一九五五年に自殺した。クリハ暗号機は半円形で、なかにはアルファベットを記した二枚の円盤が入っている。[29]一枚は半円形で固定されており、もう一枚は円形でこちらは回転する。発明者によれば、この機械はメッセージを2.29×10^{82}通りに暗号化できるという。[30]観測可能な宇宙のなかにある原子の数[31]よりも大きい値だ。ウィリアムは意に介さなかった。「ある機械が実行可能な順列や組み合わせの数は、春に歌う鳥の数と同様に、解読にはまったく、あるいはほとんど関係しない」[32]。たとえばアルファベットの選択方法や円盤の動きなど、ほかの点のほうが重要なのだ。ウィリアムはクリハ暗号機を征服した。後日それを証明するために、クリハ機は解読不能であると確信するニューヨークの弁護士が作成した二〇〇〇語のメッセージを解読してみせた。[33]暗号文を解くのに、三時間三一分しかかからなかった。しかもその時間には、五〇分間の昼食休憩も含まれていた。

こうした機械の新時代においても、人間がなおもトップに君臨することをウィリアムは示し続けた。一九六〇年代にデジタル暗号が発明されるまで、暗号の分野では、人間が物理的な暗号機械を果敢に攻略するという図式が定番だった。攻略をスピードアップさせるために特別に作られた機械が人間を助ける事例はしばしばあった。イギリス人暗号解読者のアラン・チューリングが設計した有名な電気機器「ボンブ」や、ワイヤーと真空管で構成され、部屋を占領するほどに巨大な世界初のコンピュータなどがその例である。しかし、必ずしも機械の助けが必要なわけではなかった。この時点では、紙と鉛筆だけで機械を破ることはまだ可能だった。頭脳の中身が適切で、その持ち主に勝利の代償を払うつもりがあるのなら、人間の頭脳が機械に勝つことはできたのだ。

暗号家についてよく言われることだが、正気でないことは「必須ではない」が「有用」だとウィリアムは表現している。[34] このジョークの奥にはやっかいな真実が潜んでいる。この分野で最高レベルの仕事をするには、ふつうなら快活で精神的に安定した人間が階段をよろよろと下りていくゾンビになってしまうほどの、徹底した注意力と集中力を働かせる必要があるようだったのだ。この仕事にはノイローゼになる危険性がつきものだった。来る大戦中に、アメリカ人暗号解読者が何人も過労のために神経を病んでいる。一九二五年から第二次世界大戦終結まで海軍随一の暗号解読者であったジョー・ロシュフォート大佐は潰瘍を患った。やせ型で神経質なロシュフォートは、大きなプレッシャーを抱えていたため、仕事を終えて帰った四日に三日は、二時間ベッドに伏したままで何も食べることができなかった、とのちに回想している。[35] プレッシャーの原因は上官でも、戦争という差し迫った脅威でもなかった。それは、自分自身のなかにあったのだ。「大量の通信文が目の前にあるのに、それを読めないんだ」とロシュフォートは語る。[36]「どこか具合が悪いのか、と感じるような。だいたいいつも、そんなふうだ。みんな、こんなふうになる。面と向かって話をしている相手がこういった放心状態に陥ると、まず、こちらがまったく見えていないんだな、とわかる。その人の心は、オフィスから持ち帰った別の問題のところにあるんだ」。ロシュフォートは一九二〇年代の終わり、健康上の問題で二年ものあいだ暗号解読から離れなくてはならなかったが、海軍にせきたてられて任務に戻った。[37] ロシュフォートはウィリアム・フリードマンをよく知っていた。「フリードマンに比肩する人間は誰もいない。ひとりとしていない」と評している。[38]

ウィリアムが短期間だけ取り組んだ暗号機がもうひとつあった。それはエニグマである。一九一八年に若いドイツ人技術者が発明したもので、当時は市場で販売されていた。[39] 見た目はタイプライターに少し似ていた。エニグマ機のカバーを開けると、内部には三枚のロータがあり、ワイヤーで接続されている。ロータはヘバーンの機械のものと似ているが、まったく別々に発明された機械であり、ロータ間に電流が流れて入り組んだ経路を通過してもとの方向に戻るという、ヘバーンの暗号機よりさらに複雑な動きをすることができる。

ウィリアムはエニグマとその「才気ある発明者」に感銘を受けたが、本気でこれを解読しようとはしなかった。[40]エニグマは当時、単なるめずらしい機械であり、常軌を逸した殺人鬼のもくろみを覆い隠す恐怖のマシンではなかったのだ。ナチ党は一九二〇年に結成されたばかりだった。ヒトラーは、ビアホールに集まった少人数を相手に演説をしていた。ウィリアム・フリードマンには、今後訪れることになるエニグマをめぐる命をかけた戦いを予測することはできなかった。さらには、エニグマが、自身よりも妻の運命のほうに大きくのしかかってくることを知るよしもなかった。将来、エリザベスが紙と鉛筆を使って、複数のエニグマを征服することになるのだ。

このときすでに、エリザベスは仕事を辞めており、暗号担当官の職についてはいなかった。陸軍に一年ほど勤めた一九二二年春、「家にいて本を書く」つもりだと言って退職した。[41]ウィリアムもそれを勧めた。ひとつには、エリザベスが本を書くのを楽しみにしていたからだ。[42]優れた文筆家を尊敬しており、妻には文才があると高く評価していた。もうひとつには、ワシントン在住の若い人妻が家庭に入るのは、ごくふつうの道、当然の選択肢だったからだ。この決定によって、エリザベスの希望が実現し、夫婦で子育てを始める道筋がついたかのように思われた。しかし、エリザベスが退職するとすぐ、ウィリアムはオフィスに妻がいないのをさみしがり、妻は家にいて「自分はひとりぼっちだ」と友人にこぼすようになった。[43]それからエリザベスが五週間ワシントンを離れ、中西部にいる家族や友人を訪ねて回ると、ウィリアムの孤独感はパニック

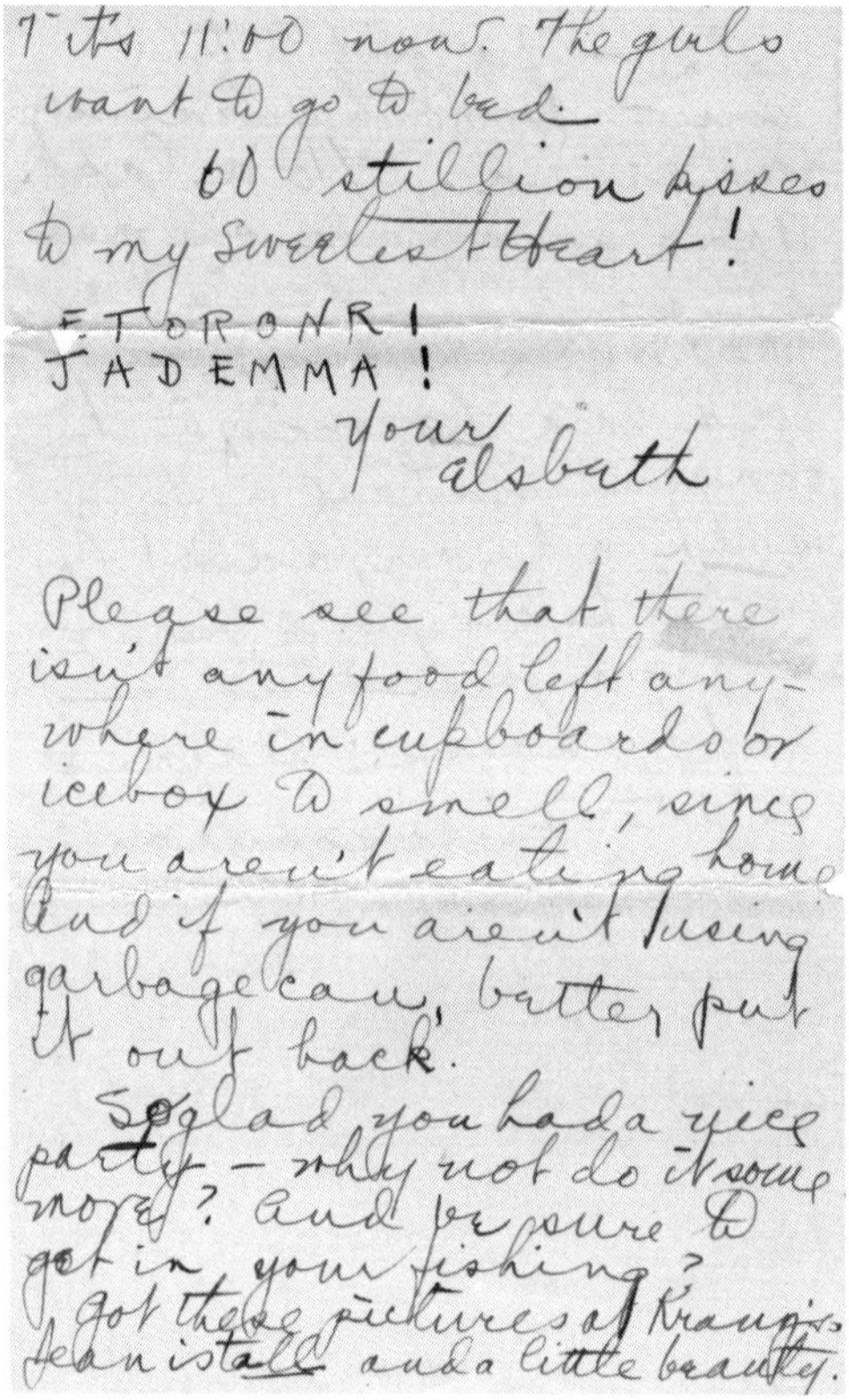
it's 11:00 now. The girls want to go to bed.
60 stillion kisses to my sweetest heart!
ETORONRI! JADEMMA!
Your Elsbeth

Please see that there isn't any food left anywhere in cupboards or icebox to smell, since you aren't eating home. And if you aren't using garbage can, better put it out back.
So glad you had a nice party — why not do it some more? And be sure to get in your fishing?
Got these pictures at Kraug's. Jean is tall and a little beauty.

に移行していった。エリザベスはウィリアムに、とても楽しく過ごしていると書いて送った。「エリー湖まで五八キロもドライブして、湖で泳いで、岸辺でハムをあぶって夕食にしました。暗くなってから、たき火を囲んで話をしたり、歌を歌ったりしました――すばらしい月夜で湖がおとぎの国のように見えたわ」[44]

中西部に住む知らない人が、自分のあとを追っていろんな集まりに顔を出してきて、気のあるようなそぶりをしてくるの、ともエリザベスは書いてきた。[45]ウィリアムは返信で、エリザベスの嫉妬心をかき立てようとした。ある日の夕刻、友人の奥さんで魅力的な女性と散歩に出かけたのだが、蚊の群れがいて切り上げた、と手紙に書いた。エリザベスの返信はこうだ。「まあ、あなたもやりますね！　もしも運がもう少し良くて虫がいなかったなら、きっとすてきな思い出ができたことでしょう」[46]。そしてこう付け加えた。「できるだけたくさんの人と手をつないでくださいね！　残りの人生はどんどん短くなるのだから！」別の手紙では「わたしがいなくてさみしがっているのを喜ぶのは意地悪かしら？」とたずねて、横棒柵《レール・フェンス》サイファで愛の言葉を記している〔前頁〕。平文はこうだ。JE T'ADORE MON MARI、フランス語で「愛してるわ、あなた」。

エリザベスが旅行から帰ってまもなく、フリードマン夫妻は都会を抜け出して、現在はメリーランド州ベセズダとなっている松林に居を移すことにした[47]。家の外周を囲むようにポーチのついた家を借りた。ポーチからは、松の木やリンゴの木、チューリップの花畑、紫、青、赤、黄、白のアヤメがそこここに咲く庭が見渡せる。屋内は快適だが多少傷んでおり、森林の湿気のせいで壁から塗料がはがれかかっていた。二人は犬を飼いクリプトと名づけた。「暗号学《クリプトロジー》」の語源である、秘密や隠匿を意味するギリシア語 kryptos《クリュプトス》から取った名前である[48]。クリプトはエアデールテリアで、脚は黄褐色、背中は黒色、いかにも猟犬といった鋭い目をしていて毛は剛毛だ。犬に加えて猫も飼った。「黒くて小さい毛皮と足だけのもの」とうたうA・A・ミルンの詩[49]にちなんでピンクル・プァーと名前をつけた[50]。〔小田島雄志・小田島若子訳『クマのプーさんとぼく』河出書房新社より〕

ウィリアムは朝、路面電車に乗って軍需部ビルに出勤した[51]。その一時間、暗号についてあれこれと思索した。エリザベスが退職したあと、陸軍が助手をひとりつけてくれた。カリフラワーのようなつぶれた耳をもつ元ボクシング選手だ[52]。その男にできる仕事はタイピングだけだった。強大な国家安全保障庁（NSA）の起源がどのようなものだったか知りたいなら、狭い部屋にいる二人の男を思い浮かべてほしい。ひとりはしし鼻で、タイプライターをぽつぽつたたいている。[53] もうひとりはスーツを着て蝶ネクタイをしめた伊達男《だて》で、パイプをふかしながら、妻は家で何をしているのだろう、自分を恋しがっているだろうかと考えている。

「さて」とエリザベスがタイプライターをうち始める。[54]「この本の読者に、深い眠りからとつぜん目ざめたときにアルファベットを暗唱できない人がいても、わたしはちっとも驚きません。だから、ここに挙げておきます」

A B C D E F G H I J K L M N O P Q R S T U V W X Y Z

「アルファベットは二六文字でできていて、順番は決まっています。なぜAが最初でBが二番めなのかは、わたしにはどうしても説明できないし、ほかの誰にもできません。だから、説明できると言ってくる人にだまされてはいけません」

パチパチと火が燃える暖炉のそばで、エリザベスはタイプライターを前に座り、ティーンエイジャーや暗号に興味のある大人に向けた暗号解読の本を書いている。「余暇にいくらかの楽しみを与えてくれる」、「小さな本」だ。[55] この本のアイデアは、リバーバンクにいたときから頭の片隅にあった。ほかのこの手の本には見られない軽くて一風変わった語り口で、コードやサイファについて書きたかった。暗号の概念を説明するために、楽しいアナロジーを考案した。「ミス・トランスポジション〔転置〕は服をぐるりと回転させるだけ」。ミス・サブスティテューション〔換字《かえじ》〕は新しい服に着替えます。厳しくはあるが優しくて茶目っ気のある学校教師のような口調で、読者を例題に導いて、「もう少しで解けますよ」、「いいですよ！」と励ましの声をかける。同時に、二冊めの本の草稿も書いていた。アルファベットの歴史についての子ども向けの本で、象形文字や楔形《くさびがた》文字の刻まれた粘土板をみずから描いた挿絵もついている。[56] この本は、リバーバンクにいたときにすでに着手していた。アルファベットは、空や電気や広告のように人々の生活の背景の一部でありながら、あらゆることがらを実現可能にする道具でもある。エリザベスは、アルファベットは奇跡であることを子どもたちに知ってほしいと願っていた。

　二冊の本の目指すところは同じだった。言葉の可能性についての知識を共有し、解説し、謎を解き明かし、読者に楽しんでもらうことだ。それは、暗く煙の立ちこめた軍需部ビルの一室でエリザベスが体験してきた政府の仕事とは正反対だった。エリザベスは楽しみながら、自分なりのスタイルで文章をつむいでいた。残りの生涯を暖炉のそばで本を執筆するのに費やしても、完璧に幸福だったかもしれない。政府から差し向けられた男たちがドアをノックして、もう一度アメリカのために謎を解いてほしいと頼みに来ることがなかったならば。[57]

　彼らはひとえに、エリザベスの能力に引き寄せられてやってきた。エリザベスやウィリアムほどの力をもつ暗号家はほとんどいなかった。二人は、宇宙空間のただなかで向き合って回転する連星のようであり、みずからが放つ光でほかの小さな天体を吸引していたのだ。

　フリードマン夫妻のうちどちらかを選ぶとなると、たいていの場合、決まって先にウィリアムのほうに声がかかった。男性で、出版物に著者として名前が掲載されていて、戦時中フランスで軍務についていた人物だったからだ。ある退官した天文学教授がウィリアムに、装置が収集した無線信号を解析してほしいと依頼してきた。[58] その電波は、九メートルの長さのフィルムに黒い線として印刷されていた。元教授は、火星に宇宙人が存在するとして、彼らが信号を発信しているのではないかと仮説を立てた。ウィリアムが調べたところ、無線信号にパターンは認められなかった〔おそらく無線の混信だったのだろう〕。ウィリアムは、犯罪捜査の相談も受けた。ルイジアナ州の政治家ヒューイ・ロングに爆弾が送りつけられてきた事件では、象形文字がびっしり書かれたメモがついていた。[59] ウィリアムはそれを解読した。オハイオ州にある刑務所の所長からは、銀行強盗の母親が刑務所内に忍び込ませた暗号文が送られてきた。ウィリアムは平文を送り返した。これによって、刑務所の壁に爆弾をしかけ、日曜日の礼拝中に爆発させて囚人を脱走させようとする計画が暴露された。[60]

一九二三年にウィリアムは、暗号文の使われた政治家収賄事件を調査していた議会委員会で専門家として助言をした。[61] ウォレン・ハーディング内閣の政府高官が石油王から現金を受け取っていた、アメリカ史上最大の汚職スキャンダル「ティーポット・ドーム」事件である。ウィリアムの証言に注目したのが、当時ティーポット・ドーム事件を担当していたＦＢＩ捜査官、二八歳のＪ・エドガー・フーバーである。[62] のちにフーバーが長官に就任すると、ＦＢＩの事件への助言をウィリアムに求めてきた。ＦＢＩには暗号解析部門がなく、局内に腕の立つ暗号解読者もいなかった。そこで外部の専門家に頼るほかなかったのだ。フーバーの指揮する捜査官がジョン・ディリンジャーのギャングの一味を逮捕した際、射撃手たちのポケットのなかから暗号で書かれたメモが何通も見つかった。[63] フーバーから送られてきたメモを、ウィリアムは見事に解読してみせた。

一九二四年には、『ワシントン・ポスト』紙社主で裕福な実業家のエドワード・マクリーンが、個人的な書簡でもちいる暗号を考案するようウィリアムに依頼したが、あとになって報酬の支払いを拒んだ。[64] ホープ・ダイヤモンド〔世界最大のブルーダイヤモンド〕を買い取り、妻に贈った人物は、ほかならぬこのマクリーンである。マクリーン夫人はこのダイヤモンドを首にかけて、傷痍《しょうい》軍人を招いたパーティーに出席した。[65]

それなのにマクリーンは、ウィリアムへの金を出し渋ったのだ。

エリザベスは抗議するよう促したが、ウィリアムは何も手立てを講じなかった。「金に汚いユダヤ人」というレッテルを貼られるのを恐れたからだ。一九二〇年代のアメリカでは反ユダヤ主義がいっそう強まっていた。ユダヤ人移民の成功が反発を招いていたからだ。ハーバード大学の総長が入学基準を変更し、ユダヤ人を閉め出した。ヘンリー・フォードは、「ユダヤ人は得体の知れない人間」であると主張する反ユダヤの週刊新聞を創刊した。[66] 戦争省軍事情報部では、ユダヤ人の行動にかんする調査報告を作成し、「ユダヤ人‥人種」と分類された索引カードに記録した。[67] さらに、「世界各地のユダヤ民族がもつ権力と目的」と題された文書のような、「ユダヤ人問題」にかんする重要書類を管理した。軍事情報部の職員たちは、ウィリアムの同僚でもあった。

そのためウィリアムは、つねに身近に感じられるユダヤ人への反感を買わないように、ワシントンで慎重にふるまっていた。周囲とうまく付き合い、しょっちゅうイエスと言い、知恵を貸そうと心がけた。当然ながら、ウィリアムの手助けにも限界があり、彼への依頼の一部はエリザベスへ流れていった。「夫の手を借りられないときには、わたしのところに仕事がきました」とエリザベスはのちに語っている。[68]「わたしの人生はいつもそんなふうでした。夫に仕事を依頼しても応じてもらえないとき、わたしに話が回ってくるんです」

一方で、エリザベスはこうしたことは自身への侮辱だとも感じていた。ウィリアムの頭脳にかぎりなく近づけるであろう女性を雇うことで、ウィリアムの頭脳を「間接的」に利用しようとするようなものだったからだ。[69]「残念に思いました」とエリザベスももらしている。[70] しかし、こうした依頼がきっかけで、エリザベス自身も熟達した暗号解読者であると実証することもできた。

エリザベスを最初に雇おうとしたのは海軍だった。それは一九二二年後半のことである。海軍は、民間人の暗号解読官で数学博士号をもつ女性、アグネス・マイヤー・ドリスコールを失っていた。ドリスコール夫人は、馬泥棒のヘバーンと手を組んで、カリフォルニアに民間の暗号機械製作所を立ち上げたのだった。「海軍の仕事はしたくなかったけれど、海軍の人たちが一日中玄関先に座り込んでいたので、引き取ってもらうために、ほかの誰かが見つかるまでの少しのあいだ海軍に行くしかなかったのです」とエリザベスは語る。[71] エリザベスはドリスコール夫人の仕事をいっとき引き継ぎ、海軍用のコードを作成した。[72] ところがそのうち妊娠をした。結局、五か月間勤務したのち海軍を離れた。[73] このときもまた、今後、政府機関で働くことはないだろうと考えていた。一九二三年になり、夫妻の第一子である女児を出産し、バーバラと名づけた。

エリザベスはつねに、自分の子どもをこの世に送り出すことにためらいを感じていた。自身の子ども時代が決して安定したものではなかったからだ。母のソーファが九人の子どもを育てるなかで疲弊して、癌で死んでいく過程をつぶさに見ていた。母は、自分自身の望みや夢を、それについて一言も口にしないくらい、ずっと抑えつけていた。[74] エリザベスは、そんなふうに自分を犠牲にしたくなかった。一九一七年に結婚してから、子どもがほしいと積極的だったのは夫のほうで、エリザベスは、もう少し待ちたいと先送りにしていた。ウィリアムはフランスから送った手紙で、海外派遣軍でフランスに行く前に、リバーバンクで子どもをもうけていたならよかった、と心の内を吐露している。「いろいろな点でわたしたちはまちがっていた、としょっちゅう思う」と書いている。[75]「第三の存在——きみとぼくの血を分けた子どもがいて初めて、ぼくたちの愛は完全なものになるだろう」。エリザベスにはそこまでの強い思いはなかった。子どもについて考えるときはあっても、それは一時の衝動で、訪れたかと思うとすぐに通り過ぎていった。「ときどき、子どもができたらいいのにと思うことがあるの」、とフランスにいるウィリアムに書いたことがある。[76] ウィリアムは、この文面を読んだとき「不思議な感覚」に襲われた、と返信に書いている。[77] 子ども、「あらゆる神秘のなかでもっとも驚異的なもの！」。それにたいしてエリザベスがどのように答えたにせよ、その手紙は処分されてしまっている。

とうとう子どもが生まれても、エリザベスは自分の野心を捨て去りはしなかった。ただし、バーバラの出産は難産で、エリザベスは脊椎痛のために数か月間寝たきりになった。ウィリアムはうっかり、フェイビアンあての手紙のなかでエリザベスの脊椎痛にふれてしまい、背骨の矯正に長年専心していたフェイビアンが、背中の体操を教えてやろうと言ってきた。「エリザベスがここに来られれば、きっと助けてあげられる」とウィリアムに書いてきた。[78]「おおまかに言うなら、腰付近での背骨の前方向への湾曲をなくせばよい。そうするには、台の上に仰向けに寝てひざを立て、かかとをできるだけ尻に引き寄せるのだ」。エリザベスは大丈夫です、とウィリアムは返事を書いた。[79]

エリザベスはキャシーという名前（姓は記録に残っていない）の黒人女性を乳母に雇い、家で二冊の本の執筆を続け、料理はキャシーと分担し、暇を見つけてはひとりめの子どもバーバラと遊んだ。[80] 三年後の一九二六年には第二子のジョン・ラムジーが生まれた。

娘と息子の性格は正反対で、あまりのちがいにエリザベスはいつもとまどっていた。[81] バーバラは優しく、たくさんおしゃべりをする子で、金色の巻き毛をもち、夫妻の友人たちをとりこにした。本好きで、犬のクリプトに自分の人形で遊ばせてあげていた。[82] ジョン・ラムジーは口数が少なく、歌を歌ってもらうのが嫌いで、本も好まず、気分に大きなむらがあった。「ちょっとしたことではしゃぎ出し、大喜びする」、「すると一瞬のうちに、激しく怒り出す」とエリザベスは書いている。[83] 聞いて喜ぶ音楽は、エリザベスが蓄音機で最大音量でかけるレコードだけだった。[84]

エリザベスは、ウィリアムと話し合ったうえで、放任主義を目標にした。原則をもたないことを原則にしたのだ。[85] フリードマン夫妻は、子どもに意図的に何かを教えたり、何かを信じなさいと指導したりせず、快適な環境を整え、ビタミンを与え、エリザベスの表現を借りれば「残りは自然に任せる」ことにした。[86] 子どもを自律的な独自の人間として尊重し、コミュニケーションの方法を努力して獲得していくようすを興味深く見守った。バーバラの口から出る音のいくつかは、まるで暗号文のようだった。つねに言語についての洞察を得ようとしていたエリザベスは、娘の話す片言の幼児語をフェイビアンからもらった本のページに書き留めた。なかには白紙しかない、あの『綿製品および国産品の将来にかんする私見』である。「英語ではあり得ない子音の続けかたをする」とエリザベスは記している。[87]「この数週間、何かをきかれるとアイ・ドント・ノウ〔知らない〕と返事をしている。夫にこのことを初めて伝えたとき、あの子の年齢で、知らない《ドント・ノウ》という概念をもつのはあり得ないと一笑に付された。でも、わたしは説明をした。あの子は個々の単語を言っているのではなく、一部の音が抜け落ちてつながった音として、IDONTKNOW（知らない）を完璧に模倣しているのだ」。エリザベスは、バーバラの口から出た音を逐一書きつけ、暗号解読者の好奇心をもって分析した。*Pfur-pfuh-bmuhup.* なにやら秘密めいている。構造のようなもの、ぎりぎり判読可能なパターンがある。*pfur-pfuh-bmuhup.* いったいどういう意味なのか？　*IDONTKNOW.*

ベセズダの林のなかで二年間暮らしたのち、夫妻はウィリアムの職場に近い町中に戻ることにした。そして、初めてマイホームを購入した。ワシントン北西部のミリタリー・ロード三九三二番地にある、象のかたちのノッカーが玄関ドアについた新築の家である。[88] 近隣にはたくさんの家族が暮らし、オークの若木にも囲まれており、一八〇〇メートル先にはメリーランド州との州境があった。父親たちはたいてい、軍か政府の機関に勤めていた。陸軍中尉たちがポーチに座り、新聞を読んでいる。この家でバーバラとジョン・ラムジーは成長していった。フリードマン一家は二〇年以上、ミリタリー・ロード三九三二番地に暮らすことになる。そしてこの家に、政府職員がエリザベス目当てにふたたび訪れて、ドアをノックした。夫の頭脳を間接的に利用する目的で。

一九二五年のある日、娘が二歳のとき、エリザベスが玄関を開けると、童顔で耳の大きな四〇代の男がそこにいた。その男はダブルの濃紺のコートと光沢のある濃紺の帽子を身に着けている。アメリカ沿岸警備隊のチャールズ・ルートと名乗り、あなたの助けが必要なのです、と言った。

ルートは、当時のアメリカでもっとも割に合わない仕事を担当していたとも言えるだろう。沿岸警備隊は、アメリカ領海を巡視して、禁酒法をかいくぐり海上から海岸まで禁制の酒をこっそり持ち込もうとする敏捷な「酒密輸」船を捕まえる任を負っていた。猫と鼠の追いかけっこのようなもので、鼠のほうに分があった。禁酒法の施行以降、沿岸警備隊の任務は滑稽なほど困難を極めていた。八〇〇〇キロメートル以上にもおよぶ海岸線を監視するのに[89]、わずか二〇三隻の低速小型巡視船しか保有していなかったのだ[90]。一方、酒密輸業者は近ごろ、短波無線と高度な暗号を駆使して隠密に行動しており、明らかに優位に立っていた。

ルートはその前年、沿岸警備隊内に初のインテリジェンス部門を立ち上げていた。ルートはエリザベスに、密輸業者の通信システムをどうしても掌握したいのだ、と説明した。沿岸警備隊はたまたま、無線通信技術においてほかの政府機関より何年も先を行っていた[91]。海上での捜索救難活動、荒天時の船舶船員の救助を促進する目的で、東海岸沿いに大型の電波塔をいくつか建設しており、その塔のおかげで、密輸業者が発信する無線通信文を傍受するのが可能になっていたのだ。それでも、ルートの部署には、傍受した暗号文の解読方法を知っている者は誰もおらず、この数年間、何百通もの通信文が解読されないまま積み上げられていた。ルートはエリザベスに、職場に来て未処理の通信文の山に取り組んでもらいたい、と切り出した。ふたたびアメリカのために暗号を破る仕事をしてはくれないか、と頼んだ。エリザベスが政府の仕事に戻りたがっていないことを察したルートは、九〇日間の臨時契約ならどうかと提案した。[92] エリザベスは少し考えてから、条件をひとつだけのんでもらえればやりましょう、と答えた。そして、在宅勤務を認めてほしいと申し出た。[93]

沿岸警備隊はこの条件を受け入れた。そしてエリザベスに、金文字で〈アメリカ財務省特別捜査官〉と記された金属製バッジが与えられた。毎週一回ほど、エリザベスは財務省本館にあるルートのオフィスまで赴き、バッジをちらりと見せ、未解読の暗号文の入った封筒を受け取り、帰宅して暗号を解き、財務省に行って報告し、また新しい封筒を持ち帰った。

ホワイトハウスの向かいにある、白っぽいみかげ石で造られた財務省本館の南側には、建国の父のひとりアレグザンダー・ハミルトンのブロンズ像が立ち、あたりを見守っている。ハミルトンは、アメリカの金融制度を確立し、一七九〇年に、密輸業者や海賊を捕まえる小型の「税関監視艇」一〇隻を建造し沿岸警備隊の前身を創設した人物である。このころワシントンの財務省では一万五〇〇〇人が、さらに全国各地の現地事務所では四万六〇〇〇人が勤務し、貨幣と紙幣の製造、税金の徴収と税関業務、工場生産高、ガソリン価格、年間小麦収穫量の把握など、さまざまな種類の業務にあたっていた。[94]

エリザベスは、こうした官僚業務や経済関連の仕事とは一切かかわりをもたなかった。財務省のもうひとつの顔である犯罪捜査に携わっていたのだ。

財務省は法執行機関を六つも抱えていた。[95] 酒類取締局、麻薬取締局、税関、沿岸警備隊、内国歳入局、検察局である。これら六つの部局は、金融詐欺や、不法に越境する大半の物品や人間、すなわち銃、アルコール、麻薬、移民、偽造通貨を調査する強力な権限をもっていた。司法省傘下のＦＢＩの捜査官が報道機関から「Gメン」〔government men、政府役人〕とよばれていたのにたいし、財務省捜査官は「Tメン」〔treasury men、財務省役人〕とよばれていた。エドガー・フーバーの宣伝手腕のおかげもあり、有名なギャングを逮捕して注目を集めるのはFBIのGメンのほうが多かったが、実際の検挙数は財務省のTメンのほうが多かった。財務省は、組織犯罪との戦いの中枢を担っていたのだ。アル・カポネをついに税金詐欺で逮捕したのはTメンだった。リンドバーグの愛児誘拐事件の犯人を捕まえたのもTメンだった。

Tメンの精神的支柱は、穏やかな口調の二児の父、眼鏡をかけてウールのスーツに身を包んだエルマー・アイリーである。[96] アイリーは、内国歳入局（IRS）特別インテリジェンス班を率いていた。金《かね》のルートを嗅ぎ当てる鋭い嗅覚をもつアイリーは、六つの部局を「財務省のこぶしから伸びる六本の指」と称していた。[97] アル・カポネは、J・エドガー・フーバーをあまり意に介さなかったが、エルマー・アイリーのことは恐れていた。アイリーは夜になるとミステリ小説の冒頭数ページをゆっくり読み、余白に謎解きを書く趣味があった。[98] その見立てに一度もまちがいはなかったらしい。

まもなくTメンは、二児の母で、かかとの低い靴をはいた小柄な女性エリザベス・フリードマンが、彼らがもつ最強の武器のひとつであると知ることになる。

一九二五年時点の酒密輸業者たちは紳士ではなかった。紳士はもはやゲームから閉め出されていたからだ。禁酒法施行から数年間は、自分の船をもつ船長が、現金かスリルを目当てに、酒の入った木箱をバハマからフロリダ沿岸に運搬して生計を立てることが可能だったが、そのような時代はもう終わっていた。[99] 今日、酒密輸に手を染める人間は、ギャングや殺人者、殺人者の仲間、あるいは、バンクーバー輸出連結会社のようなあえて目立たない名前をつけた怪しい企業ばかりだった。同社の所有する密輸船団は、野球場ほどの大きさのある巨大な「母船」から小型高速モーターボートまで、多種多様な規模の六〇から七〇隻で構成されており、多くの小国の羨望の的だった。[100] 母船は、海に浮かぶ巨大な倉庫の役割も果たしていた。一〇〇キロメートルも沖合に錨を降ろし、酒の木箱を最大一〇万個も保管することができたのだ。同社の船は、アメリカの東海岸と西海岸に散らばり、さらにはカリブ海や南米にまで活動範囲を広げていた。酒密輸ビジネスは、西半球全域に拡大していた。「世界の半分が、禁酒法の裏をかくことに意欲を見せていた」とエリザベスは語っている。[101]

エリザベスにとっては荷の重い責務だったが、それでも仕事に取りかかった。

一九二五年に財務省の仕事を開始してから最初の三か月間で、エリザベスは二年分の未処理の通信文を解読した。ルート大佐は働きに感謝し、エリザベスを無期限に雇用するための資金を上司に願い出た。「フリードマン夫人は、求められる技術と経験を備えた唯一の人材であります」[102]。エリザベスは常勤となり、財務省傘下の六つの法執行機関すべての通信文を解読した。在宅勤務を継続し、解読した通信文を入れた封筒をオフィスに届け、未解読の通信文の入った封筒をミリタリー・ロード三九三二番地の自宅に持ち帰った。

禁酒法主任捜査官室からの手書きのメモにはこう書かれている。「フリードマン夫人、こちらを検討のうえ返却願う」[103]。メモには数通の暗号文が添付されていた。なかには、ノヴァスコシアのハリファックスから東海岸にいる船名不明の船にあてて送られた以下の暗号文もあった。[104]

AWJTSSK JQS GBQKWSK LYMSE EJBCG SPEC QPFYEYQD
MYHGC PRPYC JWKSWE CWI PQTGJW EPFS VBSM
AWAJASTCE HJJS.

BLACKCAM.

エリザベスは、これは簡単な単アルファベット・サイファだと見抜いた。さほど苦もなく平文を鉛筆で書いていくと、現れたのは、密輸船の船長に、ニュージャージーの灯台付近に錨《いかり》を降ろすように指示するものだった。

PROCEED ONE HUNDRED MILES SOUTH EAST NAVISINK
LIGHT AWAIT ORDERS TRY ANCHOR SAVE FUEL
PROSPECTS GOOD
〔ナヴィシンクの灯台から100マイル南東に進み指示を待ち、停船して錨を降ろし、燃料を節約せよ　見通しは良好〕

当初エリザベスは、こうした暗号文を解読し、密輸業者の使うコードをひとつずつ解明していった。しかし、通信文の大半はこの例ほど簡単ではなく、月日がたつにつれ解読はいっそう困難になっていった。大規模な密輸組織のもちいるコードは、エリザベスが世界大戦中に手がけた軍のコードよりも守りが堅く、「政府機関が最高機密の通信に使用した例もないほど複雑」で、とりわけ輸出連結会社のコードがその最たる例だった。[105]同社は、さまざまな船団でそれぞれ異なるコードをもちいていた。[106]コードには三文字のものもあれば、五文字や四文字のものもあった。さらに密輸業者は数週間ごとにコードを変更したので、コードを破っても、すぐにまた解読できなくなった。同社はまた、暗号を複数回行う高度暗号化という手法を多用していたため、暗号文は、各層がそれぞれ異なるテクニックで作られた小さな玉ねぎのような構造をしており、エリザベスはその層を一枚一枚むいていかなければならなかった。たとえば暗号文にMJFAXというまとまりがあれば、まずこれを解読してBARHYという五文字のまとまりに戻さなければならなかった。この五文字は、ビジネスマンが電報料金を節約するために合法的に使用する、一般販売されている商用コードの本のなかの08033に対応する。そこからエリザベスは1000を引き算し、07033とした。これは、二冊めのコードブックにある英単語ANCHOREDと一致する。「相当量の通信文を手に入れられれば、使われたコードブックを一度も目にしたことがなくても、相手の思考を読み取ることができるでしょう」とエリザベスは書いている[107]。

通信文を次から次へとたやすく解読できたが、エリザベスはそこで満足しなかった。無線通信からインテリジェンスを抽出するための、いっそう広範で包括的なシステムを構築したいと望んでいたのだ。そのようなシステムは、財務省にも、ほかのアメリカ政府機関のどこにも存在していなかった。無線通信がまだとても新しい技術だったからだ。

無線インテリジェンスを構築するには、共同作業と情報共有が必要となる。エリザベスは財務省でただひとりの上級暗号解析官、すなわち暗号を解読する方法を知っている唯一の人間だったため、各法執行機関に所属し、ふだんはたがいに接触のないような人たちを結びつける役割を果たすようになった。たとえば、聴音哨で働くTメンたちと連絡を取り合った。大気条件によっては、聴音哨でははるか遠くドイツの通信まで傍受して、将来起こることの前兆を察知できた。現場のTメンとの連絡を絶やさず、アメリカの港湾を出入りする船舶のリストを提供してもらった。そうして船舶の航路図や、無線通信量の図を作成した[108]。方向探知機の使いかたをTメンに教えたりもした。それを小型トラックに積み込み、海岸沿いに走らせて、酒密輸業者が使っている海賊無線局を捜し出すのだ。密輸業者の行動は基本的に戦時中の外国人スパイに似ており、敵の縄張りで得たインテリジェンスを無線でやりとりしていた。彼らの考えを見抜くために、エリザベスは、スパイ・ハンター、つまりは逆スパイ、防諜員のような働きをしなければならなかった。エリザベスはこのスキルを、一九四〇年代初期、ナチを相手におおいに発揮することになる。

「言うなれば、あちこち渡り歩いていました」とエリザベスは語る。「こちらに行ったりあちらに行ったり、求められるところにはどこにでも出向きました」[109]。当時はエリザベスの人生のなかでも、精根尽き果てるほど多忙をきわめる時期だった。西海岸まで赴いて、サンフランシスコの税関職員に、沖合で酒密輸船を航行しているギャングへの対応についてアドバイスをした[110]。テキサス・レンジャー号という石油タンカーを装う船が、じつはホルムウッド号という船で、二万ケースの酒を積んでハドソン川をさかのぼっていることを見破った[111]。目的地であるニューヨーク州オールバニーにあと少しで到着するというところで、沿岸警備隊と税関が、エリザベスの解読のおかげで船を拿捕できた。

エリザベスが解いた暗号文には、非情な男たちの名前があった。マフィアの一味や暗黒街のボス、闇商人、半合法的企業のトップなどで、その一部は、複雑な会社組織や入り組んだ投資実態の影に身を潜めていた。西海岸に、ホッブズ兄弟というカナダ人が操る酒密輸船団があった[112]。ホッブズ兄弟の使うボートの所有者のなかには、カリフォルニアのギャング、トニー・〝ザ・ハット〟・コルネロもいた。ひところ彼らと競い合っていたのが、連結輸出会社、あの向かうところ敵なしのバンクーバーのシンジケートだった。同社は無尽蔵の資金をもっていたようだ。その出所は、家長のヘンリー・レイフェルとその息子二人、ジョージとハリー・レイフェルからなるバンクーバーのホテル王一族である。レイフェル一族に投資する面々のなかには、アメリカ人もいた。ジョゼフ・P・ケネディという名のひときわ目立つボストン市民、将来のアメリカ合衆国大統領ジョン・F・ケネディの父である。一九二八年にホッブズ兄弟が持株を「連結輸出会社の大株主であるバンクーバーのジョゼフ・ケネディ社」に売却したもようだと、エリザベスは報告書に記している。[113]

エリザベスはこうした男たちを恐れていなかった。同時に、嫌悪してもいなかった。[114] ただ仕事をこなしているだけであり、それぞれの事件がまるで探偵小説のようで、しょっちゅう胸をおどらせた。エリザベスは表には出ず、世界を相手にすばやく動き、重要な局面を次々と進展させていった。連邦検事の依頼を受けてテキサス州ヒューストンに行き、[115] メキシコ湾岸で暗躍する酒密輸シンジケートが使っている二四種類のコードで書かれた暗号文を六五〇通以上解読した。[116] エリザベスの解読した通信文の多くが、テキサスで開かれた、片足のタクシー運転手ルイス・〝フレンチー〟・アーマトーの関与する酒密輸裁判で証拠として使われた。[117] 通信文のうち数通が、この裁判とは関わりのない密輸船、アイム・アローン号に関係しているようだった。エリザベスの解読がきっかけとなり、アイム・アローン号の船長を務めた者たちが国際指名手配された。逃亡者のひとりマーヴィン・クラークが地下に潜り、ニューオリンズで身元不明の人物に射殺された。もうひとりの逃亡者ダン・ホーガンは逮捕され、エリザベスへの怨恨をつのらせた。「あの男はとても険悪なようすでした」[118]。そのため、連邦裁判所の審問を受けに行くエリザベスに、特別警護隊が付き添った。こうしたなかでもつねに、娘のバーバラと息子のジョン・ラムジーに手紙を書き、旅行先でのできごとを知らせた。「飛行機で女性はわたしひとりだけ」と、大陸を横断するフライトの途中、黄色い紙の帳面に書いている。[119]

当時のアメリカでは、飛行機の旅はまだ新しく、驚嘆すべき体験だった。「副操縦士は、まるでわたしが若い美人であるかのように気を配ってくれました。川や緑の繁る山や、平らな農地までもが、すばらしく美しい模様のように広がっていて、天上の演出家があらかじめ設計したかのように見えました」。帰宅すると、子どもたちを午後の紅茶に連れ出して、お茶を飲みながら一緒にパズルを解いて遊んだ。[120]

一九二九年に株価が大暴落すると、酒の需要がいや増すとともにエリザベスの仕事量もふくれあがった。ウィリアムあての手紙では、家計を案じてもいる。ある手紙で「銀行は貸付金の返済を求めてきたかしら?」とたずねてから、まったくたいしたことでないかのように、「今朝、もうひとつのシステムを解読して、金庫から通信文がたくさん見つかった」と付け加えている。[121]

沿岸警備隊のエリザベスのオフィスに送られてくる傍受通信文の量はますます増大し、ついには「職務の重みにほとんど埋もれかけている」と感じるまでになった。[122] この仕事は、信じがたいほどきつかった。月に二〇〇〇通、年にしておよそ二万五〇〇〇通もの通信文の解読が求められていたのだ。[123] そのうちのすべてが法的処置が必要な情報を含んでいるわけではなかったが、すべての通信文を分析し、どれを報告に上げ、どれを廃棄するかを判断しなければならなかった。財務省に助けを求めたが、タイピスト兼事務員の女性ひとりがあてがわれただけだった。[124] こんなわずかなリソースしかなくとも、エリザベスは一九三〇年に、過去三年間で酒密輸にかかわる通信文を一万二〇〇〇通解読した、と上司に報告している。[125]「これらには、バンクーバーからエンセナダにかけての太平洋沿岸、ベリーズからタンパまでのメキシコ湾岸、ハバナとバハマそしてキーウェストからサバナまで、およびニュージャージー州からメイン州にまたがる活動が記されていた」

一九三〇年まで、アメリカ政府の密輸業者との世界規模の戦いに必要な暗号解読のほぼすべては、働きすぎでつねに疲労困憊《こんぱい》しているエリザベスと事務員の二人だけで処理されていた。しかしその年、限界をおぼえたエリザベスは、沿岸警備隊の指揮官たちあてに七枚にのぼる覚え書きをしたため、暗号解読「本部班」を創設してはどうかと提案した。[126] これ以上、二人の人間だけでつまずきながらやっていくだけでは立ちゆかない。きちんとしたチームがいる。最低限、七名の人員が必要だと提示した。暗号解析者二名と暗号事務員五名で、給与は全員分あわせて年間一万四六〇〇ドル。「十分な数の職員がきちんと組織された班」が、「攻撃の成果がもっとも見込める点」、すなわち暗号化された無電通信を傍受・解読して密輸業者の心臓部を突けば、過去数年間に自身があげた実績の「一〇〇倍にもなるだろう」と主張した。

助けの手を期待して待ちながらも、エリザベスは手許にあるわずかなリソースで最善を尽くした。密輸業者の使う単語の記録を保管し、コードの変更にいつでも対応できるように、解読した通信文を一通一通カーボン紙で複写した。複写した平文の紙が一インチ〔二・五四センチ〕の厚みに達したら、タイピスト兼事務員がそれらを束ねて冊子にした。エリザベスが作成した冊子は三〇冊にのぼっていた。犯罪のからくりを解説した百科事典のようなものだ。[127] 影の帝王たちの操る言葉をもちいて、その時代の隠された歴史を編纂していたのだ。

この数年間、エリザベスとウィリアムはまだ、以前のように一緒に仕事をする機会もあった。ただし、協力関係は一方向、つまりエリザベスの仕事がウィリアムに流れていく方向に限定された。ウィリアムが担当する陸軍の仕事は機密性があまりに高くなっていたからだ。ウィリアムにとって密輸業者の暗号は、ふだんの仕事とはちがう気分転換になるのだろうとエリザベスは感じていた。ウィリアムにとって密輸業者との戦いは朝飯前だったのだ。[128] 二人は通信文や作業用紙をやりとりし、方眼紙のマス目に暗号文字を書き入れていき、「位置」、「上陸ボート」、「問題が起きそうな兆候はあるか?」など、平文とおぼしき断片を書き出した。[129]

ある晩、エリザベスが女性有権者同盟の会合から帰宅すると、ウィリアムが酒密輸の暗号文に取り組んでいた。[130] ウィリアムは顔を上げてほほえんだ。「アンドリューが、ガラスの義眼を送ってくれと言ってるよ」。暗号文のなかには、密輸船に低賃金で酷使されている船員たちの個人的な通信文がときどきあった。妻や子どもに向けた優しい言葉やおもしろい話などがあり、今回も、エリザベスが解読したものがウィリアムの目に留まったようだった。実際の文面は「アンドリューいわく、妻に予備のガラス製義眼を送るよう勧める」だった。陸に送られた別の通信文では、同じ人物が、「三八センチの靴一足」をリクエストしていた[131]。アンドリューは大男だったにちがいない。エリザベスとウィリアムは、その姿を想像して笑った。酒密輸船に乗っている、靴に穴が開き、ガラスの義眼をなくし、妻を恋しがっている不運な巨漢だ。

一九三一年七月、ようやくエリザベスの負担がいくらか軽減された。やっとのことで財務省から、先だっての提案に示した条件に応じて、暗号解読チームを結成する許可が下りたのだ[132]。正式にはこのチームは沿岸警備隊に属するが、財務省管轄の六つの執行機関すべての暗号を解読することになる。財務省はエリザベスに、下級暗号解読者三名と速記者二名を雇用するための資金と、彼女にとっては初めての専用オフィスを与えた。ペンシルベニア・アベニューにある財務省別館内の数室である。別館は、古代ギリシア神殿風の建物で、なかには沿岸警備隊、税関、麻薬取締局のオフィスが入っていた。新しいオフィスの中心部には机の並んだ開放型の広い作業室があり、それを囲むようにして二人用の小さな部屋がいくつか配置されている。この措置の一環として、年俸二四〇〇ドルから三八〇〇ドルへの昇給と、アメリカ沿岸警備隊主任暗号解析官という立派な新しい肩書きもエリザベスに与えられた[133]。

同班は、財務省の歴史においてこの種の組織としては初であり、アメリカ史上唯一の女性が率いる暗号解読班でもあった。これもまた、エリザベスのなしとげた先駆的な業績である。

エリザベスはまず、職員の採用と教育に取りかかった。民間には採用の対象となる暗号家はおらず、いちから育成するしかない。数学や物理、化学のテストを受験した公務員応募者リストを調べても、女性の名前が見当たらなかった[134]。そこでエリザベスは、下級暗号解読者として若い男性を採用し、自作の練習問題を解かせた。暗号解読の初心者研修のようなものである。

それまで男性の部下をもったことのなかったエリザベスは、新入の職員が女性上司を受け入れないのではないかと心配したが、そんな懸念は不要だった。[135] ただし例外がひとりいた。数学のテストで歴代最高点を獲得した、コロンビア大卒の数学博士号取得者で、天才と謳われていた若者だ。[136] この男はエリザベスの作成した練習問題を解くのを拒否し、「解読不能サイファ」云々と訳のわからないことを言い立てた。エリザベスは「この人は英語を理解していない」と判断し、もっと実際的な考えかたをする人間とすげ替えた。[137] エリザベスが最初に採用した人材のなかで大当たりだったのが、マサチューセッツ州ドーチェスター出身の二一歳、電気技師でラジオいじりが趣味のハイマン・ハーウィッツと、[138] ミシガン州カラマズー出身で、地元の学校で教師の経験があり、一時はカラマズー製紙会社の工場に勤務していたヴァーノン・クーリーである。[139] 二人には、暗号事務助手の肩書きが与えられた。まもなく三人めの若い暗号解読研修生が加わった。テキサス州ウェーコからやってきた二三歳のロバート・ゴードンである。[140]

「有能で人当たりがよく協力的な」三人の男たちはエリザベスに敬意をもって接した。[141] やがて、たがいの癖や強みを把握し、チーム内で仕事を分担し、生産性の高い業務を毎日こなすようになった。[142] エリザベスが性差別を受けたかどうかを問うことは、マリー・キュリーに同じ質問をするのと同じことである。暗号学は新しい分野だった。まだ、男女の役割が厳密に区別されてはいなかった。しかもエリザベスは別格で、精神力で重圧をはねのけて業務を遂行していった。まさに主任暗号解析官にふさわしい人物である。

一九三二年終わりにフランクリン・デラノ・ローズベルトが大統領に初めて選出されたころには、沿岸警備隊のエリザベス率いるチームは、アメリカにおける掛け値なしに最高の無線インテリジェンス組織に成長していた。[143] 非合法の地下無線網から情報を引き出し、秘密にされている発信器の分布を特定し、それらを使う人間を突き止める方法を習得していた。こうしたスキルを獲得したおかげで、エリザベスはのちに、ナチ・スパイの極秘ネットワークを打ち破る立役者となる。酒密輸業者相手の戦いは、次なるファシズムとの戦いに備えた射撃訓練のようなものだったのだ。

アメリカ人はまだナチを恐れていなかった。なんとかして金をかき集めて食べていくことに精一杯だったのだ。一九三三年までに、大恐慌のあおりを受けて一五〇〇万人が失業していた。フェイビアンからウィリアムにあてた手紙には、イリノイ州オーロラの市長が、銀行の取付け騒ぎを収めるために町を五日間閉鎖したとあった。「世の中は混乱しており、なにもかもがめちゃくちゃだ」とフェイビアンは書いている。[144]

一九三三年三月四日のひどく寒い朝、エリザベスは娘を連れてローズベルト大統領の就任演説を聴きに行った。[145]二人は自宅から連邦議会議事堂まで歩いて行った。大統領は「われわれが恐れるべきものはただひとつ、恐れそのものである」と述べ、経済再生計画を重点的に訴えた。[146]アドルフ・ヒトラーやナチ党については一言もふれなかった。ナチ党は同年一月に全権を掌握し、茶色の制服と鉤十字《ハーケンクロイツ》の腕章を身に着けた男たちを各地に送り込み、反対意見を抑え込んだ。国際メディアは、ヒトラーをふつうの政治指導者のように報道した。多くのドイツ国民も、ヒトラーが、実行すると宣言していることを本当にやるとは思っていなかった。

大統領の演説が終わっても、聴衆は凍りつくような風の吹くなか、ほおを生の牛肉のようにピンク色にして、パレードを見るために待っていた。[147]エリザベスとバーバラは見物人たちに、女性有権者同盟のビラを配った。[148]「熱心な労働者」の役目を果たしている娘の姿を、エリザベスはうれしく見守った。[149]

それから一八日後にはドイツで、ミュンヘン北西部にある火薬工場跡に、ナチが強制収容所第一号となるダッハウ収容所を開設した。[150]ナチ親衛隊（ＳＳ）の全国指導者《ライヒスフューラー》であるハインリヒ・ヒムラーが記者会見でこれを発表した。[151]

一か月後の一九三三年四月の終わり、ワシントンではエリザベスが、Tメン関連の新たな任務につくために出張準備を整えていた。「荷物をまとめ」、「子どもたちを抱きしめてさよならを言った。一週間かかるのか一か月、それとももっと長くかかるのか、わからなかった。それから列車に乗り、新たな任務のステージを乗り越えることができますようにと祈った」とエリザベスは書いている。[152]エリザベスはウィリアムにキスをした。ウィリアムは無事を祈り、不要な危険は冒さないようにと忠告した。もしもニューオリンズで待ち受けていることを知っていたなら、エリザベスは行かなかったかもしれない。

「氏名を述べてください」とアメリカ酒類取締局のトップが指示した。[153]まじめくさった表情で、母音を引き延ばしてゆっくりと話す。

「エリザベス・スミス・フリードマンです」

「職業は？」

「暗号解析官です」

「暗号解析官の職務とはどういうものですか？」

「暗号解析官は、使用されている暗号システムについて知らない状態で、秘匿された通信を分析し読み解きます」

この日は一九三三年五月二日で、エリザベスは連邦裁判所の証言台で発言をしていた。これから、長年追いかけてきたシンジケート、連結輸出会社の被疑者二三名[154]にたいする大規模な共謀事件訴訟で任務を果たすのだ。同社の活動は最近、メキシコ湾にまで拡大し、ニューオリンズにある海賊無線局から、八隻からなる酒密輸船団に指示を送っていた。[155]Tメンが三二通以上の無線暗号文を傍受し、[156]それらをエリザベスに郵送した。[157]解読結果から、計画の概要が浮かび上がった。酒密輸船の名前（コンコード号、コロサル号、フィッシャー・ラッシー号、ロジータ号、メイヴィス・バーバラ号）と、ラガーとよばれる小型船で人気《ひとけ》の少ない河口の町に酒の入った木箱をこっそり陸揚げし、貨物列車に積み込んでおがくずで覆う手口が明らかになった。[158]政府はこれを「禁酒法施行以来最大の酒密輸共謀事件」とみなし、[159]裁判官と陪審に暗号解読の手法を説明させるために、エリザベスをニューオリンズの連邦裁判所に召喚したのだ。

エリザベスはピンクのドレス姿で、一輪の花を留めた帽子をかぶっていた。[160]目の前には、解読文を記した黄色い用紙の山がある。[161]法廷を見渡すと、木の座席に傍聴人と記者がぎっしりつめかけている。被告人たちは、スポーツの試合で一列に並んで待機する控え選手のように、全員スーツ姿で肩を並べて座っている。前日、彼らは、証人が各人を見分けにくくするために、何度も席をそっと入れ替わっていた。[162]首謀者はアルバート・モリソンという、六〇代のやせこけた白髪の男だ。[163]モリソンには、チャールズ・コスグローヴ、M・ライダー、A・A・ブラウン、ハリー・ヘイル、J・J・ジョーンズ、B・M・マグレガー、「ミスター・バーク」[164]という別名があった。[165]政府は、ほかの被告のうち少なくとも三人――ネイサン・ゴールドバーグ、アル・ハートマン、ハリー・ドウ[166]――は、シカゴのアル・カポネ一味であると確信をもっていた。

政府は捜査に五〇万ドルと二年以上を費やしており、[167]この裁判に負けるわけにはいかなかった。そういうわけで、この日の主席検事は、当の酒類取締局長、エイモス・ウォルター・ライト・ウッドコックという几帳面な元陸軍大佐が務めていた。[168]ウッドコックは長年、禁酒法を効果的に執行する唯一の方法は、重大犯罪に手を染めるシンジケートを「着実に攻撃」し、三流の酒密売業者は放置しておくことであると主張してきた。[169]雑魚ではなく大きな魚を捕まえるのだ。連結会社は鯨レベルだった。

ウッドコックは証言台のエリザベスに目をやった。「一九三一年四月八日午後六時七分の通信文はありますか？」[170]

エリザベスは書類をめくり、その通信文の書かれた紙を見つけた。それは、QUIDS, ABGAH, FLASH, SLATE, FABLE, SHOOT, BOWSKYというコードで始まっている。[171]解読文を読み上げようとしたところ、被告側弁護人のひとりが異議を唱え、エリザベスの証言は「証拠にはならず、関連性がなく、まったく重要ではない」と主張した。[172]ほかの被告側弁護人八名も一斉に立ち上がり、同じ異議を唱えた。[173]そのなかにはニューオリンズの弁護士で、連邦裁判所でアル・カポネの上訴を担当したエドウィン・グレースがいた。[174]グレースのいる被告側弁護人席には、ウォルター・J・ゲックス・シニアもいた。[175]メキシコ湾に面した近隣の都市、ミシシッピ州ベイ・セント・ルイス出身の有力一族の家長である。

「この通信文を読み上げることについての意見を聞かれたようですが」、裁判官のほうを見てエリザベスが発言する。[176]「これは意見の問題ではありません。暗号学の原理を理解している人間は、アメリカにはほとんどいません。実際、さほど多くありません。合衆国内のどのような専門家も、適切に検討すれば、わたくしとまったく同じ解釈に至るでしょう」

「そんなものはすべて証拠として取り上げないよう要求する。まったくもって妥当ではない」とゲックスが反論した。

ウッドコックはそのままエリザベスに通信文を読むように指示し、エリザベスは解読した平文をひとつずつ読み上げた。するとまた被告側から異議が唱えられ、中断する。暗号を解読したのではなく、連邦政府の捜査官から情報を入手したにちがいない、というのだ（「何者かがその婦人に情報を提供したに決まっている」[177]）。シンジケートは、高度暗号化の手法をもちいていた。つまり暗号文は、コード化した文字をサイファ化したものだったのだ。解読するには、段階をひとつずつ逆向きにたどらなければならない。たとえば次のような暗号文があった。

GD（HX）gm ga HX（GD）R gm OB BT HR CK 25 BT BERGS
SUB SMOKE CAN CLUB BETEL BGIRASS CULEX CORA STOP
MORAL SIBYL SEDGE SASH（?）CONCOR WITTY FLECK SLING
SMART SMOKE FLEET SMALL SMACK SLOPE SLOPE BT SA
back to the word SLDGE its SEDGE instead of SLDGE HW[178]

この通信文の平文は次のようになる。

SUBSTITUTE FIFTY CANADIAN CLUB BALANCE BLUE GRASS
FOR COROZAL STOP REPEAT TUESDAY WIRE CONCORD GO
TO LATITUDE 29.50 LONGITUDE 87.44[179]
［カナディアン・クラブ［ウィスキーの銘柄］50本で代用　コロサル号向けにはブルーグラス［バーボンの銘柄］で釣り合いをとれ　“STOP”［文の区切り］　繰り返す　火曜日コンコード号に緯度29度50分経度87度44分に向えと打電せよ］

反対尋問になると、ゲックスが弁護人席から立ち上がった。
「どうよべばよいですか。マダムそれともミス？[180]」

「ミセス・フリードマンです」

「こちらの記号を正しく翻訳する前に、誰かから、酒密輸に関連するものだと教えてもらう必要がありましたか？」

「いいえ」とエリザベスが素直に答える。「殺人や麻薬にかかわる暗号を受け取るときもあります」

「あなたのおっしゃる、ウィスキーやビールや場所を指すためにこちらの紳士のみなさんが使ったとされる記号が、じつはヨーロッパから女性たちを送り届けるという内容を暗号で伝えるために作られたものだという可能性はないでしょうか？」

いいえ、とエリザベスは返した。「ただいまおっしゃったようなことはありえません」

「このご婦人が提示した証拠をすべて削除するよう提議します」と別の弁護士、マックスウェル・スレードが発言する。[181] 裁判官はこれを却下した。

被告側からの質問が終わると、エリザベスはハンドバッグを手にして証言席を降り、法廷から出て、湿気を含んだ春の外気に足をふみ出し、ワシントンに帰った。証言から四日後、陪審はシンジケートの首謀者のうち五名に有罪を宣告した。[182] アルバート・モリソンもそのひとりで、禁固二年となった。[183] ウッドコックはエリザベスを称賛し、「陪審に甚大な印象を与えた」と彼女の上司に伝えた。[184]

陪審だけではなかった。裁判を取材した記者たちはエリザベスのとりこになった。記事のなかでエリザベスを「美しき政府暗号解析官、またの名を『コード・リーダー』[185]」、「美しい中年婦人[186]」、「若々しいピンクのドレス姿の美女[187]」、「合衆国を守る小柄な美女[188]」などと描写した。これが初めてのメディアへの露出で、そののち同じことが繰り返されることになる。エリザベスは不快だった。中年婦人とよばれるにはまだ若く、腹立たしかった。[189] そのうえ好意的な文であっても、表現が拙かった。[190] 翌年、有罪判決を受けた被告らの上訴について証言をするためにエリザベスがニューオリンズを再訪したときにも、新聞各紙はエリザベスについて書き立てた。アル・カポネの弁護士エドウィン・グレースとふたたび相対したエリザベスは、暗号学の有効性について攻撃されてがまんできなくなり、ここに黒板があれば問題をすぐに解決できます、と裁判官に訴えた。[191] 廷吏が倉庫から黒板を探してきて、法廷に運び入れた。エリザベスがチョークを手にし、密輸組織の使った暗号を図解していくと、陪審員らがうなずき始め、一方グレースは、こんなことはきわめて異例だと文句を言った。「エレガントな暗号」と、翌日の新聞に派手な見出しが踊った。[192] この見出しを読んだエリザベスは気分を害した。なにも有名人の仲間入りをしたかったわけではない。世間の注目が静まるのを願った。[193] しかし恐ろしいことに、これはほんの始まりでしかなかったのだ。

妻が光輝き空を照らす一方、ウィリアムは陰鬱になっていった。彼の手がける仕事は、陸軍によって分厚い金属製のドアの奥に閉じ込められていた。ウィリアムは自分の仕事について話すことを許されず、エリザベスも質問をしないよう心得ていた。「夫は決して口に出さなかったし、仕事について話すようわたしに頼んだこともなかった」とエリザベスは言う。[194] 二人の暗号学者の結びつきは強く、眉間のわずかなしわや、くちびるのゆがみも同調していたので、二つの相貌は自然と鏡のようになっていった。ウィリアムが険しい表情をするとすぐにエリザベスの顔もそうなった。どちらも相手につらい思いをさせたくなかったので、苦痛を最小限に抑えるために、しょっちゅう仮面のような表情をして、禁じられていることがらについては口をつぐんだ。しかし、こうやって自制に努めても、夫が何かに悩んでいるとき、エリザベスはそれに気づいた。

「口元に少し険しさが見えることがしょっちゅうありました」[195]

当時エリザベスのあずかり知らないことで、終戦を迎えてようやく知らされたのだが、ウィリアムは陸軍から、外交通信を暗号化するために日本政府が使用していた暗号システムの解読を要請されていた。これはとてつもない大仕事であり、ウィリアムはその後の一〇年をこれに費やし、自身を代表する業績となる。

ウィリアムはひとりでこの任務にあたっていたのではない。エリザベスと同様に、独自の暗号解読班構築に取りかかり、下級暗号解析官を採用して、必要なことがらや将来の目標に応じて育成していた。以前なら陸軍は決してそのような組織拡大に賛同しなかったが、政府による暗号解読の根本が、新任の国務長官ヘンリー・スティムソンが下した決定的な判断により大きく揺らいでしまっていたのだ。大戦中に砲兵士官であったスティムソンは、平時に他国の通信を読むことは不品行であるという考えの持ち主で、国務省が資金を提供してニューヨークの暗号解読者、すなわちヤードレーと彼の率いるアメリカのブラック・チェンバーに外国の外交官の信書を読ませていると知ると激怒した。[196] スティムソンは「紳士は他人の信書を読むものではない」と発言したとされている。[197] 理由はどうであれ、スティムソンは一九二九年にヤードレーへの資金提供を打ち切る決断をし、ブラック・チェンバーは閉鎖を余儀なくされた。

ヤードレーは日本の暗号を読み解く技術を開発していたため、ブラック・チェンバーが閉鎖されると、軍備を増強し、帝国発展の野望を抱く日本が考案した新たな暗号を解読する能力をアメリカは失った。暗闇に取り残されるのを恐れた陸軍は、ウィリアムを頼った。一九三〇年ウィリアムは、陸軍の新たな暗号解読班を立ち上げた。[198] これがのちに、国家安全保障庁の中核をなすことになる。ウィリアムはこの新しい組織を通信情報部〔Signal Intelligence Service〕、ＳＩＳと命名した。

ウィリアムが新組織のために最初に採用した三人は、みな二〇代初めの男性数学者、エイブラハム・シンコフ、フランク・ローレット、ソロモン・カルバックだった。ウィリアムは三人に、軍需部ビルの三階、分厚いスチール製のドアの先にある部屋に隣り合って置かれた机を与え、ほこりをかぶった本と例題をもちいて訓練を開始した[199]。ウィリアムはローレットに、カシスキという名のドイツ人暗号作成者の執筆した本を渡した。ドイツ語はどれくらいできるか、とウィリアムがたずねると、ローレットは、あまりできませんと答えた。ウィリアムは、とにかくカシスキの本で勉強するようにと指示した。次はフィーグルという名前のオーストリア軍の暗号作成者の書いた本、その次は戦時中にフリードマン夫人と共同執筆したウィリアム本人の著書である「リバーバンク出版物」。「フランス語は話すかね？」とウィリアムはローレットにたずねたが、すみません、話せませんという答えが返ってきた。

ある日の朝、三人の若者たちの準備が整ったと判断したウィリアムは、部屋に顔を出し、今すぐついてきてほしいと声をかけた[200]。三人は上司のあとから階段を降り、長い廊下を抜けた。ウィリアムが左に曲がると、そこは、ダイヤル錠のついたスチール製のドア以外には何もない空間だった。ウィリアムは上着のポケットに手を入れて一枚の紙片を取り出し、そこに書かれた一連の数字を見て、ダイヤル錠を操作した。するとかんぬきが開いた。ドアが開くと、その先にはまた、鍵穴のついた二つめのスチール製のドアがあった。ウィリアムは上着から鍵を取り出し、鍵穴に入れてカチャカチャ回した。内側のドアが開くと、真っ暗な部屋があった。ウィリアムが暗い部屋に入りマッチをするあいだ、三人は外で待っていた。なかから煙の臭いが漂ってくる。ウィリアムが電球からぶら下がったコードを見つけて引っ張ると、ファイル・キャビネットがずらりと並ぶ窓のない部屋が見えてきた。ウィリアムは壁に取り付けられた三つの扇風機のスイッチを入れてから、若い部下たちのほうに向き直り、重々しく宣言した。「みなさんようこそ。アメリカのブラック・チェンバーの秘密の記録保管庫へ[201]」

それらはヤードレーのファイルだった。閉鎖された暗号局にあったキャビネットである。ウィリアムは、今後の陸軍での暗号解読プロジェクト、とりわけ日本関連の案件においてこれらのファイルが役に立つと考えて、手に入れておいたのだった。

それからの一五年間、ウィリアムと若い三人の同僚に、さらにはほかのメンバーも加わって、倒れる寸前まで暗号作成と暗号解読に邁進することになる。設計すらも不明な日本の暗号機械を破る目標に向かって奮闘するとともに、諸外国で使われている暗号機の弱点を看破し、その知識をもとにアメリカのための新しいタイプの暗号機を製作した。これらの仕事の根本には、秘密を支配するという共通の目的があった。

ウィリアムは部下に暗号機について教えるにあたり、まずは自身が何年も前に破ったさまざまな機械（クリハやヘバーン暗号機）に挑戦させ、行きづまったときには丁寧にヒントを与えた。[202] それから、謎だらけで解明されていない日本の暗号機に初めて取り組ませた。その機械をもちいた暗号通信は一九三〇年に開始されていた。名称は Angooki Taipu A。[203]「暗号機A型」を、日本が通信文の送信に使用していたローマ字で表記したものである。Angooki Taipu A という名前だけが、その暗号機について わかっていた唯一の情報だった。西半球では誰ひとりとして、その暗号機をじかに目にした者はいなかった。設計図も、ましてや複製機もない。ウィリアムたちは仲間内でこの機械を「レッド」というニックネームでよんだ。のちの一九三八年、日本はレッドを、大幅に改良を加えたさらに高度な暗号機、Angooki Taipu B に置き換えた。[204] これをＳＩＳの暗号解読者は「パープル」と名づけた。

レッドとパープルは、ナチ・ドイツに駐在する日本人外交官が本国の日本政府と連絡を取るために使われていた。つまり、これらの暗号機を破れば、ＳＩＳが日本とドイツ両国における戦略的思考を詳細に知ることができるのだ。まずはレッド、次はパープルと、それぞれの暗号システムを攻撃するために、アメリカの暗号解読者は、日本の暗号機の模造機を作製する必要に迫られた。暗号機から生成される暗号文を解析することから得られた知識だけを頼りに、リバース・エンジニアリングしていくのだ。その作業は、一度も腕時計を見たことがないのに、歯車のたてるチクタクという録音に耳を傾けるだけで、腕時計を作ることに似ている。

ウィリアムは、外国の暗号機の構造を推し量ろうとしながら、アメリカの通信を保護するために独自の機械を作製してもいた。複数のロータを使用する革新的な設計のコンバータＭ－１３４である。[205] ウィリアムは、いつか一般市場で販売することを見込んで特許を申請した。特許は認められたが、長年にわたり機密扱いだったため、実質的に権利は無効になった。[206] ウィリアムはこの失意を長くひきずることになる。[207] どれだけ副業で稼ごうと努力しても、安全保障上の問題につねに阻まれたのだ。

フランク・ローレットのすばらしいひらめきもあり、Ｍ－１３４は最終的にシガバ（SIGABA）に発展した。[208] ロータ一五枚と、ローレットが「ステッピング・メイズ」とよんだ独創的な機構をもつ、エジプトのスフィンクスを思わせる堂々とした姿をしたマシンである。キーを一回押すだけで同時に最大四枚のロータが回転可能で、ロータを逆方向にはめ込むこともできた。[209] 陸軍と海軍は第二次世界大戦中、一万六〇〇台のSIGABAをあらゆる戦域に設置した。[210] ローズベルト大統領は、ハイド・パークの自宅から、あるいは大統領専用列車での移動中の通信にSIGABAを使った。SIGABAは、エニグマやパープルのアメリカ版のようなものだったが、最後まで解明されなかったのはこのマシンだけである。ドイツ人、イタリア人、日本人、どの敵国の暗号解読者も、どれだけ精魂傾けてもこのSIGABAを破ることができなかった。ナチはついに、SIGABAで作成した通信文の傍受を取りやめた。どうやっても解読できないからだ。この暗号機によって「陸軍および海軍の最高司令部や上層部の通信の絶対的な安全性」が確保され、「戦果に著しく貢献した」とウィリアムは後日、誇らしげに書いている。[211]

「夫はわたしに一言ももらしませんでした」と、エリザベスは証言している。[212]

一九三〇年代から一九四〇年代半ばにかけて、ウィリアムが自分の仕事について妻に明かしたのは、日本にかかわる任務についているということ、それだけだった。レッドやパープルについて、あるいは自身の設計した暗号機については、何も話さなかった。

　のちに人々は、どうしたらそのようなことが可能だったのだろうと不思議がった。いったいどうして、どちらも暗号家である夫と妻が、夜にはベッドをともにしながら、それぞれの仕事のドラマチックな情報について語り合いたいという気持ちを抑えることができたのだろうか。二人は一切そんな会話はしなかった。「夫は、どのようなことについても絶対に口を開きませんでした[213]」。夫の行動の変化を観察して、その胸の内を推し量ることしかできなかった。ウィリアムは夜に帰宅するとほとんど何もしゃべらなかった。かぎたばこの銀色の箱を開け、黒いたばこの粉を吸った。不機嫌になることもほとんどなく、自分の殻に閉じこもるだけだった。子どもたちは、そのようすをすぐに察した。友だちや近所の人が来て歓迎してもらえるときや、ウィリアムが裏庭のグリルで肉を焼いておおいに笑い、バーバラがのちに回想したように「愛情をこめて抱きしめて」くれるときがあるかと思うと[214]、部屋のなかで徘徊《はいかい》するだけで、玄関まで出てこられないようなときもあることに子どもたちは気づいていた。そういうとき、午前中は家中をせかせかと歩き回り、夜になっても眠れなかった。午前三時にベッドが揺れてエリザベスが目を開けると、サンドイッチをこしらえるために階下に向かう夫の姿がちらりと見えたものだった[215]。

　ウィリアムの状態は今のところ、後年ほどには悪くはなかった。ベッドから出られず気力がわかず、体が震えて気分が深く落ち込むといったようすも、自殺したいとしょっちゅう口にして車の後部座席に長いロープを置いておくといったようすも、まだ見られなかった。エリザベスは依然として、ウィリアムの感じている苦しみは「極度の疲労にほかならない」と考えており、精神疾患と認めるのを拒んでいた[216]。精神病者に向けられる世間の厳しい目や、治療方法があまりない（抗鬱剤もなかった）ことからすると妥当な選択だった。ワシントンにある一流病院で主任精神科医を務めるジョージ・ワシントン大学のウォルター・フリーマン博士は、電気ショック療法を早くから取り入れ、アイスピック・ロボトミー手術を考案してもいる。[217] ロボトミーとは、先端のとがった金属の棒を覚醒したままの患者の眼球の裏側に突き刺し、かなりの量の脳の白質がぐしゃぐしゃになるまでぐりぐり動かすという、残酷で安全性の保証されていない手術である。もしもウィリアムがワシントンで精神科の治療を受けようとしていたなら、フリーマン博士かその弟子たちの患者になった可能性は十分に高かった（実際、ウィリアムは最終的にそうなった[218]）。

　そういうわけで、エリザベスは一九三〇年代をつうじて、公では夫の代わりを務め、プライベートでは夫を支え続けた。状態の優れない夫に手を貸しながらも、ひとつは愛する夫への忠誠心と、もうひとつはただ自分を守るために、夫の具合が悪いことを友人に打ち明けることはなかった。フリードマン夫妻はつねに、夫のキャリアと妻のキャリア、夫の冒険と妻の冒険のあいだに明確な線引きをしようとはしなかった。なぜなら、すべては、二人が寄り添いながら仕事をして、のちには脱出に向けた厳粛な約束を誓い合った、リバーバンクでの実りある年月から生まれたものであったからだ。そしてその絆は、数十年たってもなお強かった。「わたしの経験してきたことはどれも、暗号解析の非凡な才能が外国でも注目されている夫が経験してきたことと決して切り離せるものではない」とかつてエリザベスは書いている。[219] こういう意味においても、二人の関係は進歩的だった。たとえるならば、頭脳の共同口座とでも言えるだろうか。夫が病気で弱っているときに手助けをすることは、自己犠牲には感じられなかった。エリザベス自身の手足にできた傷を手当するようなものだったのだ。

　二人の結婚観についてエリザベスがもっともきちんと語った例が、何年ものちに娘のバーバラにあてて書いた手紙のなかに認められる。[220] エリザベスはそこで、『永遠の妻（*Immortal Wife*）』という、一九世紀アメリカに実在した夫婦、ジェシーとジョンというフリーモント夫妻について書かれた小説を読むように勧めている。[221] ジョンはカリフォルニアの荒野の地図を作製した陸軍大佐、ジェシーは上院議員の父をもつ元気溌剌《はつらつ》な娘で、二人は力を合わせて人生を生き抜いた。「良き妻となるには、夫と肩を並べ、頭を寄せ合わなければならない」がジェシーの信条だった。[222] 夫妻は名声を博した反面、論争も引き起こした。ジェシーはジョンの記録した断片的な探検日誌をもとに数多くの物語を執筆し、アメリカ中をとりこにした。フリーモント夫妻は財産をなし、のちにすべてを失った。ジョンはアメリカ陸軍から、不服従罪という虚偽の嫌疑で軍法会議にかけられた。ジョンはノイローゼになり、「白髪でほおがこけ……顔には葛藤が表れ」た状態に陥った。[223] この小説中の真に迫った一節には、ジョンの打ち砕かれた自信をふたたび築き上げようとするジェシーの尽力がつぶさに描写されている。

ジョンに起こったすべてのことは、必然的にジェシーの身にも降りかかった。二人の人間が結婚すると、純粋な自分自身ではなくなり、結婚状況にある一回り大きい新たな人間になるのだ……。ジェシーは、女性の心の内にあるあらゆる術をもちいてジョンを看護し健康へと導いた。二人で元気一杯な馬に乗って森を駆けるとき……競争をしようともちかけ、乗馬姿がとてもすてきだと夫をほめた。暖炉の暖かく鮮やかな赤い炎の前に座り、二人で過ごしてきた年月のなかで、夫が絶頂期にあったころの、もっとも楽しかった日々やできごとを振り返り、あなたのなしとげたことを誇りにしていると賛辞を注いだ……。夫を誘惑する女を演じ、いちばん美しいガウンをまとい、いちばん香り高い香水をふりかけ、大胆にも夫の官能をかき立てた。そうした官能的な愛はこれまでつねに、二人にとても強い効果を与えていたからだ……。[224]

ウィリアムも息子に、両親を理解したいならこの本を読むようにと勧めていた。「この本は多くの点で、きみの母親とともに送ってきたわたしの人生に似ている」と書き、エリザベスを「その不屈の精神で、わたしが非常に深く苦しい心の泥沼からはい上がるのを助けて」くれた「すばらしい女性」だと評している。[225] フリードマン夫妻には、フリーモント夫妻の物語との共通点があった。軍の気まぐれとノイローゼに振り回されたこのアメリカ人探検家カップルとの縁を感じていた。あらゆる良書がもたらす効用と同じく、そのおかげで孤独感が薄れた。

二人のワシントンでの生活は、周囲からどんどん孤立してきていた。リバーバンクで出会って恋に落ちたとき、隠された指令を突き止めるという愉快な探究や連想という秘密が二人のあいだにあった。今では、その代わりに孤独があった。

二人はそれに抗った。

公然と抵抗したわけではない。法を破ったり、秘密をもらしたりはしなかった。そうではなく、暗号の仕事をすることによって余儀なくされた孤立状態に抗うために、暗号をもちいて人とつながる方法を考え出したのだ。

手始めにわが子を相手にした。七、八歳になると、A＝B、B＝C、C＝Dといった簡単なサイファを教えたのだ。バーバラは泊まりがけのキャンプから、このサイファを使って手紙を書いた。「EFBS NPUIFS BOE EFBS EBEEZ……お母さん、お父さん。カヌーで遠出しました。二〇キロメートルかそれ以上進みました。しかもたった一日で。その半分の距離を自分でこぎました。バーバラより」。ウィリアムとエリザベスは返事を書いた。「XF BSF QMFBTFE.……カヌーをこげるなんて、すごいですね。とても楽しそうですね。ピンクル・プァーが八月二日に子猫を産みました。びっくりしましたか」

フリードマン夫妻は友人たちとも暗号で書いた手紙をやりとりした。毎年一二月には、謎解き形式のクリスマスカードを送った。一九二八年は「回転グリル」暗号をもちいた。赤い正方形の紙に穴を円形に配置したもので、四辺には1から4まで数字がふられ、「回転」と書かれた左向きの矢印がひとつある。[226] この正方形の紙を、9掛ける11のマス目に文字が書かれた別紙の上に重ねると、特定の文字だけが穴から見えて、FOR CHRISTMAS GREETINGS IN 28〔二八年のクリスマスのごあいさつ〕と読める。上の紙を九〇度時計回りに回転させると、穴から新たな文字が見える（WE USE A MEANS QUITE UP TO DATE〔最新方式を使います〕）。三度めの回転で、A CRYPTO TELEPHOTOGRAM HERE〔ここにある暗号フォトグラムが〕、さらに四度めの回転で、BRINGS YOU WORD OF XMAS CHEER〔クリスマスのお祝いの言葉を届けます〕となる。別の年、ウィリアムは、幸せそうな顔と悲しそうな顔が枝から果物のようにぶら下がっている木の絵を描いた。「フリードマンの願掛けの木」というキャプションがついている。[227]「それぞれの果物は、割れ目が上向きに曲がっているか、下向きに曲がっているかの二型になっています」。それは、ベーコンの二文字暗号で書かれたメッセージだったのだ。フリードマン夫妻の過去を、リバーバンクでの創造の物語を記念したものだ。エデンの園で二人は恋に落ち、現実と妄想を区別することを知った罪のために追放された。幸せそうな顔はa型サイファで、悲しそうな顔はb型サイファである。平文は「フリードマン夫妻より季節のごあいさつ」だった。

二人はこうした遊びを発展させて、謎解きのライブ・イベントを催した。一九三〇年代、仲間内で広く知られていた集まりである。こうした「暗号パーティー」には、客人たちを町中走り回らせる借り集め競走《スカベンジャー・ハント》もあった。[228] まず、エリザベスが客に白い小さな封筒を渡す。それを開くと暗号文がある。暗号を解くとレストランの住所が出てくる。店に着いたらサラダ料理を食べ、二つめの暗号文を解読して、メイン料理のありかを探す。夫妻の自宅でエリザベスの手料理を食べるパーティーもあった。ある晩、ミリタリー・ロード三九三二番地を陸軍軍人の夫とともに訪れた内気な妻が、暗号で書かれたメニューを手渡されてうろたえた。「一品めは、青いペンで書かれた点々でした」とのちに回想する。[229]「パーティーに来ていた『ブレーン』たちが、ひとまとまりになっている点《ポイント》の数を調べているとき、『ブルー・ポイント』〔ロングアイランドのブルー・ポイント付近でとれる小ぶりのカキ〕、つまり牡蠣《かき》にちがいない、とひらめいたんです。それが正解でした！　自分の役目は果たせたので、それからは控えめにしていました」

別の機会には、エリザベスの作成したメニューがあり、そのなかの一品が「解読不能サイファ」だった。[230]ひとりの客が、これは「ハッシュ」を意味するのではないかと思いついた。この暗号用語の意味するところは、ドアに鍵がかかると永遠に開かなくなるような、いったん順序をごちゃまぜにすると元に戻せないような文である（今日ハッシュは、インターネットのパスワードを保護するために使われている）。エリザベスがキッチンから、肉とジャガイモのハッシュ〔肉や野菜を細かく刻んだ料理〕の載った湯気の立った皿を運んでくると、その客は大喜びした。

フリードマン夫妻の開くパーティーの評判がとても良かったので、ウィリアムはこれでお金が稼げるかもしれないと考えた。陸軍が、国家機密だからという理由でウィリアムの製作した暗号機の販売を許可しないなら、そのアイデアを、一般大衆向けのボードゲームに発展させられないだろうか。発想がわきあがり、コードやサイファを使ったモノポリーの開発を試みた。クリプト・セット・ヘッドクォーターズ・アーミー・ゲームは、赤いホイールのついた折りたたみ式の厚紙でできたゲームだった。[231]プレーヤーは、トークンをスタート地点からゴールまで進めるために、パズルを解かなければならない。二つめの試作品クリプターには、象形文字のような記号が印刷された象牙色の回転盤が二枚ついている。[232] プレーヤーは「暗号作成者」と「暗号解読者」に分かれ、暗号文をやりとりする。

クリプターは商品化できそうだと感じたウィリアムは、バトルシップ〔海戦ゲーム〕や人生ゲームを製作しているミルトン・ブラッドレー社に送ってみた。[233]

フリードマン夫妻の手にかかれば、暗号は詩や歌のようなものだった。友人や家族に、あなたたちはすばらしいものを構成する一部であり、愛されているのだと伝えるための共通の言語だったのだ。職業上のとてつもない秘密を抱えながら、このような手の込んだ奇抜なやりかたで人々と交流し、交友の輪を狭めるのではなく広げていくのは、一種の抵抗だった。しかし結局のところ、戦間期のこのころに二人が見せた最大の抵抗は、もっとも地味な種類のものだった。

二人は図書室を作ったのだ。

ワシントンに引っ越した直後から、エリザベスとウィリアムは暗号に関係するあらゆる本や論文を集め始めた。二人の暗号研究に関連する文書のうち、機密扱いではなく、政府保管庫からの持ち出し禁止ではないものも収集した。そうやって集めたものを、自宅の奥まった小部屋の本棚に並べた。図書室の蔵書は、それらを集めた二人と同じくらい守備範囲が広く、好奇心にあふれていた。フリードマン夫妻が好む本だけでなく、好まない本もあった。暗号の正確性に欠けている本や悪文の本、あるいはその両方の要素をあわせもつ本。何百年も昔に書かれたものだが、いまだに有意義な暗号の知識が学べる本。おもしろくはあるが、理解できない本（ウィリアムはジェイムズ・ジョイスやガートルード・スタインの小説に魅力を感じたが、いらだちもおぼえた。文章が混乱を極めており、暗号で書かれているも同様だったからだ[234]）。もっとも貴重な本は一六世紀にさかのぼる、イタリア人暗号家でガリレオのライバルでもあった科学者ジャンバッティスタ・デッラ・ポルタ著『秘密の文字の記号について（*De Furtivis Literarum Notis*）』である。暗紅色の表装でラテン語で書かれたポルタの本は、一五六三年の初版本を一五九一年に偽造した稀少なもので、世界に三部しか存在しないもののうちの一部である。[235] これは、ある日リバーバンクから郵送されてきた。ジョージ・フェイビアンからの思いがけない贈り物だったのだ。エリザベスはこの行為に心を動かされた。これまでフェイビアンが見返りを要求せずに何かをくれることなどなかったからだ。

残りの本はすべて、安く買い集めたものばかりだった。世界のどこに行っても、フリードマン夫妻は中古書店を回っては安くて価値のある本を探した。ほかの人たちが捨てた本を救い出した。ウィリアムは軍需部ビルで、南北戦争を戦った白髪の退役軍人と言葉を交わしたことがあった。「ある朝、出勤すると、彼がこちらにやってきた」とウィリアムはのちに回想する。[236]「そうして、『今日、燃やすらしいぞ』とささやいた。そこでわたしが『どんな物を?』とたずねると、これらの本を見せてくれた」。北軍の暗号書一式という貴重なもので、ウィリアムは廃棄寸前のところからそれを救った。

図書室にある重要な書籍のなかには、未解明のパズルや歴史上の謎についての本があり、夫妻は、いつか時間に余裕ができれば解明したいと思っていた。こういう意味でこの図書室は、二人の夢がつまった書庫だった。今の生活とはちがう、暗号の世界のなかでも送れるかもしれない気楽な人生、学問として暗号を探究する人生に通じる脱出用ハッチなのである。エリザベスは一九二九年、考古学での修士号取得を目指してアメリカン大学で大学院生向けの授業を受け始めた。[237] 未解読のマヤの絵文字の図解が豊富に掲載されている数冊の本におおいに魅力をおぼえた。ときおり、沿岸警備隊の仕事を辞めてメキシコに飛び、麦わら帽子をかぶってマヤ遺跡をよじ登りスケッチをする自分の姿を想像した。ウィリアムは、愛蔵のヴォイニッチ手稿についての思考をめぐらせた。[238] 由来不明の彩色本で、既存のどの言語にも対応しない繊細な曲線状の手書き文字で書かれ、花の挿絵が添えられている。また、ビール財宝についての本も研究していた。この財宝は、バージニア州ビール郡に密かに埋められたとされる金塊や銀塊のことであり、埋蔵場所が未解読の暗号文に記されている。ウィリアムは、「ときどき、夜中や土日、休日など家にいる暇な時間に、その暗号文に取り組んでいる」と冗談半分に発言したことがある。[239]

夫妻はまた、自分たちの著作も図書室に保管していた。リバーバンク暗号局所有の文書はフェイビアンの研究所に所蔵されたままだったので、夫妻が初期に使った作業用紙こそはなかったが、それ以降は、自分たちの手許を通過した機密扱いではない用紙はすべて保管するか複写を取っておいた。

結果的には、アメリカのインテリジェンス史についての記録を残し、その黎明期において二人が見せた反抗について語り伝えるという大きな成果を生むことになるのだが、フリードマン夫妻は必ずしもそれを目的として文書を収集していたのではない。最良のインテリジェンス専門家ならそうするからという理由で、記録を保管したのだ。二人は図書室の司書となった。エドガー・J・フーバーが一八歳にして初めて政府機関でついた職が、議会図書館の事務員だったのは決して偶然ではない。この職を経験したことで「FBIでの職務の基礎がしっかりと固められた」、「議会図書館では、情報と証拠を照合することがつねに求められた」とフーバーはのちに語っている。[240] FBIは、人間の指紋と人間の行為を収集した図書室だった。エリザベスが酒密輸の暗号文を収めた三〇冊のファイルは、非合法の海についての情報のつまった図書室だった。今ではウィリアムが管理している、ハーバート・ヤードレーのブラック・チェンバー関連ファイルは、多数の国家の外交計略のつまった図書室だった。そして、ウィリアムが率いる陸軍通信情報部（SIS）はまたたく間に、未解読の日本の通信文を収めた図書室、新興のファシスト勢力に対抗するためのアーカイヴとなりつつあった。

「図書室」という言葉からは無害なイメージしかわかないが、フリードマン夫妻は真実を見抜いていた。図書室を適切に管理すれば、世界を救うことも、あるいは世界を焼き尽くすこともできるだろう。

二人はこの家庭図書室を真剣にとらえ、プロの司書の手法を踏襲した。ウィリアムは、子どもたちが家にある本を別の階にもっていくときに、貸出票に名前を書かせた。夫妻が本を購入するたびに、表紙の内側に特製の蔵書票を貼り付けた。マヤ文字を研究する友人の教授がデザインした長方形のカードである。[241] 蔵書票には、深紅色の戦士が髑髏《どくろ》に斧を振り下ろす絵が描かれている。[242] この絵文字は、本泥棒への警告なのだ〔本書の巻頭頁を参照〕。

Lay ca-buunil kubenbil tech same
このわれわれの本は少し前にわれわれからあなたに委ねられた。
Ti manaan apaclam-tz'a lo toon
この本は不在なり、これをわれわれに返却せよ
Epahal ca-baat tumen ab-men
名人の手によりわれわれの斧は研がれつつある。

このメッセージを強烈に印象づけるために、ウィリアムとエリザベスは図書室の壁に、黒い刃に木の柄のついた斧をかけていた。

二人はなにも意地悪や脅迫をしていたのではなく、知識にたいする畏敬の念を表していたのだ。知は力なり。かつてフランシス・ベーコンがこう述べ、何年も前にジョージ・フェイビアンとギャラップ夫人から教

えられた。夫妻はこの金言を極端なまでに重視し、生活のすべてをこれを中心に築き上げた。二人の生活の基本には、鋭い好奇心と自分自身にたいする冷徹なまでの誠実さがあった。二人は、ベーコン哲学の核心をその手に大切につかんだままリバーバンクから脱出し、その後も、ベーコンの信念に忠実であり続けた。リバーバンクの師たちがそうだったとは言えない。なぜなら、真に知を探求する人生を送るためには、自分の犯した誤りを認めなければならないからだ。

ギャラップ夫人は、自身の手法に欠陥があることを決して認めなかった。新しいプロジェクトに移行することも、地所を離れることもなかった。エリザベスとウィリアムは、ギャラップ夫人あてに、ベーコン暗号の話題に言及した手紙を書かなかった。疑念を何度も口にするのは思いやりに欠けるのではないかと気を遣ったからだ。フリードマン夫妻がワシントンで輝かしいキャリアを駆け上るあいだ、ギャラップ夫人はリバーバンクのコテージに残り、フェイビアンの負担する費用に頼り、一九三四年に他界するまで読書鏡で古い本をのぞき続けた。[243] ギャラップ夫人は死ぬ瞬間まで自分が正しいと信じていた。ベーコンがシェイクスピアであり、自分はその証拠を発見しており、歴史が自分の汚名を晴らしてくれると疑わなかった。

フェイビアンは、ベーコン暗号プロジェクトには見込みがないとか、隠されたメッセージなど本当は存在しないとか明言はせず、この主張では勝てないとか、ギャラップ夫人と自分は理論を証明するに至らなかったとか述べるにとどまった。「シェイクスピア作品の著者を立証するだけの能力や知識がわたしにはない」とフェイビアンは『シカゴ・イヴニング・アメリカン』紙に語っている。[244] 同紙はフェイビアンをこう冷やかした。「リバーバンクの賢人フェイビアン大佐でさえも、疑念という暗礁に乗り上げて懐疑的になり、甘く苦い思いで、自分にはわからないと述べている……」

フェイビアンの晩年、かつて自分を苦しめた人にたいするウィリアムの態度はかなり和らいでいた。二人はまるで旧友のように手紙をやりとりした。ハーバート・ヤードレーについてうわさ話もした。フェイビアンはヤードレーを「ばか者」よばわりした。[245] ウィリアムはこれを気に入った。また、フェイビアンのふさぎ込んで疲れたようすをウィリアムは感じていた。[246] 健康が衰えつつあったのだ。ヘルニアがあるうえ、前立腺を手術で「搾り出さ」なくてはならない、とこぼしている。[247] 新たな世界大戦が迫りつつあるが、そうなってほしくなかった。「エリザベスと家族のみんなによろしく。また戦争にならないことを願う」とフェイビアンは手紙をしめくくり、「いつものGFより」と署名した。[248]

ジョージ・フェイビアンは、ギャラップ夫人の死から二年後の一九三六年に六九歳で他界した。[249] フリードマン夫妻はこのことを、まだリバーバンクに住んでいる昔の同僚から手紙で知らされた。[250]「最後の年には、大佐の気力はかなり失われていた」とその同僚は書いている。喉頭炎が悪化して肋膜炎になり、次々と合併症を起こした。最期の一〇日間、フェイビアンはひどく苦しんだ。発熱してヴィラにある鎖でつるしたベッドに寝込み、激しく咳き込むたびにベッドが揺れた。自分が死んだら灯台の光を消してくれ、と職員に言いつけた。毎晩、白い光を二回、赤い光を三回と同じパターンを続けて、立ち入り禁止、立ち入り禁止という暗号文を発信していたあの灯台のことである。フェイビアンの願いどおり、灯台は明かりを消した。[251]

フェイビアンが遺した金は想像以上にはるかに少なかった。[252] 大恐慌の影響と、研究所や科学実験に湯水のように金を遣ったために、破産寸前の状態だったのだ。未亡人のネルに一七万五〇〇〇ドルを遺し、忠実なスコットランド人の秘書ベル・カミングには、管理人として地所で生活するつもりがあれば毎月一五〇ドルの手当を与えると遺書にあった。[253] ネルは三年後の一九三九年に癌で死亡し、[254] 一九四六年にはカミングが、自動車でジェニバの鉄道線路を横断中に接近してきた列車と衝突するという悲惨な事故で、同乗の二人の女性とともに命を落とした。[255] 郡政府が地所を七万五〇〇〇ドルで買い上げ、森林保護区の一部とした。[256] リバーバンクは公共財産となった。かつて権勢をふるった王国は、空っぽの建物や草地となってしまったのだ。

ウィリアムはフェイビアンあての手紙のなかで、自分の文書を図書室に引き渡してほしいと説得を続けていた。ウィリアム自身の私的な書類と、リバーバンク暗号局で扱った大量の文書ファイルである。フェイビアンが亡くなる前、最後にウィリアムに出した手紙には、「誰の手に落ちるかもわからないから、暗号にかかわる昔の書簡を大量に」処分すると書かれていた。[257] そこでウィリアムは、未亡人のネルに手紙を出して、暗号局の書類はどうするつもりか、とたずねた。[258] それらの記録は、フリードマン夫妻の歴史と、さらにはアメリカの歴史の一部であるので、夫妻は書類の保管を望んでいたのだ。

ネルからの返事が届いた。フェイビアンは最期に、大量の記録文書を焼却するよう命令していたという内容だった。[259]

フェイビアンは、あまたの欺瞞と計略が明るみに出てばつが悪くならないように処分したのだろう、とウィリアムとエリザベスは察しをつけた。[260] フェイビアンは、バイキングの火葬のように、みずからの手で文書を火葬に付すことを選んだのだった。

実際は、二人が恐れたほどひどい状況ではなかった。フェイビアンは一部の文書を廃棄していたが、処分を免れて、最終的にはニューヨーク公共図書館に寄贈されたものもあったからだ。しかし、フリードマン夫妻は最悪の事態を想定していた。二人にとって、これは歴史と知識が失われるという悲劇だった。アメリカでそんなことを気にかける人間は、二人以外は誰ひとりとしていなかった。死にかけている男が、暗号にまつわる文書を燃やしただけのこと。暗号学は秘密を扱う仕事であり、秘密は秘密のままにしておくのが当然だ。それとは逆のこと、つまりは秘密が漏洩したり、公表されたり、暴露されたりした場合にのみ、役人たちは神経をとがらせる。フリードマン夫妻と同僚たちはこのときまさに、この国史上最大の暗号機密漏洩事件をどうにか尻ぬぐいしようと奮闘していたところだった。

「嘘だ！」[261]

ウィリアムは自宅で、黒い表紙の本のページをめくっていた。顔をこわばらせながら、余白に注釈を書き込んでいく。

「偽りと誇張と誤りの寄せ集めだ」[262]

「嘘、嘘、嘘ばかり」[263]

深紅の六本の線が、本の表紙を七個の黒い長方形に分割している。ひとつの長方形のなかに、深紅の文字でこう書かれている。

THE AMERICAN BLACK CHAMBER
HERBERT O. YARDLEY

ヤードレー。

ポーカーの名手で暗号解読者のあの男は、国務長官ヘンリー・スティムソンが紳士は手紙を盗み見ないという信念のもとに暗号局を閉鎖すると、無分別な行動に出た。政府の職を失ったヤードレーは、大恐慌のなか新しい仕事を見つけることができないでいた。[264] 有り金数ドルまで追いつめられ、金と復讐のために秘密をぶちまける決意を固めた。一九三一年夏、『アメリカのブラック・チェンバー（*The American Black Chamber*）』を出版し、ベストセラーとなり、世界中にセンセーションを巻き起こした。この本はまるで火山の爆発のようにアメリカ政府に襲いかかり、茫然とした人々に溶岩が直撃した。そこでフリードマン夫妻が、衝撃のあとに残された、もうもうと煙の立つ現場の処理を任されたのだ。

この本はブラック・チェンバーの真実の物語、「秘密外交を覆い隠す厚いカーテンの向こう側をかいま見せる」ものであると主張している。[265] この行為は愛国心によるものだというのがヤードレーの言い分だった。外国政府の暗号解読を中止するのは危険で愚直すぎるとヤードレーは考えていた。そんなことをすればアメリカは弱体化し、攻撃を受けやすくなる。この問題について議論をすべきだが、ブラック・チェンバーが実践してきたことについて議論をするのは、そもそもこの機関が存在していたことを大衆が知らなければ不可能だ。暗号局がもはや閉鎖されたのだから、その活動を明らかにしてもなんら問題はない、とヤードレーは主張した。[266]

アメリカ政府を憤慨させるだけの真実がこの本には書かれていた。たとえばヤードレーは、日本人の大使が送った外交通信をアメリカが読んでいたことを暴露している。それを知った日本の読者は仰天し、邦訳書は日本国内で三万三一一九部も売れた[267]〔『ブラック・チェンバ：米国はいかにして外交秘電を盗んだか？』大阪毎日新聞社／一九三一〕。また、性的なだましの手管《てくだ》を匂わせて読者をじらしもした。「魅惑的な女性が大使館書記官とダンスをする」、「女は書記官をその気にさせ、二人は親しい関係になり、書記官は軽率な行動を取る」と序文に書き、詳細は本文でと請け合った。[268] マリア・ド・ヴィクトリカ夫人という名前の魅惑的な女性スパイには一章丸ごと割いている〔第5章〕。「アントワープの美しい金髪女」で、大戦中イギリスとフランスを相手に、暗号と隠しインクを駆使していた人物だ。[269] ヤードレーは、あるとき未知の敵に雇われた金髪女のスパイに、ニューヨークのもぐり酒場で誘惑された、とも述べている。「ふかふかのクッションに座るとき、脚を少し見せすぎているように感じられた」[270]。二人でタクシーに乗って女のアパートメントに向かうと、女はすぐにソファで眠ってしまった。きな臭さを感じたヤードレーは、女の机のなかを捜索し、一枚のメモを発見した。[271]「できるだけ早く相互の友人に会え。ただちにわれわれに情報を知らせろ」。翌日の夜、泥棒がヤードレーのオフィスに押し入り、戸棚を荒らしていった。「やつらは探していた重要書類の写真を撮ったにちがいない」

こんなことは、おそらく実際には起きなかったのだろう。ヤードレーの同僚はのちに、青い目の金髪女の話は「真っ赤な嘘」で、オフィスから盗られたものは酒瓶数本だけだった、と話した。[272]「あの酒はわたしのもので、きっと［ヤードレーが］自分で盗ったのだと思う」。ド・ヴィクトリカ夫人は実在したが、ヤードレーはその素性を粉飾していた。本の一部は脚色した、と友人に白状している。[273]時間を圧縮したり、会話をでっちあげたり、「でたらめ」や「でまかせ」を加えたりしておきながら、それを弁明もしていない。[274]「売れる本を書くためには、芝居がかったものにしなくてはならないものだ」

ウィリアム・フリードマンにとって、こうしたいいかげんな態度は許しがたかった。真実は真実で、それ以外のことはすべてたわごとだ。さらには、過去のことを明るみに出しても問題はないとするヤードレーの言い分にも同意できなかった。ヤードレーの暴露のせいで、日本を筆頭とした敵国が驚愕し、通信の安全性を増強して、その結果、アメリカの暗号解読者の仕事がいっそう困難になるのではないかとウィリアムは恐れていたのだ。[275]

しかし結局のところ、ウィリアムが憤慨したのは、ウィリアム自身が語りたかった暗号についての物語をヤードレーが先に発表してしまったからだった。ウィリアムはこれまでずっと口をふさがれていて、自分の主張したいことを書いて発表できないでいた。リバーバンクでは、ウィリアムの業績を自分の手柄だと言い張っていたジョージ・フェイビアンという金持ちのエゴに阻まれていた。そして今は、国家のセキュリティが障壁となっている。ウィリアムは、陸軍時代の功績を語ることができないでいた。ヤードレーとはちがって、アメリカの国家機密を保持するという誓いを破るつもりはなかったからだ。

ヤードレーはじつは『アメリカのブラック・チェンバー』を一部、表紙裏にサインをしてウィリアムに贈呈していた。そのサインの下にウィリアムはラテン語で「OMNIS HOMO MENDAX」と書いた。「人は誰しも嘘つきだ」という意味である。それから、ヤードレーが描く事件や見解についてウィリアム自身の視点から見た解釈を、ヤードレーの著書の余白に書き込み始めた。「これは嘘！　証明可能。添付文書の証拠1を参照せよ[276]」。他人の書いた本に証拠書類を添付したのだ。文に下線を引き、段落全体を括弧に入れ、単語に星印を付け、ページのそこかしこに感嘆符を書き入れた。注釈をもちいた意趣返しである。注釈だけでは飽き足らず、書き込みをしたヤードレーの著書を、陸軍や軍事情報部の同僚四人に回覧した[277]。そしてその四人も、それぞれの注釈を手書きで追加した。野次と非難の大合唱。ウィリアムは、将来これを読む人が著者とはちがう人間の声をたどれるように、本の冒頭ページに番号つきの見出しを作成した。

ヤードレーの本の波紋は広範にわたり長く尾を引いた。インテリジェンス機関の上層部と政治家は、暗号にかかわる情報の安全性を改めて懸念するようになり、さらなる暴露を防ぐための措置に動いた。ヤードレーはその後、生涯にわたり、アメリカのインテリジェンス・コミュニティにおいて好ましくない人物《ペルソナ・ノン・グラータ》とみなされた。なじみの居場所から追放されたヤードレーは、ロサンゼルスで交友関係を開拓し、ハリウッド映画の脚本を書いた[278]。一九三三年、ある法律が連邦議会で通過した[279]。ヤードレーに、日本関連の暗号解読の暴露本を出版させないようにするための「政府記録保護法」という名称の法律である。ヤードレーはこれを「秘密法」とよんで冷やかしたが、同法には、暗号関連の情報の漏洩は犯罪であると言明されていた。だが、ヤードレーが扉を開け放って以降、コードやサイファが話の種になる例がますます増えていった。そうした話、それもとりわけ、ヤードレーの本に登場するような秘密を操る女性についての物語には需要があることをヤードレーが証明したからだ。そこで、そういうたぐいの女性はいないかと編集者連中があたりを見回したところ、けっこう近くにその人物はいた。

エリザベス・フリードマンは魅力的だ。母であり、しかもアメリカ人である。公開法廷で当代犯罪界の黒幕と対決し証言している。しかもヤードレーの語る女性たちとはちがい、エリザベスはどこをとっても正真正銘実在の人物である。「ヤードレーが描いたような美しい女性スパイや秘密のコードやサイファにまつわる冒険物語にたいする興味関心が広くかき立てられたため、それ以降、編集者たちは、そうしたストーリーに話題性があると察知するようになった」と後日、アメリカ海軍内で回覧された極秘メモに書かれている。[280] このメモは、暗号情報が公表されることの危険性を警告していた。「その結果、一九三四年に沿岸警備隊の暗号解析官であるエリザベス・スミス・フリードマン夫人についての雑誌記事や新聞記事が多数掲載されると、大量の同様の記事がそれに続いた」

「ミセス・フリードマン、正直申しますと先日あなたに初めてお会いしたとき、たいそう驚きました。合衆国沿岸警備隊の暗号解析官というものものしい肩書きをおもちの方が、このような小柄で活気にあふれた若いご夫人だったとは思いもしなかったからです。コードや暗号といった非常に科学的な分野に、いったいどのようにして興味をおもちになったのですか？[281]」

「ミス・サントリ、政府のためにしている仕事が新聞記者の目に留まるまで、自分の職業がとてもめずらしいものであるとは一度も感じたことはありませんでした[282]」

マーガレット・サントリはNBCラジオの記者である。一九三四年、サントリは「連邦議会議事堂のファースト・レディたち」というインタビュー番組を始めた。たいていは社交界の花形や議員の妻が相手だったが、五月にはエリザベスに、自身のキャリアについてNBCラジオの全国放送で話してほしいと依頼してきた。エリザベスは子どもたちをワシントンにあるNBCラジオのスタジオに連れてきた。民放ラジオの放送開始から一〇年もたっておらず、まだ目新しいものだったので、子どもたちがラジオ局の内部を見れば喜ぶだろうと思ったからだ。バーバラは一〇歳、ジョン・ラムジーは七歳だった。NBCの局員が、防音室の隣にあるガラス張りの調整室から母親の姿を見せてくれた。[283] サントリがエリザベスに質問を投げかけるたびに、アナログ計器の針が左右に振れる。

「暗号で思考する習慣が家庭生活にも入り込んでいますか[284]？」

「どうしてもそうなりますね――生活のかなりな部分を占めています」とエリザベスが答える。

「お子さんたちも暗号が得意でしょうか？」

エリザベスは、バーバラは「年齢のわりにかなり得意」で、二年前、エリザベスとウィリアムが無線通信の国際会議に出席するためスペインに出張したとき、サイファで書いたメッセージを二人に送ってきたと話した。

「それではお嬢様は、大きくなったらお母様のような暗号解析官になりたいのでしょうね」とサントリがたずねる。

「いいえ、プロのダンサーになりたいと言っています」とエリザベス。息子のジョン・ラムジーは「大きくなったら暗号の専門家になりたいと言っています」が、「今のところは船や鉄砲に夢中です」

「家庭と家族の面倒を見ることと、重要なお仕事を、どうやって両立されているのですか？」

「まあ、なんとかうまくやれています。今のところ、とても優秀な家政婦が家事をしてくれていますから。

でも、自分のキャリアをこうしたいとか、具体的に考えたことはこれまでまったくありません。たまたまこうなっただけです」

このNBCでのインタビューは、マスコミの取材としては、エリザベスにしてはめずらしく楽しめた。男性よりも女性記者と話すほうが好ましかったし、スタッフが子どもたちに親切に接してくれた。285 たいていの場合、エリザベスはマスコミ対応が嫌いだった。記者によっては、耐えられないほどいらいらさせられた。しかも、記事やラジオ番組のせいで、エリザベスの生活が実際の脅威にさらされることもあった。

暗号解読は秘密裏に行う職業である。これに従事する者たちは一般的に、ハーバート・ヤードレーの暴露本が引き起こした衝撃からもわかるように、どういう仕事をどんなふうにしているかを口外しないものである。エリザベスはヤードレーとはまったくちがう人間だった。ヤードレーを動かすのは金だったが、エリザベスを動かすのは、政府から依頼された仕事をこなそうとする意欲だった。人前で進行中の案件について話すのは、検察官から法廷で証言するよう求められたときだけであり、それ以外では、案件が完了して、財務省広報室から許可を得た場合だけにしかコメントをしなかった。証言台に立つのには理由があった。悪い人間を刑務所に入れるためだ。

しかし、エリザベスがとても有能に仕事をこなし、裁判で華々しく活躍した結果、世間にその名が広く知れ渡り、キャリアを失う恐れに見舞われた。当時の政府内では、機密情報の安全確保にたいする懸念が高まりつつあったからだ。

エリザベスの名声が高まるとともに、手がける事件の性質はいっそう過激で危険になっていった。禁酒法が一九三四年に廃止され、密輸酒市場が消滅すると、密輸組織の一部は如才なく麻薬密輸へと商売替えをしていった。主な取引対象は、中国の港町で薬剤師や犯罪組織が精製したアヘンや、ヘロインやモルヒネなどアヘンを原料とした麻薬である。エリザベスは時勢に順応していった。ヘロインの袋は酒瓶の入った木箱よりも小さく、容易に隠せるために、暗号解読がいっそう必要不可欠になっていった。麻薬を発見するための信頼できる唯一の方法が、密輸業者自身の会話から麻薬のありかについての細かい情報をかすめ取ることだったからだ。

麻薬ネットワークは世界規模で、酒密輸シンジケートよりもいっそう広い地域に展開し、多様な言語を使用していた。エリザベスは、アメリカ各地のTメンや、国務省の役人、外国の警察と連携して捜査にあたった。翻訳者と協力し、ポルトガル語やスペイン語、フランス語、イタリア語、ドイツ語、中国語の暗号文を読み解いた。文字や数字のまとまりで書かれた暗号文から、中国人業者向けに製作された商用コードブックにある特定の中国語の単語を突き止めることもできた。[286] 記者や、記事の読者たちは、自身は話すことのできない外国語で書かれた暗号を破ることができるエリザベスに驚嘆したようだったが、それは暗号という科学のなせる技だった。「暗号解読という科学はすべて、いわゆる言語機構というものにもとづいています」とエリザベスはNBCラジオでなるべくわかりやすく説明した。[287]「言うなれば、言語は、特定の決まったやりかたで機能します。既知の要素を調べ、ある想定をすることで、ひとつの結論に到達して、それがたいてい成功するのです」

世界的なヘロイン密輸組織が、エリザベスの鉛筆の動きとともに破滅していった。スープがぐつぐつ煮える鍋から脂分をすくい取るように、大海にいる密輸船を捕まえる。手柄を立てるたびに多くの記事が一斉に出た。エリザベスの過去の功績を称え、まだなお成長してゆく伝説に新たな賛美を加えた。上海《シャンハイ》の恐るべき犯罪組織青幇《チンパン》のメンバーと、[288] 上海在住の実直な薬剤師を親にもつ双子の放蕩息子、アイザックとジューダという名のサンフランシスコのエズラ兄弟。双方のあいだで交わされた手紙や電報を大量に傍受し解読した。[289]

彼らは、旅客船の浅間丸で日本の横浜からサンフランシスコまで、堅果《けんか》油の樽に隠してアヘン剤を密輸していた。通信文には「wyset」、「wysiv」、「wyssa」が何度も出現していた。エリザベスは、「wyset」がコカイン、「wysiv」がヘロイン、「wyssa」がモルヒネだと判断した。サンフランシスコのTメンに警告を発し、到着した浅間丸の船内を捜索すると、吸引用アヘン五二〇缶、コカイン二キログラム、モルヒネ二キログラム、ヘロイン一キログラムが見つかった。[290] 暗号が解読されたと知らされたエズラ兄弟はすぐに自白し、それぞれ一二年の禁固刑を宣告された。

〈エズラ一味、女性暗号家に敗れる〉という見出しが『サンフランシスコ・クロニクル』紙に躍った。[291]〈婦人が解読〉。マスコミはつねに、エリザベスを称賛すると同時に、女性がこれほど高い能力をもっているとは驚かされるというように、見下してかかるような含みももたせていた。エリザベスは「連邦政府に、密輸組織を爆破するに十分なダイナマイトを供給した」、そして今や「エズラ兄弟に、彼女には解けない暗号を考案するための一二年が与えられた」と記事にはある。[292]

エズラ兄弟の暗号をどうやって解読したのかと記者から質問されたエリザベスは、回答を拒んだ。「別の密輸業者に新しいアイデアを与えてしまわないように、こちらの手口は隠しておかなければなりません」[293]。エリザベス自身に注目が集まりすぎて、自分たちの影が薄くなっているとTメンが感じるのではないか、密輸業者が解読手法を察しはしないかと財務省のお偉方が懸念するのではないかと恐れて、エリザベスは記者たちが自分の記事を書くのをやめさせようとした。事件を解決したのはエリザベスひとりではなく、沿岸警備隊という組織であると明記するよう記者たちに求めた。[294] 同僚や上司にあてた手紙には、謝罪と、記者が自分をそっとしておいてくれないという不満を記している。「コードやサイファといった謎めいた言葉と、女性の名前が重なると、決まって記者の血が騒いで、事件を追いかけ始めるものなのです[295]」

どれも成果はなかった。エリザベスは、恐ろしい現実に次々と巻き込まれるような職業を選んでしまっていたのだ。「彼女は、犯罪や連邦政府の捜査にまつわる秘密を、歴史上のどのような女性よりもたくさん背負わされている」[296]。一九三七年の『リーダーズ・ダイジェスト』誌上に、エリザベスを「Tメンの鍵を握る女」と評した五ページにわたる特集記事が組まれ、一〇〇万人以上の購読者のもとに届けられた。[297]「財務省の法執行機関が密輸入や麻薬密輸などの国際的な犯罪計画をかぎつけたら……すべての捜査員の頭のなかに内々の指令が浮かんでくる。『一味の通信文を手に入れてフリードマン夫人に送れ』」

アメリカの軍部のなかには、エリザベスが刑事裁判で暗号解読について語るのを好まない人間がいた。彼らは、エリザベスは検事の指示で証言させられているのだという事情は考慮しなかった。そうした証言内容から、エリザベスが、外国語のコードも含めて多種多様な暗号の解読手法を知っていることが明らかになっていた。そのために、「諜報員らは、ひとつの結論に達するだろう――ほかの国々の暗号の解読も陰で進行しているという結論に」と、一九四三年の極秘の覚え書きに記されている。[298]「Tメンの鍵を握る女」の記事が掲載されると、陸軍の監察官がウィリアムのオフィスに駆け込み、なぜウィリアムがエリザベスの夫、そして陸軍暗号解読班の長として記事で言及されているのか、と詰問してきた。[299]財務省と戦争省は発表前の記事に目を通し、機密情報が含まれていないことを確認していたが、監察官は連絡を受けていなかったのだ。ウィリアムは、なんと答えてよいかわからなかった。「まったく声が出なかった」ので、「妻と同じ部屋かベッドで眠る許可を願い出ることもできなかった」、とウィリアムは書いている。[300]エリザベスの特集記事中でウィリアムが言及されていたのは、二人が夫婦で、しかも同じ職業についていたからだ。暗号家の二人が結婚しているのが問題なら、どう解決すればよいというのだろうか。

一九三八年初めの数か月間、マスコミ報道の過熱度が頂点に達した。『リーダーズ・ダイジェスト』の記

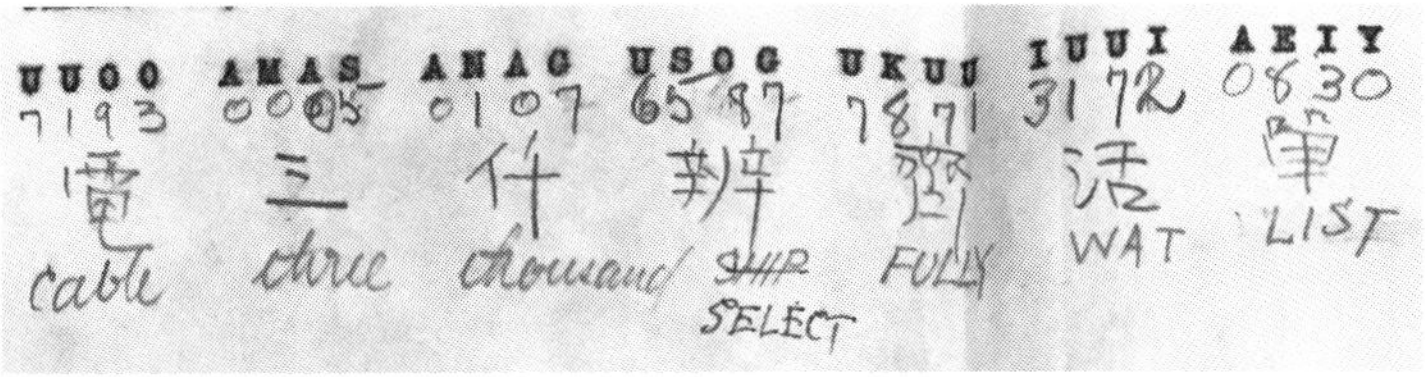

事で生じた騒ぎに追い打ちをかけるように、カナダで開かれた麻薬事件裁判が派手に報道されるようになったのだ。王立カナダ騎馬警察の要請を受けたエリザベスは、中国人商人の自宅と事務所の一斉検挙で見つかった通信文の分析をするためにバンクーバーに飛んだ。[301] 警察は、ルガー・ピストル一三丁、モーゼル銃の挿弾子四〇〇個、機関銃の弾倉一〇〇個弱、おびただしい数のアヘンの缶、金庫にあった暗号電文二〇数通を押収した。[302] エリザベスは騎馬警察の翻訳者と協力して通信文を解読し、カナダ製の武器を香港に流し、見返りに麻薬を密輸入している密輸組織を摘発した。電文は英語の暗号で書かれていた。四文字のまとまりになっており、エリザベスが文字を数字に転換すると市販の中国語辞書に載っている漢字と対応することが判明し、その漢字の意味を英語に翻訳した。[303]

　つまり、UUOO AMAS ANAG USOG UKUU IUUI AEIY という暗号文は、「Cable three thousand select fully Wat list」〈電信　三〇〇〇　選ぶ　十分に　ワット　リスト〉という英語になる[304]〔上図〕。麻薬密売人がカナダに所有する会社の名前がワット・サング社である。エリザベスは、密輸業者がアヘンを「薬用人参」や「食品雑貨」、銃や弾薬を「ハム」や「印刷機」や「しっぽ」と称していることを見抜いた。[305]

　エリザベスがバンクーバーの刑事裁判で証言したおかげで被告の五人全員が有罪となり、また新たに記事や新聞の見出しがどっと出た。〈カナダがアメリカ婦人の助けによりアヘン密輸組織を粉砕[306]〉〈婦人が暗号専門用語を翻訳[307]〉。一九三八年二月一五日には『ルック』誌の「女性にはめずらしい職業」についている「傑出した」婦人たちという特集記事に、女性深海ダイバー、交響楽団の女性指揮者、銀細工師と並んでエリザベスが取り上げられた。[308] エリザベスは写真やインタビューを提供してはいなかったが、同誌はなんらかの手段で、白いワンピース姿の薄っぺらい白黒写真を手に入れていた。『ディテクティブ・フィクション・ウィークリー』は、エリザベスのキャリアをまとめた一四ページの記事を掲載した。[309] 執筆したのは、副業でギャング小説を書いている新聞紙編集者である。[310] 記事のタイトルは「女性捜査員の実話」。ニューヨークの雑誌記者からエリザベスのオフィスに一通の電報が送られてきた。「以下の質問に折り返し特別配達で回答されたし」とある。[311]「どの省の暗号解読をしているのか？　これまでに何通解読したか？　どのような種類のものか？　発信者は誰か？　どうやってあなたの手に渡ったのか？　……好き嫌いや迷信はあるか、さらには人々の関心を引きそうな逸話、おもしろい話、めずらしい体験なども教えられたし」。うんざりしたエリザベスは電報文の下に大きな字で「Ad Absurdum!」〔滑稽きわまりない！〕と走り書きした。[312]

今やエリザベスは世界一有名な暗号解読者になっていた。アメリカのブラック・チェンバーの元締めハーバート・ヤードレーよりも、さらには夫よりも有名になっていた。長年の立場が逆転したのだ。

これまでずっと、ウィリアムこそが暗号の名人、天才として世に知られていた。エリザベスは、陰から夫を支える従順な妻だった。しかし今では、エリザベスのほうが夫妻のうちで真の天才であり、二人組《デュオ》を率いる立場にあるとみなされた。ウィリアムの暗号についての知識はすべて、エリザベスが教えたものだといううわさが広まった。[313] 人々が、陸軍の職場にいるウィリアムのところにやってきては、まるでウィリアムがその話をまったく知らないかのようにエリザベスの冒険談を話して聞かせるようになった。[314] 世間のとらえかたが逆転したのは、ウィリアムに言わせればひどくおもしろく、「まったく愉快」なことだった。夫妻のうちウィリアムだけが天才だと周囲が思っていた以前の状態はばかげていた。しかし、今の状態もばかげていた。

フリードマン夫妻のあいだではこれまでずっと、二人は対等だったのだ。世間の注目がエリザベスのほうに向かっていっても、ウィリアムはまったく気にならなかった。「誰かに引き合わせられて、この人の奥さんも暗号家で……とても優秀なんですよ、とかいう話になると、ぼくはいつも心からほほえんで、うなずいているよ」とウィリアムはエリザベスにあてた手紙に書いている。[315] エリザベスのことを誇りに思っていたのだ。

もちろんエリザベスは、自分が天才だとは思っていなかった。本物の天才は決してそう思わないものだ。彼女にとって暗号解読とは、チームで行う組織的な共同作業だったのだ。

エリザベスは周囲に、自分の名前が活字になるのはもう嫌だと訴えた。[316] 一九三八年の終わりごろ、その願いがかなった。アメリカ政府から新しい仕事を任命されたのだ。以前の職務が世間に周知されたのとは正反対の、極秘の職務だった。エリザベスの鉛筆が記す内容は、かつては新聞の第一面を飾っていたのに、これからはアメリカでもっとも厳密に秘匿される機密事項となるのである。

一九三八年一〇月、ウィリアムは太平洋での秘密の任務を帯び、ワシントンを出発してハワイに向かった。[317] 陸軍が、ウィリアムの発明した暗号機コンバータM－１３４を配備し、ワシントンにある陸軍司令部と、サンフランシスコ、ハワイ、フィリピンにある陸軍施設とのあいだの「極秘通信」を保護するために運用を開始することにしたのだ。[318] ウィリアムに課せられたのは、各基地にM－１３４を二台ずつ運搬して設置と試用を行い、陸軍スタッフに操作を指導することだった。[319] かさばる暗号機六台と、[320] 評論や詩の本数冊[321]を入れたトランクを手にし、ニューヨークの港で軍隊輸送船リパブリック号に乗船した。船は出港し南に向かい、パナマ海峡を通過して太平洋に出た。

水晶の夜《クリスタルナハト》として知られる残虐行為が勃発したとき、ウィリアムは洋上にいた。一〇〇〇ものドイツの町でナチの暴徒が少なくとも九一人のユダヤ人を殺害し、シナゴーグに火を放った。[322] かつてウィリアムの家族を恐怖に陥れたロシアでのユダヤ人迫害《ポグロム》と同様の事件だった。暴徒は石やれんがや木の棒を手に攻撃し、車が厚板ガラスの窓に突っ込み、ユダヤ人の商店、ユダヤ人の病院、ユダヤ人の老人介護施設、ユダヤ人の幼稚園、ユダヤ人の墓地、ユダヤ教の聖典の巻物を破壊した。にぎやかなベルリンの通りでは、人々が歓声を上げて斧でグランドピアノをたたき壊した。[323]

数週間後にはワシントンでエリザベスが病気になった。疲労感に襲われて、長期間ベッドから出られなかった。エリザベスは、ウィリアムに心配をかけまいとして事情を知らせず、姉のエドナにだけ連絡をした。エドナは、妹は働き過ぎただけだろうと思った。[324] エドナは、エリザベスの新たな任務について何も知らなかった。ウィリアムも知らなかった。船上にいて、連絡が取れないでいたからだ。航空便の手紙は数日でワシントンに届いたが、料金が高くついた。普通郵便は何週間もかかった。電報なら短い文しか送れない。リパブリック号には無線送信機があったが軍用に限られていた。ウィリアムはときおり無線室にこっそり忍び込み、財務省のエリザベスのオフィスにメッセージを送信した。[325]

エリザベスの手紙や電報にあるいくつかの言葉から、ウィリアムは妻が何かにもがいていて、ようすがおかしいことに勘づいたが、エリザベスははっきりと説明しなかった。[326] ウィリアムは二人が遠く離れているのがつらすぎて、一日中一緒に二人並んで難題を解いていた昔に戻りたいと強く願った。船上で、リバーバンクについて空想にふけった。「きみとぼくがまたオフィスで一緒に仕事をする日がくるのが目に見えるようだ」とエリザベスに書き送っている。[327]「またきみがぼくの隣にいるようになったら楽しいだろうな——エングルデューの部屋で二人並んで仕事をして、こっそりキスをした日々を取り戻せたなら。ぼくから熱いキスをして、きみからもときどき熱いキスをもらった」

読者カード

みすず書房の本をご購入いただき，まことにありがとうございます．

書　名

書店名

・「みすず書房図書目録」最新版をご希望の方にお送りいたします．

（希望する／希望しない

★ご希望の方は下の「ご住所」欄も必ず記入してください

・新刊・イベントなどをご案内する「みすず書房ニュースレター」（Eメール）をご希望の方にお送りいたします．

（配信を希望する／希望しない

★ご希望の方は下の「Eメール」欄も必ず記入してください

（ふりがな） お名前　　　　様		〒
ご住所　　都・道・府・県	市・郡	
	区	
電話　（　　　）		
Eメール		

ご記入いただいた個人情報は正当な目的のためにのみ使用いたします

ありがとうございました．みすず書房ウェブサイト https://www.msz.co.jp では刊行書の詳細な書誌とともに，新刊，近刊，復刊，イベントなどさまざまなご案内を掲載しています．ぜひご利用ください．

郵便はがき

料金受取人払郵便

本郷局承認

6392

差出有効期間
2025年11月
30日まで

113-8790

東京都文京区
本郷2丁目20番7号

みすず書房営業部
行

通信欄

（ご意見・ご感想などお寄せください．小社ウェブサイトでご紹介させていただく場合がございます．あらかじめご了承ください．）

一一月末にハワイに到着すると、ウィリアムは暗号機の試験運用を始めるとともに、家族への土産を買った。エリザベスと子どもたちにフラダンス用のスカート、さらにはシャリマーの香水の瓶〔フランスのゲラン社の最高級品〕をエリザベスに。それからサンフランシスコまで航海し、別の陸軍施設で試験を行った。クリスマスイヴには、ふたたび船上の人となり、帰路についていた。リパブリック号の乗組員たちが乗船客のためにクリスマスのダンス会を催した。[328] 人々がダンスに興じるあいだ、ウィリアムは喫煙室に座って読書にふけった。ある陸軍大佐が喫煙室に入ってきて、ひとりすましているウィリアムを見て嫌な顔をしたので、ウィリアムは本を置き、駐日キューバ公使の令嬢とワルツを踊った。英語にわずかになまりがあり、「髪の色がとても濃い褐色」の若い美人だった。

新年が明けたとき、ウィリアムの船はまだエリザベスから何千キロも離れたところにいて、一四・五ノットで海上を進んでいた。その一九三九年一月の初め、日本人パイロットが中国の都市重慶《じゅうけい》に住む民間人の頭上に爆弾を投下した。ミュンヘンの枢機卿がヒトラーの「質素な個人的習慣」を称賛した。[329] ナチが、いっそう小型化、高速化された次世代潜水艦、新型Uボート数百隻をただちに配備すると宣言した。コロンビア大学の地下実験室で、物理学教授が日記にこう書いた。「重大な結果をもたらす新たな現象を観察したと確信している[330]」。それは核分裂である。粒子加速器をもちいてウラン原子をさらに軽い元素に分裂させたのだ。

船の揺れのせいでウィリアムは断続的にしか眠れなかった。真昼にデッキ・チェアで何時間も眠り、青白い肌がこんがりと焼け、そのせいで夜中に眠れなくなり、船内をひとりで歩き回った。夕方には甲板でハリウッド映画を観た。甲板には映写機が設置されていて、船客らが集まってきて屋外で鑑賞するのだ。セシル・B・デミル監督の『クレオパトラ』の鑑賞中、モンテレー近郊の山間《やまあい》にかかった月が大きく白く光り、ウィリアムの視線が、映画のスクリーンから空へそれた。[331] 下院議員二人とシャッフルボードに興じた。[332] 特許申請の状況と、銀行口座の乏しい残高について気をもんだ。ミルトン・ブラッドレー社に送ったボードゲームはどうなっただろうと心配した。[333] まだ返事をもらっていなかったのだ。後日、会社の設計者がこのゲームを前に頭を抱えていたのだと知った。友人を招いたパーティーのために楽しい暗号ゲームを考案するのと、ゲームを箱に入れて知らない人間に送りつけるのとは、まったくちがうことだったのだ。

船上で書き始めたエリザベスあての手紙は、最終的には便箋三〇枚におよんだ。[334] 紙は透明のトレーシングペーパーを使った。薄くて封筒にたくさん入り、郵便料金を節約できるからだ。毎日、手紙を書き足していった。筆記体の手書きの文字が頼りない透明の紙の上でにじみ、裏側の文字が表側に透けて見える。「読みにくくなければよいのだが」とウィリアムは書いている。[335]「できるだけたくさん書けて、しかも軽くなるようにこの紙にしたんだ」。手紙で表現しようとしている感情は、便箋一枚で伝える一時の思いとしては、大きすぎるようだった。トランクに入れてきたテニスンやサッカレーの本から愛の詩を写した。[336] サッカレーはスミレになりたいと望んでいた。愛する美女に摘んでもらい、「あの柔らかで清らかな／胸のうえにかくまわれ」て、一時間だけ至福の時間を過ごしたいと願った。[337] ヘレン・ヘイズ主演のロマンチック・コメディ『すべての女の知っていること（*What Every Woman Knows*）』が上映された。イギリス人政治家を夫にもつ抜け目のない妻が、陰で夫のキャリアを手助けするというストーリーで、これを観たウィリアムはエリザベスに次のように書いた。「でも、ぼくにとっては目新しいことじゃなかったな。きみがぼくの後ろで支えてくれているおかげで、たいしたことはしていないけど、ぼくはここまでやってこれたと、ずっと前からわかっているから。もしもきみがいなかったら、ぼくはずっと昔にだめになっていたと思う。解決できないやっかいなもめごとに巻き込まれたり、感情の嵐に飲み込まれたり、なにもかも無意味に思えてきて戦い続けることができなくなったりして……。どれほどきみに助けられているか、よくわかっている。愛でも、知恵でも、勇気でも、常識でも[338]」

　まもなくドイツのUボートで破壊し尽くされることになる濃い藍色の大海をたゆたいながら、ウィリアムはよく上甲板の柵にもたれて、何キロメートルも続く海上を見つめていた。[339]何十億個、いや何兆個もの水滴が、一瞬一瞬、秘密の歴史をささやき合っている。まるで解読不能な暗号のようだ。暑くて寝苦しいある夜、ウィリアムは冷たいトマトジュースを飲み、クラッカーを数枚食べてから、上甲板に上がっていった。[340]ほとんど人気《ひとけ》がなく、二、三人の男が柵のそばの椅子に座ってたばこをくゆらしているだけだ。ウィリアムも腰を下ろし、日記帳を取り出して、続きのページを開いた。精神的に参ってしまう寸前の男が、妻への手紙を書いている。その妻もまた、気持ちがくじける瀬戸際にある。そのころちょうど、世界秩序がふたたび作り替えられようとしており、二人とも、これまでよりいっそうの献身が求められるようになる。

「海は、テーブルの上に置かれた温かい牛乳の入ったコップの表面のように穏やかだ[341]」とウィリアムは書いた。

第3部　見えない戦争

一九三九年から一九四五年

第1章　祖母死す

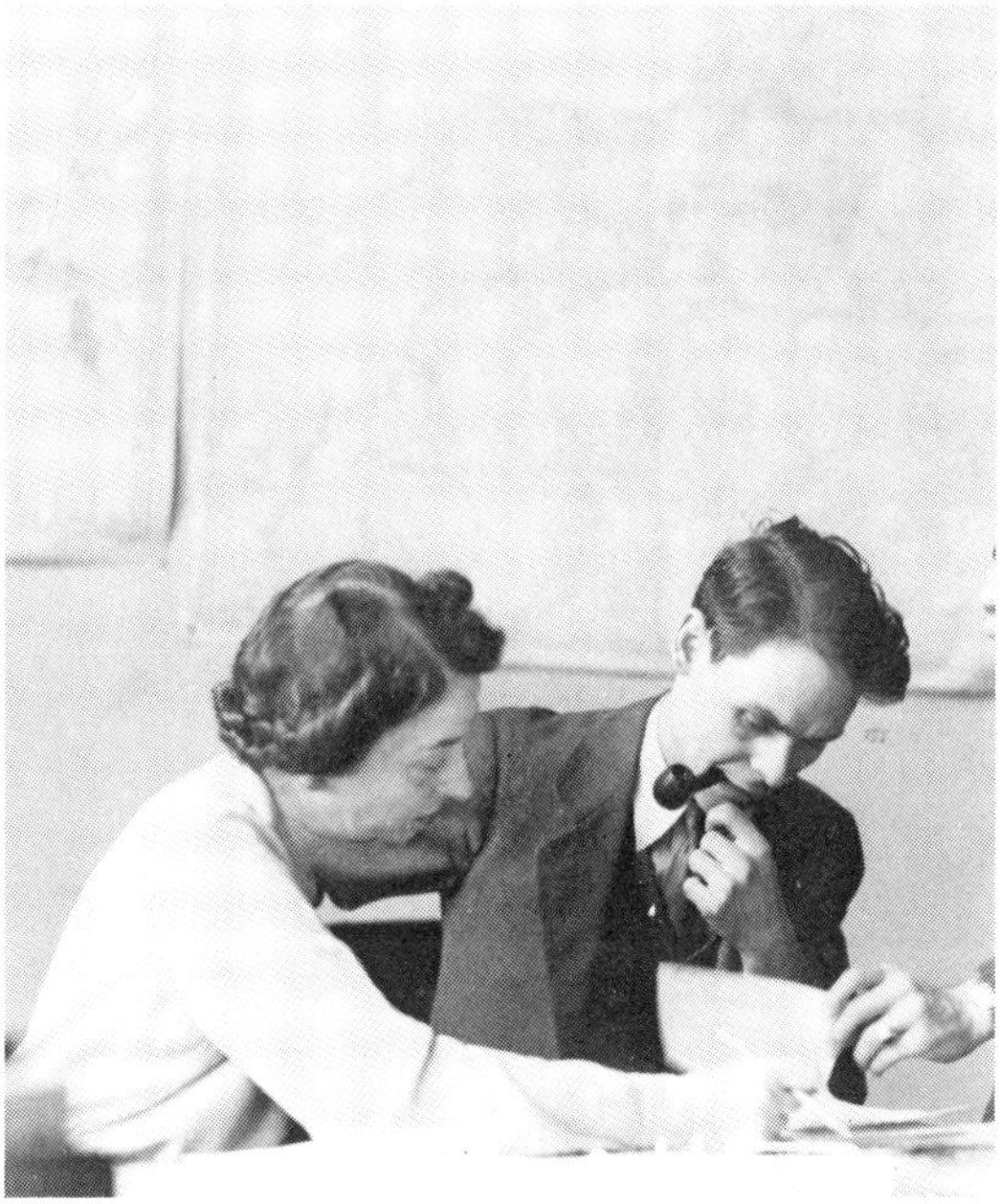

アメリカ沿岸警備隊主任暗号解析官エリザベス・フリードマンと下級暗号解析官ロバート・ゴードンがともに暗号を解く。1940年。

明かりを消せ。暗闇のなかでも見えるから……[1]

——フガジ

第二次世界大戦の始まりは発砲や爆発ではなかった。暗号文、無線局、殺人といった、エリザベス・フリードマンにとっては長らくなじみのある要素のからんだ欺瞞行為から始まった。首謀者はナチ党員。エリザベスがまもなく注視することになるナチ国家の構成員である。

一九三九年八月三一日午後四時、ドイツ国境から六キロメートル余りのポーランドの小さな町にあるホテルの部屋で、アルフレート・ナウヨックスという名のナチ士官がベルリンに電話をかけた。[2] ベルリンにいる何者かが応答し、甲高い声で告げる。「祖母死す《グロースムター・ゲシュトーベン》」[3]。ナウヨックスは電話を切った。そして、一緒に国境を越えてきた工作員六名を召集する。「祖母死す」は、事前に計画していた任務を午後八時に実行せよとの合図だったのだ。

その任務とは、ドイツが戦争を始める大義名分を捏造することだった。[4] ヒトラーはすでに、東の隣国ポーランドを攻撃・占領する腹を決めていたが、侵略者と非難されないための口実を必要としていた。ドイツ軍が襲撃されたと見せかければ、自衛のための行動であると正当化ができ、いったい何が真実だったのかをうやむやにすることができるだろう。

ここで、ナウヨックス率いる工作員たちが登場する。ポーランドのほうから攻撃してきたという証拠をこれからでっちあげるのだ。

ナウヨックスらは、ナチ恐怖政治の実行部隊である親衛隊（ＳＳ）の隊員だった。黒い制服を着た隊員の総数は、一九三九年には二五万人にものぼっていた。[5] 制服には髑髏の徽章がついている。各々の隊員を見てみれば、ほかの大きな集団のメンバーと同様に、日和見主義者、理想主義者、狂信者、学者、凡人、小悪党など種々雑多な人間が入り交じっていた。しかし集団全体になると、歴史学者ハインツ・ヘーネの言葉によれば「民族純化にとりつかれたサイコパス集団が使用するギロチン」と化した。[6] 強制収容所を建設し、ユダヤ人居住区《ゲットー》を管理し、ユダヤ人やそのほかの少数民族の輸送列車を運行していたのは親衛隊員だった。列車に乗せられた人々は収容所に連行され、奴隷のように働かされ、拷問を受け、殺された。ダッハウやアウシュビッツで看守を務め、何百万もの人々を殺したのも親衛隊員だった。ドイツ軍の前線後方に展開し、レジスタンスやユダヤ人を銃殺したアインザッツグルッペン〔Einsatzgruppen〕なる機動殺戮《さつりく》部隊も親衛隊の下部組織だった。非情なるナチ秘密警察ゲスターポ〔Gestapo の原語読み〕もそうだった。ナチの諜報機関も同様である。国内ではドイツ国民を監視して抑えつけ、国外では他国に潜入してスパイ活動を行い、その組織は世界一帯に拡大するまでになった。彼らは、敵から見られたり知られたりしてはならなかった。ある親衛隊指導者が、この組織は「政治探偵小説のようなミステリアスなオーラにすっぽり覆われている」と自慢気に語っていた。[7] エリザベスは戦時中の大半、このベールを突き破る挑戦を続けることになる。

ポーランド側で八月三一日に電話で暗号文を受け取った親衛隊員たちは、夕暮れ直前まで待ってから、二台の車に分かれて松林を抜け目的地に向かった。プロパガンダ放送を発信しているナチのラジオ局である。ポーランド人の暴徒を装ってラジオ局を占拠し、総統ヒトラーを糾弾《きゅうだん》する声明を放送するという計画だった。放送局の近くで車を止めてゲスターポの局長と落ち合い、「缶詰」と称していたものを受け取った。親衛隊に拘禁されていた四三歳のカトリック教徒の農夫フランツ・ホニオクで、意識不明の状態だ。[8] ホニオクは薬物を投与されてから銃で撃たれ、ポーランド軍の制服を着せられていた。顔には血がなすりつけられている。ナウヨックスはホニオクを放送局の階段まで運び、致命傷を負った体を放置して引き返し、仲間とともに放送室を襲撃してリボルバーを職員に突きつけた。「手を上げろ!」。親衛隊員のなかにはポーランド語を話す男がひとりいた。その男が暴風雨警報用のマイクをつかみ、「みんな聞いてくれ、こちらグリヴィーツェ」〔ポーランド南西部シレジア地域の工業都市、ドイツ名グライヴィッツ〕、と暴徒を装ってポーランド語で叫ぶ。[9]「ラジオ局はポーランドが掌握した」。そして反乱をよびかけた。親衛隊員らは、銃撃戦に見せかけるために天井めがけて発砲した。

ラジオを聴いていた数千人が、銃声とポーランド語の絶叫を耳にした。二時間後にはベルリンの放送局が「ポーランドから攻撃を受けた」というニュースを拡散。ロンドンのBBCは「ポーランド人がスタジオに突入」と伝えた。世界各地の外交官が事実を確かめようとするあいだ、ナチの軍隊が国境に集結しつつあった。グリヴィーツェの事件の翌朝、すなわち一九三九年九月一日の夜明け、ドイツ国防軍がポーランドに侵攻する。四二個師団、総勢一五〇万の兵士がなだれこんだ。[10]アメリカ東海岸は真夜中だった。午前二時五〇分、ローズベルト大統領は電話の鳴る音で目をさました。[11]ベッド脇の受話器を取ると、駐仏アメリカ大使ウィリアム・ブリットの声がする。ブリットは、ドイツがポーランドに侵攻というワルシャワからの一報を伝えるために電話してきたのだ。大統領は起き上がった。「そうか、ビル。ついに始まったか。神のご加護があるように願うよ」[12]。それからたばこに火をつけ、あちこちに電話をかけて閣僚たちを起こした。

その日の午前中、ローズベルトは緊急記者会見を開いた。[13]最初に出た質問は、アメリカは参戦せずにすむか、というものだった。「心からそう願うし、可能だと確信している」とローズベルトは答えた。

大統領は、大半のアメリカ国民の声を代弁していた。それから数日内にイギリスとフランスがドイツに宣戦布告をすると、アメリカ国民はそのニュースに安堵した。ヨーロッパが自力でファシズムを倒してくれるだろう。戦いは、アメリカから遠く離れた大海の向こうで起こっている。ナチとのあいだには、安全な距離が保たれているように感じられていた。

しかしローズベルトと顧問らは内密に、最悪の事態への備えを始めていた。

数年前から、ナチがアメリカを直接攻撃してくる可能性について検討を重ねていた[14]。ドイツが侵攻してきたとしても、効力がないのは明らかだ。船では時間がかかりすぎるし、飛行機にしても、大西洋を横断して爆弾を投下し、帰投するだけの燃料を搭載できないだろう。

しかし、この見立てには落とし穴が、ぞっとするような盲点があった。もしナチが南米を支配下に置いたらどうなるのか？

南米は、今のところは中立地帯だ。南米諸国のなかで、この戦争にたいする立場を表明した政府はまだない。ブラジル、アルゼンチン、チリ、パラグアイ、ボリビア、エクアドルはさしあたり、交戦国に牛肉と地金を売り、政治の風向きを観測するにとどまっていた。

だが、戦争が進展し、政治協定が結ばれるにつれ、きっと変化が生じるだろう。ヒトラーはこれまでも、外国政府を弱体化させる手腕を見せつけてきた[15]。そうやってオーストリアはナチの手に落ちた。チェコスロバキアも同様だ。そのためローズベルト大統領は確信していた。もしナチズムが、たとえ数か所だけでも南米に定着すれば、ニューヨークをはじめとするアメリカの都市に明確な危険が迫ることになるだろうと[16]。

南米はとても広大だ。ブラジルの面積だけでも、アメリカ本土全体の面積よりわずかに広い。南米はまた、とても近い。ローズベルトが一九四〇年に連邦議会で述べたように、「ブラジルのアマゾン川河口近くにあるパラーからベネズエラのカラカスまで飛行機でわずか四時間であり、ベネズエラからキューバやパナマ運河地帯まではわずか二時間半、キューバやパナマ運河地帯からメキシコのタンピコまでは二時間一五分、タンピコからセントルイス、カンザスシティ、オマハまでは二時間一五分」である。[17]

さらに想定を推し進めて、もしもイギリスがヒトラーに敗れれば、ナチの船舶が西に進出し、南米に拠点を置き、豊富な資源を手に入れて、地金で武器を製造し、食料で軍隊を養うことができるようになるだろう。そうすればアメリカ沿岸部の都市は、ナチからの爆撃の射程内に入るだろう。[18] 政府内にはこの見解に異を唱える者もいた。具体的に国務省は、ナチが南米から侵攻してくる見込みは低いと考えていた。しかし、ドイツが急速に軍事的勝利を重ね、ヒトラーが常軌を逸したふるまいをしていることから、多数の人々は、何が起こりうるかについて考えを改めざるをえなくなっていた。

南米におけるドイツの影響力を懸念するもっともな理由がもうひとつあった。何百万人ものドイツ人が入植者としてすでに南米で生活しているのだ。彼らは一九世紀後期から、土地と仕事を求めて次々と移住してきていた。一九一九年から一九三三年の期間だけをとっても一四万人が入国していた。その多くは、ナチ台頭の原因となった深刻な経済危機から逃れてきたのである。[19]

ドイツ人たちは、寒い母国と無価値になった通貨を後にして、澄んだ海に面した温暖で広大な大陸に向けて船出した。南米大陸に上陸すると「当惑させられるほどの豊かさ」が待っていた。[20]「すべてが猛烈だ――太陽も光線も色彩も」とオーストリアからやってきたシュテファン・ツヴァイクがブラジルの光り輝く首都リオデジャネイロについて書いている。「この地の陽光ははるかに力強い。樹木の緑は濃く豊か、土は赤く稠密である……。自然に助けられるというよりも、この未開の地の活力に人間の努力が負けてしまわぬように、自然相手に戦って、発展をとげなければならない[21]」。リオでは、真昼の日光を浴びたヤシの木の葉が、まるで放射線を浴びたかのように白く焼けている。男たちの着ている白いリネンのスーツが、とつぜんの土砂降りの雨や雷雨でびしょ濡れになる。コパカバーナのビーチでは、女たちが上半身裸で歩いている。ビーチに面したクリーム色の高級ホテル、コパカバーナ・パレスからは、グアナバラ湾の透きとおった青い海水が見える。一九三三年のハリウッドミュージカル映画『フライング・ダウン・トゥ・リオ（邦題『空中レヴュー時代』）』でフレッド・アステアとジンジャー・ロジャーズが、このホテルのボールルームでダンスをした。

移住してきたドイツ人のなかには、リオにとどまることにした者もいれば、奥地に分け入って、森や牛が点在する田舎に行く者もいた。さらには、海岸線を南に下り、成長著しい工業都市サンパウロに向かう者たちもいた。ツヴァイクはこの都市を、何もないところから突然発展をとげたという点でテキサス州ヒューストンになぞらえている。「ときおり、都市ではなく、巨大な建設現場にいるような感覚に襲われる」[22]。さらに南には、南米大陸のもうひとつの大都市がドイツ人たちを誘っていた。アルゼンチンのブエノスアイレス、多言語が飛び交う人口四〇〇万の大都市である。丸石で舗装された通りには自動車が行き交い、書店が並び、ネオンの照明が光り、売春宿の開け放たれた窓からタンゴの音楽が聞こえてくる[23]。この国は、パンパに育つ牛と小麦のおかげで豊かになった。パンパとはブエノスアイレスの南西部に広がる平原であり、そこには何万人ものドイツ人が、ガウチョ〔南米大草原のカウボーイ〕や馬たちとともに暮らしていた。

どこであれ南米に定住したドイツ人は、ドイツ人学校（アルゼンチンだけでも二〇〇校）を建設し[24]、ドイツ人どうしのビジネス、ドイツ語のラジオ局、ドイツ語の新聞を立ち上げ、母国との交通ルートを確保した。ツェッペリンが人間や貨物をベルリンからリオに空輸し、二つの航空路線、コンドルとLATIが南米とヨーロッパを結んでいた。コンドルはドイツ人、LATIはイタリア人の所有する航空会社である。ブラジルの三つの州で「ドイツ語聖書が相当数販売」[25]されており、全住民の二〇パーセントがドイツ語しか話さない[26]、と南米を訪れたアメリカ領事が報告している。ブラジルの南部地域は、大ドイツとして知られるようになっていった。「ドイツ人の精神がこれらの入植者の胸の奥底に根付いていた」と、あるドイツ人医師が書いている[27]。「その精神はまちがいなく実を結び、おそらくは豊かな収穫が得られるだろう。それは、入植地だけでなく祖国にとっても恵みとなるであろう」。ブラジルを訪れたドイツ人が誇らしげに「この場所はまちがいなくわれわれのものである」と述べている[28]。ブエノスアイレス駐在のナチ・ドイツ大使、エドムント・フォン・テルマン男爵は、ドイツ系アルゼンチン人は、「母国の野心と大願」への「完全なる追従」を示さなければならず、「ドイツ人の心のうちには生来こうした豊かな核があり、これをもとにして、ゆくゆくは新たなドイツを建設する」と考えていた[29]。

ドイツ人移民のごく一部がファシズムを南米に持ち込み、地域のナチ・クラブを結成してナチ党の歌を合唱したりした。しかし、これらの集団は小規模でたがいの連携もなく、ファシズムのうねりのなかでは、ただのよどんだ池にすぎなかった。南米におけるファシズムへの共感は、地元民のなかでさらに大きなうねりとなっていた。大衆は、抗議の声を上げ、革命という夢に向かって突き進んでいた。南米大陸の右派政党や急進論者は、ナチズムに感銘を受けた。統合主義運動《インテグラリズモ》とよばれるブラジル政治運動の支持者らは、手を挙げたナチ風敬礼をし、緑色の制服を着て（男は「緑シャツ」、女は「緑ブラウス」[30]）、リオの通りを上げ足歩調で行進した。一九三八年、「ムッソリーニのように上半身裸で、ヒトラーのように口髭をたくわえた[31]」アルゼンチン人青年の集団が、ブエノスアイレスのユダヤ人地区へと行進し、反ユダヤのスローガンを唱えた、とある歴史家が書いている。「激怒したユダヤ人たちが襲いかかると、警察がユダヤ人を逮捕した」

同様の運動が、チリやボリビア、パラグアイでも支持者を獲得しつつあり、強い影響力をもつ地元の役人たちがそれを扇動した。南米各国で、独自の政治体制を築きたいと願う若者たちが警察や軍隊の組織内でトップに上りつめていった。その多くは、ドイツ人の指南を受けていた。パラグアイの官僚集団は、極右革命を企てる秘密組織、〈フレンテ・デ・ゲラ〉〔戦争最前線〕を創設した。モットーは「規律、階層、秩序」である。[32] パラグアイ国家警察のトップは、ドイツと日本の独裁者に敬意を払い、息子をアドルフォ・ヒロヒトと名づけた。[33] アルゼンチンでは、軍の若い教官で、笑った顔が不思議の国のアリスのチェシャー猫に似ているファン・ペロンが、ムッソリーニとヒトラーのリーダーシップを研究し、高く評価した。[34] アルゼンチンの将軍、ファン・バウティスタ・モリーナは、ナチ大使のテルマンでさえ「困惑する」ほどにまで国民社会主義に深く傾倒していた。[35]

ヒトラーは、南米での共感を歓迎していた。なかでもアルゼンチンにたいして、もっとも強い親近感をおぼえていた。アルゼンチンは第一次世界大戦中、表向きは中立を保ちながらもドイツの権益を保護していた。一九三九年六月、ポーランド侵攻の三か月前、ヒトラーは駐独アルゼンチン大使と面会。歴史家のリチャード・マガハは、「まもなく戦争が勃発すると知っている」総統は、「アルゼンチンが中立を保つことを願っており、そうであってこそ二国間の関係がいっそう親密になるだろうと内密に発言した」と書いている。[36] それからヒトラーは、アメリカとイギリスを延々と非難した。「アメリカは世界でもっとも最悪な統治状態にある国」であり、ローズベルトは「産業と報道を支配しているユダヤ人にそそのかされて」戦争を望んでおり、イギリスは「貧弱な艦隊と空軍しかもたない張り子の虎」だと述べた。

ヒトラーの胸の内では、南米はすでにナチ側に数えられていた。現時点では南米に侵攻しないにしても、ヨーロッパ打倒のあかつきには南米大陸を併合するだろう。「戦争がドイツ有利の結果に終われば、ラテンアメリカ支配はさほど労力もかけずに実現するだろう」とフォン・テルマン男爵は語っている。[37] ナチはこうした態度でいた。つまり南米における戦争は、武力に頼る戦争、すなわちそれとわかる軍服を着た陸軍兵士や海軍兵士の戦いや、戦艦や迫撃砲や航空機や爆弾を使った戦いにはならないだろうという意味である。そうではなく、言葉と秘密、コードと陰謀、仮面と誘惑、無線通信機と暗号機械をもちいる戦いになるはずだ。すなわち、農場や、なんの変哲もない家の床下に隠された無線機のコイルから放たれる目に見えないエネルギーの閃光で、すべてが決まるような種類の戦いである。

徹頭徹尾、秘密裏に行わなくてはならないインテリジェンス工作を指す用語が、「クランデスティン」である。秘密任務《クランデスティン・ジョブ》が成功すれば、そうした任務が実行されたことすら誰ひとりとして気づかない。目にも見えない。南米における戦争は、見えない戦争になるだろう。

親衛隊のインテリジェンス士官が教官となり、見えない戦争を遂行する戦闘員を養成する学校がハンブルクにあった。選抜された男性のナチ党員たちが、スパイ活動に必要な技術を学ぶ基本課程を受講していた。[38] 彼らは、秘密インクで文字を書く方法を教えられた。親衛隊は消えるインクを開発していた。色は青に近く、ふつうのインク壺に入れて持ち運ぶ、まるで本物のインクのように見えるものだった。[39] このインクで書かれたメッセージは、数秒後には見えなくなり、特別な試薬をもちいて初めてもとの文字が現れる。ドイツ人が発明した「マイクロドット」カメラの操作方法も学んだ。このカメラは文書をｉの文字の点の大きさにまで縮小できるため、スパイの報告書を、一見するとなんの変哲もない文字のなかに隠すことができる。[40] さらに、暗号を使ってメッセージを書くさまざまな方法も教えられた。そのなかには、流行小説を使って暗号文を作成する巧妙な手法もあった。

スパイ活動には、こうした人の手を使った技術のほうがエニグマのような暗号機よりも適している場合が多かった。暗号機はかさばって持ち運びしにくく、破られてしまった場合の損失が大きい。小説なら疑いはもたれない。よく使われていた小説に、『すべてこの世も天国も（*All This and Heaven Too*）』がある。[41] 金もうけ目的に書かれた質の悪い時代小説で、フランス人の女家庭教師がまちがって殺人の罪に問われるという内容だ。

〝不運なアンリエット・デポルトは、汚名をそそぐことができるだろうか？　あるいは、パリの狡猾な判事によって牢屋に入れられるだろうか？〟。異国の地にいるドイツ人の男たちは目を皿のようにして本を読み、ページをすばやくめくり、単語に下線を引いた。いや、ナチのスパイだからではない。単に物語のとりこになって、次はどうなるかを知りたいからだ。

親衛隊の教官は、通信文をモールス信号で送る方法や、短波無線の送信機と受信機の操作方法を教えた。無線技術は酒密輸の最盛期以降、長足の進歩をとげていた。出力が中程度の短波無線機は今やスーツケースにすっぽり収まる。[42]無線送信機は小さな金属製の箱形をしており、内部には真空管が並び、カバーにはダイヤルが複数あり、長いワイヤーをコイル状にきっちりと巻いたアンテナがついている。

携帯式無線機をもった新人工作員《エージェント》らが、総統のためのスパイ活動を開始するために送り出された。Uボートに乗り込んで外国の海岸にたどり着いた者もいれば、飛行機から落下傘で降下した者、偽名を使って中立船に乗った者もいた。途中で税関検査官や警官に捕まり、無線機を押収されることもあった。親衛隊は外国に潜入するスパイ要員全員に、万一逮捕されたときのために自殺用の薬を二種類支給していた。[43]ひとつは錠剤で、服用してから一〇分以内に心臓麻痺で死亡する。もうひとつは粉薬で、体に塗ると「二週間かけてゆっくりと全身が衰弱」していく。

無線機が無傷のまま目的地に到達できれば、アンテナのワイヤーを伸ばし、母国との通信を確立させて、ハンブルクかベルリンの受信局に向けてモールス信号の点と線で暗号文を打つ。大気擾乱がなく、混雑した周波数帯から信号を取得できた場合には、スパイの通信が首尾良くドイツに届くこともあった。しかし、荒天や混信のせいで通信音が不明瞭になる場合もたびたびあり、出力の強い無線局を開設しなくてはならなかった。そうなると、さらに高度な技術が必要になる。そこで、無線技師《フンクマイスター》の出番だ。技術指導者、無線専門家、外国の地で秘密の無線機を組み立てられる人物。こういうわけで一九四一年にナチ親衛隊が、もっとも有能なフンクマイスター、すなわち茶色の短髪と化学の博士号をもつ二六歳の青年グスタフ・ウッツィンガーを南米に送り込んだのだった。[44]

エリザベス・フリードマンが次にアメリカのために帯びた任務《ミッション》は、人生における最大の秘密となった。一九四〇年から一九四五年にかけて行っていたことについて、エリザベスは晩年になってさえ決してくわしく語ることはなかった。その間の仕事の記録や文書類は、今でこそそれらをもとにこうして事実を伝えることができているが、戦争終結後に機密扱いに指定され、一世代にわたってしまい込まれ、エリザベスの死後ようやく封を解かれた。一九五〇年代と六〇年代、自身のキャリアについて講演をしたりインタビューを受けたりした際、大金持ちのジョージ・フェイビアン、酒密輸業者、麻薬密輸組織など、過去に渡り合ったさまざまな相手についての話を率直に口にしたが、第二次世界大戦については一切ふれなかった。[45]彼女に言わせれば、その当時、「とてつもなく大きな沈黙のドーム」のなかに入って姿を消し、「そこからふたたび帰ってくることができない」でいたのだ。[46]

戦時中の任務について、ほんの少しだけそれとなくふれたようなときが一度だけあった。一九七五年に夫の伝記作家からインタビューを受けていたときのことだ。[47]口からいくつかの単語が出たが、そこで筆記録は中断されている。

「スパイ関係。それをやっていました」

エリザベスは戦時中にナチのスパイを追跡していたが、その仕事を彼女自身が意図的に選んだわけではなかった。これもまた、彼女のキャリアにおける「まったくの偶然」だった。いつもと同じパターンだ。エリザベスが地面のあちこちに耳を押しつけ、世界の断片がどのように組み合わさるかを突き止める。新しい音の聞き取りかたを発見する。すると制服を着た男たちがやってきて、質問攻めにして、エリザベスの肩越しに音を聞こうとする。二〇年前、リバーバンクで起こったのは、まさにこういうことだった。かつてエリザベスは当時のことを、「世界が目の前に立ち現れて、ものごとが始まった」と表現している。[48] 一九二〇年代と三〇年代に、アメリカの犯罪地下組織を投光照明で照らし出したときも、同じだった。そして今回もまた同じことが起こった。一九四〇年の初め、エリザベスとチームのメンバーが、聴音哨から送られてきた傍受通信のなかに、これまでになかった不吉な声の持ち主を何人か発見したのだ。

エリザベスの典型的な平日の基本的な生活リズムは、一九三〇年代初めから変わっていなかった。今でも、ホワイトハウスの近くにある財務省別館内の沿岸警備隊のオフィスで、一九三一年に自身が創設して発展させてきた暗号解析班の主任として働いていた。エリザベスが採用して教育した三人の下級暗号解析官、ロバート・ゴードン、ヴァーノン・クーリー、ハイマン・ハーウィッツもまだなお一緒だった。[49] さらに、事務員兼タイピストの女性が数名、補助職員としてチームに加わっていた。エリザベスとゴードン、クーリー、ハーウィッツは、オフィスにある長いテーブルでよく一緒に作業をし、沿岸警備隊の聴音哨から届けられ、つねに補充されては高く積み上げられている暗号文を、鉛筆の端を歯でかみながら分析した。背後の壁には世界地図が貼られ、事務員のたてるタイプライターのパチパチという音が部屋中に響いていた。

ドアの外から、Tメンや税関職員、麻薬取締局の捜査官、内国歳入局の職員、沿岸警備隊の男たちがうろうろするくぐもった音が聞こえてくる。四人は額をくっつけるようにして、暗号文をにらんでいる。エリザベスはたぶん襟の高い簡素な白い服を着ているのだろう。ゴードンは三つ揃いのスーツ姿で、パイプをかみながら眉をひそめて紙を見る。[50] エリザベスはときおり立ち上がり、ゴードンの吐く白い煙のなかを突っ切って書類棚に向かい、暗号の資料を見たり、暗号機を手に取って調べたりした。暗号機で生成された通信文に遭遇する場合に備えて、そこに保管してあるのだ。[51]棚には、一九二〇年代に自由に手に入った古いタイプのエニグマ暗号機と、ウィリアムが以前に破った半円形のドイツ製暗号機クリハもあった。

エリザベスの直属上司は老練な沿岸警備隊情報部長、ジョン・ファーリー中将で、ファーリーの上司は、ローズベルト大統領とは旧知の仲でユダヤ人名家の出である財務省長官ヘンリー・モーゲンソー・ジュニアである。[52]モーゲンソーは、エリザベスにとって付き合いやすいタイプ、すなわち礼儀正しく教養があり実際的な人物だったが、献身的な個人秘書ヘンリエッタ・クロッツからの電話がかかってくるたびにびくびくするようになった。[53]クロッツは、終業時間である四時三〇分の一、二分前の、四時二八分や二九分にしょっちゅう電話をかけてきて、エリザベスにいわせれば「尊大な口調で矢継ぎ早に仕事を依頼」し、エリザベスとチームの面々に、絶対に不可能なほどの短い時間で難題を解くように要求してきた。たいてい翌日、モーゲンソーがエリザベスに電話をかけてきて、恥ずかしそうに謝ってクロッツの指示を取り消したものだった。

モーゲンソーは、エリザベスの機嫌を損ねたくなかった。財務省に課された戦時下の職務を遂行するために、今やエリザベスはなくてはならない存在だったからだ。密輸は、かつてとは様相ががらりと変化していた。麻薬ネットワークは戦争の打撃を受け、存続の危機に瀕していた。そこでエリザベスの暗号解析班は、ターゲットをイギリスとドイツの船舶に移していた。財務省はアメリカ中立法を執行する責任を負っており、東海岸を航行する外国船が外交問題を引き起こす恐れのある法律違反をしていないか監視しなくてはならなかった。一九三八年にモーゲンソーの要請を受けて、暗号解析班は、イギリスの巡洋艦とドイツの商船が発信する無線通信の分析を開始した。[54]ナチの船長たちが、アメリカの中立性の限界を試そうと、緊迫した対立状態を作り出していたが、エリザベスは彼らの使う暗号を破った。一九三九年一二月、鉤十字章の旗を掲げたドイツの貨物船がフロリダの海岸に怪しげに接近し、アメリカ陸軍の航空機と、近くにいたイギリスの巡洋艦オライオンに追撃された。狼狽したドイツ人船長が本国に送った通信文をエリザベスが解読した。これは、戦時中にアメリカ海域で初めて勃発した銃撃戦だった。[55]

AM TRYING TO RUN INTO AMERICAN HARBOR PORT EVERGLADES OR MIAMI CODE DESTROYED[56]
〔アメリカの港に侵入を試みる　エヴァグレーズもしくはマイアミ　暗号は破棄〕

THE CRUISER HAS TRAINED HIS GUNS AGAIN HE IS RUNNING SLOWLY FORWARD[57]
〔巡洋艦がふたたび砲口をこちらに向け低速で前進中〕

CRUISER NAMED ORION[58]
〔巡洋艦の名前はオライオン〕

THREE AMERICAN ARMY PLANES HOVERING OVER US[59]
〔アメリカ陸軍機３機われらの上空にあり〕

「二四時間、興奮して取り組んだ」とエリザベスはのちにこのできごとを振り返った。[60]だが、さらに厳しい任務は、まだこれからだった。

財務省のためにこうした無線通信を監視して、依頼された暗号を解読しているうちに、エリザベスは、通信文のなかに新たな要素が入ってきたことに勘づいた。一九四〇年一月、ヒトラーがスカンジナビア侵攻の準備にかかると、何十通もの謎めいた暗号文がエリザベスのオフィスにどっと届いた。未登録の無線局数か所から発信され、アメリカの聴音哨が傍受したものらしい。

最初のうちそれらは、エリザベスが過去に解読した何千通もの密輸業者の暗号文と同様のものに思われた。同じ種類の呼出符号や周波数を使っていたからだ。[61] しかし、多少手こずりはしたが、エリザベスは、これらの通信文の発信者は密輸業者ではないと見抜いた。平文はドイツ語だった。そこには、アメリカ船とイギリス船の航路や、アメリカの工場の生産能力についての機密情報が含まれていた。しかも位置測定からすると、発信元は、メキシコ、南米、アメリカにある未確認の無線局のようだ。[62]

まもなく、これらの無線局はナチのスパイが設置したものだとわかった。ドイツにいる上官に機密情報を報告するために、暗号文をモールス信号に変換して光の速さで送受信していたのだ。無線通信をやりとりする二つの無線局がひとつの「通信回路」を構成する。それぞれの回路が異なるコードかサイファで保護されており、そちらを解読してからでないと通信文が読めないしくみになっていた。

こうした回路は秘密裏に動いており、誰の目にも留まってはならない。そうなると、エリザベスのなすべきことは、暗闇のなかで彼らの動きをのぞき見ることとなる。ただし、エリザベス自身が誰の目にも留まらないようにしなくてはならない――ここがこの任務のもっとも肝要な点である。暗号を解読して通信文を読んでいることがスパイに知られたら、もっと安全な暗号に切り替えられてしまうとわかっていた。そうなれば、新たな暗号の解読に成功するまでのあいだ、スパイの通信内容を知ることができなくなる。その間、おそらく数週間か数か月はかかるだろう。解読済みの暗号で通信を続けるスパイを「金の卵を産むガチョウ」とウィリアムはかつてなぞらえた。[63] 卵を収穫し続けたいなら、ガチョウをびっくりさせてはならない。

こうした理由から、エリザベスの暗号解析班は、「防諜を目的としていたため」、「おそらくほかのどのような〔暗号解読〕機関よりも極秘にされていたのだろう」と戦後にＮＳＡは推断している。[64] 防諜、すなわち対敵諜報活動《カウンターインテリジェンス》とは、エリザベスがこれから手がけることになる業務の正式名称である。エリザベスは外国のスパイを逆スパイして、ファシストの諜報活動という目に見えない領域においてアメリカの目となり耳となっているのだ。今日こそＣＩＡやＦＢＩには対敵諜報活動を担当する大人数の部門があり、アメリカ中の専門家たちが日々ロシアや中国のスパイの活動を監視している。しかし一九四〇年には、そのような組織はほとんどないに等しく、エリザベスは毎日、細心の注意を払って任務に当たらなくてはならなかった。ターゲットとしているナチがエリザベスの存在に決して気づかないことが絶対条件だったのだ。

　エリザベスはまず何回か順調に卵を収穫した。一九四〇年に秘密の通信回路の解析を開始するやいなや、エリザベスは、スパイたちが、実証済みのさまざまな種類の手作業暗号〔機械式暗号ではない暗号〕に頼っていることを見抜いた。なかには、酒密輸の時代からよく使われていたＡＢＣコードやＡＣＭＥコードなどの商用コードを融合させたものもあった。[65] それらは即座に解読できた。ひとつの回路の鍵は3141592と判明した。数学定数π《パイ》〔円周率〕の最初の七桁である。エリザベスはこの回路を「パイ回路」と命名した。[66] ときおりドイツ人スパイは、通信文の冒頭に鍵をつけて送信した。その部分は、五文字ではなく三文字や四文字のまとまりとなっていることから、ここが特別なものであると察しがつき、鍵だとわかった。[67]

　なじみのないシステムに出くわし、さらには発信者について何もわかっておらず、「どこにくさびを打ち込めばよいか」見当もつかないとき、エリザベスと同僚は、ごく小さくて単純なことから試してみた。[68] たとえば、通常のチェックを一通りしてから、文字が置き換えられているのではなく並び替えられている転置式暗号であると判断できたら、たとえば2を意味するzwoなど、よく使われるドイツ語の単語があるかどうか探してみる。[69] この単語には頻繁には使われない文字zとwが入っていることから通信文中で目立つので、暗号解読者にとっては有用な単語である（数字は、電波干渉のために文字が抜け落ちて混乱するのを避けるために文字で綴られることが多かった）。結構役に立ったもうひとつの手法が、複数の通信文を上下に重ねて置き、「深度」を増すものだ。こうすれば、通信文を一通ずつ解析するよりも、パターンを特定することが容易になる。

1 E A W I Z T Z N X O
2 I E U R Y R X F E H
3 U I U H Z F E N N X

この場合エリザベスは、一行めに注目し、スクラブルのように文字を並べ替えてzwoという単語を作ることができた。[70]

1 Z W O
2 X U H
3 E U X

こうして縦列の順番を入れ替えると、暗号の構造を解くヒントが見えてきて解読に成功した。

エリザベスの目指すところは基本的に、こうした無意味に見えるやっかいな問題の山を見据え、少しずつ階段を進み、坂道を上る道筋をつけていくことだった。そうした作業のひとつひとつは、ちょっとしたゲームに似ていた。子どもがするゲームとまったく同じというわけではないが、全然ちがうわけでもない。月日が流れ、沿岸警備隊の暗号解読者たちが傍受暗号文に次々と取り組むにつれて、ゲームはいっそう複雑になっていった。

ナチのスパイのなかには、書籍サイファを使う者もいた。エリザベスとウィリアムが長年研究していた暗号に似ていたが、新たな工夫が加わっていた。たとえば一九四〇年一月一日エリザベスは、メキシコとドイツのナウエンにある電波塔とを結ぶ無線回路からの傍受通信を初めて受け取った。暗号文には、アルファベットの文字が一一個しか使われていない。N、R、H、A、D、K、U、C、W、E、Lである。[71] ひとつの暗号文は、次のように始まっていた。

UHHNR LNDAL NURND WCNCK NRHLN DNRAN CHNDR UNDEN

直観と経験をもとに、エリザベスはさっと仮説を立ててみた。Nがもっとも頻繁に使われている。そこで、Nは「単語分離符号」、つまりはスペースバーとして使われているのではないかと推測した。さらに、使われている文字は一一個だけで、そのうちのひとつが空欄を示すことから、残りの文字は0から9までの数字を表すのではないかとにらんだ。でも、どの文字がどの数字を表すのか？　もしもこの推測が正しければ、スパイは鍵語《キーワード》をもちいてそれを決定しているのではないだろうか。エリザベスと同僚たちは一一個の文字をあれこれ並び替えて、キーワードを見つけ出そうと試みた。

WACKELND RUH
WAHL DRUCKEN
ACH RUND WELK
DA LUNCH WERK
DURCHWALKEN

あった。Durchwalken だ。[72]「さんざん殴る」という意味のドイツ語の口語である。おそらくこれが鍵だろう。

D U R C H W A L K E N
1 2 3 4 5 6 7 8 9 0 –

これで、通信文にある文字を数字に変換することができる。ただしNは単語を分離するスペースとみなす。

UHHNR LNDAL NURND WCNCK NRHLN DNRAN CHNDR UNDEN

255–3　8–178　–23–1　64–49　–358–　1–37–　45–13　2–10–

数字を整理すると、この一行は次のようになる。

255–38 178–23 164–49 358–1 37–45 132–10

エリザベスの目には、これは書籍サイファのように映った。数字はおそらく、スパイがもっている何かの本のなかの位置に対応するのだろう。暗号文数通の文字を数字に変換すると、いくつかの数字の組み合わせが、ほかの組み合わせよりも頻繁に出現することがわかった。それは、1–1、132–10、343–2、65–12である。沿岸警備隊の暗号解読者たちは、頻出する組み合わせに下線を引き、「いくつか試してみたところ、次のような結果が得られた」[73]。

65–12	132–10	373–2	301–21	285–25	343–2	
B	E	R	L	I	N	〔ベルリン〕
65–12	375–2	132–10	321–2	132–10	343–2	
B	R	E	M	E	N	〔ブレーメン〕

ベルリンとブレーメン、ドイツの二つの都市である（Rのように、複数の異なる数字の組み合わせに対応する文字もあった）。この二つの単語が頻繁に出現し、エリザベスははっとした。暗号文全体の解読に成功すると、メキシコにいる既知のナチのスパイ二人の名前、マックスとグレンを発見した。この二人の名は今後も、アメリカと南米で活動する工作員とのつながりで暗号文のなかに現れることになる。二人のナチのスパイは、Uボート攻撃を支援するために、アメリカ船とイギリス船の動きをベルリンに報告していたのだ。

エリザベスは、当の本を見るまでもなくこの書籍サイファを解読した。さらに、ほかの数冊を使った暗号文も同様に解読してみせている。スウェーデン人医師の回顧録『サン・ミケーレ物語』、メキシコ女性ファシストの書いたスパイ物語『人生の夢』、ポルトガル語の小説『神の奴隷』である。[74] とあるナチのスパイは一九三六年の小説 *Vom Winde Verweht* を使おうと提案し、本を探してくれとベルリンに依頼した。[75] 英語にすれば *Blown Away by Wind*、すなわち『風と共に去りぬ（*Gone With the Wind*）』である。ベルリンからは、*Blown Away by Wind* はドイツでは入手できないので別の本にしてくれという返事がきた。

また、ナチの工作員数人が恋愛小説『すべてこの世も天国も』をもとにして手の込んだプロセスをたどり、数字ではなく文字を使った暗号文を作成していることもエリザベスは突き止めた。[76] スパイ各人には固有の識別番号が割り当てられていた。それをたとえば7としよう。通信文を暗号化する際、スパイはその日の日付と月の数字を自分の識別番号に足し（一月一〇日の通信文なら1＋10＋7＝18）、小説のそのページ番号をめくる（一八ページ）。第一行の最初にある単語数語が、その日の鍵の一部になる。その鍵をもとにして、文字を積み重ねてスクラブルのようにごちゃまぜにしたりして、平文の単語を意味をなさない塊に変換するのだ。鍵の残りの部分は、第二行以降の字下げされていない行にある最初の文字から取られた。

暗号文の解読にあたりエリザベスはまず、このスパイたちが選んだ本は『すべてこの世も天国も』ではないかと推測した。その推論にいたるには、一九一七年にウィリアムと二人でヒンドゥー教徒の暗号文を解読したときに行ったリバース・エンジニアリングと同じプロセスをたどった。それから自分用に『すべてこの世も天国も』を買い、沿岸警備隊のデスクに入れておき、この暗号システムを使って送信された通信文が届くたびに、本のページをぱらぱらめくり、日鍵の部分に赤鉛筆で下線を引いたり丸で囲んだりして、すぐに暗号を解読できるようにした。以下に、エリザベスがしるしをつけた一五ページをお見せしよう。小説のヒロインが、パリに住むかんしゃくもちの一家のもとに住み込んで家庭教師をするかどうかを決める場面だ。[77]

Yet she did not dread the thought of entering it. The difficul-
ties ⓘt presented would at least be stimulating. One would not
ⓟerish of boredom in a place where charges of gunpowder might
ⓛurk in unexpected corners to explode without warning. She felt
ⓞddly exhilarated — almost, she thought, as if she were about to
ⓢtep upon a lighted stage filled with unknown players, to act a
ⓡole she had had no chance to rehearse beforehand. She must find
ⓣhe cues for herself and rely on her own resourcefulness to speak
ⓣhe right lines. Henriette Desportes's heart under the plain gray

エリザベスは方眼紙に鍵文字を横に並べて書き、それをもとにドイツ語平文の不明な箇所を埋めていった。

エリザベスの基本的な解読スタイルは密輸組織を相手にしていた時代から変わってはおらず、しかも同じように成果を上げた。紙と鉛筆で試行錯誤を繰り返し、推論を立ててそれを試し、消しゴムのかすを手のひらで払いのける。メモ用紙の内容は今もなお、日曜日の朝に紅茶を飲みながら新聞のパズルを解いている人の使う紙に似ていた。数式は書かず、数字や文字を縦横に並べたり、正方形や長方形、もっと奇妙な形に積み重ねたりする。このやりかたはエリザベスにしっくりきた。これまでの二五年間、何万通もの通信文を手がけるなかで、ありとあらゆる種類の暗号を解いてきたので、近道の見つけかた、つまりは文中でのパターンの見分けかたを心得ていたからだ。パターンはまるで、次に何をすべきかを教えてくれる署名のようなものだった。こういう意味でエリザベスは、一種の人間コンピュータだった。今日、コンピュータに特定のパターンを認識させたければ、「機械学習」をさせて教え込むことができる。どうやってコンピュータに、たとえば雲の写真を認識させるのか？　たくさんの写真を与えて、要するにこれには雲がある、これには雲がない、と教える。コンピュータが十分な「訓練データ」を蓄積すれば、新しい写真を見て、少々計算をして、これはほぼ雲でまちがいないと判断する。一九四〇年の時点で、エリザベスの頭脳にはおそらく、地球上のどの頭脳よりもコードやサイファについてのデータが多く蓄積されていたのだろう。これまでにおびただしい数の雲を見てきたからだ。だからこそ、解法がひらめいた。数式を書かなかったかもしれないが、数学的な思考をしていたのだ。

こういう理由もあって、一九四〇年、ドイツのエニグマ機で作成された暗号文に初めて遭遇したとき、エリザベスはたいして怖じ気づきはしなかった。

エニグマは、簡単明瞭なアイデアを恐ろしいほど手の込んだ装置で実現させたものだった。ごく簡単に言えば、エニグマ機は、多アルファベット・サイファを生成する箱である。バーバラ・フリードマンが八歳のときサマーキャンプから両親に送った秘密のメッセージをおぼえているだろうか？　A＝B、B＝C、C＝Dのあれだ。これはMASC、つまり単アルファベット換字《かえじ》式サイファである。ひとつのサイファ・アルファベットで、全文を暗号化している。エニグマは、単ではなく多、ひとつの通信文に複数のサイファ・アルファベットをもちいる。

多アルファベット・サイファが考案されたのは一六世紀で、あらかじめ文字が記された方眼紙やスライド式の細長い紙片を使って、手書きをしていく。エニグマの場合、アルファベットの記された三枚かそれ以上のロータを電線に接続して、暗号化する。ロータの収められた箱の外側にはキーボードがあり、QWERTZUIOというおなじみの順番でキーが並んでいる。キーボードの奥には、同じ二六文字がキーボードと同じ順番に並んだ「ランプボード」がある。暗号作成者がたとえばQのキーを押せば、バッテリー駆動式の小さな電球が点灯して、それとは異なるキー、たとえばZがランプボード上で光る。これが暗号化された文字だ。通信文を受け取った者があとから同一設定のエニグマ機を操作してZをタイプすれば、Qが点灯する。このように一文字ずつ通信文を復号していく。

キーを一回押すたびに電気回路が閉じ、右側にあるロータが一目盛りずれて一文字分だけ回転する。すべての文字の分だけロータが回転すれば、次はまんなかのロータが一文字分回転し、こちらもすべての文字の分だけ進めば、次は左側のロータが一文字分回転する。この動きは、自動車の走行距離計に似ている。九マイル運転すると、右側の数字がぱたんと0に変わり、左側に1が表示される。そして、三枚のロータすべてが開始位置に戻るまでに、見たところランダムで繰り返しのない一六九〇〇通りのサイファ・アルファベットの配列が生成される。

重要なのが、どの文字もそれ自身には暗号化されないという点である。jを一〇〇万回押したとしても、ランプボードのjが点灯することは絶対にない。
この点はエニグマ機の制約として知られているが、この暗号機の柔軟性を考慮すればたいしたことではない。ロータの配列順序は変更可能で（1-3-2または2-3-1）、アルファベットの並んだ外輪をロータ上のさまざまな位置にはめることができ、各ロータの開始文字も変更可能である。ちなみに開始文字は、箱にある小さな窓から見ることができる。これら変更可能な点をどう選択するかが、エニグマ機の鍵となる。つまり、ある特定の日、週、あるいは月――鍵の変更頻度によってその期間が定まる――に作成されるすべての通信文を暗号化する際にもちいられる初期設定が、鍵なのだ。

ありうる鍵の数はいくつなのか？　エニグマ機の型にもよるが、鍵の数は最大で753,506,019,827,465,601,628,054,269,182,006,024,455,361,232,867,996,259,038,139,284,671,620,842,209,198,855,035,390,656,499,576,744,406,240,169,347,894,791,372,800,000,000,000,000個になると考えられる。[78]

これらの鍵のひとつひとつから、一六九〇〇通りの別々のアルファベットが反復なしに生成された。

これらすべての特徴から、エニグマを解読するのは不可能なことのように思われた。考慮すべき可能性があまりに多くあり、そうした可能性が実現する可能性も、可能性が実現する可能性についての可能性も果てしなくたくさんある。当然ながら近道を発見する必要があった。一九三〇年代の終わりには、近道を見つけてエニグマを征服することが、連合国のインテリジェンスにとって最大の課題となっていた。ポーランド人数学者らが初期エニグマ機を破ったあとも、ドイツは機械の設計を改変し、操作方法にも変更を加え続けていたため、エニグマをめぐる戦いは終わりの見えない暗号軍拡競争となっていた。エニグマ機は当初、四五キログラムもある不格好な代物だったが、後続モデルはいっそう軽量で小型になっていった。ドイツ海軍《クリークスマリーネ》は一九二六年に初めてエニグマ機を採用し、船艇とUボートに設置した。その後、軍の他部門や大使館、インテリジェンス機関もこれに続いた。[79] 一九三六年、ナチはエニグマ機の商用販売を全面的に禁止し、密かに機械の改良に着手した。エニグマ暗号を絶対に解読不可能なものにするために、部品を追加していっそう精巧にしたのだ。ナチの各組織が独自の改良版を開発した。ドイツは、あたかもエニグマが潜水艦か爆弾であるかのように、こうした改変情報を敵対国に知られないようにした。

エニグマから有用なインテリジェンスを抽出するため、エリザベス・フリードマン（あるいはほかの誰でも）は、まったく別々の、とてつもなく難しい二つの課題を達成する必要があった。まず、暗号機そのものを「解読」しなければならない。ロータの動きや、ロータを制御するワイヤーの複雑な配線といった内部構造を推量して設計図を描くのだ。そのためには、飛躍的な発想をものにして、数学的な推量か直観的な推測が的中する必要があった。一般的にはあまり変更されることのない配線機構をいったん解明したら、その次は鍵を見つけなければならない。鍵のほうは、ナチのさまざまな職務内容に応じて、異なる間隔（月、週、日単位）で変更される。午前中にエニグマの鍵を発見したとしても、夜になってベッドに入ったら、寝ているあいだにふたたび閉め出されてしまうこともあるだろう。そうなったら、翌日にその日の通信文を読みたければ、また鍵を見つけることから始めなくてはならなかった。

あまりに多くのドイツ人たちがあまりに多くのエニグマ機を使っていた。しかも鍵があまりに頻繁に変更されるので手作業で突き止めるのが不可能だった。そのため暗号解読者は、エニグマを攻撃するために独自のマシンを作る必要に迫られた。それは巨大な電子機器で、史上初のデジタル・コンピュータでもあった。機械で自動化を図るのだ。初めてエニグマを解読し、鍵を見つけるプロセスを自動化したのは、ポーランド人の暗号解読者たちだった。[80] エニグマのロータを模倣した「ボンブ」を製作し、正しいと思われるアルファベットが見つかるまで、ありうるアルファベットをカチカチと試していった。のちにイギリス人数学者アラン・チューリングが、ボンブの性能を飛躍的に向上させる方法を発見した[81]。数学の原理と、「クリブ」とよばれる解読済み平文の断片を利用したのだ。ナチ士官の名前や、時刻、「ハイル・ヒトラー」などがクリブとして使われた。チューリングの解読法は、本質的には検索アルゴリズム、すなわち今日のインターネット検索アルゴリズムの原型だった。チューリングの伝記作家はこれを「ドイツ第三帝国の鍵専用の検索エンジン」とよんだ[82]。いわば対ナチ・グーグルだったのだ。

イギリスの暗号解読者らはロンドン郊外の田舎にある邸宅、ブレッチリー・パークで働いていた。ブレッチリー・パークの人員は一九三八年にはごく少数しかいなかったが、一九四五年には数千名までに拡大していた。その大半は、イギリス海軍婦人部隊から派遣された女性たちで、主にボンブの操作を担当し、田舎の大きな住宅を宿舎に割り当てられていた。

エニグマの解読プログラムは、ウルトラとよばれるようになっていった。エニグマの解読文には、最大限の注意を払って扱うべしとの意味で〈トップ・シークレット・ウルトラ〉という大判のスタンプが押されたからだ。のちにアメリカがイギリス暗号解読者に協力し、ワシントンにウルトラ解読部門を構築して業務を分担することになる。しかし、エリザベス率いる沿岸警備隊解読班がエニグマ機の解析に取りかかったばかりの戦争初期には、ウルトラはイギリス側が完全に専有していた。どうすればよいかをアメリカに教えてくれる者はいなかった。アメリカは独自の手法を開発しなければならなかったのだ。

エリザベスは当初、エニグマを相手にしているとはまったく知らなかった。エニグマ暗号文は、ごくふつうの意味をなさない文字の塊で、ほかの多くの暗号文とちがわないからだ。一九四〇年一月、沿岸警備隊の無線監視装置が、MAN V NDR と RDA V MAN という呼出符号のついた通信文を一日に一通から五通傍受し始めた[83]。この回線で傍受されたもののうち最初の二〇通か三〇通は、エリザベスにはまったく理解できなかった。しかし、蓄積した通信文の「深度」が六〇通や七〇通と深まっていくと、上下に重ねて作業用紙に書き写し、縦列をたどって改めてじっくり見ることができた。

エニグマは多アルファベット暗号である。キーを押すたびに、新しいサイファ・アルファベットが作り出される。これこそが、この暗号機の優れた点だ。しかし、エニグマの操作手が、ロータの開始位置は同じままで多数の通信文を作成したなら、それぞれの通信文の最初の文字は同一のアルファベットをもちいることになる。そして、それぞれの通信文の二番めにくる文字も同一のアルファベットをもちい、三番めにくる文字も同一のアルファベットをもちいることになる。つまり、それぞれの通信文には複数のアルファベットがもちいられているが、暗号解読者が通信文をタワーのように上下に重ねて並べれば、縦の各列は単アルファベット、すなわちひとつのアルファベットがもちいられていることになる。

1	2	3	4	5	6	7
D	X	J	X	L	H	N…
L	W	S	X	I	Y	F…
M	H	O	S	S	L	C…

左端の第一列にあるDLMの文字はどれも、同じアルファベットをもちいている。第二列にある文字も、

その次も同様だ。

三通だけでは情報が少なくて、暗号解読者は手も足も出ない。「深度」が足りないからだ。タワーの階層がもっとたくさん必要だ。二〇通前後まで重ねて深度を増せば、文字の出現頻度が見えるようになってくる。

1	2	3	4	5	6	7
D	X	J	X	L	H	N…
L	W	S	X	I	Y	F…
M	H	O	S	S	L	C…
M	A	P	A	C	T	Y…
F	P	W	S	G	S	C…
Y	Q	A	S	A	C	W…
N	S	H	W	U	F	C…
F	U	W	X	G	S	P…
M	B	D	W	X	U	O…
O	P	O	D	Y	X	L…
A	J	Y	S	X	F	D…
M	W	S	X	E	C	C…

第一列にはMが四回出現する。この列においてMはおそらくEに相当するのだろう。英語と同様ドイツ語でも、Eはもっとも頻繁に使われる文字だからだ。ほかの列では、別の文字がEに相当するのだろう。こうくれば、確実な手法をもちいて平文の文字を埋めていき、敵の言葉の断片をつないでいくことができる。

このように「深度解析」のテクニックを使えば、困難な問題が比較的簡単な問題へと変身する。ここでの秘訣は、上下に重ねる通信文をまずはたくさん入手することだ。エニグマの操作手が暗号文を作成するたびにロータの開始位置を変更すれば、開始位置の変更に影響されてタワーの階層がぐらついてしまう。

通信文をどのように上下に重ねて並べるのかは、判断が難しい。鮮やかな推量と試行錯誤を重ねて成功する場合も、一致指数の原理を適用して成功する場合もある。一致指数とは、文をタワーのように重ねたときに上下にくる文字間の関係についてウィリアム・フリードマンが看破した原則である。エリザベスはふだん両方の手法をもちいていたが、この場合は運良く、重ねかたを調整する必要がなかった。送信者がまちがって、同じ開始位置を使ってすべての通信文を送っていたからだ。すでに十分深く重なっている。まもなく沿岸警備隊の暗号解読者たちは、縦列において頻繁に出現する文字を特定し、それらの文字をもとにして、最初に入手した通信文のほとんどについて平文をつむぎ出すことができた。

それはドイツ語のようだった。

エリザベスと同僚たちはまだ、この暗号がどのような種類のものかわからなかったので、何かのパターンが見えてこないかと期待して、深度解析で解いた通信文の多くで使われているサイファ・アルファベットの文字を平文の文字に対応させて書き出してみることにした。するとすぐ、もとの文字に暗号化される文字はないことに気づいた。AはAにはならず、BもBにはなっていない。これはエニグマの特徴だ。

彼らはオフィスの棚に向かい、古いエニグマの商用機を取ってきた。

通信文の大半はすでに解読していたが、今度は暗号機そのものを解明できないだろうかと考えた。マシンの配線を解き明かすのだ。配線のしくみがわかれば、新たな通信文を解読するのが容易になる。配線が不明のままなら、鍵が変更されるたびに、深度解析という骨の折れるプロセスをいちから繰り返さなければならないだろう。次なる課題は、解読文の平文文字とサイファ文字を材料にして、見たこともない暗号機を目指してさかのぼっていくことだ。それは、刑事が殺人現場に飛び散った血を観察し、この赤い血という証拠を出発点として、犯罪の瞬間にまで時間を巻き戻していく捜査手法によく似ている。固く乾いた血の表面を見て、ナイフの速度と角度を推定するのだ。

沿岸警備隊は知らされていなかったが、エニグマを研究していたイギリス人とポーランド人の暗号解読者らが、通信文からさかのぼって暗号機を解明する手法をすでに発見していた。ポーランド人は代数的アプローチ、つまりは順列という数学的手法をもちいていた。たいしてブレッチリーの才能あふれる暗号解読者、言語学者で古典学者のディリー・ノックスは、アルファベットを格子状に配列する「ロッド・スクエア」とよばれるパターン認識に近い手法をもちいていた。[84] しかし沿岸警備隊の暗号班はこれらの手法を知らなかったため、孤立状態で作業を進め、独自の方法を手探りするしかなかった。ロータを押したりつついたり、回したりしてみた。細長い紙片にアルファベットを書いて、複数の紙片を並べてスライドさせながら見比べて検討した。

深度解析で解読済みのアルファベット（平文文字とサイファ文字）とエニグマのロータの動きには一定の関係があるにちがいない、とエリザベスはにらんだ。この仮説を検証するために、暗号機のそれぞれの位置設定における文字間の関係性を視覚化できるような図を何枚も描いた。作業用紙に、新たな種類の文字のタワーを記していった。それはレントゲン写真にも似て、エニグマの心臓部にさらに深く探りを入れるものだった。するとすぐに、秩序と規則正しさが感じられる明確なパターンが見えてきた。

その図では、ＬＬやＨＨのように特定の文字が上下に並んで繰り返し現れていた。さらには、ＳＪやＥＭのような特定のペアも出現していた。エリザベスと同僚は、これらの文字グループから、エニグマのロータ上にある配線接点の間隔について何かがわかると気づいた。これらの図から、暗号機の複雑な構造についての秘密が聞こえてくるのだ。それから数日間、こうした「めざましい成果」を積み重ね、何枚もの作業用紙を文字で埋め尽くし、いくつも文字のタワーを重ね、そこに出現するパターンを分析した結果、見たこともないエニグマ機にある三枚のロータすべての配線をなんとか解明してみせた。それから、無線傍受した未解読の通信文すべてについて、完全な平文を明らかにできた。

その後、二つの事実が判明して多少がっかりさせられはした。平文には、ナチの秘密がまったく書かれていないようだったのだ。のちにわかったことだが、これらの通信文は中立国スイスの陸軍から送信されたものだった。スイスは、ドイツ語で通信をする際、ときおりエニグマを使用していたのだ。また、沿岸警備隊暗号班はエニグマの配線図を、参考までにとウィリアム率いる陸軍の暗号解読班にも見せた。すると、その配線図はエニグマ商用機の配線と完全に一致するという報告が返ってきたのである。

エリザベスは当初、新しいタイプのエニグマを完全に解明したのではないかと期待していた。それでも、これだけでも相当な成果だった。「未知のものと思われていた配線の解明は、解決方法や技術についての予備知識もなく達成されたものであり、アメリカにおけるエニグマ配線解明の最初の事例であると考えられる」と、エリザベスの暗号班は戦後の技術メモに記している。[85] 決して自慢したりはしなかったが、エリザベスたちの知るかぎり、同班はアメリカ人として初めて未知のエニグマ機を解明したのだった。

この時点まで暗号機はエリザベスではなくウィリアムの守備範囲だったが、エリザベスがエニグマ商用機を解明したことで、彼女にも同様に暗号機を解く才能のあることが明らかになった。こうしてエニグマ暗号の海に初めて頭から飛び込んだエリザベスは、戦争後期にいっそう深い海域へと潜っていくことになる。もちろん、一九四〇年が始まったばかりのこのときは、彼女自身もそんなことを予想してはいなかった。初めてこのエニグマを破ったのは、単なる仕事の一環にすぎなかった。エリザベスは自身の能力に自信があったので、エニグマの解明は、チーム全員で当たれば一週間で達成できるくらいのさほど無理のないふつうの作業のように感じられた。自慢したり、大げさに騒いだりはしなかった。とにかく時間がなかったのだ。沿岸警備隊には、解読を必要とする新規の暗号など、新たな難題がひっきりなしに持ち込まれていた。外部機関からの援助要請の声も高まっていた。

この間ずっと、エリザベスの解読文は政府の諸部門で回覧されていた。暗号班が通信文を解読するたびに、事務員が英語の解読文をタイプして清書し、沿岸警備隊情報部長のファーリー中将に提出し、そこから各所に配布された。解読文の内容に応じて、ファーリー中将は写しを海軍のインテリジェンス部門（OP－20－G）〔海軍通信部通信保全課〕、陸軍のインテリジェンス部門（G－2）〔陸軍参謀第二部〕、国務省、イギリスのインテリジェンス部門、FBIに送付した。解読文は政府の血管を流れる血液のようだった。生《なま》のインテリジェンスという生命維持に不可欠な酸素を届けるのだ。エリザベスがナチのスパイにかかわる情報の宝庫をこじ開けたことを知ったさまざまなインテリジェンス機関は必然的に、さらに多くの解読文を提供するよう沿岸警備隊に依頼してきた。一九二〇年代にエリザベスは、政府機関の男たちが「玄関先に現れ」て、難問を解くように頼んでくると文句を言っていた。男たちはいまだにエリザベスの玄関先に押しかけてきていた。しかし今やってくるのは、比較的無名のTメンではなく、世界でもっとも有力なスパイ監督官《マスター》たちだった。

J・エドガー・フーバーは、コネティカット・アベニューのメイフラワー・ホテルの隣にあるレストラン、ハーヴィーズでディナーを食べるのを好んでいた。ナショナル・モールからほど近い巨大な灰色の建物、司法省本部の執務室から歩いてほんの五分のところにある。ハーヴィーズのダイニング・ルームは男女別に分かれていた。[86] 女性用ダイニング・ルームは二階にあり、一階の別の入口から入って行ける。一階には男性用のレストランとバーがあり、床はワックスで磨かれ、豪華な革張りの長椅子が置かれている。ここは、権力をもつ男たちが一時間か二時間、牡蠣をするりと飲み込んでリラックスできるような、ワシントンにいくつかある場所のひとつだった。

ＦＢＩ長官の顔には、後年の大理石胸像に認められるように、しわが刻まれ、目の下のたるみがふくらみつつあった。現在四五歳のフーバーは、つねに変化をとげているこの都市で、数少ない不易の存在のひとつである。白いシャツとブルックス・ブラザーズのダブルのスーツを着て、上向きにも下向きにもつばを折ることのできる帽子をかぶっている。ＦＢＩの捜査官たちも同じ服装をしていた。もじゃもじゃの黒い眉毛と薄くなりつつある髪の毛のあいだには、ピンク色の額が広がっている。司法省ビル五階角の執務室にある整頓された大きなデスクには、ラジオと、たいていはみずみずしい花の活けられた花瓶が置かれ、一九一五年に発表されたキャデラックの広告文「リーダーの代償」が額に入れて飾られていた。[87]そこには、「ある者の仕事が全世界の規範となると、そこにはまた、少数の者たちから嫉妬の矛先が向けられる」などと書かれている。

ハーヴィーズでフーバーはふだん、ステーキかローストビーフにシーザーサラダを注文した。[88]毎回、同じテーブルで食事をとる。階段の下にあるドアからほとんど目につかない、ダイニング・ルームのなかでもっとも安全な場所だ。ハーヴィーズで食事をしているあいだに書類二〇枚にサインしているところを、記者に目撃されたことがある。副長官かつ武器を携帯したボディガードで、長い付き合いのクライド・トルソンと席をともにするのを好んでいた。四人がけのテーブルだったが椅子は二脚しかない。フーバーが来店したときには、いつものテーブルにワインのボトルが必ず準備してあった。この店でのいつもの習慣のひとつである。

ウィリアム・フリードマンもときおりハーヴィーズで食事をした。白いテーブルクロスに影がかかり、ウィリアムが視界の端で何かの動きをとらえることも何度かあった。振り返ると、フーバーがワインのボトルを手に立っている。フーバーは無言でうなずき、ウィリアムのグラスにワインを注ぐ。[89] フーバーは長年ウィリアムを尊敬しており、FBI管轄の事件にときおり手を貸してくれるのを感謝していた。容疑者の書いたちょっとした暗号文を、ウィリアムが手の空いたときに解読してFBIに返却していたのだ。

フーバーがエリザベス・フリードマンのことを知っていたのはほぼまちがいない。しかし、エリザベスにばったり出くわす機会は、これまでのところあまりなかった。ハーヴィーズの男性用ダイニング・ルームで食事をするのは、エリザベスには許されていない。ワシントンには、エリザベスの入れない男性専用の場所がたくさんあった。しかもフーバーは守旧派の性差別主義者である。一九二四年に捜査局のトップに立ったとき、女性捜査官が三名いたが、フーバーは彼女たちを解雇した。[90] 一九七二年にフーバーが死去してようやく、次なる二名の女性捜査官が入局する。女性には拳銃の撃ちかたを教えることができないから捜査官には向いていない、というのがフーバーの持論だった。局内の女性事務員や秘書にはスカートの着用が義務づけられ、男性職員とは異なり席での喫煙を許可されなかった。フーバーが嫌っていた人物のひとりにエレノア・ローズベルトがいた。友人がFBIから執拗な身元調査を受けたため、やんわりと憤懣を伝える手紙をよこしてきたからだ。フーバーは、その人物が共産主義者だと結論づける身上調書を内密に作成した。[91]「女がプロの犯罪者になれば、男の百倍も残酷で危険だ」とかつて書いたことがある。[92] ある古株の捜査官の回顧録によれば、フーバーの時代、局内で女性に適した仕事は「退屈な事務作業」しかないとされていた。「女をだましたり手を出したりしてもまったく構わなかった。女には秘密はひとつも教えてやらなかった」[93]

ところがフーバーは一九四〇年の時点で、女性の技量を借りなければならないほどの窮地に陥っていた。

アメリカ国内のスパイ組織を粉砕するのが、かねてよりFBIに課せられた使命だった。アメリカで活動するナチのスパイもまた、フーバーがねらっていた。ところがフーバーは、スパイを捕らえるのがあまり上手ではなさそうだった。かつてはジャズ・エイジのギャングたちを相手に華々しい手柄を立てて捜査局の名声を確立した。捕まったギャングたちは喜んで注目を浴び、取り巻きを連れて人前に出た。ところが防諜はまったくの畑ちがいだ。ある種の細やかさが必要とされ、一九三八年にＦＢＩが初めて手がけたかなり大きなナチ・スパイ事件はさんざんな結果に終わり、マスコミに叩かれた。[94]

その年ＦＢＩはニューヨークで、シカゴ在住のオーストリア系の男、ギュンター・ラムリヒと仲間二人をナチ・ドイツのスパイ容疑で逮捕した。その際、ＦＢＩ捜査官のレオン・トゥローが、ラムリヒの協力者たちに、起訴が近いともらすという失態を犯した。協力者たちはパニックになり、国外へ逃亡した。

新聞は、ナチのスパイたちにすんでのところで逃げられたＦＢＩを嘲笑し、以前からＦＢＩを快く思っていなかったインテリジェンスの諸機関は、この事件を新たな物笑いの種にした。長年、宣伝にばかりやっきになっていたフーバーは、多方面から恨みをかっていたのだ。[95] 事件の捜査に貢献しながらも他言を控えていたほかの機関もあったのに、フーバーは手柄をひとりじめするような発言をマスコミの前で繰り返してきた。陸軍Ｇ－２のトップでウィリアム・フリードマンの上司でもあるジョージ・ストロングはフーバーを軽蔑しており、海軍ＯＰ－20－Ｇもフーバーにがまんがならなかった。財務省のヘンリー・モーゲンソーは会合でフーバーの名前を口にする気にすらなれず、たいしてフーバーはモーゲンソーのことを「財務省のあのユダヤ人」とよんでいた。[96] 一九四〇年にイギリスのインテリジェンス部門のメンバーがアメリカとの関係強化のためにワシントンを訪れるようになったが、不信感の渦巻くひどい雰囲気に愕然《がくぜん》とし、その責任はフーバーにあるとすぐに判断した。「Ｊ・エドガー・フーバーなる人物は、ただひとつの目的に専心している。その目的とは、連邦捜査局の繁栄である」と、イギリスのある諜報機関はのちに記している。[97]「かつてオックスフォード大学の高名な学者が、敵はいないが友人全員から嫌われていると評されたことがある。ＦＢＩにたいしてアメリカの政府諸機関から向けられる感情は、これと同様のものだろう」[98]

フーバーほど虚栄心が強く、宣伝にばかり力を入れ、同じ政府機関のライバルたちからひどく嫌われている男にとって、ラムリヒ事件でのしくじりは個人的な痛手であると同時にＦＢＩの今後の権威を脅かすものでもあった。どうにかしてＦＢＩの評判を回復させて、ファシストのスパイたちを捕まえる手腕があると証明しなくてはならない。そこで一九三九年、それを実現するために思い切った計画を立てた。

ローズベルトと軍の幹部が「半球の防衛」という論点に固執していることをフーバーは認識していた。アメリカ合衆国を守ることはすなわち、西半球全体をナチの侵害から守ることである。つまり、アメリカの防備を固めるだけでは不十分、南米も同様に守らなくてはならない。ローズベルトは講演で半球防衛について語り、「そんな攻撃は起こりそうにない、あるいはあり得そうにないとして見過ごすことのできるものは、ひとつもない」と主張した[99]。また、海軍長官フランク・ノックスは、ナチの爆撃機が夜間に南米の飛行場を飛び立ち、「沿岸部の人口の多い都市に住むアメリカ人女性や子どもら」の頭上から爆弾を投下する恐れがあると不安をかき立てた[100]。これを好機と、Ｊ・エドガー・フーバーはＦＢＩの権限を大幅に拡大するようローズベルトに迫った。「西半球の共同防衛」のために、ＦＢＩがアメリカ国境を越えて活動することが許可されなくてはならない、とフーバーはまくしたてた[101]。「南北アメリカ全土で活動する枢軸国の工作員を捜し出し正体を暴くため、ひいてはアメリカ合衆国の安全を確保するために」南米に人員を派遣すべきだと政府に強く要求した。

フーバーの願いは一九四〇年六月にかなった。ＦＢＩの権力を史上最大に拡大する大統領令が発令されたのだ[102]。ＦＢＩは初めて、外国に捜査官を派遣することができるようになった。特別情報局〔Special Intelligence Service〕（ＳＩＳ）という部門を新設し、南米での任務につく捜査官の採用に着手した。

スパイが利用する秘密の郵便物取次所や無線局を見つけて監視し、スパイ組織と通信網を調査、敵スパイの正体を暴き、現地駐在の国務省職員や警察と協力してスパイを逮捕し、無線局を掌握、組織を打倒することが、彼らの任務となるだろう。

それは無理難題だった。一九四〇年九月、ＳＩＳ捜査官五名が、ペルー、ウルグアイ、アルゼンチン、ブラジル、ベネズエラに一名ずつ、初めて南米大陸に送り出された。[103] 色白で恰幅のよい捜査官たちは、飛行機を出て、南米大陸の肌を刺すような太陽の日差しのもとに降り立った。中折れ帽をかぶったその出で立ちは、南米の人々が新聞や映画で目にしていた探偵のようだった。捜査官たちは、コードやサイファ、無線など、敵がもちいる肝心なツールについての知識がほとんどなく、現地の言語も話せなかった。ブラジルに派遣された捜査官は、スペイン語の短期訓練コースを受けていた。ところが現地に到着すると、ブラジルの言語は実際にはポルトガル語であると知り、愕然とした。[104]

南米に送り込まれたフーバーの部下たちはあまりに準備不足で、仲間への聞き込みや、情報提供者の獲得、手がかりの収集といった昔ながらの探偵風のやりかたではスパイを捕まえられる見込みはほとんどなかった。スパイどうしが内々に何を話しているのかを知る必要があった。そのためには暗号を解読しなければならない。これがまた、やっかいな問題だった。

暗号を解読するには、傍受した暗号文と、それを読み解く暗号解読者が必要だ。ＦＢＩにはそのどちらもなかった。[105] 聴音哨をもっていないから傍受通信文は入ってこない。ＦＢＩが傍受通信文を入手するには、沿岸警備隊や連邦通信委員会（ＦＣＣ）から提供してもらうしかなかった。そのうえ傍受通信文を手に入れても、ＦＢＩはその内容が読めなかった。ＦＢＩには暗号解読班がないからだ。そのかわりＦＢＩには技術研究所があった。犯罪研究所のようなもので、ＦＢＩの技術者が弾丸や指紋、布地の糸、血液サンプルを分析していた。

これらのことが、J・エドガー・フーバーの頭を悩ませていた。まさに今、半球全域において、スパイを狩る体制を構築しようとしているというのに、彼らは暗号で連絡を取り合っていて、その内容を知ることがFBIにはできないのだ。

ちょうどそのころ、エリザベスは財務省の上司からめずらしい指示を受けた。FBI本部に行ってくれというのだ。技術研究所に勤務するW・G・B・ブラックバーンという捜査官に、暗号解読を教えることになっているらしい。[106] エリザベスは、これまで職場の後輩たちを指導してきたように、ブラックバーンにコードとサイファを教える仕事に取りかかった。その後ブラックバーンはFBI内に小さな暗号部門を立ち上げた。これは、数年かけて、少人数の職員を擁する部門へと成長していくことになる。彼らはみな、暗号解読の初心者だった。

これでもまだ、フーバーの目標にはほど遠かった。見えない戦争には、フーバーの技術研究所では追いつかないほどの高レベルの技術的な破壊力や技量が求められる。フーバーは、成熟した暗号解読組織からの全面的な支援を必要としていた。その組織がフーバーを助ける意志があるかないかは関係ない。とにかく、エリザベスと沿岸警備隊が必要だった。

エリザベスは平和主義的な詩を読んでいた。[107] それらは心に響いてくる。そして子どもたちに思いをはせた。バーバラは高校の最終学年で、ラドクリフ・カレッジに進学予定。ジョン・ラムジーは一四歳で、ペンシルベニア州の田舎町にある名門男子校、マーサーズバーグ・アカデミーの一年生で、徴兵の心配がないほど年少ではない。戦争で家族が離ればなれになるかもしれない。そのうえ、沿岸警備隊の暗号チームの行く末についても懸念していた。みずから作り上げた小さいながら優秀な組織で、存続できるよう守りたかった。暗号解読は繊細な仕事だ。紙を見つめて、すべての文字を正しく配列しなくてはならない。チームの面々にも目を配り、傍受通信文や記録文書やアイデアや解決策ができるだけ効率良く行き渡るように、全員を正しい場所に配置しなくてはならない。

一九四〇年六月、エリザベスは一週間だけワシントンを離れた。娘のバーバラと姉のエドナとともに短い休暇を取ってメキシコに旅行したのだ。この先の五年間のあいだで、仕事を休むのはこれが最後だった。一息ついていろいろと考え、親密な二人の女性と一緒に過ごす最後の機会だった。おんぼろのレンタカーでオアハカの農場を駆け抜け、プエブラからコルドバまでの山岳地帯を越えて、小型のロバにまたがり渓谷に下りた。エリザベスはウィリアムに手紙を書いた。「メキシコはどこでも、鶏がときをつくる音や豚の鳴き声、ロバのいななき、教会の鐘の音があふれていて、眠れたとしても途切れ途切れです」[108]。姉妹はおおいに楽しみ、毎朝早起きをした。バーバラはゆっくり寝ていたくて、標高が高くて膝ががくがくするとこぼした。バーバラは今や一七歳、美人で母親より一五センチも背が高く、自信に満ちてセクシーだった。ある日、三人が飛行機に乗ってオアハカ上空を飛んでいたとき、エリザベスは座席で眠り込んでしまった。目がさめると、バーバラが操縦室でパイロットの隣にいるのが目に入った。ちょっと待って、この航空会社っていったいなんなの？[109] 母親の許しもなしに、娘が操縦室に入ることができるの？　こんなの危険じゃない？　エリザベスは母親らしく心配した。

戦争のニュースは、メキシコ滞在中にも急速に悪化していった。あまりに気が滅入るので、朝に新聞を読むのをやめなくてはならないほどだった。ナチの戦車がパリをめがけてフランスの田舎を突き進んでいるらしい。アメリカは参戦せざるをえないだろうというのがメキシコの新聞の論調だった。ペソが高騰し、五〇ドルという少額の旅費の予算を浸食していた。[110] エリザベスは物価高について、ウィリアムへのエアメールでふれている。ウィリアムは返信で、絶対に必要な額以上は使わないでほしいと頼んだ。「そうでないと、この借金の泥沼から二度と抜け出せなくなるよ[111]」

　ウィリアムが元気なのかどうか、エリザベスにはわからなかった。手紙の文面は、悲しげで沈んでいるようだ。ワシントンは雨続きで、夜はずっと鉛筆と紙を前にひとりきりで座って、屋根をたたく雨音を聞きながら、暗号についての技術論文を書いているらしい。「この論文を読む人は誰もいないだろう。少なくとも数百年は」と書いて、機密保持の足かせがあることを嘆いた。[112]「禁じられているテーマについて書くことができたらいいのに。ものすごい内容になるだろうに」

　エリザベスがワシントンに、自宅と夫のもとに、そして職場に戻るころには、ナチがパリに入り、凱旋門に鉤十字《ハーケンクロイツ》の旗を掲げていた。

第2章　マジック

一九四〇年九月のある日、ウィリアム・フリードマン率いる陸軍暗号解読班がいる窓のない丸天井の部屋で、所属する二人の女性暗号解読者のうちのひとり、ジュネビーブ・グローチャンが自分のデスクの前に立ち、何かを発見したかもしれません、と男たちに話しかけた。[1]

男たちは彼女をジーンとよんでいた。[2] 二八歳で、いつも物静かで縁なし眼鏡をかけている。統計学の素養があり、のちにバージニア州にあるジョージ・メイソン大学の教授となり数学を教えることになる。[3]

このとき彼らに声をかけるまで、ジーン・グローチャンは、何時間も何週間も何か月もパープル暗号の使われた傍受通信文をにらみ続けてきた。暗号班では、軍需部ビルにひっきりなしに届けられてくる傍受通信文に記された日本の暗号文を長らく突破できないでいたのだった。しかしこのときグローチャンは、これまで誰も見つけられなかった二つのパターンが見えてきた、と感じていた。[4] それとなく反復するサイクル、暗号文中にある文字の繰り返し。沿岸警備隊がエニグマ暗号文において発見したものによく似ている。ウィリアムの片腕のひとりであるフランク・ローレットがやってきて、グローチャンの作業用紙をのぞき込んだ。それからグローチャンをまじまじと見つめる。まるで眼鏡の奥にある目から光線が放たれているかのようで、興奮を抑えようとしているようすがうかがわれた。[5] ほかのメンバーもデスクのまわりに集まってくる。ローレットは飛びはねた。

「これだ！」とローレットが叫ぶ。「これだよ！　探していたものをジーンが見つけてくれた！」。もうひとりの男も、この滑稽なダンスに加わった。両手を高くかかげて勝利のポーズをとる。「やったぞー！」

グローチャンは控えめな人物だった。「たぶん、幸運だっただけでしょう」とのちにNSAのオーラル・ヒストリーで語っている。[6] ほかの人たちよりも「少しだけ辛抱強かったのかもしれません」。「この発見は、複数の段階のうちのひとつにすぎないと考えていた」ので、ローレットほどにははしゃがなかった。

ウィリアム・フリードマンが騒ぎを聞きつけて、近くのオフィスから走り寄ってきた。「いったいなんの騒ぎかね？」

ローレットからジーンの作業用紙を見せられたウィリアムは、暗号のほころびを発見したことをただちに見抜いた。[7] さらにやるべきことはあるが、このほどけた糸を引っ張ってチームが粉骨砕身すれば、日鍵を見つけて、日本の暗号文をつねに解読することが可能になるだろう。

男たちは、この発見に興奮して笑いながら飛びはねていた。ウィリアムはほとんど悲しげに見えた。「とつぜん疲労に襲われたようで、デスクの縁に両手を置いてもたれかかり、全体重をそこに預けた」とローレットは回想する。[8] ウィリアムが多大なストレスにさらされ、毎日一六時間も仕事をする日々が何週間も何か月も何年も続いていることをローレットは知っていた。ローレットが椅子をもってくる。ウィリアムは腰を下ろし、しばらく無言のままでいた。全員がウィリアムを見守り、反応を待っている。ウィリアムはみなに向き直った。「この暗号機の解読は、暗号史上画期的な成果となるだろう」と、改まった冷静な声で告げた。[9] そして、部屋から出ていった。

暗号解読においては、成果が大きければ大きいほど、それは絶対に伏せておかなければならない。それがもれて敵の知るところになれば、新しい暗号システムに切り替えられて、解読した甲斐がなくなってしまうかもしれない。ヒーローたちはつかのま密かに喜びを分かち合うだけだ。誰かがコーラをもってきた。[10]数分後には解散して各自のデスクに戻り、こじ開けられた新たな領域の探索にかかった。ただしローレットだけは、ウィリアムを探しに行った。まだ興奮冷めやらず体が震えていて、もっと感情を放出したかったのだ。ウィリアムがあまり熱狂していないことにとまどいをおぼえてもいた。ウィリアムは自分のオフィスにいた。「デスクの前に座り、帳面に書きつけたメモを読んでいた。わたしがオフィスに入っても静かに座ったまま、いぶかしげにこちらを見ただけだった」[11]

チームはその後、何時間も何日も、暗号のごく小さな裂け目に圧力をかけ続けた。すると暗号がようやく崩れ始め、平文の短い断片が初めて姿を現した。グローチャンの発見から五日後の一九四〇年九月二五日、一通の通信文が初めて完全に解読された。[12]これは快挙だった。ウィリアムをはじめ暗号解読者たちはこれまで、日本の暗号機を見ることも、それに手をふれることもかなわないでいた。図面も、特許の図解も、写真すら見たこともなかった。それなのに今では、暗号機のしくみや、一連の通信文に使われている日鍵の見つけかたもわかっている。過去にリバース・エンジニアリングの手法をもちいて暗号機が解明された例はあったが、パープルほど複雑な機械では初の事例である。[13]今日、暗号史の研究者は、苦難の末に成功をものにしたという点では、パープルの突破は、アラン・チューリングのひらめきによりドイツの暗号エニグマを打ち破った功績と同等の価値があるととらえている。[14]

ウィリアムたちは、日本の通信文を読み解くためにパープル模造機の作製に取りかかっていたが、これを完成させると、暗号解読班の指揮官の前で実演を行った。暗号文のサンプルをタイプで打ち込んでから解読するところを実際に見せたのだ。[15]平文の印字された紙が模造機から少しずつ出てくる。指揮官は紙をつかみ、数秒間見つめた。顔に笑みが浮かび、暗号解読者の「絶大なる働き」をほめたたえた。それから、自身の指揮官のところに飛んで走った。ウィリアムの旧友、ジョー・モーボーンである。二人一緒に戻ってくると、指揮官が模造機を指さしてモーボーンにこう告げた。「昨晩、魔術師《マジシャン》たちが、日本の新しい暗号機の復元を完了しました」[16]。それから暗号解読者たちがモーボーンのためにもう一度実演をしてみせた。「おお、これは見事だ！」とモーボーンは感嘆した[17]。

マジシャンたち。まさにそんなふうに感じられた。まるで魔法《マジック》のようだった。

こうしてマジックが、日本の暗号解読文のうち最高機密扱いされるものの通称となった。この驚くべき秘密の源泉から戦時中ずっと、日本の戦略やナチの作戦にかかわる秘密の情報がわき出てくることになる。日本の暗号無線通信で送信された情報をアメリカ陸軍が傍受し（のちには、日本海軍暗号を解読したアメリカ海軍も通信文を傍受することになる）、連合国軍の参謀たちが敵を出し抜くのに役立てられた。最初は少数だった解読文の数は二〇通になり、さらには一〇〇通に、一〇〇〇通へと増えていき、ウィリアムの暗号解読班から直接、権力者のもとへと届けられた。マジックを目にした者たちはみな、これに魅了された。「マジック概要」日報を男たちは目を丸くして読んだ[18]。大日本帝国の真の声、真の命令を読んでいるのだということが、にわかには信じられなかった。あまりにすごすぎて、真実であるとは思えなかったのだ。アメリカ大統領も、陸軍参謀総長ジョージ・C・マーシャルも、海軍長官フランク・ノックスもマジックを読んだ。はてはイギリス首相ウィンストン・チャーチルも、それを手にした。チャーチルは、部下の将校たちの手で要約されていないマジックの原本を入手したいと言い張った[19]。

マジックは、ミッドウェーでの日本海軍艦隊への爆撃や、そのほかの決定的な海戦に直接的に貢献した。何十万人もの日本兵を死に追いやり、計り知れない数の連合国軍兵士の命を救った。マジックが戦争を変えたのだ。エニグマ解読の成果であるウルトラとまさしく同様に、マジックも最高機密だった。こうした途方もない軍事的優位は、敵に知られてはならなかった。敵に勘づかれて、インテリジェンスの供給が途絶えてしまってはならないからだ。「わずかな疑いでももたれれば」軍事的優位は「ほぼ瞬時に消滅するだろう」と、後年ジョージ・マーシャルが、日本を相手に戦った太平洋戦争におけるマジックの価値を評価した機密扱いの書簡に書いている。[20]

珊瑚《さんご》海海戦は、解読文をもとに戦われた。そのおかげで、わが軍の軍艦数隻が正しいときに正しい場所にいたのだ。さらに、ミッドウェーに前進してくる日本軍を迎え撃つために当方の限られた戦力を集結させることができた。暗号が解読できていなければ、五〇〇キロメートルほど外れた地点にいたことだろう。前進してくる日本軍の戦力について、われわれは情報を完全に掌握していた。そのうえ、アリューシャン列島に向かい、アッツ島とキスカ島に上陸することになる日本の戦力も把握していた。太平洋における作戦は主に、日本軍の配置状況について入手している情報をもとに立てられる。日本の各守備隊の兵力や糧食、それ以外の備蓄などに通じている。さらに重要な点であるが、日本海軍艦隊や護送船団の動静も調査済みである。

パープル制覇は、ウィリアムが本格的な暗号解読者としてなしとげた最後の偉業、最後の命がけの登攀《とうはん》となる。この時点から晩年にかけて、ウィリアムは、暗号機の発明と、インテリジェンス機関の設立（最終的にはそれらを批判する立場となる）という側面から国のために働くことになる。つまり、暗号解読者としてすでにピークに達してしまっていたのだ。しかし、エリザベスはまだ登攀を続けていた。二棟の塔のように高くそびえる二人のあいだに横たわる谷の向こう側で下降を始めているウィリアムの姿を、エリザベスはとらえることができなかった。パープルを破った勝利の喜びをエリザベスは分かち合うこともできなかった。ウィリアムとチームのメンバーがパープルを解読した日、つまりはウィリアムが疲弊した頭脳に残ったすべての力を振り絞り、かけがえのない存在である女性とともに冒険に乗り出して予期せぬ人生を歩むなかで学んだことをすべて活用して歴史的な快挙をなしとげたその日、ウィリアムは帰宅してから、エリザベスにそのことについて一言も話さなかったからだ。エリザベスの目には、ウィリアムは、いつもの夜とまったく変わらないようすに映った。ただいま、と言って、夕食はなにかな、とたずねただけだった。[21]

同月、ロンドン大空襲、いわゆるザ・ブリッツが始まった。一九四〇年九月七日、午後五時を少し回ったころ、ドイツ軍の航空機一〇〇〇機がロンドン上空に出現した。青空の広がる午後だった。戦闘機と爆撃機は縦に編隊を組んでいる。戦闘機の機首と尾翼は鮮やかな黄色。爆撃機は黒一色で、テムズ川沿いに並ぶ産業施設に照準を定めている。爆弾で工場が破壊され、衝撃波と油煙が周囲に広がった。[22] イギリス空軍戦闘機スピットファイアがドイツの軍用機を追撃する。「空はあいつらで埋め尽くされているようだった」と、あるイギリス人パイロットがのちに語った。「飛行機がびっしりと集結して何百メートルもの厚みに達しているように見えた。地平線のあちこちから絶え間なく飛来してきた。『なんてこった』と思ったよ。『なんてこった、なんてこった……』って」[23]

ロンドン空爆は連続五六日間におよんだ。夜間に空襲警報が鳴り響き、人々が防空壕に駆け込んだ。街には灯火管制がしかれた。一九四〇年終わりの数か月、枢軸国はいっそう大胆な動きを見せた。日本がベトナム〔北部仏印〕に侵攻し、帝国を東アジアに拡大させた。ナチはユダヤ人家庭から私財のラジオや電話を没収し、ワルシャワのゲットーを有刺鉄線で封鎖し、四〇万人の大人と子どもをなかに閉じ込めた。その大半はユダヤ系ポーランド人だった。[24]

アメリカは戦争を望んでいなかった。今なお二大政党は中立を支持していた。飛行家のパイオニア、チャールズ・リンドバーグは一般大衆向けのラジオ演説で、ドイツと戦うのは偽善的で愚かなことだと発言した。アメリカは、ナチの侵略や暴虐を非難する立場にはない、なぜならアメリカ自身も幾度か侵略や暴虐行為を行った過去があるからだ、と主張した。[25] のちに、ユダヤ系アメリカ人は、「わが国の映画や新聞、ラジオ、政府を手中にして影響力を保持」していることから「わが国にとって脅威」であるとまで述べている。[26] リンドバーグは、アメリカ第一委員会《ファースト・コミッティ》という名称の参戦反対派団体の急先鋒の広告塔になっていく。ウッドロー・ウィルソンが選挙戦で掲げたスローガン「アメリカ・ファースト」は、一九二〇年代に入りクー・クラックス・クラン〔KKK、白人至上主義団体〕に受け継がれていた。設立から一年もたたないうちに、アメリカ第一委員会はマディソン・スクエア・ガーデンで何度も集会を開くようになっていた。

ヨーロッパの戦況が悪化していくうえ、アメリカが参戦に及び腰であるために、エリザベスは、非常に高い意欲と能力をもつイギリス人スパイ集団に引きずり込まれそうになっていた。イギリス人たちは不安だった。ナチ相手に長期戦を戦い抜くための資金や人員、兵器が不足していると自覚していた。アメリカの参戦が求められた。イギリスという国家の存続は、その一点にかかっていた。

一九四〇年初夏、イギリス人士官らが秘密の任務を帯びてアメリカに入国してきた。[27] 一部はワシントンに赴き、まるで楽しみを求めている快活な若者のような顔をして大使館のカクテル・パーティーやディナー・パーティーに次々と出席した。一部は、ニューヨークの中心地、五番街にある超高層ビル群、ロックフェラー・センターの三五階と三六階で仕事をしていた。[28] そのなかには、青い目をもち、海軍士官の洗練された青いジャケットを身に着けたハンサムな大尉イアン・フレミング[29]と、イギリス空軍の戦闘機パイロットで、ゲイリー・クーパーに少し似ている長身で気品ある二三歳のロアルド・ダールがいた。[30] 二人とも戦後、有名な小説家となる。フレミングはジェームズ・ボンドというキャラクターを生み出し、ダールは、チョコレート工場や、飛行船ほど巨大な空飛ぶ桃、非道な人間を出し抜く狐たちを題材にした子ども向けの本を書いた。しかし、このときのフレミングとダールはスパイだった。とりわけダールは優秀なスパイだった。ワシントンで女優や女相続人を誘惑し、ベッドでゴシップを収集した。[31] さらには大統領とその夫人の心もつかみ、ニューヨークのハイドパークにある私邸にしょっちゅう招かれるようになる。若いパイロットが平静を装うのに苦労するほど、大統領夫妻はなんでも気さくに話した。「落ち着いて会話しているふりを必死にしていたが、実際のところは、世界で最大の影響力をもつ男が、ものすごい秘密をわたしに打ち明けているのだという思いに体が震えていた[32]」

彼らの所属する組織はイギリス安全保障調整局（BSC）とよばれていた。詮索の目から逃れるためにわざとこのような退屈な名前がつけられていた。実際のBSCは、人間がそれまでに作り上げたなかで最高にすばらしい組織のひとつだった。一〇〇〇名の組織員が、たったひとつの目的に向かって邁進していた。ありとあらゆる手段をもちいて、アメリカの孤立主義を終わらせて戦争に参戦させるのだ。あるメンバーは、BSCに採用されたとき、「今言えるのは、BSCに入ったなら、文書偽造も殺人もためらってはならないということだけだ」と教えられたという。[33] BSCは、ウォルター・ウィンチェルのようなコラムニストとのつながりを利用して、アメリカの新聞に反ナチ情報を流した。そのなかには虚偽の情報もあった。[34] また、孤立主義を奉じる政治家への抗議活動を展開し、彼らの過去について悪いうわさをばらまいた。[35] 美人スパイを送り込んで敵方の外交官を誘惑し、書類をくすねるなど、セックスを利用して情報を盗みもした。[36] さらには、イギリスの無線技術を活用して、西半球で活動している敵国スパイを捕らえる計画も立てていた。[37] そのためにＢＳＣは、その地はすでにこちら側のものだと主張して手を引こうとはしない、恐るべきひとりのアメリカ人と間接的に対立することになる。

イギリスは早くから、Ｊ・エドガー・フーバーと取引をしようと試みていた。一九四一年六月のある日、イアン・フレミングとその上官がＦＢＩ本部を訪問し、長官室でフーバーと面会した。[38]窓の外には、連邦議会議事堂の白いドームが見える。その手前には、政府の記録文書を集中管理する国立公文書館を支える石柱の列がある。フレミングたちは、われわれはＦＢＩと手を組んで、ナチの脅威に関連するインテリジェンスを共有したいと望んでいる、と説明した。フーバーは礼儀正しく耳を傾けた。フレミングはそのようすを「ずんぐりとした得体の知れない感じの男で、視線をゆっくりと動かして巧みな言い回しをする」と描写している。[39]フーバーは、手助けはできないと答えた。アメリカ中立法によって、交戦国への援助が禁止されているからというのだ。

これは事実だったが、形式的な言い訳でもあった。フーバーは、ＦＢＩのライバルとみなしているイギリス人にアメリカで活動してほしくなかったのだ。イギリス側は、どのみち構わなかった。アメリカでの協力相手として友好的な諜報機関を求めていただけで、どういう理由であれフーバーに協力する気がないのなら、別の相手を見つけるまでのことだ。たとえ、そうした組織をゼロから作り上げなくてはならなくても。そして、イギリスはそれを実行した。将来ＣＩＡへと成長することになる種をまいたのだ。イギリスは陰でアメリカ政府の人間に、ＦＢＩは役に立たないと訴えた。ＦＢＩには「われわれが承知しているような積極的情報工作《オフェンシブ・インテリジェンス》という概念がない」と、当時ワシントンのＢＳＣに勤務していた退役イギリス海軍士官のエディー・ヘースティングズ大佐は書いている。[40]ヘースティングズによれば、アメリカには、外国で「積極的」スパイ活動を実行する技量のある新たな機関が必要だというのだ。一九四一年七月、ローズベルト大統領は情報調整局（COI）を創設した。[41] ホワイトハウス直轄の、文民主体の新たなインテリジェンス機関である。翌年、情報調整局は戦略情報局（OSS）に改名した。CIAの前身である。

つまり、CIAはここから始まった。J・エドガー・フーバーがイギリス人たちにうせろ、と言い、イギリス人がそれをはねつけたのだった。

また、このときから、イギリス人がエリザベス・フリードマンに親しげに近づいてくるようになった。

イギリスにはすでに、無線安全保障局（RSS）という立派な無線インテリジェンス組織があり、高い無線傍受技術をもっていた。しかし、単なる地理的な問題から、イギリスに置かれた聴音哨には信号をとらえることのできない地域があった。BSCは、アメリカが傍受・解読した通信文を入手したがった。しかも彼らは、アメリカで無線インテリジェンスや本格的な暗号解読といった方面に強いのは、沿岸警備隊にほかならないと知った。FBIとはちがい、エリザベスの暗号班は、沿岸警備隊の聴音哨が傍受した通信を入手できた。しかも、沿岸警備隊の暗号班は、「FBIの暗号班とは比較にならないくらい優れている」というのがイギリス側の見解だった。[42] 沿岸警備隊の暗号解読者たちはこの一〇年間、密輸業者を相手に腕を磨いてきたからだ。しかも、密輸業者のネットワークは偶然にも、ナチのスパイ網と非常によく似ていた。「酒密輸の全体的な機構の様相は、ドイツスパイ網の縮小版のようであった」、とBSCの歴史研究員がのちに書いている。[43]「したがって戦争が勃発した時点で沿岸警備隊はすでに、違法無線通信技師がもちいる技術について熟知していた」

BSCは、エリザベスと面会して西半球におけるナチ・スパイの問題について話し合うために、数人の男たちをワシントンに派遣した。彼らは即座に任務に取りかかった。全員が無線インテリジェンスについての専門知識や経験をかなり豊富に備えていた。なかでも、大柄でほおの赤い陸軍大佐、F・J・M・ストラットンは際立った人物だった。[44] 戦前には天文学を教えており、超新星の研究を専門としていた。ストラットンは、はるか彼方で爆発している超新星を撮影し、にわかに発生した複雑に絡み合う光の球体を写真乾板にとらえてもいた。また、第一次世界大戦中には、イギリス陸軍の無線通信隊に所属し、夜に四時間しか睡眠をとれないにもかかわらず、塹壕のなかでもっとも幸せな気分でいられる男として知られていた。仲間の兵士たちからは、巨体と陽気な性格から「チャビー」〔ぽっちゃり、の意〕とよばれていた。エリザベスは、サンタクロースみたいな人、と感じた。[45]

ストラットンとエリザベスが初めて顔を合わせて話を始めると、たがいの資源と知識をもちよれば、別々に活動するよりも、ナチのスパイにたいする勝ち目が高くなるだろうと見えてきた。イギリスはヨーロッパ全域に無線局を設置しており、一五〇〇名が秘密裏に耳をそばだてていた。その多くが無線を趣味とするボランティアで、これらの無線局が傍受した通信と、沿岸警備隊と連邦通信委員会（FCC）の傍受通信がたがいを補うことになる。[46] イギリス側が聴取できなかった通信を沿岸警備隊が聴取でき、沿岸警備隊が聴取できなかった通信をイギリス側が聴取できるだろう。

加えてストラットンは、ブレッチリー・パークとの太いパイプをもっていた。ブレッチリーではすでに大規模な暗号解読が実践されており、一部の人員はナチのスパイがもちいる暗号に専念していた。英米の知識を共有するのは道理にかなったことと思われた。

そのころすでに、エリザベスをはじめとする沿岸警備隊の暗号解読者は、J・エドガー・フーバーの要請に応じてFBIとじかに協力を始めていた。フーバーが、数種類の未知の暗号システムについて手助けを求めてきたのだ。[47] エリザベスは願いを聞き入れた。FBIが目をつけたスパイの一部は、書籍サイファを使っているとエリザベスは見抜いた。また、「回転グリル」暗号を使うスパイもいた。それは、フリードマン夫妻がある年のクリスマスカードに描いたグリル暗号とよく似ていた。[48] スパイは、一定の寸法の紙に開けられた穴を通して、とあるルールにしたがって文字を書いていた。エリザベスは、暗号文から得られる手がかりだけをもとに推論し、五回か六回のひらめきを経てルールを見破り、紙の正確な形状を特定してみせた。

エリザベスは、FBIから依頼を受けた暗号を解読しただけでなく、彼らが今後、傍受通信文を自力で容易に解読できるようになるために特別な装置や道具を作成もした。[49] たとえば、書籍サイファを解読した際には、その本の題名と内容についての説明をFBIに伝えた。グリル暗号を解いたときには、グリルを作成してFBI技術研究所に届けた。つまり、FBIが通信文の解読に成功した例があっても、それはすべて、エリザベスが技術研究所に前もって解読手段を提供していたおかげだったのだ。しかもその研究所のトップは、エリザベスが一九四〇年に育成した人物だった。

エリザベスが、こうしたさまざまな難問をできるだけ迅速に解読しようと、こと細かな問題に没頭しているあいだにも、その背景にある大きな目的、すなわちファシストによる南米の乗っ取りを阻止するという目的がアメリカ政府高官の頭から離れることはなかった。一九四〇年一二月二九日、ホワイトハウス外交使節レセプション室においてローズベルト大統領がラジオ演説「炉辺談話」を行い、今こそアメリカは世界における役割を再考すべきであると主張した。[50] ファシストたちに親切にしてあげれば、アメリカに手を出してはこないだろうと期待しても無駄である。そうではなくアメリカは「民主主義の武器庫」となり、諸外国の自由を守り、拡大していく力をもたなくてはならない。三六分五六秒の演説のあいだ、ローズベルトは、南米について二回言及し、「半球」という言葉を一〇回口にした。[51]「南米諸国のどれか一国でもナチの手に落ちれば、ドイツは必ずそこを足がかりとして、この半球にある共和国のどこかに攻撃をしかけてくるだろう」と述べた。具体的には語らなかったが、枢軸国の「密偵」という言葉も出た。まさにエリザベスが追いかけているファシストのスパイたちのことだ。「数多くの国々を粉砕し転覆させ腐敗させてきた邪悪な勢力は、すでにわれわれの門の内部に入り込んでいる。わが政府は彼らについて多くの情報をつかんでおり、日々、彼らを狩り立てている」

ヒトラーはこれに応酬して、イギリスはまもなくほかのすべての「民主主義的戦争犯罪国」とともに破滅するだろうと発言し、一九四一年が明けてから数か月以内にナチが勝利を収めるのは確実であると断言した。[52]大晦日、ロンドンの住民たちが灯火管制のしかれた街頭に出てきて、黒焦げになった建物の残骸のなかに立ち、「蛍の光《オールド・ラング・ザイン》」を歌った。[53]

エリザベスがその知らせを聞いたのは四日後の一九四一年一月四日だった。[54]すぐに、ワシントン北部にあるウォルター・リード総合病院に駆けつけた。

病院の本館は、負傷兵たちを励ますような堂々とした外観だった。赤れんが造りの三階建てで、正面には白い柱が何本も高くそびえている。エリザベスは神経精神科病棟に案内された。そこは別棟で、地下道で本館とつながっている。[55]ウィリアムは、騒がしい大部屋に入れられていた。チームがパープル暗号を破ってから三月半たっていた。大部屋にいる患者を数えてみると一六人から二〇人はいた。全員男性で、錯乱状態ともおぼしき患者も何人かいる。エリザベスはこわくなった。ウィリアムもこわがっているように見えた。

ウォルター・リード総合病院は国内最高の陸軍病院で、負傷したり伝染病に感染したりした兵士や士官にとっては望みうる最善の環境だった。第一次世界大戦のころには、手足のどこかを失って塹壕から帰還した大勢の男たちが、広いポーチに置かれた車いすに毛布にくるまって座っていたものだった。患者たちはそこから、きれいに刈り込まれた芝生と、コンクリート製の土台に立つ石のペンギン四体に囲まれた噴水をながめていた。しかしながら精神科は、ウォルター・リード病院でも、陸軍全体においてもまったく重視されていなかった。一九四〇年から一九四一年初めにかけて、陸軍の精神科医の労力の大半は、入院してきた精神病患者の治療ではなく、彼らを陸軍から排除することに傾けられていた。[56]

ウォルター・リードの主任精神科医であるウィリアム・C・ポーター大佐の見解によれば、この病院の神経精神科のなすべきは、患者を治すことではなく、診断と処理だった。[57] アミタールのような鎮痛剤や、グループ療法、電気ショック療法など、当時の標準的な各種治療も施されてはいた。しかし、収容能力が小さく長期的な治療ができなかったため、天国と地獄のあいだの中継地点、すなわち煉獄《れんごく》のような役割を担っていた。新しい患者が入ってくると、医師と看護師が診察をし、軍歴を調べ、数週間か数か月間にわたって経過を観察してから、除隊させるべきかどうかを判断する。患者はその決定に応じて、陸軍に復帰するか、家族のもとに帰るか、じつはこちらの例が多数であるが精神病院に収容されるかした。

ときには、患者を陸軍から完全に除隊させるのではなく、ストレスが少ないと思われる事務仕事への配置換えを医師が推奨する場合もあった。[58] 今や陸軍では、お抱えの暗号解読者たちが石のように堅固な暗号に頭を打ちつけて、秘密という重荷を背負っている。そんな事務仕事自体もストレスが大きくて病状を悪化させるのではないかという考えは、ウォルター・リードの医師たちの頭には一度も浮かばなかった。

ウィリアム・フリードマンが自分から診察を受けにやってきたとき、医師たちはどうすればよいかわからなかった。数日前に倒れたのだが、たぶん神経がやられたのだろう、とウィリアムは話した。精神科医が、仕事や家族、これまでの経歴について一連の質問をする。ウィリアムは、パープル暗号のことにはふれずに、最近は激務に追われていた、と説明した。つねに精神が張り詰めた状態で、頭や体が思うように動かず、なんとか眠れたとしてもほとんど休まることがない、と訴えた。[59]

医師たちはこの暗号学者を、精神科にある五つの病室のひとつに収容した。病室は、男性患者用が三室、女性患者用が二室あり、最大収容人数は一〇四名である。それらの病室を警備員が巡回していた。ウィリアムはそれから二か月半、この赤れんがの建物のなかで過ごした。診断が下りるまで外出は許可されなかった。

エリザベスはほとんど毎日、見舞いに通った。列車に乗って〇・五平方キロメートル近い広い敷地をもつ病院に到着すると、丸屋根と噴水のある本館を足早に通り過ぎて神経精神科病棟に向かった。こうして見舞いに来たときにはいつでも、人目につかないところで夫と話をしたがった。夫のようすを確認して、キスをして愛していると言いたかった。しかし、そんなことはほとんど不可能な環境だった。患者は終日、大部屋で過ごす規則で、担当の精神科医もひとりしかおらず、医師との会話もほかの患者の耳に入るような状態だったからだ。「患者は、同室の患者を除けば孤立状態だった、とも言えます」とエリザベスはのちにウィリアムの伝記作家に語っている。[60]「気が向けば、患者どうしで話をしたり、相談し合ったりできました」

患者としてのウィリアム、病室にいる夫の姿を見るのは、エリザベスにとって恐ろしいことだった。そして、入院という事実は明らかに陸軍でのキャリアを危うくすることであるために、病気と入院という現実を遠ざけようと試みなければならなかった。そうして、夫が深刻な精神病にかかっているかもしれないという可能性をかたくなに認めなかった。「鬱病」という言葉は「あまりにも強すぎる言葉」なので、「気分の揺らぎ」や「低迷」という表現を好んで使った。[61]ウィリアムあてに家に届いた手紙には、夫は具合が悪いので、返事を書けるようになったら連絡をします、と返信した。

その間も軍需部ビルでは、ウィリアムのチームの面々が引き続きパープル暗号から成果を収獲しながら、新たな領域に種をまいていた。通信情報部（ＳＩＳ）はすでに日本の暗号機の模造機を一台完成させていた。さらに数台の模造機を製作して、一月には、ウィリアムの代理としてエイブ・シンコフとレオ・ローゼンの二名が、二台のパープル模造機を抱えて大西洋を船で横断し、ブレッチリー・パークのイギリス人暗号解読者のもとに届けて感謝された。[62] これでイギリスも日本の暗号文を解読できるようになった。これは、米英間で暗号情報が交換された重大な契機となった。第二次世界大戦中に行われた共同作業の初めての事例だったが、この時点でイギリスはまだ返礼をしていない。ドイツのエニグマ暗号についての知識をアメリカに分け与える心構えができていなかったのだ。

一九四一年三月、ウォルター・リード病院の診断がようやく確定した。ウィリアム・フリードマンは陸軍の任務に戻ってよし、というものだった。ウィリアムの神経衰弱は「最高機密にかかわる激務を長期間続けた」ことから起こった「不安反応」であるという結論である。[63] 三月二二日、ウィリアムは退院してエリザベスのもとに戻った。[64] 四月一日には陸軍の職場に復帰した。

ウィリアムは、以前とはまったくちがう人間となり、この先も元に戻ることはなかった。発病と入院によって彼の世界はすっかり変わってしまったが、そのことについて考察し理解できるようになるまでは何年もかかった。ひとつに、この病歴のせいで陸軍官僚のあいだに、ウィリアム・フリードマンは任務に不適格なのではないかという疑念が生じた。陸軍内でいくつもの医療記録が作成され、それらが長年にわたりウィリアムにつきまとい、ふとしたタイミングで出現して混乱を招くことになる。ウォルター・リードを退院してから三週間後、ウィリアムは陸軍から一通の手紙を受け取った。「健康上不適格という理由で」名誉除隊となったという通知だった。[65] 事情の聴取も、弁明の機会も与えられなかった。ウィリアムは徹底的に抗議した。病院は任務に適格であると判断したではないかと訴えたが、強制的に除隊させられ、民間人の立場で任務を続けるほかなくなった。最終的には、もとの階級と給与を取り戻すために訴えを起こさなければならなくなる。のちに一九四六年、自身の人事記録を確認していたウィリアムは、政府から臨時職員という等級づけをされていたことを発見する。[66] おそらくは書類上のまちがいだったのだろうが、ウィリアムはひどい侮辱ととらえた。二五年間ずっとアメリカのために尽くしてきた働きを、臨時などとはとうてい言えないはずだ。ウィリアムの心を推し量りショックを受けた友人たちは、士官クラブで大がかりなサプライズ・パーティーを開き、このばかげた事態を茶化そうと、軍法会議のまねごとを演出した。判事役の者たちが暗号機に投票を登録して、ウィリアムに有罪を宣告し、アルミ製のメダルを進呈した。そこには、「Wm.・F・フリードマンへ。一九二一年から一九四六年、明瞭を不明瞭に、またはその逆を行った勲功にたいして贈られる。彼のせいで道を踏み外した者たちから進呈す」と記されていた。

ウィリアムの病気のために、フリードマン夫妻の結婚生活のバランスも崩れてしまった。ウィリアムとエリザベスはこれまでつねに、高い能力を備えた対等の人間だった。謙遜や世辞はさておき、二人は、頭の良さや力において一切の差はないという生きかたをしてきたし、それはまぎれもない事実だった。しかし今後は、エリザベスがより強くなくてはならない場面が増えた。単に、そうする必要があるからだ。抑鬱状態にあるウィリアムの面倒を見ながら、仕事も続けなくてはならなかった。ローンと子どもたちの私立学校の学費を支払うためには、二人分の収入が必要だったのだ。フリードマン夫妻は、金に困り倹約に励む多くの中流家庭のアメリカ人と同様、子どもたちには、エリザベスの書いた文句を借りるなら「資本家の落とし子」と同等な教育の機会を与えるのだと心に決めていた。そして一九四一年の春から夏にかけて、ウィリアムが快方に向かうなか、エリザベスの仕事はいっそう過酷になっていった。見えない戦争が激化しつつあった。エリザベスのチームが作成する文書には、そのことが歴然と現れていた。沿岸警備隊が解読した通信文の平文が並ぶ紙の左下の隅には、次の用語がどのページにも何度も表示されていた。

「ドイツ極秘情報」〔German Clandestine〕

第3章　親衛隊大尉《ハウプトシュトゥルムフューラー》と無線技師《フンクマイスター》

ヨハネス・ジークフリート・ベッカー。第二次世界大戦中、西半球でもっとも旺盛に活動し実績を挙げたナチのスパイ

完全に解読された暗号なんて、ないですよ[1]
——エリザベス・S・フリードマン

ヨハネス・ジークフリート・ベッカーが今日、ウィキペディアのページも存在せず、グーグルで名前を検索しても数件しかヒットしないような無名の人物であることは、彼のスパイとしての技量と、さらにはその強敵となった女性、エリザベス・スミス・フリードマンの手腕がいかに優れていたかの証しである。二人は謎に包まれた粒子のように真空を光の速さで突き進んで遭遇し、相手の一角を切り崩した。そのあとには、噴出されたアルファベット、飛び散った文字だけが取り残され、ばらばらと地面に落ちた。

　ベッカーが重要人物であることにエリザベスより遅れて気づいたＦＢＩは、ヨハネス・ジークフリート・ベッカーを「今次大戦中、西半球で活動するドイツ人工作員のなかで、もっとも有能でもっとも活発に活動する人物」[2]であり、希有な洞察力と機知に富み、「ゲルマン人特有の手際のよさ」[3]で無限の資金と資源を操るスパイであると評している。ベッカーはドイツ語、スペイン語、ポルトガル語、英語を話した。ナチの精鋭保安部隊において、陸軍大尉に相当する親衛隊大尉《ハウプトシュトゥルムフューラー》という階級にあり、親衛隊（ＳＳ）のシンボルである髑髏が彫られた金の指輪をはめていた。[4]その指輪は「総統にたいするわれわれの忠誠のしるし」であり、「全体のために個人の命を犠牲にする覚悟をつねに備えていることを示す警告」であると、ハインリヒ・ヒムラーがベッカーを称える書簡に書いている。[5]四七個もの偽名と数冊の偽造パスポートをもち、南米中を自在に行き来し、七か国でスパイを使い、ナチ支持者とともに政治的陰謀や軍事クーデターを組織し、地下無線局を設置した。ＦＢＩは一九四四年半ばに、南米における二五〇名のナチ工作員《エージェント》の活動と、二九の無線局のもとをたどれば、直接的または間接的にベッカーに行き着く、と判断した。[6]

それでもベッカーは、一九三八年、一九三九年、一九四〇年、一九四一年、一九四二年、一九四三年のいずれにおいてもFBIの捜査対象に浮上してこなかった。FBIがようやくベッカーにねらいを定めたときには、すでに遅すぎた。彼は、見えない戦争における見えない影だったのだ。あらゆる罠をすり抜けて、あらゆる網を逃れた。しかしついには、エリザベスのしかけた罠に捕まった。そのエリザベスでさえ、ベッカーが巧みに姿をくらます技には驚かされたことだろう。

これほど才能がありながら、活動初期のベッカーは少々しくじってばかりいた。南米でついた最初の任務の成果は可もなく不可もなく、女性関係での不祥事も起こした。一九三六年から一九三九年にかけての戦争勃発前、ブラジルとアルゼンチンで親衛隊の諜報活動をしていた時期には、ドイツ人移住者たちを次々と怒らせ、「無作法」で役立たずという悪評を買った。[7] ベッカーには特別なところは何ひとつ見当たらなかった。ナチ党員番号は３５９９６６番で、比較的早い時期に国民社会主義へ傾倒したようではあるが、先駆者とはとても言えない。[8] 身長は一八〇センチメートル近くあり、ゆるやかに波打つ金髪で、少し腹が出ている。顔はハンサムとまでは言えず、知り合いからは、どうして女に不自由しないのだろうと不思議がられていた。[9] 一時、アルゼンチンの会社で、木工の専門家と自称してドイツ製の子ども向け玩具と人形の目の輸入担当者として勤務していたことがある。実際には、昼間は港に出入りするイギリスの船を観察し、夜には町中の酒場やダンスフロアを徘徊し、娼婦やファシスト支持者の電話番号を個人用の住所録に書きつけていた。リオデジャネイロでは、ブラジル閣僚の妻を妊娠させるというスキャンダルを起こしている。[10] ナチの大使がベルリンにたいして、ベッカーは国際的な紛争の種になりかねない、と抗議した。南米では、ベッカーの個人的な習慣について良く言う人はひとりとしておらず、実際に会ったことのある人は誰もが、グロテスクなまでに長く伸び、獲物につかみかかる鳥のかぎ爪のようにくるりと巻いている爪を見てぞっとした。[11]

それでもベッカーには、ナチのスパイたちのなかでも際立った資質がひとつあった。順応性が高いのだ。ベッカーは、広範囲にわたる職務を抱える親衛隊の部局に所属していた。同局は世界各地にスパイを展開させ、ベルリンにあるかつてはユダヤ人向け老人ホームだった四階建ての建物に陣取ってスパイたちと連絡を取り合っていた。[12]第六局〔親衛隊国家保安本部下の組織〕という名称のこの部局では、ベルリンに五〇〇名の人員を擁し、諸外国で五〇〇名のスパイを操っていた。[13]ベッカーのように親衛隊士官がスパイを兼ねる例も少数ながら存在した。それ以外のスパイは、「Vメン」とよばれていた（Vertrauensmann はドイツ語で「情報提供者」を意味する）。[14]その多くは、ナチの理念に協力したいと希望する、国外に移住したドイツ人や地元のファシストたちである。ドイツにはアプヴェーア〔ドイツ軍情報部〕という別の機関もあり、諸外国にスパイを送り込んでいたが、こちらはナチの台頭以前から存在する組織で、親衛隊のトップからは、冷酷さが足りず、忠誠心に欠けているのではないかと疑問視されていた。[15]そこで親衛隊は、直属の第六局を、ナチの正統な対外インテリジェンス機関に昇格させたのだった。

親衛隊手引書によれば、ナチ党員なら誰でも親衛隊インテリジェンス士官に選出されるわけではなかった。[16]生粋のナチ党員、すなわち「総統への絶対的な忠誠心と服従心をもつ党員」でなくてはならなかった。「……聖杯を捜し求める騎士のように、インテリジェンス士官は、もっとも貴重な財産であるゲルマン民族の血を守り抜き、国民社会主義のイデオロギーを将来実現するという最高に崇高な使命を帯びているのである」

こうは言っても現実には、ベッカーの属する組織は、知識ではなく熱意を買われて登用された素人の集まりだった。第六局南米課の長であるテオドール・ペフゲンは、「インテリジェンス任務に必要とされる資質を一切もたない」三一歳の官僚であったと、のちにアメリカ人の尋問官が発言している。[17]親衛隊におけるペフゲンの以前の任務は、ソ連国内での「対パルチザン戦闘」にかかわるものだった。これは、ユダヤ人虐殺の婉曲的な表現である。ペフゲンの副官は、クルト・グロスという名の元ゲスターポの殺し屋だった。[18] グロスは南米にいるスパイに、コニャックやコーヒー、絹のストッキングなどを送るようにせびり、部内でファイルを管理している快活で茶色い髪の若い女性、ヘートヴィヒ・ゾンマーにしょっちゅう卑猥な言葉を投げかけていた。ゾンマーは、意に反して無理矢理に親衛隊で働かせられていた（戦後ゾンマーはアメリカの尋問官に、当部門について知っていることを快く洗いざらい話した）。[19]

こうした男たちは、能力ではなくイデオロギーばかりを重視していた。ごくまれにそうでない者がいても、ほかの狂信的なナチ組織から抑え込まれてしまった。第六局が抱える有能なスパイのひとりに、オランダ出身のユダヤ人男性がいた。ワインハイマーという名のこの人物は、家族を強制収容所送りにさせたくない一心で親衛隊のために働いていた。[20] 移民を装ってチリに密入国し、西半球における政治的・経済的動向についての「評価の高い」、「非常に正確な」報告書を多数送ってきたとゾンマーの談にある。その後ワインハイマーは、ゲスターポが義母をベルゲン・ベルゼン強制収容所に移送したと知る。クルト・グロスはゲスターポに、スパイの親族は例外扱いにしてほしいと訴えたが聞き入れられず、ワインハイマーからの報告書は途絶えた。ナチは、家族を死の収容所行きから免除しなかったばかりに、最高の工作員をひとり失ったのである。

インテリジェンスの具体的な実務となると、ベルリンにいる親衛隊の幹部たちは、いったい何をどうやればよいのか、まったくわかっていなかった。ジークフリート・ベッカーも最初のうちは同様だった。しかし上官たちとはちがい、ベッカーには過ちから学ぶ柔軟性があった。忠実なナチ党員ではあったが、複雑な教義にしばられてはいなかった。ヘートヴィヒ・ゾンマーはベッカーを好ましく思っていた。「頭の良い人でした。良い仕事をしたいと心から望んでいました。それに加えて、いくらか冒険を好む気質もありました」と語っている。[21]

一九三九年九月にナチがポーランドに侵攻すると、ベッカーは南米を離れ、航路でベルリンに向かった。任務内容の変更を指示されるだろうと予想していたが、その読みは当たった。本国の部局会議で親衛隊幹部から、これからはお前が南米での工作員のトップとなる、ひいては南米に戻ってスパイ要員を採用しろ、と告げられた。

ベッカーは当局から、港に停泊しているイギリス船を爆破するためにトランク一杯もの爆弾を受け取った。[22]そのトランクをもって、一九四〇年一二月、ベッカーはブエノスアイレスに到着する。しかしドイツ大使館で足止めをくらった。大使がトランクを開けて爆弾を認めると、やっかいな外交問題に発展しそうだと先読みして、爆弾を川に投げ捨てるようベッカーに命じた。この時点でベッカーは破壊活動の任務をあきらめ、新たなスパイ網を構築する仕事に本腰を入れ始めた。[23]アルゼンチンからブラジル、ボリビア、パラグアイと大陸を駆け巡り、ドイツ人入植者たちに総統のためのスパイ活動をするよう説き伏せて回った。

南米のVメン候補者の多くは、じつはどうしようもなく無能だった。リボルバーを片手に持ち、通行人を威嚇しながら海岸沿いをぶらつくしか能がないような、ただの悪党もいた。[24]しかしベッカーはまもなくリオデジャネイロで、アルブレヒト・エンゲルスという名のなかなか侮りがたいスパイに出会い、親交を深めた。肩幅が広く、濃い口髭をたくわえたドイツ人ビジネスマンである。[25]エンゲルスはすでにアプヴェーアのスパイとして働いていたのでベッカーの仕事を引き受けてはならないはずだったが、二人ともそんなことは気にしなかった。エンゲルスは協力者として完璧である、とベッカーは判断した。ブラジル人女性と結婚し、リオで会社を順調に経営し、地域のドイツ人全員から好感をもたれている。

「アルフレド」というコードネームで通っていたエンゲルスのほうも、ベッカーに好印象をもった。アプヴェーアに協力を始めてからずっと、愚鈍なやつらばかりだと感じていた。サンパウロにいるアプヴェーアの仲間に、ヨーゼフ・シュタルツィクニーという名のポーランド系の落ち着きのない機械技師がいた。こちらのコードネームは「ルーカス」だ。[26] シュタルツィクニーは耳が大きい小柄な男で、ブラジル人の愛人と同棲し、饒舌だった。[27] 港を監視し、自前の無線機を使ってドイツに報告書を送信していたが、人からの助言には耳を貸さなかった。エンゲルスはシュタルツィクニーにやきもきさせられっぱなしだった。だが、ベッカーはちがった。スパイとしての度量がちがう。南米「唯一の本物《プロフェッショナル》のスパイ」だと、エンゲルスはのちにFBIの尋問官に語っている。[28]

エンゲルスとベッカーは、まったくもって臨機応変《インプロビサド》に事を運んだ。これまでエンゲルスがアプヴェーアのためにしていた任務は主に、英語の新聞や雑誌（『タイム』、『コリアーズ』、『リーダーズ・ダイジェスト』）に目を通してアメリカ政治についての情報を集めることだった。ベッカーは独力で、新聞記事の切り抜き作業から実効性のあるスパイ網運営への転換を図った。ドイツと情報を交換する配送システムを構築したのだ。コンドル航空とLATI航空の従業員を仲間に引き入れて、郵袋に入れたスパイの通信文書をドイツ行きの便で運び、親衛隊員が所有する会社に届けるのだ。ベッカーはエンゲルスに、書籍サイファや、方眼紙と鉛筆を使った暗号、回転グリル暗号の使いかたを教えた。

一九四一年夏、連合国がコンドルとLATIのドイツ便を停止し、ベッカーの考案した配送システムが崩れると、これもまた臨機応変の精神で、ベルリンと無線で連絡を取る方法を探った。最初ベッカーは、あるスパイに金を払い、ドイツ人移住者の住居にあるパティオに小型の短波無線機を設置させた。だが信号が弱すぎたので、リオの港でドックに入っているスイス船ヴィントフック号の船長を説き伏せて、船の無線をスパイたちが拝借できるように手はずを整えた。[29]

ベッカーは、無線通信文の署名に、複数あるコードネームのどれかをもちいた。よく使う名前は「サルゴ」だった。エンゲルスは「アフルレド」の名でメッセージを送った。
安定した信号を確保するのは難しかった。これだけの能力を備えたベッカーでも、技術的な専門知識には欠けていた。そこで親衛隊にフンクマイスター、つまり無線通信士を派遣するよう依頼し、一九四一年九月、グスタフ・ウッツィンガーがリオに送り込まれてきた。

ウッツィンガーは多くの点でベッカーとは正反対だった。きちんとした教育を受けた化学者だったのだ。コードネームは「ルーナ」。目鼻立ちの整った顔で体つきはたくましく、茶色い目をもち茶色の髪は短く刈り込まれている。親衛隊に入る前の一九三〇年代には、ドイツ海軍で無線技師として活躍していた。のちにアメリカ人尋問官に語ったところによると、ウッツィンガーは、「祖国への自然とわき出る愛国心」から行動していたのであって、「唾棄すべきナチのイデオロギーに傾倒」していたわけではない、と主張したらしい[30]。尋問官はこの発言を鵜呑みにはしなかった。それでも、何時間もかけてウッツィンガーと話をしたのち、尋問官は、この男は基本的には正直な人間で、いくぶん理想家の側面もある、と判断した。「この時代の産物であり、自身の信念に従って行動をしただけの、非常に有能で感じのよい若者である」[31]

ベッカーはリオ郊外のカフェでウッツィンガーと会う算段をつけ、安定して運用できる非合法の無線局を至急設置する必要性について話し合った。ウッツィンガーのベッカーについての第一印象は、いけ好かない人物というものだった。「ほとんど教育を受けておらず、目的のためなら良心の呵責も感じない」人間だと感じたという[32]。しかし、それから数年間、二人で力を合わせて南米にファシズムを浸透させていくなかで、ベッカーに尊敬の念を抱くようになっていった。ベッカーは諜報、ウッツィンガーは無線と、それぞれの領分は異なれど、二人とも職人的なプライドをもって仕事にあたっていた。ベッカーは顔が広く、ビジョンがあった。ウッツィンガーには技術があった。まもなく親衛隊大尉《ハウプトシュトゥルムフューラー》と無線技師《フンクマイスター》は、西半球においてもっとも危険なナチとなっていく。

エリザベスが最初、ハウプトシュトゥルムフューラーとフンクマイスターについて知っていたのは、偽名の「サルゴ」と「ルーナ」だけだった。

この二つの名前を初めて目にしたのは、一九四一年晩春、ウォルター・リード病院の精神科病棟に入院していたウィリアムがまもなく退院を迎えるころだった。その折、沿岸警備隊の聴音哨と連邦通信委員会（FCC）からエリザベスのもとに、最終的には何千通にものぼることになる南米の地下無線局から傍受した通信文の第一弾が届き、エリザベスはいつもどおりの仕事に取りかかっていた。暗号を破って平文に戻し、それを英語に翻訳し、訳文（解読文）を新しい用紙にタイプして分析と閲覧に回し、解読文を精査してスパイの隠された正体についての手がかりを探り、完璧な記録を作成し、敵の使う用語を収集したアーカイヴを構築するのだ。

通信文の原文はドイツ語、スペイン語、ポルトガル語で書かれていた。平文に戻して英訳する作業は、沿岸警備隊の主任言語研究員と連携して行った。ウラジーミル・ベズデクという三二歳のチェコスロバキアの退役陸軍軍人で、黒髪で頬骨が高くハンサムだ。[33] チェコスロバキア生まれのベズデクは、戦争が勃発すると船にこっそり忍び込み、アメリカへ脱出した。チェコ語、ドイツ語、英語、フランス語、ポーランド語、ラテン語、イタリア語、ロシア語の八か国語を流暢に話す。暇な時間には楽しみのために辞書を読んで過ごした。[34] 当然エリザベスとは馬が合い、終日、たがいの仕事の進捗を確認しては、難解な言葉の断片を一緒に解いた。

どうやらナチは、南米で少なくとも三つの地下無線局を運用しているようだった。[35] 二つは南米大陸東海岸側のブラジルに、ひとつは西海岸側のチリにある。ブラジルの無線局はリオデジャネイロと、リオから三〇〇キロメートル余り南にあるサンパウロの郊外に設置されている。これら三つの無線局は、ベルリンかハンブルクと無線でメッセージをやりとりしている。

エリザベスはそれぞれの無線通信回路に、２－Ｂや３－Ａなどとアルファベットと数字の符号をつけて区別した。[36] この符号は、その回路から得られたすべての解読文の上部に、「SECRET」〔極秘〕という単語に続いてタイプされた。それに加えて、通信文が送信された日時、もとの言語（ドイツ語、ポルトガル語など）、無線の周波数（キロサイクル）、ときには解読前の暗号文の冒頭の数語が記された。こうしたヘッダーの次に、英語で書かれた平文があり、いちばん下には、沿岸警備隊による解読文であることを示す文言が三行にわたって書かれている。「CG解読」、「CG翻訳」、「CGタイプ」〔CG: Coast Guard〕、タイプされた日付、通信文固有の通し番号、そして「ドイツ極秘情報」。

ナチの工作員とおぼしき人物のコードネームはつねに大文字でタイプされた。文中で目立たせて、暗号班のメンバー全員が、隣の大陸を走り回っている見知らぬ人物たちに親しみをおぼえるようになるために。敵の心の内を知り、次の行動を予測するためには、多大な利害が関係するかもしれない会話をつうじて、敵をよく知らなくてはならない。たとえ、自分以外は誰ひとりとしてその会話に注目していなくても。エリザベスが三センチ近い厚みのある解読文の束を手にし、トランプのカードを切るようにぺらぺらとめくっていけば、ナチの工作員の名前がぱらぱらと目に入っただろう。サルゴ、サルゴ、サルゴ、ルーナ、ウッツ、アルフレド、ローレンツ、ルーナ、アルフレド、アルフレド、ルーカス、サルゴ、サルゴ、サルゴ、サルゴというように。

通信文に名前が出現する回数から、その人物の重要性がだいたいわかる。サルゴ〔SARGO〕は、解読文中に何度も出現する。この男は、サルヘント〔SARGENTO〕、ホセ〔JOSE〕、ファン〔JUAN〕とも名乗っているようだ。[37]おそらく彼はナチのスパイのなかでも上役なのだろうとエリザベスは推測した。ルーナ〔LUNA〕で通っている人物は、無線機の詳細など技術面について話す場面が多い。エリザベスは、無線の専門家だろうと判断した。彼は、ルーナ以外にもウッツ〔UTZ〕という名前も使っている。[38]

メッセージには第三の人物、アルフレド〔ALFREDO〕もいて、ほかの二人とのやりとりについてよく言及していることから、サルゴとルーナから信頼されている仲間のようだ。アルフレドはこの二人に加えて、ウンベルト〔HUMBERTO〕など、ほかの名前も出している。エリザベスからすれば、ウンベルト〔HUMBERTO〕のような名前が出てくるのは運が良かった。[39]ほかの名前より長く、MやBのような出現頻度の低い文字が含まれており、さまざまな通信文にまるで署名のように決まって出てくるからだ。この名前は、繰り返し現れるために暗号解読者が手がかりとして使える「クリブ」となる。同僚のイギリス人がかつてこう言っていた。「一二音節くらいある長い名前をもつ人物を見つけたら、ものすごく助かるだろう」[40]。もしウンベルトの謎を解き明かせば、残りの暗号を突破するまであと一息だ。

南米のスパイたちは最初、書籍サイファを使っており、[41]エリザベスはそれを解読した。男たちが会話をして、はかりごとをめぐらし、情報を共有するようすを観察した。リオの港に連合国の船舶が入ったという報告や、アメリカでの政治動向、鉱石や武器や牛肉の輸送、農作物の生育状態、アメリカの工場で建造されている飛行機の数などの情報が行き交っていた。一九四一年九月、工作員たちはグリル暗号に似たシステムに切り替え、エリザベスはそれもまた突破した。[42]エリザベスが解読した通信文を事務員がタイプし終わると、エリザベスをはじめとする暗号解読者と翻訳者は、予備段階的なインテリジェンス分析をしたものだった。色鉛筆で解読文に色を塗り、特定の名前や場所にしるしをつける。発信者が誰で、スパイ網のなかでどういう役割を果たしているか、どのような件について話しているかなどを記した手書きのメモをホッチキスで留めることもあった。解読文はそれから、陸軍インテリジェンス部門（G－２）、海軍インテリジェンス部門（OP－20－G）、国務省、イギリスなど、ほかの機関に伝達される。解読文の下に、ときには鉛筆で、宛先が追加された。

通信文の内容にかかわらず、沿岸警備隊はJ・エドガー・フーバーの要請に応じて、南米の無線局から得られた解読文すべての写しをFBI本部に提供した。FBI内に新設された特別情報局（SIS）が、沿岸警備隊作成の解読文を西半球全体に配布した。獲物を仕留める手がかりにと、南米で活動する局直属の工作員にも送っていた。

一九四〇年と一九四一年の前半をつうじて、沿岸警備隊はFBIに週に数十通の解読文を規則的に提供し続けた。各地下無線回路につき計数百通はあり、すべて合わせると最終的には数千通にものぼった。だが、沿岸警備隊とFBIの関係は一方通行でしかなかった。南米にいるSISのスパイから沿岸警備隊の暗号解読者のもとに有用な情報や証拠が送られてくることは一度もなかった[43]。それればかりか、沿岸警備隊がスパイ狩りに深く関与していることを示す痕跡を、FBIは徹底的に隠した。エリザベスから解読文が送付されてくると、FBIでは四桁の識別番号を新たにつけて、SIS独自のファイリングシステムで保管した。しかも、エリザベスが命名済みの無線通信回路に、別の名称を考案してつけもした[44]。

このようにして、見えない戦争の歴史がねじ曲げられていった。こうした小さな決定が積み重なって、エリザベスが記録から抹消され、後年J・エドガー・フーバーがエリザベスの業績を横取りしていったのだ。「これらの諜報員集団にかんして実施された多数の調査は、地下無線局が送受信した通信文から取得した情報にもとづいている」と、戦後にFBIが、SISの歴史を記録した三巻の書籍に記している[45]。「FBIの技術設備をもちいて数名のドイツ人発信者を監視し、技術研究所から提供された解読文から得られた情報を分析・整理し、SISの工作員が徹底的な調査を行って、通信文で言及された人物を特定し、偽名を突き止め、仲間を認定した」

これはあまりに誤解を招く表現である。解読文はたしかにFBI技術研究所から現場の工作員に「提供」されたが、それは、沿岸警備隊が解読文を技術研究所に提供したあとのことだ。その証拠は、資料の原本にある。解読文をFBIに送付する前に、沿岸警備隊の事務員が用紙の下部にある「CG翻訳」、「CG解読」という行の下に「SIS用写し」とタイプしている。かつては極秘資料として国立公文書館に保管され、二〇〇〇年にようやく機密解除された文書のファイルが、FBIではなく沿岸警備隊がナチの無線通信回路を解明したことを証明しているのだ。

フーバーが南米の案件についてここまで強欲な態度を見せるのは、沿岸警備隊にとって理解しがたいことだった。[46] 沿岸警備隊はこれと並行して、アメリカ国内における大規模なスパイ調査でもFBIを支援していたので、なおさらだ。[47] 事件の中心人物は、ニューヨークに住む南アフリカ人、フレデリック・ジュベール・デュケインである。大物ねらいのスパイで、柔らかい黒髪をもち、イギリス人への強い恨みを先の大戦からひきずっている。デュケインは逮捕されたとき、船舶での爆弾爆発にかんする新聞記事の切り抜きのファイルを抱えていた。

FBIではこの事件《ケース》を、デュケインの名前の発音をもじって「デュケース」とよんでいた。一九四一年春、週に数回、デュケインはマンハッタンの九二番街にあるオフィスに出かけ、ウィリアム・セボルドという名のドイツ人スパイと会い、アメリカの軍事力についての機密情報を交換し、彼ら二人がスパイとして雇った三〇名以上の共謀者の活動について話し合っていた。セボルドは、ロングアイランドにある地下無線局から情報をハンブルクに発信していた。その際、書籍サイファで通信文を暗号化した。使っていた本は『すべてこの世も天国も』で、エリザベスがすでに解読していたものである。デュケインは知らなかったが、セボルドは二重スパイとしてＦＢＩのために密かに働いていた。[48]オフィスの壁に設置されたビデオカメラがデュケインの姿を録画し、ロングアイランドの無線機もＦＢＩの管理下にあり、ハンブルクに送信される前に情報が改竄《かいざん》されていたのだ。

あるとき、ＦＢＩから、エリザベスと沿岸警備隊に連絡が入った。[49]ロングアイランドにいるＦＢＩの通信士が、ハンブルクから予期せぬ依頼を受信したというのだ。依頼の内容は、ロングアイランドの無線局で、メキシコにいるナチ・スパイの通信文を中継してくれないか、というものだった。メキシコの地下無線局は、ハンブルクまで送信するには出力が足りないらしい。[50]ＦＢＩはこれを引き受けたが、中継する通信文が届き始めると、それは見たこともない暗号で書かれていた。[51]

エリザベスはその暗号を破った。[52]メキシコにいるスパイは、マックスとグレンであると判明した。一年前にエリザベスが追跡していたあの二人である。

エリザベスは解読した平文をＦＢＩに提供したうえ、ロングアイランドからハンブルクに送信される通信文を次々と解読していった。[53]一九四一年夏までに、エリザベスの暗号班では、デュケインと仲間のあいだでやりとりされた通信文を何百通も解読していた。これらの通信文からは、スパイ裁判で使えそうな確かな証拠が引き出せただけでなく、ニューヨークの工作員たちと、南米とメキシコにいるナチの工作員たちとのあいだのつながりも明らかになった。そうしてＦＢＩの注目が、それまではまったく認識していなかった容疑者たちへと向かうことになる。沿岸警備隊による粘り強い暗号解読に加えて、ＦＢＩの監視カメラ映像と二重スパイであるウィリアム・セボルドの協力もあり、Ｊ・エドガー・フーバーがアメリカ史上「最大のスパイ一斉検挙」と誇る成果につながった。[54] 一九四一年六月、九三名のFBI捜査官が複数の現場にふみこみ、デュケインとその一味三二人を逮捕したのだ。一九人がスパイ容疑の罪を認め、デュケインを含む残りの一四人は三か月後にブルックリンで裁判にかけられた。ローズベルト大統領がこの裁判の経緯を見守っていた。アメリカが参戦を表明するときがきたならば、その時点でアメリカ国内に、妨害工作を行う力をもつ敵のスパイ網が存在しないという確証がなくてはならないからだ。六週間にわたりFBI捜査官やデュケインが証言をして世間を騒がせたあと、被告全員に有罪判決が下った。三三人のスパイたちは、全員あわせて延べ三〇〇年の禁固刑を宣告された。

「デュケース」の大成功はアメリカに持続的な二つの影響をもたらした。まず、アメリカ国内でスパイ活動を行おうとするナチの意欲がくじかれた。さらには、J・エドガー・フーバーが伝説的人物になった。のちにハリウッドで、デュケインらスパイを題材にした映画『九二番街の家（*The House on 92nd Street*）』が、フーバー自身の協力も得て製作された〔邦題『Gメン対間諜』〕。デュケースがきっかけとなり、「FBIが国内外のスパイ活動に対抗する防衛の最前線であるとする見方が大衆文化に根付いた」と、元FBI防諜要員のレイモンド・J・バトヴィニスは書いている。[55]「フーバーが、『アメリカ的な生活』の守護者であるという神話が国民のあいだに広がった」

エリザベスがデュケースに貢献した事実は、世間ではまったく認識されていなかった。そのエリザベスは、FBIのパフォーマンスをまったく快く思っていなかった。FBI捜査官たちが裁判で、スパイの使った暗号手法の詳細を証言したことにも不満をおぼえた。「FBIは財務省の許可も得ないで、暗号文の内容や手法をさらけ出した。財務省が暗号を破ってシステムを解明したというのに」とのちに書いている。[56]

FBIが尊大な態度で世間の注目を浴びようとしていることは明らかだったが、エリザベス自身にできることは何もないというのもまた明らかだった[57]。ＦＢＩは沿岸警備隊よりも力がある。フーバーは望むものをなんでも手に入れた。その年の秋、ナチがモスクワに進軍し、アメリカ政府が戦時体制に移行するころ、フーバーは以前と同様に、スパイ暗号の解読文を沿岸警備隊に要求し、エリザベスのチームは相変わらずそれらを提供していた。

一九四一年の一〇月と一一月、真珠湾攻撃が起こる直前の数週間、暗号解読班が自身の手から離れようとしている感触をエリザベスはおぼえていた。軍部が民間人の職務を乗っ取る動きが始まっていたのだ。ナチのＵボートがアイルランド沖でアメリカ船を撃沈し、一〇〇人以上の船員が死亡した翌日の一一月一日、ローズベルトは、沿岸警備隊を財務省の管轄外とする大統領令に署名した。代わりに即刻、沿岸警備隊はアメリカ海軍に組み込まれた。沿岸警備隊の全職員は、海軍長官フランク・ノックスの支配下に入ることとなった。要するに、大統領のサインひとつで、エリザベスと同僚たちは海軍に徴兵されたというわけだ。

海軍のために働くこと自体には異論はなかったが、暗号班が財務省傘下でなくなると、混乱が生じて業務効率が低下するだろうと予見できた[58]。エリザベスはハーバート・ギャストン財務次官に異議を申し立て、ギャストンがその意見を一九四一年一一月五日、財務長官ヘンリー・モーゲンソーのオフィスで開かれたスタッフ会議で伝達した[59]。

その日の会議には、一三人の男たちと、モーゲンソーの秘書、ヘンリエッタ・クロッツが出席していた。彼らはモーゲンソーのデスクの周りに集まった。近くの窓から、ホワイトハウスの大統領執務室が見える[60]。ローズベルト大統領のシルエットと、動き回る訪問客たちの姿、そしてカメラのフラッシュがたかれる光が、モーゲンソーの視界にときおり入ってきた。

午前一〇時四五分、男たちは議論を開始した[61]。議題は、所得税率、農業関連の法規制、自動車タイヤの価格、アトランティックシティを拠点とする税金詐欺事件犯罪グループの親玉ナッキー・ジョンソンが最近、連邦政府裁判所で有罪判決を受けたことなどである。すべての論題について検討し、あらゆるゴシップが話題にのぼったころあいにモーゲンソーが問いかけた。「ほかにはないか？」

「実際にはわたしの担当ではありませんが」とギャストンが口を開く。「それでも本件を引き受けましたので。すでに電話で少しお話ししましたが、この場でもう一度。フリードマン夫人の件です」

鳥に似た容貌で細縁の眼鏡をかけ上質のスーツに身を包んだギャストンが、エリザベスが財務省に残りたがっていると一同に説明した。[62]

「夫人は、海軍で働くことについて不満を感じています。頑なに抵抗してふさぎ込んでいます[63]」

誰ひとりとして、どう対応すべきかわからなかった。モーゲンソーが海軍長官フランク・ノックスに電話をかけて、エリザベスを財務省に戻すよう頼むべきなのだろうか？　財務省はエリザベスを手放さないように戦うべきなのか、それとも海軍に譲ってやるべきなのか？

「彼女のチームは優秀です。ご存じのように、政府内のどの暗号部門にも引けを取りません」とギャストンは続ける。もしもエリザベスが財務省に残り、戦争スパイを捕まえる仕事を陸軍や海軍、ＦＢＩに任せても、エリザベスには「使い道があるでしょう」とも述べた。たとえば、枢軸国の預金口座を調査するＴメンを手助けできるかもしれない。

どういう事態であれ、頑なに抵抗してふさぎ込んでいる女性からの不満に応じることはしたくない、とモーゲンソーは言った。「わたしが率先してことにあたっているように思われたくはない」

そこに、ハリー・デクスター・ホワイトが割って入った。[64]四九歳で髪がすっかり薄くなり、三つ揃いのスーツを着込んでフクロウのような眼鏡をかけているホワイトは、いかにもグラフや数式を操る元経済学教授といった風体だった。こうした印象はもしかすると、念入りに作り上げられていたものかもしれない。在ワシントンのソ連トップ諜報員とのつながりを示す文書が一九五〇年代に明るみに出たのだ。一九三〇年代と四〇年代、ホワイトは財務省の中枢においてクレムリンの利益のためにスパイ行為を働いていた、という見解を示す歴史家もいる。

会議の席でホワイトは、フリードマン夫人の件について意見を表明した。「長官、口をはさむつもりはないですが、たしか夫人はわが国でいちばんの暗号解読者でしたよね？」[65]

ギャストンが答える。「夫人自身は、夫のほうが自分よりもはるかに優れていると言うが、夫人も優秀だと思われます」

モーゲンソーは、エリザベスと話をして事情を聞いてみると言って会議を終わらせた。その話し合いは実現しなかった。一か月後の一九四一年一二月七日に、日本が真珠湾のアメリカ海軍基地を攻撃したからだ。

真珠湾攻撃のニュースがフリードマン家に入ると、ウィリアムはせかせかと歩き回って小声でつかえながら、理解できないとつぶやいた。エリザベスの耳に、「でも、彼らはわかっていたじゃないか。わかっていた、わかっていたはずだ」という声が何度も聞こえてきた。[66]

ウィリアムはただちに、軍需部ビルにある陸軍暗号班のオフィスに向かった。職員たちが次々と到着してきて、駆けずり回っている。[67]大佐たちの表情はまちまちで、目が赤くやつれた顔の者もいれば、必死に無表情を装う者もいる。アメリカ人二〇〇〇名が死亡した、いやもっとかもしれない、という話だ。そのなかには、戦艦アリゾナの艦上にあった乗組員一一七七名も含まれる。[68]戦艦アリゾナは、爆弾が装甲を貫通し、前方弾薬庫に達して炎上した。二一隻の船が沈没し、二〇〇機近い航空機が破壊された。太平洋艦隊のかなりの部分が海底に沈んだ。

それから数日間、何人かの暗号解読者が遺書を書いた。[69] たがいの遺書に証人として署名もした。

暗号解読者たちは数週間とまではいかなくとも数日前から、日本が大規模な攻撃をしかけてきそうだと知っていた。ウィリアムはじめ暗号班の面々は、マジックの傍受通信を目にしていたからだ。日本軍の攻撃態勢が整っていることは、マジックから一目瞭然だった。ただひとつ謎だったのは、攻撃目標地点である。一二月七日にウィリアムを驚かせたのは、攻撃そのものではなく、場所だった。真珠湾ではなくてマニラだろうとにらんでいたからだ。[70]

それから長年にわたり、何がまちがっていたのだろうという疑問がウィリアムの頭から離れなかった。真珠湾関連の文書を何千ページも分析し、三巻にのぼる報告書を執筆した。[71] その結論は、一二月七日の攻撃はマジックに強く示唆されていたが、配布の段階でばかげた過失が続いたせいで解読文の流れが滞り、政府のトップが危険を察知するのが遅れて、対策を講じることができなかったというものだった。これには、次のような含みもある。きわめて重要なマジック解読文の内容が真珠湾に届けられるまでこれほど時間を要した一因は、軍部が真珠湾の司令官に専用のパープル暗号機を提供しなかったせいで、真珠湾では直接マジックを読むことができなかったからである。暗号機を供与しないという判断は、日本がマジック解読に勘づく可能性を最小限に抑えるために、パープル機の配布を制限したいというもっともな意向によるものだった。

これは、暗号解読者が必然的に残酷な選択を迫られる顕著な事例である。将来、何十万人もの生命を救うかもしれない秘密を、危険は承知のうえで当面のあいだ保持するのか。それともたった今、もっと少ない数の命を守るために、その秘密をさらすのか。ウィリアムはかつて、この大きなジレンマを「暗号学的分裂病」と称して、「この状態にどう対処すべきか？　今までのところ、この病気への精神医学的または精神分析学的な実質的治療法は発見されていない」と述べている。[72]

暗号学的分裂病という言葉をもちいれば、真珠湾攻撃の一二月七日にフリードマン夫妻のもとを訪れた客人のふだんとは異なるようすの説明がつくかもしれない。その夜エリザベスとウィリアムは、仕事を終えて帰宅していた。すると、玄関にある象のかたちをしたドアノッカーをたたくカチカチという音が聞こえた。戸口には、赤ら顔のイギリス人男性が立っている。アメリカに新しい諜報機関の情報調整局を創設するよう働きかけたBSC士官のエディー・ヘースティングズ大佐である。エリザベスは以前からヘースティングズと顔見知りで、ウィリアムも同様だった。

戦後に行われ、のちに機密解除されたNSAによるエリザベスのインタビュー記録によれば、ヘースティングズ大佐が直後に取った行動は、エリザベスの「人生においてもっとも鮮明に残る記憶のうちのひとつ」になったらしい。[73]ヘースティングズはふらふらと入ってきて椅子に腰を下ろした。そして真珠湾の件を口にした。それから、笑い出したのだ。攻撃のニュースは、数時間前にラジオで発表されたばかりだった。エリザベスは当惑しながら、笑いが収まらないでいる大佐を見つめた。「フリードマン夫人はぎょっとして不快感をおぼえた」とNSAの記録にはある。「ヘースティングズはどうやら、不意打ちをくらったという側面をおもしろがっていたようだった。このようなできごとはあったが、夫妻との友人付き合いはその後も継続した」

ヘースティングズは、その日のあまりのストレスで頭がくらくらしていたのかもしれない。ひょっとすると本気で、どことなく滑稽だと感じていたのかもしれない。マジックはあれほど強力だったのに、真珠湾の水兵やパイロットの命を救えなかった。日本の政治家や軍部の心を文字通りほとんど読めていたのに、この大攻勢を阻止できなかったのだ。このイギリス人の笑いの意味を、エリザベスはそののちも理解することはなかった。[74] このできごとは、インテリジェンスに携わる者がしばしば体験する謎めいた体験の一例だった。不可解さがずっと尾を引き、何年たってからも、たとえば飛行機の上で、あるいは夜中にベッドのなかでくつろいでいるときに、ふと思い出されるようなできごとである。そしてこう悟る。インテリジェンスというものは、何かについて知り、その知識を使って力を獲得することではあるが、それと同時に、ものごとを知らずにいたり、誤解したり、あるいは誰かが誤解するところを目の当たりにしたりすることでもある。きちんと知ってはいないという不確かさを抱えたまま日々を送り、あれはなんだったのだろうと考え続けなければならないのだ。

「昨日、一九四一年一二月七日は、汚名のうちに生きる日となった。アメリカ合衆国は、大日本帝国の海軍および空軍から用意周到な奇襲を受けた」[75]

襲撃から二四時間以内に、フランクリン・デラノ・ローズベルト大統領は議会の演台に立ち、マイクの束を前にして宣戦布告の承認を訴える演説を行った。息子のジェームズが海軍の軍服姿でかたわらに控えて立っている。これに先立ち、ジェームズと大統領側近たちが、ローズベルトの麻痺した両脚に金属製の装具を三つ装着していた。車いすで人前に出てはならない場面で必要な補助具である。六二〇〇万人のアメリカ国民がラジオで演説を聴いた。大統領の演説は七分間におよんだ。一時間以内に、議会は対日宣戦を承認。それから三日後、ドイツが対米宣戦を布告した。

アメリカ軍の一個連隊がヨーロッパの土をふむ前から、戦争はアメリカ文化を一変させた。戦争はまるで胃袋のように、広大で多様性に富んだ国家を飲み込み、細かくつぶして、画一的な製品を吐き出した。ハリウッド映画やディズニーアニメは、今や戦争をテーマにした作品ばかりになった。ビジネスも戦争関連のものばかり。職場も学校も戦争一色。アメリカ人がこぞって、わが身を削り倹約に励むようになった時代は、これより後にも先にもなかった。小学校三年生の子どもたちが集団で近所を回り、廃材やタイヤ、紙類、料理用油、古い運動靴を集めた。運動靴は、靴底をゴム材として再利用するのだ。三大自動車メーカーは車の製造を中止して航空機の製造を開始した。工場労働者たちは秘密保持の誓いを立てた。今では誰もが秘密をもっていた。政府は、黄褐色の配給帳に綴られた卵、牛乳、パン、ガソリンの配給切手を発行した。エリザベスの配給帳には、身長一六〇センチメートル、体重五四キログラムと記されている。[76]

真珠湾攻撃後、あらゆる政府の問題が緊急事案となり、軍部は、民間人に機密事項を担当させたがらなくなった。沿岸警備隊は、暗号解析班の新たな班長にレナード・T・ジョーンズという若い大尉を任命した。[77] ジョーンズは陸軍の暗号解読訓練課程を受講していた。それに伴い、エリザベスは主任暗号解析官からただの暗号解析官に降格された。もはや、自身がいちから作り上げ、人員を集めて教育し養成したチームのリーダーではなくなったのだ。

エリザベスは動揺したが、暗号班内で民間人を指導する立場にはあり、ジョーンズは暗号解読者として見込みがあると評価していた。したがって不満を訴えることはしなかった。いずれにしても、エリザベスに選択権はなかったのだ。[78] 男たちから指示が飛び、エリザベスの力がおおいに求められた。数日ごとにヘンリー・モーゲンソーのところに電話がかかり、さまざまな暗号任務にフリードマン夫人の手を借りたいと言ってきた。

ワシントンではエリザベスの取り合いが今まで以上に激しくなった。エリザベスは、大統領の息子、ジェームズ・ローズベルト、さらにはウィリアム・ドノヴァンと知り合いになった。[79] 長身で怒りっぽい元陸軍大佐のドノヴァンには躁病の気があり、兵士たちからは「ワイルド・ビル」とよばれていた。[80] ローズベルト大統領は息子に、情報調整局を設立するドノヴァンを支えるよう指示を出していた。諜報機関である同局はのちに戦略情報局（OSS）、さらには中央情報庁（CIA）となる。

ドノヴァンは、間借りのオフィスでまさにゼロから出発した。諜報機関がまず必要とするものは、現地にいるスパイとの安全な通信手段である。コードやサイファといった暗号、暗号作成に使う機械、暗号文を書く事務員、さらには事務員の訓練が必須となる。ドノヴァンのもとにはこれらのうちのひとつとしてなかった。コードやサイファといった暗号の基礎も知らなかったため、ジェームズ・ローズベルトがエリザベスに力を貸してやってくれないかと話をもちかけた。[81] 加えてドノヴァンもヘンリー・モーゲンソーあてにじかに手紙を書いて送った。[82] そこではエリザベスを名指しして、「彼女の協力が緊急に必要であり、それなしでは、われわれの暗号班設立はお預けです」と訴えた（モーゲンソーはスタッフ会議で「あいつはフリードマン夫人をよこせと言っている」とこぼした）。[83] この仕事が、真珠湾以降、エリザベスにとって初の任務となった。臨時でドノヴァンのオフィスに出向き、三週間半にわたり、OSSの原型、つまりはCIAの原型の原型となる初の恒久的暗号部門の立ち上げに尽力した。[84]

エリザベスはまさに何もないところから出発した。[85] アルファベットを記した紙片など暗号作成のための補助ツールを手作りし、海軍のつてを頼ってかなり入手困難な暗号機を手に入れて設置し、この新設部局の目的に応じてカスタマイズした。暗号官候補者を面接してドノヴァンに推薦もしたが、ドノヴァンは耳を貸さなかった。ドノヴァンはエリザベスをつねに使用人のように扱い、通信の安全性確保という原則の重要性を理解しなかった。職務が完了すると、エリザベスはドノヴァンあてに、礼儀正しさのなかに憤懣をにじませた手紙をしたためた。[86] その行間には、国家の重要機関をこのように愚かで傲慢な人間が率いることになると思うとぞっとする、というエリザベスの感情が読み取れる（ドノヴァン率いるOSSは無謀な行動で知られるようになる)[87]。エリザベスはこの手紙を、ジェームズ・ローズベルト経由で送った。ドノヴァンが情報の守護者として欠陥だらけであることを、ローズベルトにも知ってほしかったからである。


貴殿の組織において臨時職務に携わった経験および所見から、以下の点を推奨したく存じます。

—現地に赴く代表者はいずれの場合においても、現地で提供される通信システムの運用について、十分な時間を割いて徹底した訓練を受けることが求められる。訓練によってシステムに習熟するには、数時間ではとうてい不可能である。最低五日間にわたり一日あたり数時間は必要である。当人の知性によっては、さらに長い時間を要するだろう。

—貴殿の組織全体において、機密情報全般について啓蒙し、議論し、これを扱うこと。……機密情報の啓蒙という課題は長く困難なものである[88]……。


この手紙には、自身の信頼性を裏付けるために「エリザベス・スミス・フリードマン博士」と署名した(一九三八年に母校のヒルズデール・カレッジから名誉法学博士号を授与されていた)[89]。それから自分のオフィスに、なじんだデスクと沿岸警備隊の優秀な同僚のもとの「わが家」に戻り、ほっと一息ついた。

そこには、南米から届いた傍受通信の新たな山が待ち構えていた。エリザベスはまたもや精力的に解読に取りかかり、スパイの最新の動きを盗み聞きした。いまだ「サルゴ」と「アルフレド」が現地のネットワークを監督し、ブラジルとチリの各地にいる工作員から吸い上げた情報をまとめ上げ、無線でドイツに報告しているようである。しかし、通信文には、これまでにない憎悪が感じられた。真珠湾攻撃後、ブラジルはアメリカとの連帯を表明した[90]。ナチはその報復として、ブラジル船に初めて魚雷を発射した[91]。船の位置を知らせたのは、「サルゴ」と「アルフレド」、そして彼らの使うスパイたちだった。[92] これに憤ったブラジル政府は、ドイツ企業への対抗措置に出た。「枢軸国にたいして徹底的な措置が講じられるようになってきている」と、ブラジルに潜伏するスパイがドイツに無線で報告している。[93]「銀行預金はすでに封鎖された。手許にある危険な文書を破棄中。無線通信はできるかぎり継続する。ヒトラー万歳」。一九四二年一月、ヒトラーは連打《パウケンシュラーク》〔英語名〈ドラムビート〉〕作戦を開始。[94] 軍需品を輸送するアメリカとイギリスの商船を標的としたUボートによる組織的攻撃である。「サルゴ」と「アルフレド」もこの作戦を援護した。三か月にわたりUボートは容赦ない攻撃を続け、一〇〇万トンもの物資を海底に沈めた。一九四二年夏までに、連合国側の船員五〇〇〇人が殺戮された。[95]「大西洋沿岸一帯では、沖に目をやると、昼間は立ち上る煙が、夜間は赤く燃える炎が見えた」と歴史家のジョン・ブライデンは書いている。エリザベスが解読した通信文には、南米水域を出入りする連合国の船舶についての詳細がぎっしりとつまっていた。

一九四二年三月一四日、〇〇時三八分
モンテビデオ港出港：四日、（アメリカ汽船）F．Q．バーストー号がキュラソー島に向けて出航、（アメリカ汽船）ウェスタン・スウォード号がアメリカに向けて出航。リオデジャネイロ港出港：一一日、（アメリカ汽船）ルース号がボルティモアに向けて出航、一二日（アメリカ汽船）ラモット・デュポン号がブエノスアイレスに向けて出航。リオデジャネイロ港入港：一二日（アメリカ汽船）デルマー号がニューオリンズより入港、一三日（イギリス郵便船）デーヴィス号がグラスゴーより入港。[96]

エリザベスは解読文を関係部局にできるかぎり迅速に伝達した。ナチのUボートがすでにこれらのアメリカ船やイギリス船を追跡している可能性があるとわかっていたので、連合国側の船長たちに警告を発したかったのだ。

さらには三月上旬、ロードアイランドの沿岸部にあるＦＣＣの聴音哨から不吉な内容の傍受通信がエリザベスのもとに届けられ、それを解読した[97]。一連の通信文からは、軍隊輸送船として運用されている英国郵便船クイーン・メリー号の攻撃準備にナチが着手していることがうかがわれた。同船は、八三九八名のアメリカ人兵士を輸送中だった[98]。

一九四二年三月七日
クイーン・メリー号の船内には、東インド諸島民、アメリカ人、イギリス人、戦車、分解された航空機が積載。オランダ領東インド出港、南米経由[99]。

三月八日
クイーン・メリー号、三月八日現地時間一八時に出港[100]。

三月一二日
一一日、中央ヨーロッパ標準時一八時、カンペイロ号がクイーン・メリー号をレシフェ港（近郊）の海域に確認[101]。

三月一三日

一二日、中央ヨーロッパ標準時一五時、ピラティニ号がクイーン・メリー号をセアラの海岸付近にてベレンの方角に確認。[102]

三月一四日

クイーン・メリー号には七〇〇〇人から八〇〇〇人の白人青年兵が乗船。[103]

のちに判明したことだが、ヒトラーはクイーン・メリー号に報奨金をかけていた。この船を撃沈したUボート艦長には、柏葉鉄十字章と一〇〇万ライヒスマルクが授与されるというものだ。[104] エリザベスの解読文（およびそのほかの連合国側の暗号解読部門が解読した通信文）はすぐにクイーン・メリー号船長に伝達された。船長は無事に敵を回避し、待ち伏せしているUボートからこっそり遠ざかり、アメリカ人兵士八〇〇〇名以上と船員たちの命を守った。[105] この件は、地下無線局の重要性を示す好例である。エリザベスが通信文の解読を続けているかぎり、迫り来る危険を察知することができ、ひいてはアメリカが優位に立っていられたのだ。

だからこそ、二月から三月にかけて、警察に追われているとスパイたちが口にするようになるとエリザベスは困惑した。チリにいるスパイたちから「隠れ家が三回、捜索された」という報告が上がった。[106] サンパウロからベルリンに、気温が摂氏三一度で「さらにひどくなりつつある」という報告が送られた。[107] つまり、警察の厳しい追跡《ヒート》の気配を感じるという意味だ。その後、その無線局は不気味なほど静まりかえった。リオでは、アプヴェーアの主任スパイ、アルブレヒト・エンゲルスが「国中で警察がドイツ人を盛んに取り締まり中」と送信した。[108] 一九四二年三月一七日、ときおり無線機を借用しているドック入り中のスイス船ヴィントフック号にブラジル警察がふみこみ、二等航海士がもみあいの末に溺死し、残る乗組員たちが刑務所に収監された、という報告がエンゲルスからベルリンへ発信された[109]。

このような狼狽した内容の通信文がぐっと増えたことに気づいたエリザベスは、ブラジル当局と、ことによるとチリ当局も、スパイ一斉検挙のようなものを実施して、ナチ工作員を逮捕し無線機を押収しているのではないかと推測した[110]。この動きを先導しているのがＦＢＩなのか、現地の警察なのか、それとも両者が結託しているのかまでは、エリザベスにもわからなかった。

いずれにせよ、事態は好ましくなかった。エリザベスはじめ沿岸警備隊の面々は、今は、スパイ組織に介入し逮捕すべきときではない、と確信していた。暗号解読者たちは日々、ナチ・ネットワークの全体像をつかみつつあった。もしもナチのスパイが、暗号が破られているせいで当局から追われていると知ったなら、きっと新しい暗号に、それもさらに強力な暗号に切り替えるにちがいない。そうなれば、エリザベスが新しい暗号を突破するには難度によっては数週間か数か月かかり、その間、連合国側は、南米大陸全体でのナチの動きを読めなくなってしまう。南米全体がとつぜん闇に包まれてしまうだろう。スパイたちが、クイーン・メリー号の次に別のアメリカ軍隊輸送船を標的にしたなら、その船に警告を発することもできないうちに、魚雷が船体に命中するかもしれない。

エリザベスのようなベテラン暗号解読者は、こうしたことを心得ていた。しかし、この分野は未経験のＦＢＩはそうではなく、エリザベスが、南米での警察の動きを把握して、最悪の事態が起こるのを阻止する前に、ＦＢＩ捜査官たちが金の卵を産むガチョウを捕まえて頭を切り落としたのだった。

「やめろ！　家が丸ごと爆発するぞ！[111]」

サンパウロ在住のアプヴェーア工作員、ヨーゼフ・シュタルツィクニー、別名「ルーカス」が、ブラジル人刑事に手にしたスーツケースを下ろすよう命じた。刑事はそっとケースを置いた。

一九四二年三月一五日のことである。[112] エルピド・レアーリは、捜索令状をもってサンパウロ郊外にあるこの家にやってきた。ナチのスパイなる男を逮捕するつもりだった。ドアをノックしてなかに入るとすぐに、盗撮用カメラと望遠レンズ、暗室、無線受信機が目に入った。そこには、シュタルツィクニーの愛人がいて、部屋着姿のまま困惑した表情を顔に浮かべている。

「スーツケースのことだが、家が爆発すると言ったな」とレアーリが問う。

シュタルツィクニーは首を横に振った。いや、スーツケースのなかには爆弾などない。

レアーリが掛け金を外すと、携帯用無線機が現れた。

ドイツ海軍のコードブックがばさっと出てきた。シュタルツィクニーは暗号を使って、連合国側の船の座標をUボートに知らせていたのだ。シュタルツィクニーはコードブックに目をやると、近くの棚にあったリボルバーに手を伸ばした。どうやら自殺するつもりらしく、「ゲスターポは決して俺を許さない」とつぶやく。しかし思い直して、レアーリの手でおとなしく警察署に連行された。

リオでの逮捕劇の直後、アルブレヒト・エンゲルス、別名「アルフレド」がサンパウロのシュタルツィクニーの家に電話をかけた。誰かが電話に出た。エンゲルスはその声に聞きおぼえがなく、すぐに電話を切った。

シュタルツィクニーが逮捕されたのだろう、あいつはきっと警察の尋問に耐えられないだろうとエンゲルスは見当をつけた（どちらの推測も正しかった）[113]。そこでエンゲルスは、異彩を放つ親衛隊大尉、ヨハネス・ジークフリート・ベッカーの指導のもと何か月もかけて構築したスパイ網を守るため、緊急時の計画を実行に移した。リオにある無線機を別の場所に移動させ、共謀者にコードブックと現金八万九〇〇〇ドルを渡し、スパイ網が危機に陥っていることを知らせる一連の無電をベルリンに発信した。最後の通信文は三月一八日に送信されている。

マイヤー・クラーゼンがポルトアレグレで逮捕され、レオとアルノルトの名前を暴露した。そのためアルノルトがサンパウロで逮捕され、ポルトアレグレに移送された。マイヤーが（すでに）無線の手順についてももらした（暴露した）のではないかと思われるため、追って指示を受けるまで潜伏する。[114]

同日、エンゲルスは、ブラジル社会政治警察（ＤＯＰＳ）に逮捕される。[115] 刑務所のトイレもない真っ暗な独房に監禁され、自白を強要された。何週間もそこに閉じ込められ、懲罰として睡眠を何度も妨害された。ＤＯＰＳはそれから二か月余りのあいだに九〇名近いスパイを拘留した。これを要請したのは、ＦＢＩブラジル支局の幹部、ジャック・ウェストである。ブラジル国内での特別情報局（ＳＩＳ）の活動を指揮し、リオの大使館で法務担当官も務めていた。ウェストは、大西洋で連合国商船への魚雷攻撃が激化していることから、Ｕボート艦長に商船の座標を提供し続けているスパイへの対抗措置を今こそ取るべきだと考えた。それも思い切った措置を講じたほうがよい、と。[116] ＤＯＰＳがスパイを検挙する一方、ロバート・リンクスという名のＦＣＣの若い局員が、方向探知機を積み込んだ自動車でリオの町中を走り回り、地下無線局の場所を警察に教えた。無線局には次々と捜索の手が入り、無線機が押収された。[117]

歴史家のレズリー・ラウトとジョン・ブラッツェルが一九八六年に出版した『影の戦争（*The Shadow War*）』には、「ジャック・ウェストは、断片的な措置を取っても意味がなく、大きな打撃を徹底して加える」ことだけが、ナチの無線局をただちに停止させて、存在が知られているスパイたちを刑務所にたたき込み、「電波から閉め出す」ための唯一の方法だという結論を出した、という記述がある。

しかし、FBIの目的は妥当だったが、実際の行動には疑問の余地があった。スパイたちはブラジル人尋問官に抵抗した。一か月が過ぎても、自白はほとんど引き出せなかった。じりじりしたウェストは、ブラジル警察内の右派グループが自分の指示に背いているのではないかと怪しんだ。そこで、警察組織の頭越しに手を打つという、その後の運命を左右する決定を下した。エリザベスと沿岸警備隊のチームが解読したメッセージ、すなわちスパイが無電した通信文の傍受文とその解読文を丸ごと写し取り、何百通ものメッセージをブラジルの大統領、外務大臣、空軍大臣に見せたのだ。[118] J・エドガー・フーバーはのちに、連合国の工作員がブラジル政府に、無線や通信文についての「すべての情報を提供した」、と認めている。[119]

この計略から期待どおりの効果が得られた。ブラジル警察が、拘留中のスパイたちをいっそう強く締め上げにかかったのだ。[120] スパイたちは服を脱がされ尋問された。解読文（エリザベスの手による解読文）の書かれた紙を見せて、文中の不明な単語を書き入れるよう強要する警察官もいた。[121] 少なくとも二人が、意識不明になるまで殴打された。指を脱臼した者もひとりいた。裸にされて陰嚢を膝で何度もけり上げられ、たばこで火傷をさせられた者もいた。ベッドもない、一八〇センチ掛ける九〇センチの独房で尋問された者もいた。サンパウロ警察では、服を脱がされた状態で二日間ぶっ通しで尋問を受け、体に冷水をぶっかけられ、高速で回転する扇風機を顔に直接向けられて、ついには頭がもうろうとした者もいた。それでも、抵抗を続けた者も数名いた。アプヴェーアのスパイ、フリードリヒ・ケンプターは、石がごろごろ入った皿を出されて以降、ハンガー・ストライキを続けた。[122] そのうちFBIは、ケンプターが衰弱して口をきけなくなってしまうのではないかと恐れて、ステーキとフライドポテトの食事を用意させた。このように、残虐行為や拷問をやめさせようとＦＢＩが介入した例はまれだった。ほとんどの場合、そうした行為に加わるか、見て見ぬふりをするかだった[123]。それは、一九七〇年代と一九八〇年代にＦＢＩが中南米で演じる失態の不吉な予兆でもあった。

ＦＢＩの計画は成功しなかった。一斉検挙は不首尾に終わったのだ。ナチのネットワークに致命的な打撃を与えてスパイを電波から閉め出すには、スパイ全員を一斉に捕まえる必要があった。だが、そうはできなかった。親衛隊大尉のベッカーは逃走を続けていた。いずれにしろ、ＦＢＩはベッカーについてほとんど情報をつかんでいなかった。無線専門家のグスタフ・ウッツィンガーも行方をくらました。ウッツィンガーは無線機を航空便でパラグアイに送り、偽造パスポートを使ってブラジル船に乗り、パラグアイの首都アスンシオンで無線機を受け取った[124]。

連合国にとってさらに痛手となったのが、リオ在住のビジネスマンでスパイに転身したアルブレヒト・エンゲルスが、仲間のスパイの妻が面会にきたときに、彼女に託して、三通の長文の手紙を刑務所の外にこっそり持ち出すのに成功したことである[125]。これらの手紙にエンゲルスは、警察の残虐行為を書き記し、さらには、スパイの暗号が解読されているため変更が必須であるとベルリン当局に訴えた。

ベルリンはスパイ網に警告を発し、すべての地下無線局にブラジルとの通信を中断するよう指示した。チリにいるスパイたちに、次のような無電が届いた。「警告する。アルフレド逮捕。あらゆる警戒措置を実行せよ。なによりも各自別々に行動せよ[126]」

リオの独房に囚われているエンゲルスは、警察の手を逃れた者たちが新たな暗号をもちいていっそう強固なネットワークを再構築してくれるだろうと期待して心をなぐさめた。ウッツィンガーがまだどこかで自由の身であることは知っていた。ベッカーがどうなったのかはわからなかった。もうすぐ釈放予定の仲間に、ベッカーを探して、もしも無事だとわかったなら、たばこを一箱自分に送ってくれ、と頼んだ。まもなくして、たばこ一箱が刑務所にいるエンゲルスのもとに届いた[127]。エンゲルスは安堵した。ベッカーとウッツィンガー、つまりは親衛隊大尉と無線技師が自由の身であるかぎり、望みはあるはずだ。

第4章　回路3－N

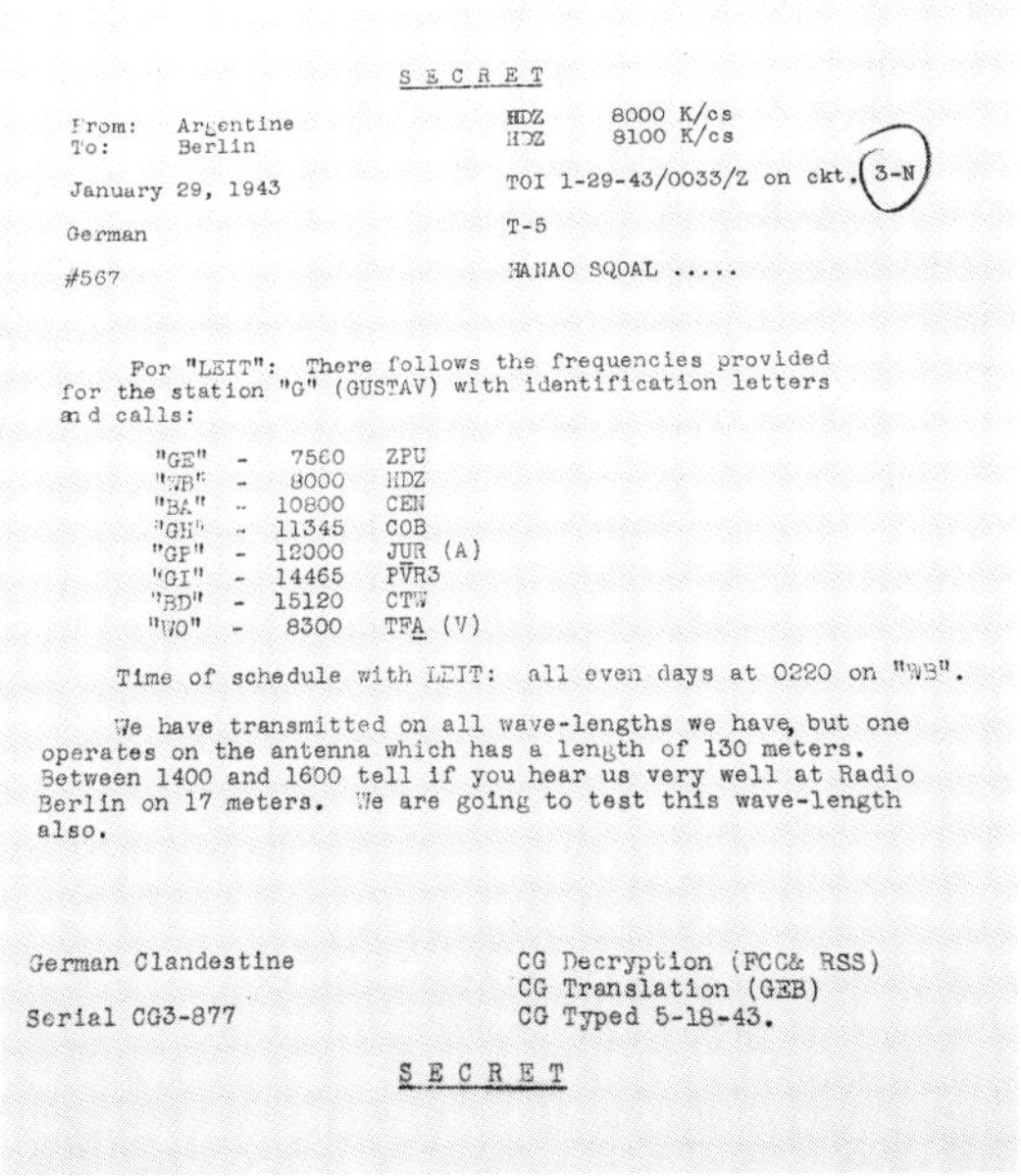

S E C R E T

From: Argentine
To: Berlin

January 29, 1943

German

#567

HDZ 8000 K/cs
HDZ 8100 K/cs

TOI 1-29-43/0033/Z on ckt. 3-N

T-5

HANAO SQOAL .....

For "LEIT": There follows the frequencies provided for the station "G" (GUSTAV) with identification letters and calls:

"GE"	-	7560	ZPU
"WB"	-	8000	HDZ
"BA"	-	10800	CEN
"GH"	-	11345	COB
"GP"	-	12000	JUR (A)
"GI"	-	14465	PVR3
"BD"	-	15120	CTW
"WO"	-	8300	TFA (V)

Time of schedule with LEIT: all even days at 0220 on "WB".

We have transmitted on all wave-lengths we have, but one operates on the antenna which has a length of 130 meters. Between 1400 and 1600 tell if you hear us very well at Radio Berlin on 17 meters. We are going to test this wave-length also.

German Clandestine

Serial CG3-877

CG Decryption (FCC& RSS)
CG Translation (GEB)
CG Typed 5-18-43.

S E C R E T

アルゼンチンとベルリンを結ぶナチの秘密の無線通信リンク、回路3-Nから送信された暗号通信文。エリザベスの沿岸警備隊暗号班が解読したもの。

真珠湾攻撃のあった一九四一年一二月に、ウィリアム・フリードマンはふたたび抑鬱状態に陥った。眠れぬ夜を過ごし、疑念や陰鬱な思いにさいなまされた。「逃げるか闘うか、さもなくばノイローゼにやられてしまう」[1]。何年ものちにウィリアムは、同じような鬱に襲われた時期に、感覚を言葉で表そうと一枚のルーズリーフにこう書いた。『浮遊する不安感』がありとあらゆることにつきまとう。こんな弱虫なわたしをEが軽蔑するのではないかと心配だ」。人一倍の厳密性や合理性を備えていると自負するウィリアムにとって、自分の心身をコントロールできないと感じるのは、恐ろしいことだった。こうした不快な状態を、ときおり「ヒービージービーズ」〔heebeegeebees、神経過敏を意味する俗語〕と表現した。個人的なメモには「hbgbs」と略している。[2]

ウィリアムは今回、助けを求めなかった。精神科医の診察を受けたり、精神病院に入院したりはしなかった。一九四一年一月にウォルター・リード病院で、人手不足のせいもあり過酷な入院生活を体験して以来、どうしようもない状態になるまでは同じ過ちを犯すまいと決めていたからだ。それでフリードマン夫妻は例のごとく、ウィリアムの深刻な容態を友人や子どもたちに隠し、仕事を続けた。ただし、一九四二年春には三日間続けて休みを取って自宅で過ごし、結婚二五周年を祝った。[3]この三日間、ありがたいことに二人はたっぷり寝坊した。めったにないことだった。それほどまでに疲れていたのだ。エリザベスは買い物に出かけて、鶏肉丸ごと一羽といちごを買った。ローストチキンといちごのショートケーキという、いつもの記念日用ディナーを作るつもりだったのだ。

友人たちには結婚二五周年記念日のことは言っていなかったが、どういうわけか話がもれたようで、その晩、同僚や友人が銀婚式のプレゼントをもって訪ねてきて、夫妻を喜ばせた。[4] フレッドとクレアのバークリー夫妻はサンドイッチ用の純銀の丸いトレーをもってきた。ジーン・チェイス・ラムジーは目のさめるような銀色のディナードレスをまとってきた。スタブとイーニッドのパーキンズ夫妻は、黄と青と白のアヤメ、青いデルフィニウム、真っ赤なオダマキ、白いかすみ草を生けたガラスの花瓶を手に訪れた。エリザベスは、自分の育てているバラの木からピンクと黄色のバラを摘んでこようと思い立ち、そのバラと、さらには白と黄のスイカズラも花瓶に加えた。隣家の人が、これもまた自身で栽培した緋色のバラを両腕に山ほど抱えてやってくると、家はかぐわしい香りで満たされた。

一日中、近隣や遠方にいる友人たちからお祝いの電報が届いた。そのうちの二通はウィリアムが冗談で書いたもので、うち一通はエリザベスに、ソルボンヌ大学からＡ．Ｂ．、すなわち「閨房の達人《アルティスト・ドゥ・ブドワール》」[5]を、またハーバード大学からはＤ．Ｓ．Ｍ．、「すばらしい結婚生活の博士《ドクター・オブ・サクセスフル・マリッジ》」[6]という名誉学位を授与されたと知らせるものだった。二通目の電報では、自身のメンタル不調を茶化して、病気のあいだも辛抱強くやさしく見守ってくれる妻に感謝を伝えている。もちろん、病気を指す直接的な言葉は使ってはいなかった。

エリザベス・スミス・フリードマンは二五年の長きにわたり、逸脱した夫の気まぐれや特異な行動について重要で専門的な研究を実施してきたがゆえに、さらにはこうした研究において、相当な精神的苦痛、不本意、不安の日々、眠れぬ夜などといった多大なる障害に遭遇してきたがゆえに、さらには上述の研究の成果として、夫、すなわちウィリアム・フレデリック・フリードマンを制御するための適切な手法と方便を編み出し、この人物を生活を共にすることが可能な人間とならしめたがゆえに……

両親の祝いの場に子どもたちはいなかった。ジョン・ラムジーはペンシルベニア州中部にある私立進学校の二年生を修了間近で、卒業後には陸軍航空隊に入隊し、すぐに航空学校に入学する予定だった。バーバラは大学の新学期を迎える前の休暇中で、ニューヨークの西五六丁目にあるアパートメントで暮らしており、左派の政治思想に傾倒して、ハンクという名前の活動家と付き合い始めていた。[7]「ハンクはすばらしい人です」とウィリアムへの手紙に書いている。「でもわたしたち二人はまったくちがいます。ハンクはかつてスラム街に住んでいて、ギャングのリーダーで（いちばん背が高くて体が大きいから）、警察嫌いで、イースト・リバーで泳いだりしていました。……でも今は、二人で酒場に行き、労働者たちと立ち飲みして、レーニン主義について語り合っています」

ウィリアムはレーニン主義にはまったく関心がなかったが、きみは善良な心の持ち主だねと娘に伝えた。「困っている人を助けたいというきみの熱意が何ものにも妨げられないことを願う。でも、遅々とした歩みしかできなくても、がっかりしてはならないよ」と書いた。[8]「人間の分別が生まれたのは、今からほんの三〇〇〇年から三五〇〇年前くらいなのだということを、つねに忘れないように」

ウィリアムはいつも、こういう考えかたをして心をなぐさめていた。つまり、未開の時代は遠い昔のことではなく、たとえ人類が寛容な心をもてなくても、それは、歴史的に見れば人類はまだ幼い子どもであるからだ、という見かたである。一九四二年の春、マジック傍受通信文を解読して回覧し、太平洋における日本の戦略機密を解明してアメリカの対応に役立てるなかで、こうした考えかたはまさに正しいと思い知った。一九四二年六月、日米両海軍がミッドウェーの決戦に向かって突き進むころ、ウィリアムとその部下の暗号解読者たちは、軍需部ビルから新しい居場所のアーリントン・ホールへと移転した。[9]ワシントン郊外にある、もとは私立女子校だった建物である。大規模になった暗号解読部門のためのスペースを確保するために、◯・四平方キロメートルのキャンパスを陸軍が接収したのだった。一方、海軍もインテリジェンス部門の人員を、ネブラスカ・アベニューにある同様の施設に移動させつつあった。こちらももとは私立女子校で、その中心にある五階建ての本館は海軍通信付属機関《アネックス》とよばれるようになった。

これら二つのキャンパスはまもなく、ブレッチリー・パークのアメリカ版へと発展していった。有刺鉄線に囲まれた施設内で職員たちが難問を解き、どういう仕事をしているのかを決して口外しない、徹底的に秘密のベールに覆われた場所である。職員の多くは女性だった。[10] この場所から、機械を使って総当たり方式で暗号を解読する時代が始まった。部屋を占拠するほどの巨大なマシン、すなわちアメリカ版のボンブや、IBM社製の初期のパンチカード・コンピュータを女性たちが操作するのだ。

アーリントン・ホールと海軍アネックスに勤務する女性たちの大半は、陸軍婦人部隊員（WACs）と海軍婦人部隊員（WAVES）だった。彼女らは、戦時中の男性労働力不足を補うために考案された陸軍および海軍の補助部隊のメンバーなのである。隊員たちは兵舎やアパートで共同生活をした。何百人もの女性たちがあらかじめ、ブリン・マーやバッサー、マウント・ホリヨークといったセブン・シスターズ・カレッジ〔アメリカ東部にある名門女子大学七校を指す〕で開講された秘密の暗号訓練課程を受講していた。[11] 学生を指導する教授たちは、ウィリアムとエリザベスが開発した練習問題を使っていた。有刺鉄線が張りめぐらされ、アメリカ海兵隊員が護衛する警備の厳重な建物内で、女性たちは、何列も並ぶ長い机につき、たばこを吸ったりコーヒーを飲んだりしながら、ボンブに読み込ませるクリブを探した。[12] はるか彼方で作動しているエニグマ機が使用するありうるすべての鍵を、カチカチ、ブンブンという音を立てて探索するボンブを操作する女性たちもいた。[13] 建物内は暑く、風通しが悪かった。アーリントン・ホールで暗号を解読していたマーサ・

ウォラーという女性は、夏にはたいてい午前八時の時点で室内は三二度に達していたと回想している。戦時下のナイロン不足のため、ナイロンのストッキングがはけず、かえって「裸足でよかった。……机を前に黙って座っていると、汗が脚を伝って流れるのが感じられた」という。[14]

それから一年もたたないうちに、海軍がエリザベスと沿岸警備隊暗号解析班を海軍アネックスに移転させることになるが、エリザベスが蒸し暑い大部屋で、何列もの机で作業をする若い娘たちと一緒に仕事をすることはなかった。エリザベスの班はほかとは別の、独自の任務を遂行する小規模なエリート集団であり続けたのだ。エリザベスたちはときおり、IBMのパンチカード・マシンを使って統計分析を行い、特定の暗号の解読時間を短縮するなど、海軍アネックスに備えられたテクノロジーを利用して、秘密の通信回路の解明を前進させた。それでも、手始めに暗号を切り崩しにかかるときには、頭脳だけで勝負した。エリザベスは、紙と鉛筆で暗号を解く最後のヒーローのひとりだった。そして一九四二年の夏、アメリカと日本の海軍が太平洋で激突し、ナチがフランスに住むユダヤ人たちにダビデの星を身に着けるように命じていたころ、エリザベスは、これまでのキャリアのなかでも最大の難事にあたっていた。[15] それは、このうえなく大きなリスクを伴うものだった。

まさにエリザベスの恐れたとおり、三月にブラジルで警察が手入れをしたあと、ナチのスパイたちは暗号を切り替えていた。[16] FBIの一斉検挙が直接の引き金となって、「暗号システムが解読されているとドイツが知ったのはまちがいない」と、暗号班の制服組指揮官、ジョーンズ大尉が書いている。「そのため必然的に、ほぼ直後にはすべての秘密の通信回路で使われるシステムがすっかり変更された」。[17] それから二、三週間内に、南米の複数拠点においてナチの通信が復活した。無線通信網はその後も拡大し、新たな都市や国にも通信の接続ポイントが増えていった。

エリザベス、ジョーンズ大尉をはじめ、沿岸警備隊の暗号班メンバーは、一九四二年の夏から秋にかけて新しい通信回路が開設されていくのを、もどかしさを抱えながら注視した。二つ、それから五つに、さらには一五に増えていく。それらは、これまでとは異なる未解明の暗号を使っていた。それはあたかも、ＦＢＩが接近してくる小惑星を一個の大型爆弾で破壊しようとしたところ、爆破の結果、何十個もの意識をもつ破片に分かれてしまい、それらが息を吹き返し、地上のいっそう広い範囲に分散したかのようだった。

ＦＢＩが南米で取った行動によって迷惑を被ったのは、暗号解読者だけではなかった。陸軍と海軍のインテリジェンス部門の幹部らも、信じられない思いでいた。「残念だが、手に負えない事態となった。あの地域の諜報員らが使っていた暗号がわが国の政府に解読されていることは、公然の事実となった」と、海軍ＯＰ－20－Ｇのトップであるジョゼフ・ウェンガーが内部メモに記している。[18]「軍部にとっては、地下無線局を封鎖するより、そこから送受信される情報を入手することのほうが、はるかに価値が大きいだろうに」。イギリスもこれには驚いた。[19]そもそも彼らは、Ｊ・エドガー・フーバーを一切信用してはいなかった。逮捕されたナチ・スパイの裁判についての新聞記事がブラジル国内で出回ると、現地のイギリス政府関係者は記事を英訳させ、遺憾な事態を嘆く秘密の電報をやりとりした。「ブラジルの新聞に掲載された記事の粗い英訳をお読みになりたいかと」、とブラジル在住の外交官がイギリスの防諜機関ＭＩ５の当局者に伝えている。「かなり衝撃的な話かと思います」[20]

この大失策がきっかけとなって、複数のインテリジェンス機関のあいだでの縄張り争いが、覚え書きや会議といったかたちで四か月にもわたって繰り広げられた。[21]陸軍、海軍、イギリスがＦＢＩに苦情を突きつけ、ＦＢＩがそれをはねつける。こうした騒動の末、すっきりはしないがいくつかの妥協策が結ばれた。陸軍と海軍が国務省を説得し、両軍の承認なしに地下無線局が今後摘発されることはないという確約を取り付けた。[22]

さらに、あらゆる関係部門の共通認識として、西半球内の秘密の通信回路を監視する権限と能力を有するのは沿岸警備隊であることが確認された。[23] しかし、南米におけるＦＢＩの防諜活動を止めることは誰にもできなかった。フーバーが、大統領から明確な権限を与えられていたからだ。

そこで、フーバーの新聞社への影響力は排除できないが、ＦＢＩ以外の機関は協力して、密かにフーバーの閉め出しにかかった。できるかぎりＦＢＩを避けて、情報を回すようにしたのだ。イギリスと沿岸警備隊の関係は「着実に親密で、いっそう打ち解けたものになっていった」とＢＳＣの記録にある。[24]「沿岸警備隊から入手した情報はＦＢＩにもらしてはならないと両者ともわきまえていた」。ＦＢＩの人間が同じ部屋にいるときには、文字通り耳打ちして秘密を交換した。「有益なインテリジェンスは、会合が始まる前か終了後のいずれかに、大急ぎで小声で伝えられた」と、イギリス人関係者は述べている。[25]

四月、海軍が沿岸警備隊に、機密解読文の各所への配布をやめて、ＯＰ－20－Ｇだけに提供するよう指示を出した。解読文の管理をいっそう厳格化するためだ。[26] 同月、陸軍、海軍、沿岸警備隊、ＢＳＣ、カナダのインテリジェンス機関の代表者が、ワシントンで開かれた一週間にわたる会議で顔を合わせ、無線局やスパイについて議論を交わした。[27] 議長はＯＰ－20－Ｇのウェンガー中佐。ＦＢＩは招かれていなかった。エリザベスは招待されていた。四月八日、エリザベスが沿岸警備隊の取り組みを説明した日、会議室には、七名の海軍男性士官と、三名の陸軍男性士官、四名のカナダ人男性、五名のイギリス人男性、三名の男性沿岸警備隊員、そして、エリザベスがいた。議事録に記された沿岸警備隊出席者名の筆頭には、エリザベスの名前がある。[28]

ミセス・フリードマン
ポリオ少佐
ピーターソン少佐
ビショップ氏

エリザベスの暗号解析班は真珠湾攻撃以降拡張していたが、まだかなり小規模で、暗号解読者、翻訳者、事務員をあわせて二〇名に満たなかった。[29] メンバーたちは現在一丸となって、FBIが招いた問題の解決にあたっていた。増殖を続ける通信回路が使っている新しい暗号を破り、混乱をなんとか収拾しようと努めていた。

一九四二年三月の検挙以前、スパイの大半は書籍サイファか、単一転置式暗号（スクラブルに似た一般的なサイファ）を使用しており、それらは手法が似ていて、比較的容易に突破できた。三月以降、スパイたちは、進行鍵暗号、二重転置式暗号、円柱型転置式暗号と併用した多アルファベット換字《かえじ》式暗号など、いっそう不可解で解読困難な暗号に切り替えた。[30] 傍受を回避しようと、一日のうちのさまざまな時間帯に無線通信が行われるようになってきた。予測困難な手法で、暗号システムを組み合わせた。新しい手法のひとつに「横棒《レール》・柵《フェンス》サイファ」にもとづくものがあった。エリザベスとウィリアムがかつてラブレターを書くのにもちいた暗号原理をいっそう高度にしたものである。ただし今回は、平文がJE T'ADORE MON MARI、つまりI LOVE YOU VERY MUCHではない。フランスにいるナチ・スパイが送信したドイツ語の通信文にはこういう一節があった。HERZLICHE WEIHNACHTSGRÜẞE UND WÜNSCHE ZUM NEUE JAHR。すなわち、「メリークリスマス、そして新年おめでとう……」である。[31]

エリザベスとジョーンズ大尉がひとつの通信回路を掌握して暗号を解読するやいなや、別の回路での通信が始まった。これは、暗号解読者にとって悪夢である。以下のリストは、暗号班が一九四二年末の時点で監視していた通信回路の一部である。[32]

3-G ハンブルク-バルパライソ（チリ）
3-J ハンブルク-南米
4-C リスボン（ポルトガル）-ロレンソ・マルケス（モザンビーク）
4-D マドリード-西アフリカ
4-F ハンブルク-リスボン（ポルトガル）
4-G シュトゥットガルト-リビア
4-H ハンブルク-未詳
4-I ハンブルク-ボルドー（フランス）
4-L ハンブルク-ヒホン（スペイン北西部）
4-M ハンブルク-スペイン
4-N ハンブルク-未詳
4-O ベルリン-マドリード
4-P ハンブルク-マドリード
4-Q ハンブルク-タンジール（モロッコ）
4-R ハンブルク-ビゴ（スペイン北西部）

４－S　ベルリン－テトゥアン（モロッコ）
４－T　ベルリン－テヘラン（イラン）
５－D　ハンブルク－クリミア半島（ソ連）

地球全土で無線信号が行き交っている。この図式は、戦争で激しく揺さぶられ、国境があいまいになり勢力図が変化していく地球を、独特な視点からとらえたものだ。ナチがソ連内のクリミアに侵攻。イランの一部が、イギリス軍とソ連軍に占領される。モロッコは、ナチに協力するフランスのヴィシー政権に支配されていた。中立のポルトガルは、両側の二国から激しく責め立てられている。リビアは今のところイタリア軍とドイツ軍に占拠されている。ナチはこれらすべての地域にスパイや破壊工作員を送り込み、地下無線局をつうじて情報を収集していた。ナチの外交官や、さらには軍人でさえも、状況が変化したり、重圧がかかったりしたときに無線機を借用してハンブルクやベルリンと通信することもあった。[33]地下無線通信網は、諜報のために構築されたものではあったが、代替の通信経路でもあった。すなわち、ナチのあらゆる人間が、変化の激しい状況下で情報を共有する手段だったのだ。[34]ニコラ・テスラは一九二六年に、「無線が完全に利用可能になれば、地球全体がひとつの巨大な頭脳になるだろう」と予言していた。[35]地下無線通信網はナチの頭脳だった。断片的ではありながら地球全体をすでに包囲し、猛烈な速度で新たなシナプスを誕生させていっていた。

その頭脳のなかを明滅しながら伝達されていく情報は、必ずしも正確なものとは限らなかった。「一部は事実ではあるが誤りも含んでいる雑多な軍事情報」で、「明らかに商船の船員たちの酒場での会話をつなぎあわせた」ようなものしか流していない回路もある、とジョーンズ大尉は一九四四年のメモに書いている。[36]

だが、取るに足らない回路でも、監視する価値はあった。ジョーンズはこれに続いて、「いずれにせよ、これらの回路を解読していれば、きわめて重要な情報がもれ出た場合、ドイツがそれを察知しないうちにわれわれの知るところとなり、迅速に防衛措置を講じることのできる立ち位置にいられる」と書いている。言い換えれば、通信回路というナチの頭脳が、連合国にとって一種の早期警報システムとして作用していたのだ。そのうえ、解読文からは、ナチがアメリカの軍事力をどこまで把握しているかについて豊富な情報が得られた。というのも、スパイたちに、アメリカの弾道弾や高射砲についての情報を求めたのなら、ドイツはそうした情報をもっていないという事実を露呈していることになるからだ。[37]

エリザベスは必死になって、次々と変更され、パターンがますます増えていく暗号を掌握しようとした。作業用紙は、奇妙ではあるが美しい様相を呈していた。マス目にびっしり書き込まれた文字や数字は、後ずさりして少し離れたところから見ると、さまざまな幾何学模様に見えた。平行四辺形や、[38]階段や、迷路[39]のように見えるものもあった。エリザベスは上空を行き交う有害な文字をキャッチして、それらを紙上で分類した。目に見えない世界は混沌として順序もばらばらで、エリザベスはさまざまな技を駆使して、世界をふたたび秩序ある状態に戻そうとしていた。

エリザベスは、ひとつの回路で使用されている暗号を破ると、その回路で遭遇する暗号文は、どんな些細な内容でも、個人的なものでも、一通残らず解読した。悪意に満ちた通信文、私的な通信文、爆弾や銃砲や船舶や潜水艦について冷静に語った通信文、一風変わった通信文（「カカオから爆薬を製造する工程について詳細をつかめないか？」というベルリンから南米あての通信文。カカオはチョコレートの主原料）もあった。[40]スパイの生活にまつわる個人的なことがらも知った。ベルリンからアイスランド在住のスパイに、妻のエリカが元気な女の子ユッタを出産した、という知らせが届いた。[41]スパイの家族がベルリンから個人的なメッセージを送信することを許可されたケースも何度かあった。そうした妻のうちのひとりは、エリザベスと同じ名前だった。ただし綴りは従来のものである。「愛するジョニーへ、誕生日おめでとう。あなたのエリザベス〔Elizabeth〕から、幾千もの愛の言葉とキスを送ります」[42]

エリザベス・フリードマンは、ほかのあらゆる通信文と同様に、こうしたものも解読して配布した。これが、ファシズムに対抗するエリザベスの武器だった。鉛筆、暗号、回路、名前、日付、場所、チェック印、タイプ原稿にホッチキスで添付した手書きのメモ、時間を日を週を追うごとに厚みを増していく解読文の紙の山。

そして、そっと静かに仕事をこなした。暗号解析班の文書のどこにも、エリザベスの名前は出てこなかった。もはや同班のトップではなく、外部のインテリジェンス機関あてに正式な連絡文書を書くことはなかった（ジョーンズ大尉が書いた）[43]。しかも、FBI捜査官と直接会うこともなかった（これもジョーンズ大尉の役目だった）[44]。海軍OP－20－G内で回覧される地下無線局通信文についての文書にタイプされているのは、ジョーンズ大尉の名前だった。ただし、エリザベスは閉ざされたドアの奥に引っ込んでいるわけではなく、どの暗号文が解読の緊急性が高く、どの暗号文の緊急性が低いのかについてジョーンズと意見がくいちがい、作業の方向性についてジョーンズと口論することもあった（出世したいがためにジョーンズの判断が曇っている場合もあることにエリザベスは気づいていた。そうした出世欲はエリザベスの癇《かん》にさわった）[45]。それでも、文書中に自分の名前が記されないことは、まったく気にならなかった。一九三〇年代に暗号界で有名人となった経験から、この秘密に包まれた世界では、世間からの注目は一種の毒になると身にしみて知っていたからだ。エリザベスは自身を、暗号解析班で働く「一作業者」とみなしていた、と戦後に語っている。[46]実際に彼女の給料は、リーダーではなく一作業者としてのものに近かった。年収四二〇〇ドル、今日なら六万三〇〇〇ドルに相当する額で、政府職員の中間レベルの等級である公務員ランクP－5にあった。[47] 自身の貢献を最小限に見せようとするエリザベスの姿勢と、ジョーンズがリーダーの立場にあったこともあり、戦時中にエリザベスが果たした役割が、これほど長年にわたり日の目を見ることがなかったのだ。

それでもなお記録には、エリザベスの指紋、すなわち彼女のこなした仕事の痕跡がかすかに残っている。ESFというイニシャルが、沿岸警備隊が作成した解読文の一部の下部にタイプされているのだ。[48] 暗号文の用紙にホッチキスで添付された多数のメモにも、エリザベスの手書きの文字が認められる。[49] それらは「GI－A」という「解析者」を表すコードネームのあとに続いて書かれており、班内のメンバーたちもこれを読んでいた。さらには、解読文の紙に直接、書き込むこともときおりあった。特別重要な名前やフレーズの横に、エリザベスがよく使う赤や青の鉛筆の勢いよい筆跡がある。[50] エリザベス独特の斜めに傾いた筆跡は、大学生のころに日記をつけていたときから変わっていない。

とどのつまり、暗号班はジョーンズのものではなく、エリザベスのものだったのだ。そもそも一九三〇年に班の創設を提起したのはエリザベスだった。人員を採用したのも、暗号解読を教え込んだのもエリザベスだった。長年にわたり舵取りをして、強力な組織に育て上げたのもエリザベスだった。こうした経緯から、非公式ながらエリザベスには権威があった。ずっと注視してきた者たちは、沿岸警備隊における暗号解読を動かしているのはエリザベスにほかならないと知っていた。一九四二年一二月、ブレッチリー・パークと沿岸警備隊暗号解析班の協力関係をいっそう緊密にする目的で、二人のイギリス人連絡士官がワシントンでエリザベスと会合をもった。そのうちのひとり、G・G・スティーヴンズ少佐はこの会合について「最高機密」扱いの通信でイギリスの上官に報告し、沿岸警備隊の代表者がブレッチリー・パークを訪問してはどうかと提案した。[51]「代表者にはフリードマン夫人が望ましいでしょうが、おそらくこちら側では」、つまりワシントン側としては、「同班の正式な長であるジョーンズ少佐を派遣するほうが適切であると判断されるでしょう」とスティーヴンズは書いている。

極秘任務のプレッシャーのもとで緊張を強いられる仕事に追われ、午後にもなると、何段にも積み重ねられたアルファベットをにらむエリザベスの目がかすんでくる。そういうときには、サンタクロースに似た風体の、イギリス人天文学者で無線の専門家、F・J・M・〝チャビー〟・ストラットンが仕事仲間であるのがありがたかった。ストラットンといると心が落ち着いた。彼はしょっちゅう、エリザベスのデスクの前に不意に姿を現した。[52] 自分の席で難題に没頭しているエリザベスがふと顔を上げると、目の前に笑顔のストラットンがいることがよくあった。ストラットンは自身のことをまったく語らないが、ずっと前から知っていて、どんなことも大丈夫だと相手に思わせるようなところがあった。もちろん有能で、手先も器用だった。地下無線局の位置を突き止めるという仕事をたいそう気に入っており、ある装置を考案して「スニフター」と名づけた[53]〔香りが逃げないように上部が狭くなったブランデーグラス〕。ポケットに収まる小型の電子機器で、これを持ち歩けば、建物内にある無許可の無線機の設置場所を階まで正確にこっそり特定できるという優れものである。位置探査の専門家チームを抱え、FCCと協力して地下無線局の位置を絞り込ませた。

チーム一丸となって長期間にわたり奮闘した末に、沿岸警備隊の暗号解読者と協力者たちはようやく、不本意ながら解読能力を喪失していた時期を乗り越えて、秘密の通信回路をふたたび掌握できるようになった。一九四二年冬にはすでに、エリザベスの視界は良好になっていた。光の消えた暗闇のなか、エリザベスの目にはアルファベットの文字がひとつずつはっきりと見えた。まるでナチの頭脳を入れた瓶がデスクの上に置かれていて、生きているその脳が発光し、そこから放たれた電流がエリザベスの手にある鉛筆に到達しているかのようだった。暗号解析班は、その年に開設されたすべての新たな回路と、すべての新たな暗号を征服した。

しかし、たったひとつ例外があった。

その回路は、一九四二年一〇月一〇日に通信文の送受信を開始した。[54] 解読はかなり難しそうだった。エリザベスは、これはエニグマを使った回路かもしれないと推測した。通信文がエニグマ機のどれかで暗号化されているのかもしれないと考えたのだ。

エリザベスは、この回路を回路３－Ｎと名づけた。[55]

回路３－Ｎでやりとりされる通信文はおそらく、通常よりも強度の暗号を必要とするほど機密性が高いのだから、重要な内容にちがいない、とエリザベスはにらんだ。その読みは、予想を超えて正しかった。つまり、見えない戦争の行く末は、回路３－Ｎの不吉な周波数にかかっていたのだ。

さしあたり、未解読の暗号があるという不安が、エリザベスを突き動かす十分な動機となった。目の前に読めない通信文があると、それを読みたくてたまらない。それなら暗号を撃破するまでだ。

イギリス側協力者およびＦＣＣ関係者と毎週もっていた無線インテリジェンスの会合でエリザベスが回路３－Ｎについて相談すると、各所から手がかりが寄せられた。[56] ＦＣＣは、無線局はヨーロッパと南米にあると判断し、イギリスもその見解を裏付けた。

回路３－Ｎから毎週、新たな傍受通信文がエリザベスのオフィスに入ってきた。一九四二年一二月までに集まった暗号通信文は、二八通にのぼった。[57] ざっと分析したところ、エニグマ暗号機の特徴がありありと現れていた。

エリザベスと沿岸警備隊のチームは一九四〇年の時点ですでに、商用のエニグマ機を解明しており、内部の配線はもうわかっていた。のちにわかることであるが、今回、相手にしているエニグマ機は配線が不明で、これまでに一度も解読されたことのないタイプのものだった。実際に軍事目的で使われているものである。エリザベスは、突破口を見つけなければならない。

アルゼンチンの太陽光が顔に心地よく感じられ、茶色の薄い髪を通過して頭皮が暖められる。グスタフ・ウッツィンガーは、ブエノスアイレスでの暮らしが気に入っていた。清潔で音楽にあふれた美しい古都で、住民たちは気さくだが、あれこれと詮索はしてこない。海からほど近い街の中心部、カジェ・ドナード一五一一番に小さな店を構えて、[58] ふつうの客を相手に無線機の組み立てや修理といった合法の商売をしていた。[59] ウッツィンガーは二八歳。この戦争を無事に生き抜いて、ここブエノスアイレスか母国ドイツで結婚して子どもをもつ未来を想像するのは、無茶なことではないように感じていた。ベルリンには、彼を思い、心配をしてくれる人が何人もいた。ウッツィンガーの恋人は第六局で働いていて、無線機を操作できる環境にあった。[60] それでしばしば、個人的な内容の通信文を送ったり、家族や友人たちからのメッセージを伝達したりしてきた。彼女は通信文に「青い瞳《ブラウズ・アウゲ》」（ブルー・アイ）と署名し、ウッツィンガーを「黒い瞳《ドンクレス・アウゲ》」（ダーク・アイ）とよんだ。[61] ときおり「ブラウズ・アウゲ」は、ベルリンに住むウッツィンガーの祖母の書いたメッセージを送信した。祖母は「アーンフラウ」〔先祖の女〕と名乗っていた。[62] ウッツィンガーは遠い南米の地から祖母を気遣い、肉の缶詰やコーヒーなどの小包を送ったりした。祖母は無線通信で、小包をもらってとてもうれしい、おかげで元気になった、と礼を伝えてきた。「今、ブラウズ・アウゲと一緒にいて……ワインを開けて、あなたの誕生日のお祝いをしています」と言ってきたこともある。[63]「あなたにここにいてほしい気持ちもありますが、一方で、あなたの仕事ぶりも誇りに思っています。……今年は二個も小包を送ってくれましたね。とてもうれしくて、感謝しています。……わたしは元気にしています。心からのあいさつを送ります。アーンフラウより」。きちんと歯を磨きなさいね、ともあった。[64]

もしも自分の自由にできるのであれば、グスタフ・ウッツィンガーは、戦争が終わるまで、ブエノスアイレスのこの界隈で無線機のこぢんまりとした商売を続けていたかもしれない。新聞に広告を出したりして、まともなやりかたで結構稼いでいただろう。だが、ウッツィンガーは、ナチ国家の精鋭集団である親衛隊の一員であり、親衛隊は、彼の個人的な将来の夢や希望など歯牙にもかけていなかった。そういうわけで一九四二年末に至る数か月間、ウッツィンガーは店の地下室で、「祖国への自然とわき出る愛国心」をふたたび発揮し、ナチ上層部からの緊急の要請を受けて、新たな非合法無線機を組み立てて試験運用をする忙しい毎日を送るようになっていた。

FBIがブラジルにあるナチのスパイ網の粉砕に失敗してから、八か月がたっていた。スパイたちの一斉逮捕後、ウッツィンガーはしばらく、自活のために金を稼ぎながら各地を転々としていた。パラグアイのアスンシオンに逃れると、パラグアイ空軍の無線技術者の職を得た。空軍の司令官は、精力的なファシスト、パウロ・スターニである。スターニの庇護のもと、ウッツィンガーは軍用の無線機を組み立てて、パラグアイ人の士官たちに無線の詳細を教えた。[65] ときおり、以前のナチの仲間数名がアスンシオンでうろついているのを見かけたが、ただ雑談をしているだけのようだった。ただし、一度だけ例外があった。ある日、公共の広場で、彼らはチャーリー・チャップリンの映画『独裁者』のフィルムを燃やしたのだ。[66]

ウッツィンガーが地下無線局稼業に連れ戻されたのは、ブエノスアイレスまで脚を延ばしたときのことだった。

ブエノスアイレスにはスターニと二人で行った。スターニは、ナチの海軍武官、ディートリッヒ・ニーブールを説得し、先の戦争でパラグアイがボリビアから奪取した旧式クルップ大砲に使用するための射撃照準器を売却してもらうのが目的だった。[67] ニーブールは大砲よりもウッツィンガーのほうにはるかに興味を示し、この無線の専門家に盛んに話しかけた。ブエノスアイレスに地下無線局を設置するようベルリンから強い要請を受けていて、ウッツィンガーの助けが必要なのだとニーブールは語った。[68]

　戦時下のこの時点では、ブラジルよりもアルゼンチンのほうがはるかに地下無線局を設置しやすい情勢にあった。戦争が進展するにつれ、ブラジルは連合国側に傾きつつあった。アルゼンチンはその反対方向に向かっていた。ユダヤ系アメリカ人の小説家、ウォルドー・フランクが一九四二年夏にアルゼンチンを旅したおり、[69]「ナチの落とし子や国家主義的な新聞」が目についたと、旅行記に書いている。[70] フランクは都市や小さな町を回り、民主主義の価値について講演を行ったが、どの町でも、親ナチ的な新聞から攻撃された。[71] 腐敗した地主たちが支配するアルゼンチンの保守政権は「この国をまったく掌握できておらず」、ファシストが警察内部に入り込んでいると察した。[72] フランクが旅程を終えないうちに、アルゼンチン政府がフランクを好ましからざる人物《ペルソナ・ノン・グラータ》に指定。フランクは脱出を図ろうとしたがその前に、警官五人にホテルを襲撃され、警棒で頭を殴打された。[73]

　当然ながらナチは、こうした受け入れられやすい土壌を利用しようとした。世界中で友好国を急速に失いつつあるなかでは、なおさらである。今や西半球でナチ・ドイツとの公的な関係を保っているのは、チリとアルゼンチンの二か国しかなかった。さらに一九四三年初頭、チリがナチとの関係を絶ち、残るはアルゼンチンだけになる。こうした背景があり、ベルリンとディートリッヒ・ニーブールは、無線連絡経路をどうしても必要としていたのだ。アルゼンチンは、西半球において唯一、ドイツが聴音哨として利用できる国だった。[74] アメリカを含む西半球で起こっていることがらについて信頼できるインテリジェンスを入手することが今なお可能な、最後に残された場所のひとつだったのだ。何があっても、通信ラインを確保しておかなければならない。

ニーブールがウッツィンガーに、大使館に保管してあったシーメンス社製の高性能無線機を引き渡し、一九四二年秋、ウッツィンガーがそれを、ブエノスアイレス郊外にある小さな農場に運び入れて試験運用を開始した。[75] ところがじつのところ、アルゼンチン国内で無線技術についての助力を必要としていたナチ関係者は、ニーブールだけではなかった。ハンス・ハルニッシュという名前のアプヴェーアのスパイも、ウッツィンガーに接近してきた。コードネームは「ボス」、ブエノスアイレスにあるドイツの鉄鋼会社の社員である。[76] この人物もまた、ベルリンとの無線連絡経路を必要としていた。

その後一九四三年一月、ブエノスアイレスに、もっとも深い謎に包まれたスパイが突如として姿を現した。親衛隊大尉《ハウプトシュトゥルムフューラー》ジークフリート・ベッカー、別名「サルゴ」である。乗組員に金を握らせてスペイン船で密航し、税関を通過して密入国してきたのだ。[77]

ベッカーがはるばるドイツから抱えてきた荷物のなかには、一台のエニグマ暗号機があった。[78]

ベッカーの風采はいつもどおりだった。金髪でぱりっとした服を着ているが、汚い口髭を生やし、指の爪が異様なまでに長い。だが、ベッカーの目にはこれまでにない輝きがあるようにウッツィンガーには感じられた。ベッカーは野心に燃えていたのだ。これから数か月間ウッツィンガーには、非常に機密性の高い情報をベルリンに送信してもらうことになる、とベッカーは告げた。[79]「大使館の連中」に通信文を読まれてはならない。これから何をもくろんでいようとも、それを絶対に秘密にしておきたいようだった。

ウッツィンガーは今、にっちもさっちもいかないような立場に立たされていた。対立関係にある三つの組織に属する三人の男たちから、無線技術のサポートを頼まれているのだ。ニーブールはドイツ大使館、ハルニッシュはアプヴェーア、ベッカーは親衛隊の人間である。理屈の上では、三つの無線局を別々に立ち上げればよいのだが、手持ちの機器の能力には限界があり、それは実際的ではない。脆弱な無線局が三つあるより、強力な無線局がひとつあるほうが望ましい。そこでウッツィンガーは、無線局を三つ設置する代わりに、ベルリンをだまして、三つの無線局があると思い込ませることにした。ドイツの三組織がそれぞれに、アルゼンチンで独自の無線局を運営している手応えを得られるように、書類上にしか存在しない架空の無線組織、「ポチョムキン・ネットワーク」を作り上げた。[80] ウッツィンガーはこの無線ネットワークを「ボリバル」と命名し、ベルリンには、これが三つの部局に分かれていると説明した。ロート、グリュン、ブラウ。すなわち赤、緑、青である。[81]

赤《ロート》はベッカー、ウッツィンガー、親衛隊の協力者を結ぶ回路。
緑《グリュン》はハンス・ハルニッシュとアプヴェーアを結ぶ回路。
青《ブラウ》は「大使館の連中」用。

こうした策を講じたおかげで、ウッツィンガーは、技術的なことがらについていちいちベルリンに説明する必要なく、自分の好きなように無線局を運営することができた。ブラジルで逮捕されたスパイたちと同じ過ちは犯すまいと心に決めていた。そしてベッカーの手助けを得て、仕事に取りかかった。二人で協力し、ブエノスアイレスと郊外の複数の町から新たなスパイをスカウトした。「四二名の忠実で老練な協力者」たちで、ドイツ移民や、ファシズムを信奉するアルゼンチン人労働者などである。[82] そのなかからウッツィンガーは無線技師として育てる者を選び出し、機密保護の手法をたたき込んだ。送信文は短く抑える。無意味な文を並べたおとり用の通信文を、事前に設定した周波数で送信する。週ごとに異なる時間帯に通信する。同一の通信文を二回反復して送ってはならない。

「部下たちには厳密な無線通信のルールを教え込んでいる」とウッツィンガーはベルリンに送信している。[83]

「ヤンキーたちがわれわれの通信文を一言一句傍受しているからだ」

新たな無線ネットワークに加えて、スパイたちは、ベルリンとのもうひとつの有用な経路を開拓した。[84] スペイン人船員を手先に使い、スペイン船で小包や荷物を密かに運搬するシステムを構築したのだ。「狼たち《ウルヴズ》」とよばれる船員たちはペソで礼金を受け取り、ベッカーとウッツィンガーに、現金や、売却して現金化するための薬、無線機の部品などの船荷を受け取れるよう融通をきかせた。これらは、ネットワーク維持のために必要なものだった。さらに、この狼ルートや、そのほかの筋から、ウッツィンガーは暗号機も手に入れた。今や二台のエニグマ機が自由に使えて、[85] さらには、リリパットとよばれる、小型で軽量、隠すのが容易な、懐中時計サイズのクリハ機ももっていた。[86]

一九四三年二月末までに、ウッツィンガーとベッカーはすべてを整えていた。新しい無線システムと暗号機。しかも入手可能な最高のマシンであるエニグマも複数台あり、暗号化した通信文一通一通が完璧な小さな要塞となる。さらには協力者の一団。これで、大量の報告をドイツに送信する態勢が整った。二月二八日、ベッカーは無線機に触れて、進捗状況を知らせる快活な調子のメッセージをベルリンに送信した。[87]

新たな組織をルーナとともに設立した。ルーナが見事な手腕で協力者チームを構築した。各所に配置し準備万端。これで、計画に従いただちに任務を開始可能。サルヘント。

ベルリンは上機嫌で返信してきた。「総員、これより始動せよ」[88]。「テスト通信。皆に心よりあいさつする。月曜日、水曜日、土曜日の〇二〇〇時および〇四〇〇時に無差別通信を発信されたし」

本国でスパイを管轄する親衛隊のリーダーたち、すなわち第六局の幹部らは、アルゼンチンとの経路が開通したと知り、このうえなく安堵したことだろう。一九四二年末から一九四三年にかけての冬は、ドイツにとってつらい季節だった。スターリングラードで赤軍がドイツ国防軍を撃破しつつあり、ナチは検閲で敗北のニュースを遮断していたが、うわさはもれていた[89]。雪の舞うドイツの都市部では、歯ブラシやベルト、自転車のタイヤ、トイレットペーパーが入手困難になっていた[90]。レストランの店主らは、常連客がグラスを盗んでいくと文句を言った[91]。二月一八日、ベルリンにて二万人が一堂に会した集会で、宣伝相ヨーゼフ・ゲッベルスがようやく、スターリングラードの戦いでの敗北を認め、「今日われわれが想像できるよりも、はるかに総力を結集した徹底的な戦い」、連合国とユダヤ人を滅亡させる死闘をよびかけた[92]。

母国は、暗闇に包まれ危機が迫りくる厳寒の季節を迎えていたが、ベッカーとウッツィンガーの報告によれば、アルゼンチンは夏の盛りで、興味深い交友関係を開拓しつつあった。

たとえばベッカーは、フアン・ドミンゴ・ペロン、のちにアルゼンチン大統領に三回選出される人物と知り合った。このときはまだ一介の若い陸軍大佐で、道徳的犯罪の味をしめていた（一四歳のガールフレンドと同棲しており、「ピラニア」という愛称でよんでいた[93]）。ペロンは軍人の秘密結社、統一将校団（ＧＯＵ）の一員で、将校団はアルゼンチン大統領打倒を目指していたが、ペロン自身はすでに自国外にも目を向けていた[94]。ヒトラーのヨーロッパ独裁支配に感化されて、南米を席巻している国家主義運動の先頭に立つみずからの姿を思い描いていたのだ。

そうした野望は、まだ手の届かない夢だった。大きな改革をなしとげるために必要な人脈を、まだもっていなかった。しかし、ジークフリート・ベッカーにはそれがあった。親衛隊の一員として、ドイツやブラジル、アルゼンチンで任務にあたってきた一〇年間で、尉官や将官、外交官、警察署長など、さまざまな分野で影響力をもつ南米諸国の人物たちと知り合ってきた。ベッカーは、これらの人物の電話番号を控えた手帳を携帯していた。[95] 国家主義者やファシストの連絡先が記された黒い手帳を携えたベッカーは、ペロンやその取り巻きの目に魅力的に映った。[96] まもなくアルゼンチンは、ナチのスパイたちと非公式な取り決めを交わした。[97]

双方が望むものを得られるような取り決めだった。アルゼンチンは、アメリカ関連の機密事項を手に入れ、スパイたちをFBIや連合国側の法の手から保護する。引き替えにスパイたちは裏工作を行い、アルゼンチンの影響力を南米中に拡大させて、志を同じくする各国の革命家たちを結び合わせる。革命家たちはクーデターを企て、政府を転覆させ、親ファシスト政権を打ち立てるのだ。

最終目的は、アメリカに対立する国家連合の構築である。「戦時と平時におけるヒトラーの闘争がわれわれの道しるべとなるだろう」と、ペロンをはじめGOUの策士らが声明書に記している。[98]「アルゼンチンとパラグアイ、ボリビア、チリが一体となれば、ウルグアイに容易に圧力をかけられる。この五か国が連合すれば、あのような政体をもち、ドイツ人の大集団を内部に抱えるブラジルを容易に引きずり込めるであろう」

ブラジルが倒れれば、「大陸はわれわれのものになる」。

沿岸警備隊のオフィスで、エリザベスは新しい方眼紙に手を伸ばした。回路3－N。アルゼンチンからベルリンへの通信文。未知のエニグマ暗号機。

回路3－Nから送信された二八通の未解読通信文がデスクの上に山と積まれている。エリザベスは、作業用紙に鉛筆で二八通の暗号文を書いていった。深度解析の手法で暗号文を解読するために、一通一通を上下に並べ、積み重ねて書いていく。[99] 一九四〇年に商用エニグマ機を解明するためにやっていたのと同じ手法である。

二八通はすべて、同一の鍵を使っているように思われた。敵方のナチから暗号解読者に大きなプレゼントが贈られたも同然だった。そのおかげでエリザベスの作業が楽になり、一通一通の解読に取りかかることができた。

まずは縦に並んだ文字の頻度を数える。サイファ文字のHは、縦列2に七回、縦列3に四回出てくる。これだけで十分、平文文字を推測する手がかりとなる。縦列それぞれがMASC、すなわち単アルファベット換字式サイファであり、エリザベスは、縦列のあちこちに平文文字を鉛筆で書き入れ、bericht（報告）や wir hoeren（わたしたちは聞く）のように、横列にどのようなドイツ語の単語が隠れているのかを推測した。

エリザベスは、一九四〇年に商用エニグマ機で切り開いた道をふたたびたどった。あの古いマシンでの経験を活かして、この新しいマシンの「くさびを打ち込む場所」を見つけ、マシンが裂けるまでくさびを深くたたき込んだ。暗号班は今もなお、パターンの配列を主なヒントにしていた。第一段階では、通信文を上下に重ねて並べる。第二段階では、深度の手法で平文を解明する。第三段階では、判明したサイファ・アルファベットから、マシンの配線を推論する。第四段階では、配線の知識をもとにして、敵が鍵を変更するたびにそれを突き止める。

今回、沿岸警備隊には競争相手がいた。海の向こうのイギリスにある暗号解読施設、ブレッチリー・パークでは、インテリジェンス・サービス・ノックス（ISK）という名称の班が、沿岸警備隊とは別々に同一のエニグマ機の解明に取り組んでいたのだ。[100] ブレッチリー・パークでは、開戦当初からスパイ暗号の解読を行っていた。一九四二年一二月現在、連合国側の二つのチームがそれぞれほぼ同時に、この新しいエニグマに取り組んでいた。異なる手法をもちいていたが、最終的には同じゴールに到達した。[101]

このマシンは、アプヴェーア向けに設計されたエニグマG型であると判明した。[102] 商用エニグマ機に似ているが、ロータの回転のしかたがやや不規則である。高度なセキュリティを有する一連のエニグマの機種において、この型のセキュリティは中程度だった。商用モデルよりは難解だが、ほかのモデルほどには難解ではない。数十年後、エリザベスはG型を「ドイツとその密偵、つまりはスパイが使用した上位機種ではないエニグマ機」と形容した。[103] しかしこの時点では、G型の解明は誇るべき勝利だった。「みんなで祝いました」と、戦後に行われたエリザベスとのインタビューにもとづき、NSAの歴史研究員が報告している。[104]

これで沿岸警備隊は、過去の通信文も今後の通信文も、つまりは以前に傍受されていた古い通信文も、これから傍受される新しい通信文も読めるようになった。平文を見た暗号解読者たちは、回路の南米側の拠点は、アルゼンチンのブエノスアイレスにあると確信を得た。

さらに、三つの色の名前、すなわち緑、赤、青が通信文のあちこちに出てくる。スパイたちは、通信文の最後にこれらの色の名前を書いている。どうやらそれぞれの色が、異なる暗号を使っている別々のリーダーを表しているようだ。

まるで、ナチ工作員《エージェント》の複数のグループがブエノスアイレスに集まり、このひとつの回路を共有して、リソースを持ち寄り、なんらかの最後の抵抗に備えているかのようだった。

沿岸警備隊の暗号解読者たちは、まず緑の通信文を突破すると、次は赤のほうに目を向けた。こちらは、ドイツ人がリリーとよぶ機械で暗号化されていることが、すでにわかっていた。[105]「以下の通信文はすべてリリー〔LILY〕で暗号化されている」と、一九四三年二月にベルリンが無電を打っていたからだ。エリザベスや同僚は、リリーはリリパットの略称であるとすぐに察した。クリハのリリパットと言うように、ドイツ暗号機の小型版を指す名称である。

リリパットは、クリハの初期モデルよりもいくぶん複雑だったが、クリハは一般的にエニグマよりも安全性が低かった。[106] エリザベスは棚のところに行き、一台のクリハを手に取り、同僚と一緒にじっくり調べた。古い型ではあったが、原理は同じだ。アルファベットの書かれた二つの同心円があり、二つの文字の重なる位置が切り換わる。切り換わりは、特定の開始位置に設定された制御盤によって決定される。一か月研究を続けた結果、パンチカードの助けも借りて鍵を発見した。ＩＢＭのパンチカード・マシンでカードをざくざく読み込んで、特定のサイファ文字が隣り合う頻度の表を作成し、その表を見て、文字の配列を読み解き、ありうる鍵の手がかりをつかむ。[107] それからその鍵を試してみて、意味の通じる平文が出てくるかどうかを確かめるのだ。

これで沿岸警備隊は、この回路の通信文を、緑のものも赤のものも大量に解読できるようになった（青の通信文は結局解読できなかったが、問題はなかった）。[108]

そうして二つの名前が平文に現れた。それらはなんだったのか？

「サルゴ」と「ルーナ」。エリザベスの昔なじみである。

あの、スパイと無線専門家の別名だと、エリザベスにはぴんときた。エリザベスがこの二人の名前に最初に出会ったのは、一九四二年、ブラジルの通信回路でのことだった。そして今、どうやらこの二人組はアルゼンチンで再会したようだ。

この点だけを見ても、回路３－Ｎの重要性がうかがわれる。二人の重要人物「サルゴ」と「ルーナ」がかかわっているのだ。しかし、エリザベスにはほかにも気がかりなことがあった。彼らは、以前よりももっと大きな、まったく新しい無線組織を構築しつつあるようなのだ。無線通信員を雇い入れ、新たな無線機の試験運用を執拗に繰り返している。

「ベルリン向けに一〇〇メートルのアンテナを設置した」[109]。ある日、スパイがベルリンへこう送信した。「気に入ってくれるとよいが」

西半球におけるナチ・スパイ網の拠点がアルゼンチンに移転し、大々的な諜報活動の足がかりを築こうとしていることが、エリザベスにははっきりとわかった。何か大きなことが今にも起こりそうだ。

間の悪いことにエリザベスは、状況を把握しつつあるこのタイミングで、業務を中断してオフィスを片づけるように海軍から強要された。

一九四三年三月、沿岸警備隊の暗号班に、長年の居場所であった財務省から、元女子校の建物へ移転せよという指令が下った。ネブラスカ・アベニューにある戦時中の臨時施設、海軍通信付属機関《アネックス》と称されるようになった建物である。新たな環境に落ち着くまで、エリザベスは回路3-Nへの総攻撃をいったん停止しなければならなかった。エリザベスは二階にあるオフィスに入りたいと注文を付け、自チームのメンバー以外とはほとんど口をきかなかった[110]。海軍アネックスでエリザベスのオフィスから二つ離れた部屋に勤務していた沿岸警備隊の職員が、次のように回想している。「仕事ははっきりと区分されていた。みんなで昼食に出かけたりしたが、仕事については一切話さず、戦況とか、最近のニュースについてばかり話していた」[111]。エリザベスは、沿岸警備予備隊女性部隊（SPARS）の隊員数名とともに仕事をする機会も多少はあった[112]。また、海軍婦人部隊員（WAVES）や陸軍婦人部隊員（WACs）と、海軍アネックスの外で仕事抜きの親睦目的で交流する機会もときおりあり、自宅に招いてお茶を飲みながら、ワシントンでの生活には慣れたかとたずねたりした[113]。ある晩、アーリントン・ホールに勤務する暗号解読者のマーサ・ウォラーがワシントン市内のアパートに帰宅すると、ルームメイト五人と一緒にエリザベスとウィリアムが夕食の席にいるのを目にした。ルームメイトのうちのひとりの父親がウィリアムと知り合いで、この席を設けたらしい。ウォラーは唖然とした。フリードマン夫妻は伝説的人物だと聞いていたからだ。「呆然としていたと思います。もちろん、ほとんどなにも話せませんでした」と振り返る。[114] エリザベスについては、「彼女の姿、話す声やふるまいは、そうなってしかるべきだった英語の大学教授のようでした」という印象をもった。

エリザベスのオフィスが海軍アネックスに移転した翌月、ウィリアムが、二年前の神経衰弱以降初の大きな任務を背負ってアメリカを離れた。ウィリアム・フリードマンは、陸軍の要請を受けてブレッチリー・パークに向かったのだ。陸軍がウィリアムに望んでいたのは、イギリスと交渉し、ボンブ製作に必要な情報と専門技術、設計図を共有するという協定を結ぶことである。ウィリアムはこの任務を遂行したが、アメリカを離れているあいだに鬱病が再発し、不眠症状が現れた。眠れるようにとピンク色の錠剤アミタールを服用した。出張中につけていた個人的な日記にも不眠について何度も言及している。[115]

四月二七日火曜日……一〇時三〇分にベッドに入ったが、疲れすぎていてよく眠れなかった。

五月二日日曜日……なんらかの理由でほとんど眠れない。たぶん、破傷風の注射がまだ効いているようだ。

五月二四日月曜日……午前一時あたりに目がさめ、ワシントンからもってきた薬二粒を飲んだが、あまり効果なし。早くに目がさめ、体がまったく休まっていない。今の仕事は精神的に疲労困憊するので、なるべく早く片をつけたいものだ。

五月二四日月曜日……「緊張」して「ヒービージービーズ」状態にあった日には夜はよく眠れるが、そうでない日にはあまり眠れないと気づいた。……しかし、ここのところ何日も hbgbs がない。こうした不眠の謎を解明できればよいのだが。

エリザベスはこの日記を読んだわけではないが、ウィリアムはきっと多大なストレスにさらされているにちがいないと想像し、その精神状態を心配していた。四月から五月にかけて、ウィリアムが家を空けているあいだしょっちゅう手紙を書いた。少なくとも一四通の手紙をロンドンにあるアメリカ大使館の武官あてに送り、知らされていないウィリアムの滞在先に転送してもらった。[116] 手紙には、ワシントンでの生活の細かなことばかりを書いた。春の日差しのせいで庭の芝生にひび割れができてからからに乾いてしまった話。友人たちを招いたパーティーで、みながオールドファッションド〔ウィスキーのカクテル〕をしこたま飲み、午前二時まで起きていて、ピアノを囲んで歌を歌った話など。「パーティーのようすや来てくれた人たちの写真を現像して送ります。ほんの一瞬でも家に帰った気持ちになるように」[117]。夫妻の友人、陸軍通信隊のジョン・マクグレイル大佐のことも手紙に書いた。ウィリアムのもっている『アメリカのブラック・チェンバー』に批判的な注釈を書き込んだインテリジェンス専門家のうちのひとりである。ウィリアムと同様に、マクグレイルも才気にあふれ、憂鬱に陥りやすく、親切な人物だった。イースターの日にはエリザベスにスミレのコサージュを贈ってくれた。[118]「なんてやさしいんでしょう」とウィリアムへの手紙に書き、マクグレイルは「これまでにないほど落ち込んでいるよう」だとも加えた。書斎にあるウィリアムのテレクロン社製電気時計が通常よりも速く進んでいるようだとも書いている。「あなたのテレクロンもさみしがっているみたい。狂ったみたいに動いているのよ」

体型をスリムに保つために朝食を抜いて、夜にはたばこを吸っているとも書いた。[119] エリザベス自身も仕事で精神が張り詰めていて大きなストレスを抱えていることをこうして認めるのは、めったにないことだった。ある夏の日、エアコンのない海軍アネックス内の室温が四三度に達した。[120] エリザベスの汗が、手許の作業用紙にぽたぽた落ちる。全員汗だくだった。海軍の指揮官たちは、今は戦時下なのだと言って、職員たちを帰宅させようとはしなかった。

もしもエリザベスが、たとえ一週間だけでものんびりしたなら、暗号解析班は後れを取り、挽回できなくなるという現実的な恐れがあった。一九四三年の夏、ナチは安全性強化のために、暗号システムの刷新を実行した。[121] 指令を発したのは、高い評価を受けていたナチの暗号家、フリッツ・メンツァーである。[122] メンツァーは国防軍最高司令部で二五名の暗号専門家を率いていた。いまだに手作業暗号を使っていたスパイたちは、上級監督官《オーバインスペクトール》メンツァーの導入した新しい手法に乗り換えた。そのため沿岸警備隊の暗号解読者たちは、これに順応しなければならなくなった。彼らは、「手順62」を解読するためにがむしゃらに励んだ。[123] それは、三一文字の鍵語を使う二重転置システムである。この手順では、通信文の文字が一度ならず二度も並べ替えられる。鍵語を使ってもとの順序に戻すのだが、その鍵語自体も、月を表す数字にもとづき並べ替えられている。

スペイン語を話す国々にある地下無線局が、手順62を使い始めた。また、マドリードなどを拠点とするスパイたちが使う「手順40」は、二重転置と換字式暗号を併用したもので、双方の暗号化ステップにおいて同一の鍵語を利用する。[124] 換字の段階では、鍵語が五掛ける五のマス目に表示される。[125] エリザベスのチームが発見したそのような鍵語のひとつに、スペイン語のことわざ donde menos se piensa salta la liebra がある。複数回出てくる文字を省いて五掛ける五のマス目に書くと、次のようになる。

ことわざの文字通りの意味は「思いもよらぬところからウサギが跳び出す」だが、「思いもよらぬところに好機が訪れる」と訳したほうがよいだろう。

エリザベスは、ほかにどのような案件が立て込んでいても、毎日必ず、アルゼンチンとベルリンを結ぶ回路3－Nに立ち戻った。

回路3－Nがもっとも重要な回路だという確信がエリザベスのなかでいっそう強くなっていた。通信量が四月にとつぜん急上昇し、その後も週を追うごとに増加傾向が続いていた。[126] ベルリンに一五通もの通信文が送信され、同じ数の返信がアルゼンチンに届けられるような日も何度かあった。[127] いっそう深みを増すナチ暗号文の沼の追跡のためにエリザベスたちが利用できるような、新たな手がかりが急増したのだ。

ドイツはアメリカの情報を今もなおしきりに求めているらしく、アメリカが保有する兵器能力や政治家について質問を投げかけていた（「ローズベルトと、相談相手のユダヤ人たち、とりわけローズマン、モーゲンソー、フランクファーターのあいだには意見の相違はあるのか？」[128]）。ベルリンはしばしば、ずらずらと並ぶ要求をスパイに送ってよこした。

D	O	N	E	M
S	P	I	A	L
T	B	R	C	F
G	H	K	Q	U
V	W	X	Y	Z

1. デトロイトにあるフィッシャー社が、遠隔操作で発射可能な口径約一二センチの新型高射砲を製造したと伝えられた。構造、作動機構、性能について早急に返答されたし。
2. アイアンマウンテンの［ヘンリー］フォードの工場では、何を製造しているのか？　工場の規模は？　いつから操業しているのか？　月産は？
3. アメリカの徹甲爆弾について。口径は？　材質は？　断面図、装薬、（五文字判読不能）の量と起爆装置。「爆薬Ｄ」が使われているのか？
4. 新しい徹甲弾の開発と生産の詳細。とりわけ、アメリカおよびイギリスの気化爆弾について。
5. ロケット兵器の、とりわけ開発および導入についての詳細[129]……

このような通信文はもちろん気がかりだが、内容は単刀直入でよく見かけるものでもあった。エリザベスはこれまでにも、ほかの回路でこうした通信文を何百通と目にしていた。回路３－Ｎがほかとは大きく異なり不気味なのは、平文から政治的な計略が明らかに読み取れるところである。まったく次元の異なる敵意をはらんだ陰謀の臭いがぷんぷんするのだ。「サルゴ」と「ルーナ」は今やもう、船舶情報を送信しているだけではない。大陸各地に仲間がいて、革命の名のもとに行動を起こす準備ができている。秘密の軍隊を構築しつつあるのだ。

ひとつに、スパイたちが、アルゼンチンの有力者らと親密な関係を構築していることが明らかに見て取れた。一九四三年六月四日、将校団がブエノスアイレスにある大統領官邸カサ・ロサダを占拠し、旧体制を引きずり下ろしてペドロ・パブロ・ラミレスを新大統領に据えた。[130]通信文には、ラミレス（ナチは「ゴデス」とよんでいた）[131]や、クーデターの立役者たちについての記述があった。なかには、ファン・ペロンや、コードネーム「モレノ」、クーデター後にアルゼンチンの外務省高官になったエドゥアルド・アウマン大尉の名前もあった。[132]「ボス」という名のナチ工作員（アプヴェーアのリーダー、ハンス・ハルニッシュ）が、これらの人物と定期的に密会していることにエリザベスは気づいた。「ゴデス［大統領］と再度重要な会合をもった結果、枢軸国の利益にかなう方向で精力的に協力する意向のあることがわかった」と、一九四三年七月二四日に「ボス」がベルリンに打電している。[133] アウマンらは「あらゆる点において相互の利益を追求する準備ができており[134]、「アメリカを最大の敵とみなしている」とも、のちに報告している。[135]

いちおうは中立国と目されるアルゼンチンが密室でドイツに協力していると知っても、エリザベスはとくに衝撃を受けなかった。しかし、協力の範囲が驚くほどに広範だった。エリザベスには、とてつもない秘密任務の実態が透けて見えてきた。「ボス」はある通信文に、「われわれの努力の末に、アルゼンチン政府は、チリ、ボリビア、パラグアイにある国家主義者のグループと密接な関係を構築してきた。現地在住のVメンをつうじてブラジルとも連絡を取り合っている」と書いている。[136] ナチにとってはアルゼンチン一国だけでは物足りなかったようで、ボリビア、チリ、パラグアイ、ブラジルの政府をも転覆させようと企んでいたのだ。すべてを手に入れて南米大陸全体をファシズム化しようとしていた。

その陰にはどうやら「サルゴ」がいるようだった。目には見えないこの工作員が国から国へと飛び回り、革命家らと面会し、金と情報を提供して、彼らを結託させているようだ。サルゴはベルリンに、パラグアイ空軍のスターニ司令官からの協力を取り付けた、とも伝えている。スターニは「完全にわれわれの陣営側にあり」、快くパラグアイ空軍の航空機に乗せてもらい、あちこちに連れて行ってもらった、とも述べている。[137] ボリビアにおける軍事クーデターの見通しも明るい、と「サルゴ」は伝えた。サルゴはボリビア鉱業相[138]とエリアス・ベルモンテという名の大使館員[139]とともに、共謀組織を構築済みだった。「サルゴ」が秘密裏に計画を練り、革命の細部をつめていく一方、仲間の「ボス」は引き続きアルゼンチンの有力者らと会って、全体像を論じていた。八月下旬、「ボス」はアルゼンチン政府の「高官が集まる秘密の会合」に出席し、次の報告をベルリンに送信した。

最終目標は、南米諸国ブロックを形成し、彼らを守るそぶりをする他国の監督を受けずに、自身の権益を守ることであるとされている。ボリビアは、アメリカの影響力から逃れ、なおかつ社会正義を実現しなくてはならない。アルゼンチンも、ボリビア政府とともに、あるいは単独でも、これを実行できるであろう。チリとの交渉では大きな進歩があり、今後もいっそうの進展が期待される。不明瞭な左派政策を掲げるリオス政権の先行きは長くない。チリ軍部は、アルゼンチンの例［つまり、クーデター］にならおうと、周到な準備を整えている……迅速な行動が求められる……［パラグアイ大統領］モリニゴへの不満は大きい。政権交代の余地もあると示唆された[140]……。

おそらくもっとも大胆な計画が、アルゼンチンとナチ・ドイツ間で、ひそかに武器取引を行おうとしていたことだろう[141]。スパイたちは、連合国に勘づかれずに、ベルリンからブエノスアイレスに銃器や爆弾を運び入れる方法を探っていた。

エリザベスは解読文上で、武器取引の進捗をつぶさに追うことができた。外交官を装ってブエノスアイレスから海路でドイツに赴くアルゼンチン人の男が、詳細についての交渉をベルリンで行う予定らしい。この男は、ヒムラーとヒトラー両人と面会できると確約されていた。「工作員一名がアルゼンチンからドイツに向けて出立する」と、あるスパイが七月にベルリンに知らせた[142]。「氏名、階級、任務については追って連絡する」

続いて送信された通信文で、エリザベスはその男の名前を知った。オズマール・ヘルムートである。Donde menos se piensa salta la liebra.〔思いもよらぬところからウサギが跳び出す〕。エリザベスの耳に、ノックの音が聞こえた。

オズマール・ヘルムートはそれまで、自分がこれほどまでに重要人物であると感じたことはなかった。これほど気持ちが高揚するような体験はなかった。[143] ブエノスアイレスにあるドイツ人クラブで、乗馬靴をはいた感じの良いドイツ人たちと会話を楽しんでいたかと思うと、その次は、カジェ・エスメラルダの自宅アパートで別のドイツ人たちと、外国との武器取引について相談しており、指の爪が異様なほどに長く伸びてくるりと巻いている男に引き合わされて、「この紳士」が、地球の裏側まで船旅をして、総統に私的に謁見する段取りをすべて整えてくれると告げられるのだ。

四〇歳で頭はさほど切れず、ずんぐりとした体つきで、赤い口髭をたくわえ、[144] 赤い頭髪を櫛で後ろにぴたりとなでつけているヘルムートは、ナチのスパイたちにとって「いいカモ」だった、とのちにイギリス当局が評している。[145] ヘルムートは階級の低い海軍士官で、アルゼンチン政府のちょっとした外交任務に携わっていた。その職務から得られる影響力はわずかだったが、ある程度の外交的保護にあずかる立場にあるため、こうしてジークフリート・ベッカーの目に留まったのである。

ときは一九四三年夏、ベッカーの力はますます増大し、それに伴い野心も大きくふくらんでいた。ベッカーはこのとき、ブエノスアイレス近郊の高級地区に住んでいた。[146] クーデター後、ますます運気が上がってきているファン・ペロンの豪華な邸宅からも近い地域である。

ペロンとベッカーはたびたび、内密に話す機会をもった[147]。それでベッカーは、アルゼンチン人が武器を喉から手が出るほど必要としていると知ったのだ。南米大陸内の敵であり、主な競争相手であるブラジルからの侵攻を恐れて、ベルリンから武器を調達する手助けをベッカーに求めてきた。これは、かなりやっかいな頼み事だった。戦局がここまで進展すると、武器はもはや入手困難になっていた。ドイツも、そう簡単には供与できないだろう。しかも、ベッカーはベルリンに率直に頼むこともできなかった。なぜなら外務省は、親衛隊外国諜報部門のライバルたちに牛耳られていたからだ。となると武器を手に入れるには、「大使館の連中」に気づかれないうちに秘密裏に動くしかない。

そこでベッカーは、元保険外交員のオズマール・ヘルムートに近づき、仕事を提示した。

ベッカーはこの単純なアルゼンチン人に、直接交渉でなければ武器の売買はできない、と説明した。そこで、仲介者となる外交使節が必要になる。この任務を引き受けてくれれば、ブエノスアイレスでカボ・デ・オルノス号に乗船してもらう[148]。船はまず、イギリス当局がヨーロッパ行きのすべての船を調査している、南米大陸北部沿岸部にあるトリニダード港に到着する予定だ。それからスペインに向けて出航する。スペインのビルバオに到着したら、カールトン・ホテルにチェックインして、親衛隊工作員からの接触を待つ。合い言葉は、「ジークフリート・ベッカーからよろしく」。ヘルムートは、「ああ！　親衛隊大尉《ハウプトシュトゥルムフューラー》」と返事をすることになっている。それからビルバオにいる親衛隊員が、ヒムラーとヒトラーをはじめとするナチ指導者たちとの会見を設定する。取引が成立したら、ヘルムートには、バルセロナの領事館での楽な仕事が見返りに与えられるだろう。

「ヨーロッパに行くというすばらしいチャンスをもらった」、とヘルムートはのちに語っている。「経費はただで、高い報酬がもらえて、任務の内容は非常におもしろく、将来も開けている[149]」。ヘルムートは、リスクについてまったく理解していなかった。ベッカーはきちんとわきまえていた。それでも、たとえ任務が失敗に終わるか、連合国側に発覚するかしても、黒幕が自分であるとは突き止められないだろうとふんでいた。ベッカーの輝かしい諜報活動の経歴において、これが唯一の致命的なまちがいだったのかもしれない。

この夏、誤算を犯したのはベッカーだけではなかった。スパイ網内の無線専門家、グスタフ・ウッツィンガーも、自分の立場がいかに危ういかを認識できていなかった。アメリカ人たち、すなわちエリザベス・フリードマンとそのチームの面々が、すでにウッツィンガーの暗号を破り、あらゆる通信文を解読中だった。それでいながら、ヤンキーにエニグマ機を解読されているかもしれないなどとは、ウッツィンガーは想像だにしていなかった。

だからといって、ウッツィンガーが夜ぐっすりと眠れていたわけではない。すぐれた無線専門家なら誰しもそうであるように、ウッツィンガーも職業上の不安や恐れにさいなまされていた。ただし、通信網のどこかが破られたとしても、その責任はベルリン側の無能な通信員にあるはずだ、と決めてかかっていた。ウッツィンガーの言葉によれば、「生半可な知識や想像力の欠如」のせいだという。[150] 連中はいつも愚かなミスばかり犯している。通信に長い時間をかけたり、同じ文を反復して送信したりする。七月のある夜など、ベルリンの無線通信士が、「オーケー、ハロー」という通信文を同一の周波数で一五分間も連続して送信した。ウッツィンガーは「敵に楽をさせやがって！」と、ベルリンを叱責した。[151]

ウッツィンガーの気分は徐々に上向いていった。一九四三年一一月の時点で、スパイ網はこれから次々と華々しい成功を収めるだろうと予想された。ボリビアをはじめとして、活動家らが決起して、クーデターを起こすときが目前に迫ってきた、とベッカーは断言した。[152] 同月、ベッカーはチリの軍曹と知り合った。この軍曹は、アメリカ海軍が実施する一年間にわたる砲術訓練コースを受けて、アメリカから帰国したばかりだった。このチリ人によるアメリカ海軍の軍事能力と戦術についての報告が、無線でベルリンに伝達された。そこには、ナチの船舶やUボートにたいするアメリカ軍の詳細な作戦計画も含まれていた。[153]

昼間戦闘では、重砲は以下の測距にもとづいて使用されるとされている。七秒間隔の斉射。最初の斉射は、レーダー計測の三〇〇ヤード先を目標とする。二回目の斉射はレーダー距離による。五回目および六回目の斉射は、四回目から二〇〇ヤード前後とする。夜間戦闘では、測距は試射とレーダーで実施する。……砲火位置観測を可能にするために、個々の砲弾にはアニリン化合物が含有されており、水面を強く着色させる。……爆雷［対Uボート］は、英ヴィッカーズ社製［爆雷］に類似。TNT爆薬三〇〇ポンドおよび六〇〇ポンドの型。信管には粒状TNT三・二五ポンドが含有……外装の深度調定は三〇、五〇、七五、一〇〇、一五〇、二〇〇、二五〇、三〇〇フィート……

スパイたちは、こうした通信文をエニグマ機を使って、ALCSA JYFMK JFNVH KYOIM のように書き、それぞれの文字を、点・線（A）、点・線・点・点（L）、線・点・線・点（C）とモールス信号で送信した。ワシントンで、ひとりのアメリカ人女性がはた織り機の前に座り、これらのわけのわからない文字の羅列を紡いで、意味の通った平文の布地に変換しているなどとは、思いもよらずに。

ベッカーとウッツィンガーは、すべての手はずをきっちり整えたと思っていた。二人の知るかぎりでは、この計画には、制御のきかないほころびはひとつしかなかった。それは、元保険外交員で、外交官としてヨーロッパに赴くことになるオズマール・ヘルムートである。

九月末、ベッカーはヘルムートに、購入して持ち帰ってほしい精密無線機の詳細を記した手紙を渡した。

これに加えて、ドイツの友人たちへの土産六〇キログラムをつめたトランク数個も預けた。[154] そうして、ヘルムートがそちらに向かっているとベルリンに無線で連絡した。「ヘルムートはアルゼンチン政府の絶大な信頼を得ている」[155]。「彼は政府の一連の要望をそちらに伝達することになっている。……アルゼンチン政府は、この任務を極秘扱いにするよう望んでいる」。ブエノスアイレスで親衛隊大尉《ハウプトシュトゥルムフューラー》が最後に幸運を祈り、一九四三年一〇月二日、オズマール・ヘルムートは、真っ青な大海への航路についた。[156]

エリザベスとチームのメンバーは、アメリカ海軍砲術学校に潜入して機密事項を持ち帰ったチリ人軍曹にかかわる通信文を解読していった。ドイツとアルゼンチンの諜報員らが結託して世界の政局をひっくり返そうとする動きをリアルタイムで観察した。暗号解析班が回路３－Ｎをすでに突破していたおかげで、エリザベスは南米におけるナチ諜報組織を十分に把握できていた。資金、関係者、暗号、コネクション。エリザベスの手許には見取り図があった。

エリザベスは解読文をできるかぎり迅速に関係部局に配布した。しばしば、名前の挙がっている工作員についての説明と、彼らの任務内容と思われることについて短いメモをつけた。

ルーナはおそらく、スパイ網内の無線専門家グスタフ・ウッツィンガーだろう。[157]

この通信文は、ドイツの諜報組織、アルゼンチン軍参謀将校、ブラジル統合主義者が主体となって南米において反米ブロックを形成する謀略を伝える一連の通信文のうち最新のものである。[158]

これらはウルトラであり、通信文の上部には〈トップ・シークレット・ウルトラ〉と判が押されていた。今では、エリザベスやイギリスの暗号解読者らが解読したウルトラのおかげで、英語話者のスパイ組織内では誰もが、アルゼンチンがナチと共謀していると知っていた。ウルトラ通信文から、それは明白だったのだ。

だが、ウルトラは禁断の果実でもあった。連合国はできるものなら解読文をアルゼンチン政府に突きつけて、陰謀から手を引くように要求したかった。しかし、そんなことをすれば当然ながら、連合国がナチの暗号を破っていることがアルゼンチンに知られてしまい、それがナチにも伝わるだろう。そして、連合国側のインテリジェンス関係者のあいだを循環しているウルトラという血液が、ただちにストップしてしまうだろう。そうなれば一大事だ。

この悩ましい状態から逃れる出口はないように思われた。しかし一九四三年一〇月、回路3－Nから入手した通信文をエリザベスが解読したところ、そこには、オズマール・ヘルムートという名の使者を派遣して、ドイツとアルゼンチン間での武器取引交渉にあたらせるという計画が書かれていた。連合国に、これまでにない好機が転がり込んできたようだ。このヘルムートという無名のアルゼンチン人は、ナチと密接に連携しており、まもなく船に乗り、スペインのビルバオに向かうらしい。たぶん、航海の途中でこの男を取り押さえ、ナチの接触者を吐かせることができるだろう。そうすれば連合国は、その情報は、エリザベスが解読したエニグマ通信文ではなくて、自白から得られたものだと主張できる。それならイギリスとアメリカは、ウルトラの秘密を明るみに出すことなく、アルゼンチン国内でのナチ・スパイ網を粉砕するための措置をようやく講じることができるだろう。

この計画を実行するには、イギリスが、大胆かつ、ことによると違法な行為に及ぶ必要があった。ヘルムートは外交官で、政府の保護を受けている。まさか誘拐するわけにはいかないだろう。いや、それもありだろうか？

イギリス当局は真夜中、オズマール・ヘルムートを船から拉致した。[159] 外交特権を無視したのだ。ヘルムートの抗議には耳を貸さず、大使館へ電話をかけることも許可しなかった。スペインへの出航を控えていたカボ・デ・オルノス号は、トリニダード港に停泊していた。イギリス当局は、別のイギリス行きの船にヘルムートを乗せた。その船は大西洋を東に向かい、一九四三年一一月一二日、イギリスのポーツマスに到着した。狼狽し憤然としたヘルムートは、ここから、ロンドン南西部にある住宅、じつは収容所０２０とよばれる秘密尋問施設に移送された。[160] ここは戦時中、イギリス防諜機関ＭＩ５が運営していた九箇所ある尋問施設のひとつだった。

アルゼンチン当局は必死になってイギリス人外交官に電話をかけ、自国民ヘルムートの居場所をたずねた。返事は、知らぬ存ぜぬの一点張りだった。

ヘルムートは最初の二週間、収容所０２０の独房に入れられた。ドイツ人たちへの土産の入ったトランク七個と、購入を指示されていた精密機器の詳細を記した手紙は守衛に没収された。それからヘルムートは、尋問所の司令官、ロビン・スティーヴンズ大佐の前に引き出された。[161] 肩幅が広く、イギリス陸軍司令官の制服である黄褐色のウールのジャケットの左胸には、勲章がある。右目に片眼鏡をはめた顔は、まるでけがをしたフクロウのように見える。部下たちからは「ブリキの目《ティン・アイ》」とよばれていた。尋問における大佐のモットーは、「できるかぎり最短の時間で真実を引き出す」である。拷問はよしとしない、とつねに言っていた。自白を引き出す技に長けているので拷問をする必要などない、と断言していた。しかし戦後になって収容所

020の元収容者たちが、スティーヴンズの部下たちに殴られ、むち打たれ、模擬処刑にかけられ、長期間にわたり睡眠を剝奪され、強い痛みを感じる「無理な姿勢」で立たされ、絶食させられた、という信憑性のある証言をしている。[162]

「わたしは権限をもって発言している」と司令官はヘルムートに言った。[163]「戦時下にはわが国から全権を委ねられておる。わたしの発言はお前の返事を求めるものではない。話を遮れば、それは無規律の兆候であるとみなす」

スティーヴンズはヘルムートを締め上げにかかった。ドイツのスパイのために精密機器を購入するよう依頼する手紙をイギリス当局が押収した、これはお前がナチのスパイである証拠だ。お前はナチの操り人形にすぎない。自分の手には負えない駆け引きに巻き込まれているだけだ。ヘルムートのトランクに入っていた土産のこともからかった。「土産がトランク七個分ほどある。太鼓腹のドイツ人の男たちへの食べ物と、田舎くさいドイツ女たちへの絹のストッキングに、鼻水をたらした子どもたちへのチョコレート」。ヘルムートが収容所から脱出する唯一の方法は、事実を洗いざらい話して、南米におけるナチ・スパイ網について知っていることをすべて暴露することである、とも言った。「嘘をつけば、すぐにわかるぞ」

収容所020の尋問官から情報を明かすよう要求されても、ヘルムートは数日間、言い逃れを続けた。当初は「動じず、尊大ですらあった」と報告されている。[164]アルゼンチンでの親衛隊インテリジェンス工作については何も知らない、社交の場でひとりか二人のドイツ人と知り合っただけだ、とヘルムートは言い張った。尋問官は、「サルゴ」というコード名しか把握できていない男についても質問した。「ブエノスアイレスにおけるヒムラー派のトップ」であり「極秘任務の主謀者」ではないかと疑っている人物である。陰の実力者、南米におけるナチの黒幕。「サルゴ」とは誰なのか？　本名はなにか？　階級は？　ヘルムートは、知らないと答えた。口を開けば「プロバブレメンテ」〔おそらく、たぶんという意味のスペイン語〕ばかり言うので、尋問官は頭にきて、この単語を二度と使うなと命じた。

ついに尋問官は、口を割らないなら、収容所での処遇は「劣化を余儀なくされる」と言い渡した。つまり、拷問するぞとほのめかしたのだ。[165]

ヘルムートの態度が軟化した。アルゼンチンが親衛隊と共謀して、ボリビア政府を転覆させ、親ナチの独裁者をトップに据えようとしていると明かした。地下無線局と、それを運営している無線技師のグスタフ・ウッツィンガー、コードネーム「ルーナ」についてもしゃべった。

さらにオズマール・ヘルムートは、イギリスの尋問官が知りたくてじりじりしていた最重要の秘密をもらした。エリザベスの解読文があってこそ引き出されたヘルムートの自白がきっかけとなり、ほどなくして世界情勢が大きく変化することになる。それにより、見えない戦争の形勢が連合国側の有利に転じ、ふたたび元に戻ることはなかった。

「サルゴ」とは誰なんだ？

不運に見舞われた哀れなオズマール・ヘルムートは、寒さのなかひとりきりで、こんな苦痛を受けてまでも道義心を守る価値があるのだろうか、と何週間ものあいだ悩み抜き、ようやく、そんな価値はない、と答えを出した。「サルゴ」とは親衛隊大尉のジークフリート・ベッカーだ、と白状した。年齢三二歳、身長一七八メートル、がっしりとした体格で金髪の男である。[166]

第5章　人形の女

ヘルムートが誘拐されたとも知らずに彼からの報告を待つあいだ、アルゼンチンにいるナチのスパイたちは、通信システムの安全性向上作業にあたっていた。

ベッカーとウッツィンガーはアルゼンチンにやってきてから、クリハの小型機リリーを使って何百通もの通信文を暗号化してきた。それらは、ベルリンにいる親衛隊上官にあてた赤の通信文である。酷使したせいでクリハのバネがくたびれて穴が摩耗してしまったため、ウッツィンガーは、ベッカーの狼ルートで新しい暗号機を密輸してほしいとベルリンに依頼した。[1]

ベルリンは、クリハではなく新しいエニグマ機を送ってきた。

「赤ルートでエニグマが届いた」と、ウッツィンガーは一九四三年一一月四日にベルリンに報告している。[2]

「大変ありがたい」。ウッツィンガーはこの通信文を、緑で使っている古い型のエニグマ機でタイプしていた。さらに、「通信文１５０以降は新しいエニグマ機で暗号化する……ルーナ」と続けた。

「これは、ルーナの誕生日へのサプライズ・プレゼントだ」とベルリンが返信してきた。[3]

これでウッツィンガーの手許にあるエニグマ機は三台になった。一九四三年一一月から一二月にかけてウッツィンガーは、エニグマ機で作成した通信文を次々とベルリンに送信した。暗号の安全性にいっそうの自信をもち、スパイ網の展望についてますます楽観的になっていった。

南米情勢は、ナチ・スパイにとって有利な方向へ展開しているようだった。右翼の運動はますます盛んになり、ベッカーとペロンの政府転覆計画も着々と進んでいた。一九四三年一二月二〇日、ボリビアの右翼将軍グアルベルト・ビジャロエルが軍隊を率いてラパスにある大統領官邸を占拠し、クーデターに成功して全権を掌握した。[4] クーデターをお膳立てしたのはベッカーとボリビア人共謀者らだった。[5] ベッカーは有頂天になった。さらにはファン・ペロンとブラジル統合主義リーダーとの会見の段取りをつけた。その場でペロンはリーダーに、大陸全土を舞台とした革命の「最初の果実」が収穫された今となっては、まもなく「チリ、パラグアイ、ペルー、さらにはウルグアイ」にも拡大するだろう、と述べた。[6] ヒトラーの影響を受けた政体圏、アルゼンチンの革命、南米の地におけるファシスト・イデオロギーの定着。これらはみな、もはや夢物語ではなく、動き始めたプロジェクトだった。いったんプロジェクトが始動すれば、最終目標に到達する公算はある。

ボリビアのクーデターから八日後の一九四三年一二月二八日、ベッカーとウッツィンガーはベルリンに心のこもったあいさつ文を送信した。いつもどおり、署名にはコードネームを使っている。「戦時下の祖国にいる愛する人と同志へ、新年が幸福ですばらしいものであるように願う」と二人は書いた。[7]「われわれの心はつねに皆とわれらが総統とともにある。サルゴ、ルーナ、協力者たちより」

エリザベスは、戦場で兵士らが体験するようなカタルシスを実際に味わうことは一度もなかった。倒れた敵を剣を携えて見下ろし、その心臓に致命的な一撃を与えるというような決定的な瞬間を体験することはない。その代わり戦争中ずっと、暗闇のなかでファシストたちをばらばらに切り刻んでいた。敵からすれば、剣の刃が自分の体にくいこむ感触をおぼえることはないだろう。体の内部にできた小さな傷から何か月も何年もかけて痛みもなくゆっくりと血が流れ出し、ときおりひどく気分の悪い朝を迎える。目をさますと足元がおぼつかず頭が混乱している。すると、キッチンの流し台に置かれた氷の入ったボウルのなかに自分の腎臓が鎮座しているのを目の当たりにするのだ。

一九四三年一一月に新しいエニグマ機、すなわち赤用のエニグマ機がアルゼンチンに送られることをエリザベスは知っていた。緑の通信文でスパイたちがそのことについて前から相談しており、エリザベスはしばらくの期間、それらをずっと解読していたからだ。[8]

赤用エニグマ機は、暗号解読者らに新たな難題を突きつけた。ベルリンは、積荷に鍵を入れるのを忘れたらしく、アルゼンチンに新しい鍵を無線で送信するはめになった。鍵の安全性を一段と高めるために、ベルリンは二重に暗号化を行うことにした。[9] そうして、まずはクリハ機で（クリハ用の新しい鍵をもちいて）、それから新しい赤用エニグマ機で二回にわたり暗号化された二七通の通信文をアルゼンチンに送信した。つまり、平文をクリハでタイプして暗号文にし、それからその暗号文をエニグマ機でタイプして、また新たな暗号文を生成したのだ。

二重に暗号化されたせいで、沿岸警備隊は通信文を完全には解読することができなかった。通信文はまるで、二つの異なる樹皮で覆われた、ごつごつとした丸太のようだった。それでも、これまでの解読文や、海軍のＩＢＭマシン、ドイツ人スパイたちといった三種類の情報源から得られたヒントをもとに、暗号解読者は樹皮をはぎ取る方法をなんとか見つけ、すっきりとしたツーバイフォーの木材のような平文へと解体していった。以前に送られてきた通信文のなかでベルリンは、新しいクリハの鍵には古い鍵の一部が使われていると述べていた。その古い鍵は、沿岸警備隊がすでに確保していた。そのおかげで新しい鍵の候補の数がぐんと減り、パンチカード用のプログラムを書いて、暗号文を分類して十分な深さにまで重ねて並べることができた。[10] こうして、いつもどおりに平文を導き出し、暗号機の配線を逆向きにたどることができた。

一九四三年一二月から一九四四年一月、沿岸警備隊が赤用エニグマ機のロータ配線を含めたすべての解明に向けて取り組むなか、かねてよりの解読作業の成果が国際的な規模で実を結び始めた。回路3―Nの通信文を解読することで、連合国当局は、南米におけるナチ諜報活動について貴重な情報を把握できていた。そして今では、オズマール・ヘルムートの自白も加わり、アメリカとイギリスの外交官らは、アルゼンチンとナチ・スパイの馴れ合いの関係に槌を振り下ろすことができるようになった。[11] その衝撃が非常に激しかったと見えて、一九四四年一月二六日、アルゼンチン政府は、ドイツおよび日本とのあらゆる関係を断絶すると発表した。アルゼンチンはそれまで、西半球におけるナチの最後の友、いわゆる「最後の中立的な堡塁」であったが、今やその堡塁は壊滅した。

翌月、沿岸警備隊は赤用エニグマ機の配線を解明した。戦時中に沿岸警備隊が解明したエニグマ機としては三台めとなる。

一九四四年二月一九日、エリザベスの指揮官にあたるジョーンズ大尉が、暗号班の功績をイギリスに伝える極秘の通信文をブレッチリー・パークに送信した。[12]

CGは……赤を解明した。詳細は追って報告する。

五日後、ジョーンズは、三枚のロータすべてについての配線の詳細を送信した。[13]

以下は、新しい……赤用マシンの配線である。

外側のローター
PRYBGAUTEVMKCQDSJWLOFZIXHN. . .

つねに対抗意識を燃やしていたイギリスの暗号解読者たちは、自分たちもちょうど赤用エニグマ機を解明したところだ、と返信してきた。[14]

礼を言う。こちらでも解明したばかりなので、詳細は不要。

ベルリンの親衛隊が、アルゼンチンがほかの国々と同様に、ドイツとの関係を断ったという知らせを耳にした。一九四四年一月二六日のロイター配信によるニュースで知ったのだ。その日、ベルリンは慌てふためいて、何が起こったか知らせてくれとアルゼンチンのスパイたちに無線で訴えた。「至急報告せよ。このニュースの真偽と、背景および目的について」[15]

第六局南米課は最近、新しい指揮官を迎えたばかりだった。[16] クルト・グロス。チョコレートを送れとスパイに要求していた元ゲスターポの悪徳工作員《エージェント》である。そのグロスが今度は、次々とおそまつな憶測を重ねた。エリザベスなどの敵方が自分たちの暗号を解けているなどとは想像もせず、ベッカーの使う「狼」、つまりはスペイン人の運び屋のうち誰かが裏切ったのだろうと考えたのだ。「そちらの配送組織において漏洩があるという印象をぬぐえない」とアルゼンチンに無線送信した。[17]「今一度、関与している者たちを至急徹底的に調査されたし」

グロスはアルゼンチンにいるスパイたちに倍の働きをせよ、と命令した。「アメリカと南米関連工作活動はこれからさらに、いっそう進展しなければならない」と無電を打った。[18]「ヒムラーが掲げた一九四四年の目標は『われわれは、忌まわしい敵が観念するまで、いつまでもどこまでも戦い続ける』である」

一九四四年が明けて数か月間、連合国の軍用機がベルリン爆撃を繰り返した。第六局の本部が直接の被害を受けた。ベルリン在住のスパイの家族たちは、第六局の無線を使って、自分たちの無事を知らせた。「親愛なるドンクレス・アウゲへ」という言葉で、ウッツィンガーの恋人「ブラウズ・アウゲ」の通信文は始まる。[19]「イギリス軍《トミー》の空爆などではわたしたちはびくともしません。……変わらぬ熱意と『ヒトラー万歳』とともに。あなたのブラウズ・アウゲより」。ウッツィンガーの祖母「アーンフラウ」は次のように送信した。「どのようなことがあっても、ここでは人生は続いていきます。敵を軽蔑し勝利を祝う笑い声とともに、住宅のがれきのなかで、ボール紙と木材で作った小屋のなかで、わたしたちは怒りをこらえ、ただちに仕事に取りかかります」[20]

グロスは、アルゼンチンから良い知らせを聞きたがった。スパイたちへの要求は、これまでになく破滅的な様相を帯びてきた。ある通信文では、アメリカの化学兵器保有量と、化学兵器攻撃にたいする脆弱性を調査するようベッカーとウッツィンガーに求めている。[21]

化学兵器について。どのような種類の液状または固形の物質を保有もしくは生産中であるか。どのような外観であるか。人体、目、呼吸器系、布地、金属にたいする効果は。……ガス防護のために敵はどのような手段を講じるのか。

一九四四年一月下旬、アルゼンチンがドイツとの国交断絶を発表したのと同週、ロンドンの『サンデー・

エクスプレス』紙の目端がきく記者が、ウルグアイのモンテビデオの埠頭沖、ブエノスアイレスの海岸地区からかすかに見える水域に、アメリカの軍艦が集結していることに気づいた。記者は何本か電話をかけ、諜報活動や防諜活動の閉ざされた世界のなかで異様な大事件が起こったばかりだと知り、記事を執筆した。[22]

イギリスが南米のスパイ網を粉砕
ヒトラーの精鋭エージェントが集まるアルゼンチン本部にて

モンテビデオ（ウルグアイ）。アメリカ軍艦の複数の艦体が、ラ・プラタ川河口のきらめく水面に視認された。これらの軍艦は、ドイツ人の地下無線局がもはやこれ以上、連合国の兵員輸送船や商船の出航日と予想航路を待ち伏せしているUボートに送信できなくなることを意味していた。それらはまた、アルゼンチンがついにベルリンおよび東京との関係を断絶した今となっては、南米大陸全土にファシストの独裁政権による強固なブロックを築こうというナチの夢がついえたことを示すものでもあった。……長年にわたり枢軸国の外交と金の力で後押しされてきたアルゼンチンの中立体制を一撃で終わらせたのは、オズマール・アルベルト・ヘルムートの逮捕である……。

それから数週間にわたり、「ヘルムート事件」とよばれるようになったこの騒ぎについて世界中の新聞が書き立てた。この事件には、ナチの黒幕、汚れ仕事を引き受ける小者、誘拐、秘密の尋問など、映画さながらの要素が満載だった。早くも伝説になりつつあった。歌にまでなっていた。トリニダード島のカリプソ「トリニダード発祥の音楽ジャンル」の人気歌手、ヤング・ジーグフィールドが、オズマール・ヘルムートなる不運なアルゼンチン人についての歌「セキュリティ・カリプソ」を歌っている。[23]

その男はこれから騒動を引き起こすことになる
あのアルゼンチンの領事、オズマール・ヘルムート
捕まったときには、有罪の証拠となる文書をたくさん抱えていて
無罪を証明できるアリバイはひとつもなかった……
はした金のために
仲間を売って信頼を失った
それでも結局、あいつは撃ち殺されるだろう
イギリスの収容所にしっかり閉じ込められているのだから

こうして世間の注目を集めたことで、二つの主要機関がさっそくやっかいな状況に陥った。まずはアルゼンチン政府である。ヘルムート事件のせいで、アルゼンチン政府高官がナチ国家と結託していることが明るみに出てしまった。これは、アルゼンチンの政治家たちにとって非常に危険である。もしもナチが戦争に負ければ、きっと連合国から共謀者として処罰を受けるだろうと予想できた。ドイツと公式に関係を断絶するだけでは不十分だろう。アルゼンチンには、それ以外の何かをする必要があった。もっと大きくてドラマチックなことを。自分たちはベルリンの手先ではないと証明するようなことをしなければならない。

ヘルムート事件を苦々しく受け止めたもうひとつの組織はＦＢＩである。世界中でもっとも興味をそそるスパイ物語がＦＢＩの管轄地域内で繰り広げられているのに、ＦＢＩがそれを知ったのはいちばん最後だっ

た。沿岸警備隊とイギリスはＦＢＩの漏洩を恐れて、解読文を見せずにいたのだ。一九四三年一二月一六日、ＦＢＩの次官補が次のような不機嫌なメモをフーバーに送った。[24]「この情報がじつは、アルゼンチンとヨーロッパを結んで非常に活発に通信している地下無線局の暗号解読から得られたことはまちがいない。この解読文は、われわれが長年、入手しようと努めてきたものである」

Ｊ・エドガー・フーバーがもっとも嫌うのは、蚊帳《かや》の外に置かれることだ。しかしＦＢＩはまもなく、この件に首を突っ込むことになる。

アルゼンチンは「逃げ道」を求めていた。中立性を広く世界に宣伝して、ナチの影響を受けていないことを明示できるようなストーリーが必要だ。大がかりなものであるほど好ましい。たしかに、ＦＢＩはストーリーを作るのが得意だ。たぶん、何かよいストーリーを提供できるだろう。

ＦＢＩが選んだ「逃げ道」は、ジークフリート・ベッカーにまつわるストーリーだった。

ベッカーは、小説から抜け出してきたようなキャラクターだ。くるりと巻いた長い爪をもつナチのスパイ。トランクに爆薬やエニグマ機を忍ばせて持ち運び、ブラジルの政治家の妻たちを誘惑し、太平洋を横断する船で密航する。ヒムラーから贈られた髑髏のついた指輪をはめた親衛隊大尉《ハウプトシュトゥルムフューラー》。上層部に潜むファシストたちと交友関係があり、クーデターをひそかに計画する。海賊無線局の世界におけるジョニー・アップルシード〔アメリカ西部にリンゴの種を植えて回った伝説的な開拓者〕であり、南米大陸全土に広がった地下無線局を連結させる人物である。

ＦＢＩは、これらの情報の一部を沿岸警備隊が初期に解読した通信文から、そして大部分を一九四二年にブラジルで逮捕したスパイたちの尋問から仕入れていた。ウルトラの秘密を明かさずに、こうした情報をアルゼンチンと共有できるだろうとふんでいた。ベッカーの経歴をそのまま並べただけでもすでに強烈なのだから、ＦＢＩの手にかかれば、ナチ版のジェームズ・ボンドのような、トップ・スパイの物語に仕立て上げられるだろう。

　ブエノスアイレスでＦＢＩ法務担当官を務めるフランシス・クロズビーは、一九四四年二月一五日付けのフーバーにあてた手紙にベッカーについてのメモを添付し、次のように主張した。「添付のメモは、壮大なスパイのストーリーをこしらえるために必要な材料をアルゼンチン政府に提供する目的で作成した」とクロズビーは書いている。[25]「ベッカーはすばらしいネタになるだろうし、アルゼンチンが捜し求めているヘルムート事件からの『逃げ道』を提供してくれると思われる。われわれが思いついた理屈はおおよそ以下のとおり。ベッカーは、近隣共和国数か国において非常に華々しい諜報活動を行ってきた。……ベッカーが関与してきた事件について詳細を公開すれば、大きな話題をよぶであろう。しかし、この『トップ・スパイ』はこれまでずっと法の手をかいくぐってきたが、ついに、すばらしきアルゼンチン共和国が誇る俊敏な警察がその前に立ちはだかった。警察は、アルゼンチン内でのベッカーの活動をかぎつけるやいなや、その輝かしいキャリアに終止符を打った」。このあとには、大使あての、通俗雑誌向けのようなクロズビーの作文が三ページにわたって続いている。

> われわれの知るかぎりでは、ジークフリート・ベッカーのゲルマン人特有の手際よい仕事の痕跡が最初に西半球に見て取れたのは、リオデジャネイロに地下無線局ＣＥＬを設立したときのことである。……ベッカーの動きは、地下無線局ＣＩＴのほかにも、ブラジルや……エクアドル……チリにある地下無線局ＰＹＬ、さらにはメキシコの組織までにもたどることができる。……ベッカーのやり口は、ときには直接的で激しく、ときには間接的で軽やかだ。それでも、いずれの場合においてもベッカーの関与を証明でき

る……

外交ルートをつうじてジークフリート・ベッカーの伝説を拡散しながら、ＦＢＩは南米の地でベッカーと仲間たちの追跡を続けた。ＦＢＩは今や南米大陸中にＳＩＳ捜査官を二〇数名配置して、すべての主要都市を網羅するようになっていた。ようやく現地に順応し、地元警察とも懇意になり、極秘の情報提供者からインテリジェンスを入手することができるようになっていた。フーバーは、南米諸国に潜むＦＢＩスパイ全員に、手許の資料のなかにベッカーにかんする情報がないかどうか捜すよう命じた。[26]「ベッカーは、南米における最重要なドイツ人工作員のひとりであり、現在は逃走中で、アルゼンチン国内のどこかに潜伏していると思われる」。同時に、クロズビーなどＳＩＳ捜査官はただちに現場捜査を開始して、ベッカー行きつけの酒場やレストランを捜索し、彼の知り合いの娼婦らに聞き込みをした。

ＦＢＩはまた、地下無線局自体の包囲にも取りかかった。エリザベスが遠く離れたワシントンのオフィスでずっと聞き耳を立てていた無線局である。アメリカ人工作員が、携帯型の方向探知機をかついでチリやパラグアイの山を登ったり、ＦＣＣの技術者たちが、方向探知機を積載した車でブエノスアイレス市街や郊外の町を走り回ったりした。[27]

ひとつ、またひとつと無線局を急襲し、無線機器を押収していった。ＦＢＩ捜査官はこうした典型的な警察の仕事は得意で、おおいに楽しんだ。こういう仕事はお手の物だ。彼らは暗号解読者ではなく、捜査官であり警官なのだ。物的証拠と会話の記録をもとに事件を立件し、容疑者を逮捕していった。

ウッツィンガーは通信の停止を具申《ぐしん》した。とっさに直感が働いたのだ。アルゼンチンで活動する親衛隊無線技師ウッツィンガーのもとに、ヘルムートがイギリス当局にすべてを白状し、アルゼンチンがドイツと断交しようとしているという、想定しうる最悪の結果に終わったという知らせが入ったとき、ウッツィンガーは、スパイの無線通信を完全に停止するべきだと判断した。何かがおかしい。考える時間が必要だ。

その意見は却下された。ベルリンは、無線通信は継続すべき、いや、いっそう増強すべきであるとして譲らず、ベッカーも断交は「見せかけ」にすぎないと断言した。[28] 軍部や政界のつてによれば、アルゼンチン政府は、アメリカ人をなだめるために少々騒ぎ立てているだけだ、とベッカーは言うのだ。騒ぎが静まったら、すべて丸く収まるだろう。

ウッツィンガーにはこの問題にかんして選択の余地がほとんどなく、無線通信を継続した。だが、一九四四年を迎えてから数か月間、ウッツィンガーとベッカーの任務の遂行はますます困難になる一方だった。二人は、監視され追跡されていると察していた。ウッツィンガーは、できるかぎりの安全策を講じた。無線機をブエノスアイレスから離れた友人の農場に移動させ、鶏小屋の下に隠した。[29] しかしどのみち、無線機は当局に発見されてしまう。一九四四年二月のある日、ウッツィンガーとベッカーの不在時にアルゼンチン警察が農場を急襲し、共謀者数名を逮捕した。彼らを警察に連行し、ピカーナ・エレクトリカ（牛を追うための高電圧の突き棒）で衝撃を与えて自白を引き出そうとした。ベッカーの用心棒と思われるガウチョという名の男などは、鼓膜が破れてしまった。[30] ヒトラー・ユーゲントの指導者だったヘルベルト・ユルマンは、自白よりも自殺を選び、三階の窓から身投げした。「彼は二月一九日に飛び降りた。誓約にあくまでも忠実で、われわれにとって模範であり責任を全うした」とウッツィンガーはベルリンに無線で報告している。[31]

ユルマンの死は、アルゼンチンで活動するスパイたちに暗い影を落とした。彼らは恐れをなし、意気消沈した。本国との距離がいっそう広がり、ドイツの敗北がいっそう色濃く感じられた。もはや誰も、国民社会主義のために身を投げ出す気概が自分にあるのかどうか、わからなくなっていた。[32] スペイン人の狼たちは、協力をためらうようになってきた。狼のうち二人が、イギリス側に逮捕され絞首刑になっていたのだ。[33] ウッツィンガーの祖母「アーンフラウ」から、不穏な内容の通信文が送られてきた。[34] 家族の歴史を記録した先祖代々の重要文書はどこに保管していたのか、とたずねるものだった。文書が爆撃で失われてしまわないかと心配していたのだ。

ウッツィンガーはなおも、何かがおかしい、連合国に通信を読まれているのではないか、という感覚をぬぐえずにいた。それでも、問題は相手側、すなわちベルリンの無能と貧弱な安全確保態勢にあると決めてかかっていた。これまでにもベルリンは幾度となく、愚かな行為を繰り返していたからだ。問題はもっととらえがたいところにあるのではないか、と思い至るような根拠はなかった。それでウッツィンガーは、過剰なまでのこだわりで守りを固めながら、無線ネットワークの維持に最善を尽くした。配下のVメンから入ってくる生の情報のなかでも、連合国によるスパイ狩りの知らせにとくに目を配った。一斉手入れを事前に察知して、回避するのに役立てたかったからだ。

ウッツィンガーはあるニュースに目を留め、三月二二日付けで本国の本部に報告した。[35] アメリカの新聞に掲載された、「ニューヨーク在住のヴァレリー・ディキンソン夫人」が国家反逆罪で告発されたという記事である（ファーストネームは正しくはヴェルヴァリーだった）。夫人は、人形と人形の服を販売する店をニューヨークに構えていた。そして、ブエノスアイレスのとある住所に、不審な手紙を何通も送っていた。手紙の内容は一見、人形について語ったもののようだったが、アメリカ当局は、ディキンソンは日本のスパイで、暗号で連絡を取っているとにらんでいた。新聞は夫人を人形の女《ドール・レディ》とよんでいた。

ヴェルヴァリー・ディキンソンは、振り向きざまにFBI捜査官二人の顔につかみかかった[36]。一九四四年一月二一日のことである。捜査官たちはニューヨーク銀行の金庫室で張り込みをして、ディキンソンがやってきて貸金庫を開けるのを待っていた。本人が現れて、現金一万五九〇〇ドルの入った貸金庫を解錠するやいなや、捜査官たちは逮捕令状を提示した。ディキンソンは、逮捕されるおぼえはない、とわめいた。年齢五〇歳の未亡人で、体重約四〇キロと華奢な体型で髪の色は黒みがかっている。脚で激しくけってきたので、捜査官たちは夫人の両脇を抱えてひきずらなければならなかった。

FBIがディキンソンを逮捕した理由は、先に郵便検閲官が入手してFBIに提出した五通の不審な手紙にあった[37]。それらの手紙には、「イギリス人形」、「外国の人形」、「人形の病院」、「真ん中が裂けた」「シャム人の踊り子」の人形のように、人形や、人形の状態について書かれており、なかには壊れてしまった人形についての記述もあった。五通のうちの最初の手紙には、次のような文章がある。「この前、わたしのコレクションについてお話をするよう頼まれましたね。一か月前、美術クラブで講演をしなければならなかったので、わたしのもっている人形や小立像について話しました。今わたしのところにある新しい人形は、このかわいらしい新しいアイルランド人形三体だけです。三つのうちのひとつは、漁網を背中にかついでいる年老いた漁師の人形です。二つめは背中に木材をかついだ老女で、三つめは幼い男の子です」。この手紙の宛先は、ブエノスアイレスのイネス・ロペス・モリナーリ夫人となっていた。だが、そのような人物は存在せず、手紙は封筒に記されていた差出人住所に返送された。その住所は、ディキンソンの顧客のひとり、オハイオ州スプリングフィールド在住のメアリー・E・ウォーレス夫人などとなっていたが、当人はその手紙を読んで困惑した。なぜなら、自分の書いたものではなかったからだ。

ディキンソンはニューヨークのマディソン・アベニューに人形店を構えていた。芸術性の高さで評判があり、一体七五〇ドルもする人形も販売していた。しかしＦＢＩの捜査から、夫の死後に借金を抱えていたことと、日系アメリカ人会の会員で、真珠湾攻撃直後の一九四二年一月に西海岸を訪れていたことが判明した[38]。ＦＢＩが、手紙にある文字の形状と、ディキンソンから押収したタイプライターで打った文字の形状とを照合すると、一致するとの確証を得た。また、ディキンソンと日本領事館員とのあいだに社交上の接点があることも捜査の結果明らかになった。

一九四四年一月にＦＢＩがディキンソンを逮捕後、この事件を担当したのは、ニューヨーク州南部地区連邦検事エドワード・Ｃ・ウォーレスである。ウォーレスは酒密輸の時代にエリザベスと一緒に仕事をした経験があり、人形の女事件の手紙について彼女の意見を聞きたがった。そこでまずＦＢＩニューヨーク事務所の監督官に電話をかけて、エリザベスに手紙を見せても構わないかとうかがいを立てた[39]。

ウォーレス検事の願い出を受けて、ＦＢＩ内部ではせわしない協議が重ねられた。電話が少なくとも八回はかけられ、テレタイプが送信され、メモ書きが、ＦＢＩニューヨーク事務所からワシントンへ、最終的にはＪ・エドガー・フーバーのデスクまでたどり着いた。こうしたやりとりの要点は、エドワード・ウォーレス検事がエリザベスの助けを求めており、彼女を高く評価しているというものだった。ワシントンのある捜査官は、副長官にあてたメモにこう書いている。「ウォーレス検事によれば、フリードマン夫人と陸軍の暗号家であるその夫は、暗号についてはわが国の第一人者とみなされており、暗号関連の多数の著作がある」[40]。しかしＦＢＩ側は、エリザベスが世間の注目を集め、自分たちの影が薄くなってしまうのではないかと懸念した。また、エリザベスを、夫とは別個のひとりの暗号家として扱いたがらないようでもあった。ウィリアムをこの事件に関与させるかどうかが話し合われた形跡は一切なかったが、ＦＢＩニューヨーク事務所の監督官は、フリードマン夫妻という複数の人称をもちいて、夫妻が「万一このスパイ事件で成果を上げれば、彼らがこれまで関与してきた同様の事件についても手柄を主張するかもしれない」という不安をにじませている。[41]

一九四四年三月一八日、ニューヨーク事務所がフーバーにテレタイプを送信した。「例の手紙をエリザベス・フリードマンに提示し検討を依頼する件について連絡されたし」[42]。フーバーは、次のようなにべもないメモをよこした。「手紙類をフリードマン夫人に見せる計画についてだが……。調査を行う人員を増やしたところで得られるものは何もないと思われる」[43]。しかしフーバーは正式には異議を唱えなかったので、ウォーレス連邦検事は事を進めて、人形の女の手紙をエリザベスに送った。エリザベスは手紙を分析し、自身の見解を五枚にわたる手紙にまとめてから、経費は連邦政府もちで、この件についてウォーレスとじかに話し合うためにニューヨークに赴いた。

「ウォーレス検事殿」、と手紙は始まっている。[44]「この二日間、数時間かけてディキンソンの手紙を調べました。お役に立てるかわかりませんが、以下に疑問点や意見をいくつか挙げますのでご査収ください。検事殿が電話でおっしゃった、『糸口』を見つけてほしいというご期待と、手紙に使われている暗号は科学的な調査では察知できない『つかみどころのない』種類のものではないかというご意見についても承知しております」

ふだん手がけている暗号解析とは異なるために単なる意見にすぎないと断ったうえで、人形の女が人形について語るように見せながら実際に伝えようとしていることについての持論を展開する。

エリザベスいわく、これらの手紙は「オープン・コード」の典型的な例である。オープン・コードとは、必ずしも疑念を生じさせずに、公然と秘密をやりとりする手法だ。ある手紙に言及されている「孫娘の人形」とは、真珠湾で損壊し、現在修理中のアメリカの軍艦を指しているのかもしれない。「家族」は日本の艦隊を、「イギリス人形」は、戦艦、巡洋戦艦、駆逐艦の三種類のイギリスの軍艦を指す。ディキンソンの記した「三つのうちのひとつは、漁網を背中にかついでいる年老いた漁師の人形」で、「二つめは背中に木材をかついだ老女で、三つめは幼い男の子」とはおそらく、「三隻の軍艦のうちのひとつは掃海艇で、二つめは船楼のある軍艦、三つめは小型の軍艦」という意味ではないだろうか（「駆逐艦？」、「魚雷艇、それとも補助艦？」とエリザベスは推測している）。

エリザベスはまた、五通の手紙の宛先（ブエノスアイレス、オイギンス通り、イネス夫人）にある通りの番地は、五通ともちがう数字（オイギンス通り一四一四番地、オイギンス通り二五六三番地など）になっており、これらの暗号文が宛先には届かずに、途中の航空郵袋や検閲局の段階で、友好国である枢軸国共謀者の手で抜き取られるのをねらっていたのではないか、と指摘した。

エリザベスの手紙には見事な分析力が光っているが、それと同時に、完全には証明できないことは明言したくないという生来の思慮深さも見て取れる。オープン・コードで書かれた言葉には複数の意味が含まれうるからだ。この理由から、エリザベスは法廷での証言を引き受けたがらなかった。一方、フーバーの考えはちがった。彼にとって、オープン・コードがあいまいなのは不都合ではなく都合の良いことだった。[45] 反対尋問において捜査官が「さまざまな推論や別の可能性を提示」できるからというのだ。

ＦＢＩはこのほかに、出所のわからない現金や、日本政府関係者とのつながりなど、ディキンソンに不利な決定的な証拠も集めた。そのうえで連邦政府が、日本政府のためにスパイ活動を働いたという罪状でディキンソンを起訴した。この犯罪の刑罰は死刑に相当する。知られているかぎりでは、ディキンソンは、開戦以来アメリカ国内において諜報活動のかどで起訴された初めての女性だった。「ディキンソン夫人はこの大戦中、わが国において女スパイとして活動してきた」と、『ワシントン・サンデー・スター』紙に報じられた。[46] 一九四四年五月にニューヨークで初めて法廷に立ったディキンソンは、すっかりおとなしくなっていた。白い造花のついた黒い帽子をかぶり、黒い手袋をはめた手を背中に回し、ハンカチを握りしめている。法廷内のＦＢＩ捜査官や検察官、記者らを見回して、「この人たちはいったい誰なの？」と声を発した。[47] 検察官の発言中、「上品に手を口元に当ててあくびさえした」と、『ワシントン・タイムズ・ヘラルド』に書かれた。

ディキンソンは有罪を認めた。ところが三か月後の判決言い渡しの日、自分はスパイではないと言い出し、法廷で泣き崩れ、「戦艦とほかの船のちがいなんて大きさくらいしか」わからない、と言い張った。[48] 結局、一〇年の禁固刑と一万ドルの罰金刑が確定した。

裁判の進行中、世間の目がエリザベスに向けられることはなかった。人形の女事件が解決し、有罪判決が出ると、ＦＢＩはいつものように手柄を報道陣に宣伝し、「大戦下ナンバーワンの女スパイ」のドラマチックな詳細を記者たちに提供した。「なぜ彼女は日本のスパイになったのか？」と『スター』紙は問いかける。「尋問にあたったＦＢＩ捜査官は、夫人は内向的な性格で、子どもをもてなかった失意によるつらい思いを抱えてきた、という見立てを述べた」。[49] 記事にはエリザベスの名前は出ていなかった。記事によって、暗号は「ＦＢＩの暗号家」が破ったとか、「海軍の調査」で解明されたなどと、いろいろな表現がされていた。フーバー自身も『アメリカン・マガジン』誌に人形の女について寄稿し、夫人を「これまでに出会ったなかで最高に頭の切れる女性諜報員のひとりである。教養があり有能で狡猾、しかも四五歳でありながらとても魅力的で、ＦＢＩがこの大戦中に直面したなかでも、もっとも手強い事件のひとつに数えられる」と語った。[50]

このように大衆が、人形の女の背信行為についてフーバーを経由して知らされているあいだにも、本職とは別の隙間時間に人形の女が書いた手紙をひっそりと分析していた女性は、ナチのスパイを追いかけるという本来の業務に戻っていた。

一九四四年の残りの日々、エリザベスと沿岸警備隊のチームは、ナチの無線通信文をひたすら解読した。平文には、不安や恐怖が盛んに認められた。破滅が刻一刻と近づいているようだった。これまでずっと、エリザベスは、ナチがスパイ網を構築する過程を見守ってきた。そして、目には見えないやりかたでスパイ網を突き崩してからは、それが死にゆくようすを見届けていた。そして、必要とあらばスパイの喉元をふみつけた。

エリザベスは、逃走や潜伏を試みるスパイたちを追跡し、彼らが必死に発する通信文を解読していった。ベッカーは一九四四年四月に身を隠した。「彼はブエノスアイレス中心部に潜伏中」とウッツィンガーは書いている。[51]「夜間のみ活動。幸運を祈ってあげてくれ。ルーナ」

一九四四年八月一一日、ウッツィンガーはこれが最後となる通信文を送信した。「敵は六〇日間で、われわれの無線局のうち二つの特定に成功した[52]」

七日後の一九四四年八月一八日、グスタフ・ウッツィンガー、別名「ルーナ」は、四〇人の仲間とともにアルゼンチン連邦警察に逮捕された。[53]

ウッツィンガーはのちに、当時の状況をＦＢＩの取調官に次のように語っている。警官が拘置所のテーブルに、何年も前にナチ党員から押収した品を並べていった。鉤十字章《ハーケンクロイツ》の旗、ヒトラーの写真、狩猟用武器などの横に、映写機のリールから取り外した抵抗コイルを置いた。ウッツィンガーは逮捕される前に、なんとか無線機を破壊できていた。警察はこのコイルは「bobina de tanque de un transmisor potente de los espías nazis」、すなわち、ナチ・スパイが使う強力な送信機のタンクリールであると主張した。それから報道発表用に、すべての品々を写真に収めた。目的は、世間にたいして体裁を取り繕うことだった。アルゼンチン当局の関心は主として、ナチとのつながりを隠蔽することに向けられていたのだ。ウッツィンガーの逮捕から五日後、フアン・ペロン本人が拘置所に姿を見せ、警察に次のように述べた。[54]「取り調べの目的はまさしく、巨大なドイツの諜報組織が解体されたということを世間に知らしめることである。したがって、警察や軍部の人間や、在外の同様の人間とのつながりについての言及は、公表してはならない」

南米におけるスパイ狩りは、これで終わりではなかった。ジークフリート・ベッカー、手練手管の親衛隊大尉はいまだ逃走中で、複数の国でFBI捜査官や警察から集中的に捜索されており、エリザベスはそれから一三か月にわたり、数十のナチ無線回路でやりとりされる秘密の通信文を解読することになる。しかし、一九四四年八月のグスタフ・ウッツィンガー逮捕は、見えない戦争の終わりの始まりを告げるものだった。西半球においてナチが遂行していた「有効な諜報活動の最終章」を迎えた、とウッツィンガーの同僚、ヘートヴィヒ・ゾンマーは表現している。[55] ナチ・スパイはもう二度と、アメリカに脅威を与えることはないだろう。

エリザベスは単独でこの任務に当たっていたわけではない。チャビー・ストラットンなどのイギリス人関係者や、FCC、FBIの強力な支援を受けて、チーム一丸となって励んでいた。だが、暗号をめぐる戦いにおいては、エリザベスが主人公だった。彼女が紙上の暗号を突破できて初めて、ほかの誰かが現場でスパイ網を粉砕することができるのだからだ。「諜報活動においては技術面での優位性が重要であった」と、ラウトとブラッツェルが一九八六年に刊行した『影の戦争（*The Shadow War*）』で述べている。[56]「暗号解読と無線傍受といった高度な技術力と、現場のエージェントの努力が合わさって、無敵の戦力となり、勝利が可能になった」。歴史学者である二人の著者は、現地での働きと高度な技術力はいずれもFBIによるものだとしており（執筆当時、沿岸警備隊の資料は機密扱いされていた）、近年刊行された複数の本の著者らもまた、南米のナチ・スパイ網を粉砕したのはFBIの手柄であると称賛している。だが、FBIは通信文を傍受していない。ナチの通信回路を監視しても、暗号を解読しても、エニグマ機を解明してもいない。こうした仕事を一手に引き受けていたのは、沿岸警備隊だった。エリザベスが何もないところから作り上げた、少人数の暗号解読チームである。

第二次世界大戦中、ひとりのアメリカ人女性が、地球上からナチのスパイを一掃する方法を編み出した。その証拠は紙の上にある。エリザベスのチームが解読してタイプし、世界中のインテリジェンス・コミュニティに配布した、ナチの極秘通信文四〇〇〇通がそうである。エリザベスは、これらの平文を獲得するために、少なくとも四八の地下無線通信回路と、三台のエニグマ機を突破した。これらの解読文書は、海軍と陸軍の手に渡った。ワシントンにあるＦＢＩ本部と、世界各国にある支局にも届いた。さらにはイギリスにも届いた。その出所は、はっきりしている。すべての紙のいちばん下に、黒いインクで「ＣＧ解読」と記されているからだ。これらの紙が人々の命を救った。クーデターを防いだことも、ほぼまちがいないだろう。ファシストのスパイたちを刑務所送りにした。ドイツと、ナチの恐怖政治の存続を願って支援している国々とのあいだに楔を打ち込んだ。どう見てもエリザベスは、第二次世界大戦における偉大なるヒロインである。

イギリス人も海軍もＦＢＩもそれを知っていた。しかし、アメリカの一般大衆はまったく知らなかった。エリザベスは、口を開くことを許されていなかったからだ。エリザベスをはじめ、ウルトラを担当していた暗号解読者たちは全員、ウルトラの秘密を保持するという誓約にしばられていた。たとえ自由に自身の成功について語ることが許されていたとしても、エリザベスはすぐには一般大衆に向けて話しはしなかっただろう。

Ｊ・エドガー・フーバーは、そうした制約とは一切無縁だった。権力を握っているおかげで、報道を操作し、後先を考えずに秘密をさらけ出すことができた。しかも、ＦＢＩ捜査官は、エリザベスのような暗号の達人ではなく、昔ながらの探偵だったので、フーバーは見えない戦争を、消えるインクや破壊工作、隠しカメラ、地下無線局の一斉手入れ、ソフト帽をかぶった探偵たちといった、大衆になじみのあるイメージで語ることができた。

だから、こうしたスパイ狩りのイメージが、人々のなかに植えつけられた。エリザベスではなく、フーバーの語るストーリーを受け取ったのだ。

フーバーは念押しも怠らなかった。一九四四年秋、ドイツ国防軍がヨーロッパ各地で敗退し、赤軍がベルリンに進軍するころ、見えない戦争における勝利の功績を主張する宣伝攻勢をしかけた。『アメリカン・マガジン』誌に、「いかにしてナチ・スパイの侵攻を撃破したか」と題した七ページにわたる記事を発表したのだ。[57] 副題は「この戦争における諜報活動の大勝利、すなわち枢軸国の南米潜入大計画の失敗が、FBI長官によって初めて明らかにされる」とある。フーバーは、FBIが七〇〇〇件にもおよぶ枢軸国の作戦を阻止し、二五〇人のスパイを逮捕し、二九の無線局を掌握した、と自慢する。そして、こうした働きによって、「南米におけるヒトラーのもくろみを食い止めた。征服および破壊行為の計画を遂行するには、ヒトラー配下のスパイや無線局が必要不可欠であった。……こうした組織を失ったヒトラーは窮地に陥った」と述べている。フーバーは、エリザベスや沿岸警備隊には一切言及せず、ブラジル警察とアルゼンチン警察に謝意を表した。そのじつ彼らの大多数は、ファシズムの信奉者か拷問を好む者たち、あるいはその両方だった。

フーバーはさらに、外国の戦場にいるアメリカ軍兵士向けの一五分の映画にも出演した。[58]『アメリカ合衆国の戦い』と題した、見えない戦争をテーマとした作品である。

ハリウッドを代表する映画監督フランク・キャプラの力を借りて製作されたこの映画は、大音量の愛国的な音楽とアメリカ国旗がたなびく映像で幕を開け、その画面が徐々に、星条旗を背景にしてＦＢＩ長官室のデスクにつくフーバーに切り替わる。[59] フーバーは、ピンストライプのグレーのスーツに派手なネクタイという服装で、髪は櫛で丁寧になでつけられている。両手をデスクの上で組み、カメラに目線を向けて、「戦場にいる男女の方々に、アメリカ合衆国の戦いについてお話ししたい」と口を開く。

画面が〈ＦＢＩ会議室〉と標示のある木製のドアに切り替わる。ドアが開き、カメラが室内に入っていく。そこではＦＢＩ捜査官七名が特大の南米地図を囲んでいる。不穏な音楽が流れ、地図が拡大されて画面いっぱいに映し出される。アニメーションの飛行機が地図の上を飛び、パナマ運河に爆弾を落とす。これもまたアニメの電波塔から電気がびりびり流れ出す。軍服姿で銃剣を手にしたナチの男の漫画が出現する。男はアルゼンチンの上に立ち、アメリカのほうに顔を向けている。その体がどんどん大きくなり、ついにはワイオミングに剣を突き立てる。

映画ではさらに、無線局の閉鎖やデュケインのスパイ網粉砕は、ＦＢＩ単独の粘り強い捜査の成果であると自画自賛する。最後のシーンでフーバーはカメラを見据え、映画を観ている人々、つまりは戦争末期の数か月間、いまだ国外で戦っている兵士に向けて訴えかける。「本国におけるドイツ人および日本人工作員にたいする攻撃は」、ここまで言ったところで音楽のボリュームが増す。「あなたがたが敵軍に与えた攻撃と同様に強烈で、大いなる勝利を収めた」。そして美辞麗句でしめくくる。「われわれＦＢＩ職員は、アメリカを偉大で住み良い国にするためのチームの一員であると心している。われわれもあなたたちも、同じチームの仲間なのだ」

一九四四年一二月、アメリカ軍の兵士たちがフーバーの映画を観ているころ、エリザベスは椅子に座り、フリードマン家のクリスマスカードを書いていた。[60] 昔に作っていたような、創意工夫のあるパズルやゲームではない。ウィリアムやエリザベス、子どもたちの描いた絵や、秘密のメッセージもない。ふつうの英語で書かれた、昔ながらのカードにすぎない。戦争が四年も続き、何千万もの人々の命が奪われたこの時代に、こうしてクリスマスカードを書くのは、人間らしく好ましいことに感じられた。

エリザベスは新しい白い紙のいちばん上に、次のようにタイプした。

速報＊＊一九四四年＊＊フリードマン

「わたしたちは、友人のみなさんやそのご家族がどうしていらっしゃるかとずっと心配していました」と続く。「たぶん、みなさんもわたしたち一家のことを心配してくださったのでしょう」

ＦＢＩ長官は、実際に自分が捕まえたわけではないスパイを捕まえた、と自慢していた。スパイを実際に捕まえたエリザベスはというと、家族について誇らしげに語っている。

「ビル、ウィル、ビリーは」とタイプしてから、戦時下で夫の職務について公に知らせてよいと許されている範囲内で、こうまとめた。[61]

一九四一年に疾病のために現役勤務を退いて以降、日に九時間から一六時間、猛烈な勢いで戦争関連の業務に勤しんできました（これでは陸軍医療部が偽りを述べたことになってしまいますが、似たような例はよくあるのではないでしょうか）。一九四四年三月、戦争省から最高の栄誉を授けられる初の人物となりました。金のリースのついた特別功労章で、戦場において「任務で求められる以上の比類ない働きを」した兵士たちに授与される殊勲十字章と同等の章です。

「追伸」と、ウィリアムが謙遜して付け加える。「これを書いたのはわたしではありません――ビル」

一九四四年におけるエリザベス自身の働きには特筆すべきことはなかった。「際立って優れた夫とはちがい、毎日の海軍での仕事を地味にこなしていただけです」と自分で書いている。

これにも「追伸」とウィリアムが書き足している。「エリザベスは、これまでも、今も、そしてこれからも変わらずに、わたしの知るなかでもっとも魅力的な女性です」

エリザベスはクリスマスカードの残りの部分を、才気あふれる子どもたちの話題で埋め尽くした。ジョン・ラムジーはプレップ・スクールでサッカー部のマネジャー、ダンス委員会の委員長、最上級学年クラブの会長を務めている。バーバラは、検閲局のパナマ支局で働きながらスペイン語を学んでいる。「パナマには配給制度はありません。たばこは一箱八セントで豊富に手に入り、生活費はアメリカのおよそ三分の一、そのうえ仕事はおもしろい、と娘は言っています」とエリザベスは綴る。フリードマン家の友人たちと愛する人々に向けて、「一九四五年には家族が再会」できますようにと、願いの言葉で結んだ。

その年の春は焼夷弾に象徴された。一九四五年が明けてからの三か月間、連合国軍はドイツ各地の都市を次々と燃やしていった。焼夷弾の量は一〇〇〇トン単位で計測される。イギリス空軍は一月だけでも、三万トン以上の爆弾をドイツに投下した。[62] 三月のある晩、イギリス空軍は爆撃機二二三機をヴュルツブルク上空に飛ばし、爆弾を投下した。[63] 火の海が古くからある美しい木造建築をなめつくし、住民たちは、燃えさかる火のなかを走り回って川へと逃げた。ある老婦人が、炎から守ろうとして孫息子を胸にかき抱く。二人は、溶けて一体となった姿で発見された[64]。

赤軍が東から迫りつつある一九四五年一月、アウシュビッツから死の行進が始まった。親衛隊員の看守が囚人を率いて収容所を出発し、さびれた道を進ませる。倒れるまでひたすら歩かせ、倒れずに残った者たちを射殺した。四月二九日、連合国軍がダッハウ強制収容所を解放。四月三〇日、ヒトラーがみずから命を絶った。

一九四五年四月一九日、ヒトラー自殺の一一日前、ジークフリート・ベッカー、西半球におけるもっとも偉大なナチ・スパイ「サルゴ」が、ブエノスアイレスでアルゼンチン国家警察、コーディナシオン・フェデラルに逮捕された[65]。ベッカーは髪を黒く染め、テレサという名の愛人と暮らしていた。ポケットには二万六〇〇〇ペソが入っていた。警察が押収した住所録には、ブエノスアイレス、バルセロナ、ビルバオ、リオ、サンパウロ、ハンブルク、ベルリンにいる仲間の名前が一〇〇以上記されていた[66]。

警察はベッカーを、ブエノスアイレス北西部の貧困地区にあるビジャ・デボート刑務所に連行した。激高したベッカーは口を開き、アルゼンチン政府高官とのつながりについて供述した。その筆頭は、大統領選挙への出馬を準備しているペロンである[67]。

供述書にはすぐさま改竄が加えられたが、ベッカーの言いたいことは十分伝わった。ベッカーが口を割れば、ペロンは打撃を被るだろう。これを受けて役人たちはベッカーをできるかぎり丁寧に扱った。ペロンは、自身のボディガードを務めるメネンデス少佐に、ベッカーが健康で快適に生活できるよう面倒を見るように命じた。ベッカーは日中のほとんどを、独房ではなく所長室で過ごすことが許された。クリスマスにベッカーは「ごちそうとシャンパンの大きなかご」を警察幹部に送り、詰め物入りの七面鳥七羽を友人から差し入れてもらった[68]。

グスタフ・ウッツィンガー、スパイ網で無線技術を担当する「ルーナ」は、ベッカーから直接、シャンパンと七面鳥のことを聞いた。二人はたまたま、同じときに同じ場所、ビジャ・デボート刑務所に拘留されていたのだ。しかし、ベッカーのおこぼれにあずかる機会はほとんどなかった。[69] 刑務所職員たちの汚職行為や粗暴な行動に反感を抱いたウッツィンガーは、たびたび反抗的な態度を取り、独房に入れられて殴打された。

一九四六年二月、アルゼンチン国民からの投票で大統領に選出されたペロンは、第一期を務めることとなった。そして、二人めの妻である魅惑的な女優、エヴァ・ドゥアルテとともに大統領宮殿に入った。もはや、スパイたちに何を暴露されようともこわくはなかった。[70] 強大な権力を手にした今、何が起ころうとも絶対に安全な立場にあったからだ。そこで、スパイたちを釈放した。ウッツィンガーは無線の仕事を再開しようとしたが、のちに再逮捕され、戦後のドイツに強制送還された。ベッカーはブエノスアイレスに残り、その後の消息は途絶えた。アルゼンチン人ジャーナリストのウキ・ゴニによれば、親衛隊大尉ベッカーは、つてを使って、起訴から逃れようとするナチの戦犯たちをアルゼンチンに密入国させる手助けをしていたらしい。[71] ブエノスアイレスでの生活を続けて晩年を迎え、その地で天寿を全うした可能性は高い。

南米にいるベッカーの友人たちのなかには、彼ほど幸運ではなかった者たちもいた。一九四六年七月二一日、激怒した暴徒がラパスのボリビア大統領宮殿を突撃し、ベッカーが企てたクーデター以降同国を支配していたグアルベルト・ビジャロエルを撃ち、致命傷を負わせた。[72] 大統領の遺体は、宮殿のバルコニーから投げ捨てられ、公共広場の街灯柱からつるされた。

フリードマン夫妻の疲労とストレスは長年にわたって蓄積し続けていたが、それにもかかわらずつねに務めを怠らなかった。エリザベスは海軍アネックスへ、ウィリアムはアーリントン・ホールへ、来る日も来る日も出勤していた。しかし、一九四五年が明け、敵が敗走中で、ようやくほんの少しなら休憩してもよさそうになると、二人はそろって体調を崩した。ウィリアムは気管支炎になり、ぜいぜいと息を切らして家のなかをよろよろ歩いた。[73] エリザベスはそんな夫の看病をして、週末にはこんこんと眠った。一九四五年二月二二日、ジョージ・ワシントンの生誕記念日に、陸軍の友人たちとともにダンス・パーティーに招かれた。美しく装って外出を楽しむ機会は何年ぶりだろうと身にしみて感じたエリザベスは、ゆっくりと時間をかけて身支度をした。[74] シャリマーの香水を首につけ、真珠のイヤリングを出してきて、ふさわしいドレスを選んで身にまとってから、足をひきずっている夫を伴い、ぬくもりのある華やかな香りを漂わせながら玄関を出た。

四月一二日、ローズベルト大統領が脳出血で死去。エリザベスは打ちひしがれた。政治家は一貫して好きではなかったが、ローズベルトは例外だった。品性と才気を兼ね備え、エリザベスと同じように、民主主義と科学、平等、国際協力を重視していたからだ。その大統領がいなくなれば、クー・クラックス・クランのような「有害な勢力」が国中を席巻するのではないかとエリザベスは不安に感じた。[75]「わが国はきっと前に進み続けるでしょう。でも、彼が去ったことで、どのような悲劇的な結末を迎えるかは誰にもわかりません。さらに悪ければ、ひっそりと破滅へ向かうかもしれません。ファンファーレが鳴り響くこともなく、表面上はなんの変化もなく、ひたすら静かに、邪悪な結末がひそかに迫ってくるかもしれません」

翌月、一家の友人がとつぜん病気で亡くなった。[76] 陸軍のインテリジェンス専門家、ジョン・マクグレイル大佐、ウィリアムがブレッチリー・パークに赴いて家を空けていたときに、イースターのスミレのコサージュをエリザベスに贈ってくれたあの人物である。マクグレイルは戦争業務に根を詰めすぎたのだろう、と二人は思った。アーリントン国立墓地での大佐の埋葬式で、エリザベスは未亡人となったフローレンスに寄り添い、その腕を支えた。[77] 六頭の白馬が国旗で覆われたマクグレイルの棺を墓まで運んできた。

エリザベスは、死に何か特定のパターンがあるとは考えていなかった。無作為に訪れて残酷なだけだ。自分の愛する人たちがそうならないように願うだけだった。彼らはまだ、戦況に振り回されて世界各地に散らばっていた。アラバマの航空学校にいるジョン・ラムジーは、赴任命令を受けたが、赴任先はまだわからない、とエリザベスに電話をかけてきた。「そこに着いたら連絡するよ」と語る声は震えていた[78]。ウィリアムは、アメリカ陸軍から最後の任務を与えられそうで、何週間か、あるいは何か月間かヨーロッパに行くことになるかもしれない、と何度もエリザベスにこぼしていた。バーバラはまだパナマにいて、まもなく前線に赴く若い海軍士官たちとデートをしては、彼らも戦死してしまうのではないかと心を痛めていた。エリザベスは娘に心構えを説いた。「わたしの大切にしている運命論があります。人は、そのときがきたら、この世を去るのです。自宅のソファに座っていようが、敵に向かって舷側砲を放っていようが[79]」。そして末尾に、「すっかり年を取ってしまった母より」と書いた。

体が疲れ切っていたからか、悲しみに沈んでいたからか、家族の身をつねに案じていたからかはわからないが、ナチが連合国軍に正式に降伏し、ドイツとの戦争が終結したことを五月八日に知っても、エリザベスは、これで終わりだとすっきりと納得できなかった。「これが事実だとはなかなか思えません」とパナマにいる娘に書き送っている[80]。「ニューヨークはお祭り騒ぎらしいです。でも仕事はいつもどおりで、手を止めて終戦宣言を聞くことすらしませんでした」

報道からうかがわれる実態は、流動的で混沌としていた。日本はまだ降伏していなかった。日本の外交官たちはこれまでとはちがって弱腰な態度を示したが、将軍たちは断じて戦い続けると言い張っている。スターリン率いる赤軍は、東ヨーロッパの制圧地域を占領する態勢に入っていた。スターリンが原子爆弾を製造しているといううわさもあった。アメリカが原子爆弾を製造しているともささやかれていた。エリザベスはバーバラにこう書いた。「まったくもって恐ろしい話です」[81]

ワシントンの夏の暑さはますます厳しくなってきていた。ミリタリー・ロード三九三二番地の主寝室で、エリザベスは、風が入ってこないかとむなしい期待をして、窓を開けたまま眠った。[82]ジョン・ラムジーが、航空学校で書いた詩を送ってきた。[83]「知恵の家を隙なく守っている／岩だらけの断崖にしがみつきたい」という、冒険に満ちた生きかたをしたいという願いを綴ったものだった。エリザベスは息子の気概に感じ入り、また、詩心があるのが誇らしく、娘にあてた手紙にこの詩を写した。

七月上旬、とうとう命令が下った、とウィリアムから聞かされた。九〇日間の予定でヨーロッパに派遣され、当地の連合国軍と仕事をするのだ。[84]これが、戦争関連の任務としては最後のものとなるだろう。

ウィリアムは、調査を行うのだとエリザベスに説明した。いつもと変わらぬ仕事だと思わせようとした。だが、いつもの仕事ではなかった。ウィリアムは、ＴＩＣＯＭと称する任務に抜擢されたのだった。ＴＩＣＯＭは、ナチが支配していた地域からインテリジェンス関連の機密事項を押収することを目的としたアメリカとイギリスの共同作戦である。

ある歴史家は、ＴＩＣＯＭ、すなわちターゲット・インテリジェンス・コミッティを「第二次世界大戦の最後の大きな秘密」と形容している。[85]目的は、次の戦争がどのようなものになるのであれ、そのときに西側の優位を保つことだった。その戦争では、ソ連が敵国になると目されていた。つまり、知識や技術がヨシフ・スターリンの手に落ちるのを防がなくてはならない。将来の戦いにおいてアメリカとイギリスが暗号解読の優位性を保つために、西部戦線から機密情報をすっかり除去しなくてはならない。具体的には、ナチの暗号機や暗号資料をすみやかに奪取し、マジックやウルトラにかんする情報を確保するのだ。この目的を果たすために、ウィリアム・フリードマンはまもなく、第三帝国の最奥にある秘密の部屋まで旅することになる。どこに向かうかわからない乗り物に乗って、ケールシュタインハウス、またの名を鷲の巣《イーグルズ・ネスト》を目指すのだ。それは、ヒトラーその人が個人で所有していた山中の隠れ家である。

一九四五年七月一四日、ウィリアムとエリザベスは車を運転して陸軍空港ターミナルに向かった。[86]その朝、ワシントンは真っ青に晴れて暖かかった。ウィリアムは、カーキ色の上着、カーキ色の帽子、カーキ色のズボン、茶色の長靴という陸軍の礼装姿だった。エリザベスの目にはとても立派に映り、陸軍でも肩に星章を縫い付ければいいのにと思った。[87]別れのキスを交わすと、ウィリアムは、ほか二三名とともにダグラスＣ－54輸送機に乗り込んだ。同乗者は、陸軍士官たち、科学者数名、そして陸軍婦人部隊所属のスチュワーデスひとりだった。それからエリザベスは車に戻り、小高い丘まで移動して、Ｃ－54が離陸するのを待った。[88]輸送機は上昇して雲のなかに入り、小さな銀色の点になった。

第6章　ヒトラーの隠れ家

ナチの科学実験所へ向から曲がりくねった傾斜路をがたがたと揺れながら登坂していくジープの車体に、ウィリアム・フリードマンはしがみついた。[1] ウィリアムは、戦場から何キロメートルも離れたバイエルン州の小さな町にいて、フォイヤーシュタインという名の山を登っている。ジープはどんどん坂道を進んでいく。振り返ると、眼下の町に被害を受けていない家や店が見える。それらはどんどん遠ざかり、小さくなっていく。前方に、フォイヤーシュタイン研究所がぬっと姿を現した。まるで、山頂に立つ城に近づいているように感じられる。[2] 建物は巨大で、屋根には赤十字のマークが描かれている。病院に見せかけて、イギリス空軍のパイロットに爆弾を投下させまいとする策略である。

戦時中、この研究所を運営していたのはオスカー・フィアリング博士という貧しい出自の技術者だった。戦前、フィアリングの専門は音響学で、音の特性を研究し、新しいタイプの楽器を発明していた。[3] フィアリングが製作した電気オルガン「エレクトロコード」は、ナチ宣伝相ヨーゼフ・ゲッベルスのお気に入りだった。ゲッベルスは党大会にエレクトロコードを持ち込み、演説の途中のあらかじめ指定したタイミングに大音量の和音を鳴らした。一九三〇年代後半になると、ナチはフィアリング博士に軍需品の開発に注力するように命じる。山の名前にちなんで名づけられたフォイヤーシュタイン研究所に、博士の選んだ科学者や助手たちが集まってきて、ついには総勢二〇〇名にものぼった。

連合国は、戦争中のフィアリングの発明、とりわけインテリジェンスや暗号関連の装置について知りたかった。[4] そこで、研究所の目録を作成するために、ウィリアム・フリードマンと、陸軍のインテリジェンス関係者十数名を送り込んだのだ。戦争に敗れたナチは、調査隊の来る前にすべての発明装置を破壊するようフィアリングに命じていたが、フィアリングは、地下にある鍵のかかった部屋にとりわけ大切な装置を隠してあった。そうして今、アメリカ人たちに喜んでその品々を見せている。

研究所の内部はゴシック様式で、まるで洞窟のような雰囲気だった。ウィリアムは、自分が殺人事件が描かれる推理小説の登場人物で、もうすぐ謎の死をとげるのではないかという気分がしてきた。[5] そうして、フィアリングの製作した試作品を細かく調べていった。[6] エニグマ機が文を暗号化するように人間の声を暗号化するという装置があった。また、盗聴されても内容がわからないように音声をスクランブルする装置もあった。音響弾を射出する「音響魚雷」、レーダーによる感知を不能にする潜水艦用のコーティング、音のピッチを変えないまま録音音声の速度を速めたり遅くしたりできる再生装置「音声伸張装置」があった。ウィリアムは、フィアリングを、常軌を逸した科学の殿堂を建設したアメリカの新興成金ジョージ・フェイビアンと引き比べずにはいられなかった。この研究所はまるで、ナチの作ったリバーバンク研究所のようだ。フォイヤーシュタイン研究所で、ウィリアムはホットドッグとポテト、コーヒー、つぶした桃の簡単な夕食をとった。[7] そして、夜ふけまでアメリカ人の同僚と語ってすごした。アルベルト・アインシュタインと相対性理論に始まり、超感覚（ＥＳＰ）は実在するかといったオカルトじみた薄気味悪い話題へと転じていった。[8]

フィアリングの研究所は、戦争関連のインテリジェンス機密を封鎖する使命を帯びたＴＩＣＯＭが調査対象としたもののうちのひとつにすぎなかった。連合国は、一九四五年四月以降、六つのＴＩＣＯＭチームをヨーロッパに派遣した。[9] 各チームには、アメリカとイギリス両国のインテリジェンス関係者が八名から一五名含まれていた。ウィリアムのチームは、七月下旬に調査を開始し、ドイツ南部からフランス、チェコスロバキアと、何百キロも移動した。ウィリアムはその間、せっせとメモを書きためた。戦争中、ウィリアムはずっとオフィスで働いていたので、実際の戦いの光景を見るのはこれが初めてだった。ウィリアムの心には、形容しがたい「強い悲しみの念」があふれてきた。[10] ここドイツの田舎町は戦争の被害を受けておらず、畑には小麦やライ麦、大麦が実り、緑の森はふだんのとおりに見えたが、人々の心は傷つき、機械類も壊れていた。都市を結ぶ街道には、軍の用語でDPとよばれる避難民《ディスプレースト・パーソンズ》があふれていた。母親と父親が子どもを連れて歩いていく。身の回りの物を背負ったり、燃料用の木材を少量積んだ手押し車を押したりしている。壊れたトラックや戦車が溝にはまり、ガタガタと音を立てて進む荷馬車の後ろの席では女たちが涙を流している。

ウィリアムは初めてC号糧食〔アメリカ陸軍の携帯野戦食〕を食べた。[11] 肉と豆の缶詰で、どうも口に合わなかった。そこで代わりにスパムを食べた。BARN〔納屋〕というコードネームのついた陸軍の施設に滞在していたが、自分が命名を任されていたなら、ありきたりではない名前にしたのにと想像した。蝶の学名LEPIDOPTERA〔鱗翅目〕などはどうだろうか。[12] だが、もう少し考えて、LEPIDOPTERAでは兵士がおぼえにくくて、道に迷ってしまうだろうと思い直した。フランクフルト、ニュルンベルク、アシャッフェンブルク、ヴュルツブルクと、焼夷弾にさらされたドイツの都市を、車はゆっくりとした速度で通過していった。まるで、死んだ子どもの体の上を這っている蟻にでもなった気分だった。「戦争には意義があると考えるあらゆる人間は、これらの都市に認められる破壊の跡を心に留めておくべきだ」とウィリアムは書く。[13]「現代の戦争における実態について、大量の文献よりも豊富に教えてくれるからだ」。うち捨てられたナチの駐屯地を捜索中に、チームのメンバーが、ウィリアムが執筆し何年も前に出版された暗号学の文献をナチがドイツ語やフランス語に翻訳したものを見つけることが一度ならずあった。[14] 暗号学におけるウィリアムの幅広い貢献からすれば、驚くようなことではない。見つけた者たちは大喜びで、にこにこしながらウィリアムに見せにきた。蔵書家のウィリアムは、こうした稀少な書物を土産に持ち帰り、自宅の図書室に保管しておきたいという抑えがたい欲求をおぼえた。[15] だが、これはとても奇妙な賛辞だった。悪魔の書斎に足をふみいれ、その書棚に自著を見つけたようなものだからだ。

　戦争とは戦う価値のあるものだというのがウィリアムの信条だった。ただし、聖戦ではなく残酷な責務であるとみなしていた。[16] そして戦争を自分なりに体験したことから、世界の成り立ちについての信念が完全に打ち砕かれてしまっていた。この年、娘のバーバラからの手紙で、ユダヤ民族の祖国を創建するというシオニズム運動は正しいと思うかと意見を求められた。ウィリアムの返事は、否だった。「シオニズムは、『ナショナリズム』として知られる忌まわしい病というあまたある有害な形態のひとつにすぎない」とバーバラに書き送っている。[17]「肌の色や人種、宗教、国籍などにかかわらず、われわれはみな神の子どもであることをすみやかに理解すればするほど、あらゆる国や世界全体の状況は改善するだろう」。ウィリアムはもはや、国家というものを信じていなかった。自国アメリカすら同じである。このことを、娘に伝えたかったのだ。世界は非常にもろい。朝にベッドから起き出してなんとか一日を乗り切りたいのなら、確固たる世界が存在すると信じていたほうが身のためだが、実際ははるかにもろいのだ。

　高山地帯にあるヒトラーの隠れ家を訪れる前夜、ウィリアムはよく眠れなかった。[18] ケールシュタインハウス、またの名を鷲の巣《イーグルズ・ネスト》。ナチ党が一九三九年に建設して総統の五〇歳の誕生日にプレゼントした、会見場や保養所として使われた施設である。午前一時、陸軍の友人がステーキと生の玉ねぎのサンドイッチを作っていると、ウィリアムがその匂いに誘われて目をさまし、スコッチで飲み下した。午前八時、五〇台の車両隊を従えた陸軍のジープに乗り込んで、オーストリア・アルプスを見渡すベルヒテスガーデンの町を目指した。[19]隠れ家に向かう道は、まっすぐ山頂に向かって約七キロメートル続いている。道を外れた車が一キロメートル以上も下の谷に向かって真っ逆さまに落ちるのを防ぐガードレールもない。ジープの運転手は、ギアをずっとローに入れたままでいた。

車両隊は、隠れ家のふもとにある高台の駐車場に到着した。ウィリアムは、豪華な装飾が施されたブロンズ製の巨大な二つの門に守られた全長三〇メートルのトンネルに入った。トンネル内部は、車三台が通れるほどに幅が広く、電球で煌々と照らされている。長いトンネルの先にはエレベーターがあり、一五階分の高度まで上昇して山頂へと運んでくれる。エレベーターを操作するドイツ人は、戦争中ずっとヒトラーとその副官たちに仕えてきた人物である。ウィリアムは話しかけてみた。「その男は弁解を少し口にした。この仕事は上から割り当てられただけで、ナチからは逃れることができなかったとか、あれこれと」[20]

山頂までは三分かかった。それからウィリアムたちは通路を進み、隠れ家のいちばん手前にある部屋に到着した。木の羽目板張りのこぢんまりとしたダイニング・ルームで、この部屋でヒトラーは宴席を設け、訪れた世界の指導者たちをもてなしていた。総統自身は、この隠れ家を頻繁には訪れなかった。車に長時間乗って山を登るのが苦手で、気圧の変化にも弱かったからだ。だが、ゲーリングとリッベントロップはケールシュタインハウスで過ごす機会が多く、ヒトラーの愛人エファ・ブラウンも、ここで友人をもてなすのが好きだった。[21]エファは飼い犬のスコティッシュテリアをこの山まで連れてきて、薄い空気のなかで走り回らせた。また、自分の妹と親衛隊大尉の結婚パーティーをここで開いたこともあった。ちなみにこの大尉は、のちに脱走罪でヒトラーの命により銃殺されている。

ダイニング・ルームの奥にある階段を数段下りたところに、分厚いみかげ石の壁で、アルプスを三六〇度見渡せる八角形の部屋がある。アルプスの山々が目と同じ高さに並んで見える。ぎざぎざにとがった緑や青の三角形で、まるで地面から突き出た前歯のようだ。「名状しがたいほどに美しい」とウィリアムは感じた。第三の部屋には、赤い大理石でできた暖炉がある。これはムッソリーニからの贈り物だ。ほとんどの家具は無傷のまま残されていた。アメリカ人たちは、一、二分もすると何をしていいかわからず、エンパイア・ステート・ビルディングの最上階を訪れた観光客のようにうろうろするばかりだった。ウィリアムは、フィルム式カメラをもってくればよかったと後悔しつつ写真を撮った。

一団はエレベーターで下り、車で山を一キロ半ほどくだって平坦な場所に出た。そこには、ナチ党が建てたヒトラーの私邸がもう一軒あった。家の正面側には、横幅が七、八メートルもある厚板ガラスをはめた窓があるが、今はガラスがなくなっている。この家は、イギリス空軍の大型爆弾と、その後にやってきたアメリカ人兵士によってほぼ完全に破壊されていた。兵士らは、軍から制止される前に、爆撃後にも残っていたものをめちゃくちゃに壊していたのだった。ウィリアムはこれを遺憾に思った。「この建物全体が完全に手つかずのままに残されず、狂人の権力欲のせいで地獄に落ちた国民の愚かさを永遠に伝える恐ろしい記念碑とならなかったのは、本当に残念だ[22]」

ヒトラーの家の床には、岩や大理石の破片が散らばっていた。ウィリアムは床に手を伸ばし、そのうちのひとつを拾い上げる。家に帰ったら、思い出の品としてデスクの上に置いておくことにした。「文鎮にでも使うつもりだ[23]」

その日、アメリカでエリザベスは、姉に会いにミシガン州を訪れていた。滞在しているアナーバーのホテルでは、午後になるとボール一杯の氷が届けられた。エリザベスはこのありきたりな物、ボールのなかでスモークを漂わせる氷をじっくりながめ、考えられないほどの贅沢に息をのんだ。[24] そして、ワシントンの午後、室温三八度の建物のなかに閉じ込められて、服が汗でべとべとになりながら、自由世界を守るために難題を解く日常は人間らしい生活ではないことをようやく思い出した。そうだ、自分は生きているのだ。

ある晩には、『ニューヨーカー』誌を最初から最後までじっくり読んだ。

ウィリアムが参加したＴＩＣＯＭの任務において、ドイツは最初の行程にすぎなかった。七月末、次の行き先であるイギリスの暗号解読拠点ブレッチリー・パークに向かった。ウィリアムがそこに到着したのは七月二八日だった。その八日後、アメリカが日本に世界初の原子爆弾を投下することになる。

以前にブレッチリーを訪問したときと同じく、ウィリアムは詳細な日記をつけた。ある日の記述には、アラン・チューリングと会ったことが書かれている。「一五三五時、チューリング博士と会話をする。驚いたことにＧＣ＆ＣＳ〔政府暗号学校〕を辞めるらしい。電子計算機の仕事をするつもりで、そのうちアメリカにも来るかもしれないと言っていた。ワシントンに来たら家を訪ねてくれと誘っておいた」。[25] これが結局、ウィリアム・フリードマンとアラン・チューリングが会った最後となった。二人の天才はその後、二度と顔を合わせることはなかった。一九五二年、イギリス政府は、チューリングが同性愛者であるという理由で、機密情報の取り扱い資格を剝奪し、強制的にエストロゲン注射を受けさせた。[26] のちに女中が、明らかに自殺と思われる状態で死んでいるチューリングを発見する。ベッドのそばに半分だけかじったリンゴがあり、血中に微量の青酸カリが検出された。[27] 政府による魔女狩りのせいで、大戦にもっとも貢献した英雄の人生がふみにじられたのだった。

一九四五年七月、イギリスに赴いたウィリアムの目的は、ナチ側の宿敵、つまりはドイツに雇われていた暗号の専門家たちの任務について知ることであった。ウィリアムは、イギリスのインテリジェンス機関が押収した暗号資料に目を通し、ナチの捕虜の尋問を見学した。二度、ビーコンズフィールドの田舎の村にある邸宅を訪れて、「これ以上は言えない」と日記に書いている。[28] この屋敷は捕虜収容所で、ウィリアムはここで少なくとも三名の階級の高いドイツ人捕虜と会っている。そのなかには、ナチの一流暗号家であるヴィルヘルム・フリッケ博士とエーリヒ・ヒュッテンハインがいた。[29] ウィリアムが直接尋問を行うことはなかったが、ようすを観察していくつか質問を提案した。捕虜の話に耳を傾け、文書を調べたウィリアムは、ドイツはエニグマ機の安全性をつゆほども疑ってはいなかった、と判断した。[30] 最後の最後まで、エニグマは解読不可能だと信じていたのだ。ナチの暗号解読者が、アメリカの最高レベルの暗号機、自身がフランク・ローレットと共同開発したシガバ（SIGABA）を破ることができないでいたと知り、ウィリアムは誇らしかった。

イギリスでは休憩時間がたっぷり取れた。暗号解読部門の仕事のペースはすでに鈍化していた。建物内には空きスペースが目立つようになっていた。夜になるとウィリアムはアミタールを飲んでのろのろとベッドに入った。ある晩、友人に連れられてロンドンで公演中の有名なフォリー・ベルジェールのバーレスクを観に行った。[31] 二人は最前列のビロード張りの椅子に座った。女たちは、前当て《バタフライ》と、ぴかぴか光る上衣を身に着けている。ウィリアムは、彼女たちの集中した表情と、冷静な態度に感心した。「女性たちは、自分の仕事に一心不乱に取り組んでいて、観客に視線を投げたりウィンクしたりもしない」

一度か二度、時間がぽっかり空いたときに、イギリス人たちから、あの奇矯なジョージ・フェイビアンと、陰謀論を唱える愉快な仲間たちについての話をしてくれとせがまれた。[32] みな、リバーバンクの話を聞くのが好きなようで、ウィリアムも喜んで話をした。年々、フェイビアンにたいして寛容な気持ちになっていく自分のことが、おもしろく感じられた。人間は年を取ると、話の通じる人たちとつながるのを好むようになる。

若い人と会話しようと試みると、自分の耳がおかしくなったのではないかと不安になる。若者たちは独特のスラング、つまりは仲間内だけで通じる暗号のような言葉を使うので、昔の敵が懐かしく思い出されてくる。少なくとも彼らは、同じ時代の濃密な瞬間を共有し、こちらの理解できる言葉で話していた。しかも、もしもジョージ・フェイビアンがいなかったなら、ウィリアムは今、アドルフ・ヒトラーの大理石の床のかけらをポケットに入れてはいないだろう。

すべては、このうえなく奇妙な縁から始まったのだった。

一九四五年八月六日、核の時代の第一日、ウィリアムはロンドンにいた。ハント・ホテルの自室で眠り夢を見ているとき、原子爆弾が広島に落とされ、町と住民とその歴史が、まるで本からページが破り取られるように数秒で破壊された。[33] ロンドンでは午前零時一六分、広島では午前八時一六分、アメリカの爆撃機B－29の爆弾倉の扉が開き、乗組員たちは、人々が生活する都市にたいするテクノロジーの仕打ちを安全な距離を隔てて目撃する史上初の人間となった。「目の前に広がる町はダラスくらいに大きかった」と、エノラ・ゲイの通信士がのちに回想している。[34]「一分前にはすばらしい光景だったのに、一分後にはすべてが消滅して、炎と煙に包まれた」。日本の上空では爆撃機が全速力でキノコ雲から遠ざかり、一方ロンドンでは、ウィリアムの両目が閉じられたまぶたのなかで急速に動いていた。友人スタブの妻イーニッドとセックスをする夢を見ていたのだ。[35] 朝、目がさめたウィリアムは困惑した。イーニッドをそんな目で見たことは一度もなかったからだ。イーニッドにこの話をしなくては、と日記に書いてある。たぶん、おもしろがってくれるだろう。

ニュースがロンドンに届くまでしばらくかかったうえに仕事に追われていたために、ウィリアムが広島のことをようやく知ったのは、八月七日の朝、朝食の席でのことだった。その日、ウィリアムはエディー・ヘースティングズと昼食に出かけた。真珠湾攻撃の日にフリードマン家を訪れたイギリス海軍大佐である。二人は、当惑して押し黙ったままマティーニを数杯空けてから、原子爆弾について話をした。[36] 二人の意見は一致していた。原子爆弾の威力を見せつけるためだけに、なぜ、これほど多くの民間人を殺さなければならないのか理解できなかった。「最初の爆弾を大都市に投下したのは大きなまちがいだった。言うべきことを言って、つまりは警告をして、一発めは何もない土地に落としてから、もう一度降伏を求めるべきだった」とヘースティングズは考えていたと、ウィリアムは日記に記録している。[37]「わたしもこの意見が正しいと思う。第一報では広島で三五万人以上が＊一瞬にして亡くなったと伝えられている――たとえ敵国民であろうと、これはあまりにひどすぎる」。さらにこう続ける。「ここにいる者たちはみな、この新兵器は、戦争を放棄せよと人類に要求する最後の呼びかけだという意見で一致している。それ以外にありえない！」

二つめの原子爆弾が二日後、長崎に落とされた。

アメリカのワシントンではエリザベスが、戦争が終わり家族が戻ってくるのを待ちわびながら、夜になるとポーチにある椅子に座り、子どもたちとウィリアムにあてた手紙を書いていた。ときどき一休みして二階に上がり、ラジオの速報に耳を傾ける。[38] 空気が冷たくなり雨が降ってきた。ウィリアムあての手紙を書くたびに、ちがう住所を記さなくてはならなかった。あちこち転々としているようだからだ。こちらの手紙が届いていないのではないかとエリザベスは心配していた。ウィリアムの手紙は七日から八日遅れで届けられたので、たがいの手紙は途中どこかですれちがっていたようだ。

＊正しい数は、死者が七万五〇〇〇人近く、負傷者が七万五〇〇〇人というものだった。

八月七日、ラジオのニュースで広島の原子爆弾について報じられたとき、エリザベスはウィリアムほどには悩まなかった。その日、ウィリアムにこう書き送っている。「みんな、これで戦争がＰ．Ｄ．Ｑ．（たちまち《プリティ・ダム・クイック》）終わると言っているけど、どうかしら！　そんなにうまくいくかしら[39]」

長崎に原爆が投下された翌日、八月一〇日の朝、ウィリアムはロンドンのホテルで目をさまし、髭を剃りシャワーを浴びて、ベーコンエッグの朝食をとり、バスに乗って中心街にある暗号部門のオフィスに向かった。よく晴れた日で、ほおに当たる日の光が気持ちよい。昼食のあと外に出て近くの公営テニスコートでやっている混合ダブルスの試合を見に行くことにした[40]。好ゲームを観戦していたところ、午後一時にアメリカ陸軍中尉が駆け寄ってきて、天皇に提示された降伏条件を日本が受け入れたと告げた。まだ非公式ではあるが、戦争が終わったのだ。

その知らせは同日、海軍アネックスにいるエリザベスのもとにも届いた。午後七時三〇分、夫あての手紙を新たに書き始め、冒頭に「忘れられない日になるでしょう！」と記した[41]。それから、家のことをすべて取り仕切るのにうんざりしてきたところだと続ける。家中の物を修理したり、地下室に少しあふれた水を拭き取ったり、車を年一回の点検に出したり（「泥よけに三〇ドル、ほかの修理に一三ドルかかった」）。「雑用ばかりであなたと楽しむ時間もなかったけれど、ＶＪ〔対日戦勝（Victory over Japan）〕が実現したら、二人で長い休暇が取れるわね」

「この手紙がそちらに届くころには、終戦は現実のものになっているだろう」と、ウィリアムは四日後に書いている[42]。くたびれさせてしまいすまない、ひとりでなにもかもをするのは大変だろう。家の外回りにある下水排水口にたまった落ち葉を掃けば、雨水がたまって地下室に流れ込まなくなるかもしれない、とも助言する。ウィリアムはまた、ジョン・ラムジーからの熱意ある手紙にも返信した。陸軍航空隊の兵舎で過ごす空き時間に独習するのに、どんな本を読めばよいだろう、と質問してきたのだ。ウィリアムは、J・P・マーカンドの戦争小説『ソー・リトル・タイム』（「良書だ」）を勧めて、一〇枚にもおよぶ手紙の最後で、語彙が豊富になったと息子をほめた。[43]「字や文章の書きかたが一段と上手になった。とても成長したね。正書法の乱れや逸脱（つまりは綴りのまちがい）は、ひとつかふたつしかなかった。それも小さなまちがいだ。父より」

八月一四日、日本が無条件降伏。トルーマン大統領が連邦政府職員に二日間の休暇を与えた。七万五〇〇〇人の群衆がホワイトハウス前に集まり、ベルを鳴らし、角笛を吹いた。エリザベスは家にこもり、おなかの虫を追い払おうと、コンソメスープやショウガ茶をせっせと飲んだ。[44]「愛しいボビーへ」と、九月にパナマから帰国する予定の娘に手紙を書く。[45]「毎日、日数を数えています――あと二三日すれば、家に帰ってくるのね！　すばらしい、とてもすばらしい日になるでしょう！」

アメリカに明かりが戻ってくるのをエリザベスは目にした。ガソリンスタンドが通常営業を再開した。ナイロン製のストッキングがまもなく店頭に並ぶだろうと新聞記事に出た。クリスマス前には靴も買えるようになるだろう。軍隊からは、余剰になった大量の人員が除隊になるだろう。アーリントン・ホールでは、九月三一日までに五〇パーセント、一二月三一日までにさらに二五パーセントの人員削減が決まった。ワシントンの海軍アネックスでは数週間かけて人員削減が行われ、職員の数が最小限に抑えられると、エリザベスがかつて経験したことがないほどひっそり静まりかえった。海軍婦人部隊員（WAVES）の大半をはじめ、臨時職員は平時にはもはや不要となり、感謝のしるしのケーキだけをもらって解雇されていた。常勤職員たちは、アネックスを出て、もっと新しい建物にあるオフィスへの移動を始めていた。

エリザベスは、今後について、戦後に何をすべきかについて決めなくてはならないと了解していた。沿岸警備隊の上官たちは、エリザベスに残ってもらいたがっていた。平時においても暗号解読班を存続させて、ふたたび密輸捜査をすることを望んでいた。しかし、エリザベスには意義が感じられなかった。もう、密輸関連の通信文はそうたくさんなかったからだ。

アメリカのインテリジェンス関係者たちが、平時になって仕事にあぶれないようにと、自身や自部門を良く見せようと必死になっているようすを、エリザベスは客観的におもしろおかしく観察した。「戦略情報局（ＯＳＳ）は次から次へと宣伝を打っています」。エリザベスは、戦争勃発直後の数か月間、一緒に仕事をしたことのあるワイルド・ビル・ドノヴァンが率いる諜報機関についてウィリアムへの手紙に書いた。[46]「絶滅の危機を回避するための戦いなのでしょう」

エリザベスは、ニューヨークで暗号学の講義を担当している男性のインタビュー番組をラジオで耳にした。[47]その男は、連合国の勝利には暗号解読がおおいに貢献した、と主張している。エリザベスには、この男が小者だとすぐにわかった。どういう経緯で番組に起用されたのだろう、とぼんやり考えた。

八月二六日、肌寒い日曜日にエリザベスは五三歳になった。[48]沿岸警備隊の同僚であるジョーンズ大尉が妻のガートルードとともにやってきた。[49]隠密のナチ・ハンターだったエリザベス・フリードマンは、ハマグリのすり身のチーズソースあえ、フレンチ・サラダ、温かいボルシチのディナーをこしらえた。ボルシチは寒い夜にぴったりだと全員が喜んだ。ウィリアムは四日に分けてエリザベスに誕生日プレゼントを贈ってきた。最初は金曜日に、ブレッチリー・パークから電信を送った。〝愛するきみの誕生日に一緒にいられなくて悲しいが、花の使節が……不滅の愛を捧げることを願う〟。土曜日には、共通の友人が玄関先に来て、香水の入った箱を直接届けてくれた。日曜日の朝には一二本のバラが、ウィリアムの名刺を添えて届けられた。名刺の表側にはミスター・ウィリアム・Ｆ・フリードマンとだけあり、裏側には本人の手で「愛している！

愛している！　愛している！　ビルより」と書かれている。明けて月曜日、ウィリアムからの手紙が到着した。ぴったりのタイミングで届くように、八日前に書かれたものだった。「きみがいなくてどれだけさみしいか、どれだけきみを愛しているか、言葉では十分に言い表せない。――きみは、妻、仲間、恋人として最高の人だ[50]」「わたしが帰ったときのために特別なキスを取っておいてくれ……きみが恋しい」

これらの贈り物やメッセージを、戦争のさなかに遠く離れた土地から、郵便や通信回線の混乱を乗り越えて、自分にとって特別な日のぴったりのころあいに届くように準備するとは、なんと手の込んだことだろうとエリザベスは感心した。[51]タイミングだけを取ってみても、夫の献身的な愛のなせる技である。

「愛するあなたへ、なんてすてきな人なんでしょう！」とエリザベスは書いた。[52]

エリザベスの誕生日の三日後、ウィリアムがロンドンで書いた手紙には、「すぐにでも」家に帰れそうだとあった。[53]さらに、自分と家族の今後について、もうあれこれ考えている、ともある。自由に旅行をしたり、夢を追いかけたりできるようなお金を手に入れたいと願っていた。国家安全保障の観点から、ウィリアムはこれまでずっと自身の発明した暗号機から利益を得ることができないでいたが、もう戦争は終わったのだ。きっと、アイデアの特許を取得して、暗号機を商品化することが許されるのではないだろうか。こうした計画を記したあと、ウィリアムは紙をぐるりと回しながら、外側の余白を文字で埋めていった。「愛している！愛している！　愛している！　とても（これをきみあての手紙専用の便箋の欄外飾りとして印刷してもらうことにするよ）[54]」

それから四日後の九月二日、東京湾で、ダグラス・マッカーサー将軍が戦艦ミズーリの艦上で日本の降伏を受け入れた。[55]エリザベスはラジオでトルーマンの演説を聴いた。[56]「この勝利が、これを勝ち取るために死した者たちに報いるものとなるように務めることが、われわれ、つまりは生き延びた者たちの責務である」。[57]

自由を守るために戦ってきたのに、その自由を使って新たな戦争を始めるとしたら何の意味もない、という主張にエリザベスはうなずいた。[58] ウィリアムもこのトルーマンの放送を聞いただろうか。[59]「世の女性たちがもちろうるなかで、あなたはもっとも親愛で最高の夫です！」と九月四日の手紙に綴った。[60]「バラの花は今日までもちました。エリザベスよりたくさんの愛をこめて」

九月一二日ごろイギリスのプレストウィックで、ウィリアムはようやく陸軍の輸送機に搭乗した。[61] まずはアゾレス諸島、それからバミューダ諸島に飛び、ニューヨークに向かう。長い飛行機の旅の途上、毎分ごとに期待に胸がふくらんだ。ニューヨークに降り立ちワシントン行きの列車に乗り込んだとき、外は雨模様だった。ユニオン駅の外に出ると、空は分厚い灰色の雲で覆われていた。アーリントン・ホールのオフィスへと向かう背中に、大粒の雨が激しく打ち付ける。アーリントン・ホールは、ブレッチリー・パークと同じ様相を呈していた。ウィリアムがそれまでに見たこともないほどがらんとしている。大きな部屋がいくつも空っぽになり、廊下には声や音がむなしく響き、わずかな数の人々が箱を手にしてファイルを詰め込んでいる。もうすぐエリザベスに会えると思うと、何も手に付かなかった。日が暮れるのをじっと待ち、まだ雨が激しく降るなか、厳重に警備された軍の施設を出て、水滴のついた荷物をタクシーに押し込み、ミリタリー・ロード三九三二番地の自宅に向かった。

エリザベスが玄関のドアを開け、喜びの声を上げた。[62] ウィリアムの服も口髭も濡れている。エリザベスは夫に駆け寄り両腕を回して、あらんかぎりの力で抱きしめた。

対日戦勝からの数か月間は、アメリカのインテリジェンス界にとって宙ぶらりんの期間だった。あらゆる関連機関は、戦争から得られた利益を最大に確保しつつ、自部門の存続をなんとか正当化できないかと頭をひねっていた。平時になれば政府がまちがいなく組織の縮小に向かうだろうからだ。暗号関連の前途はとりわけ暗かった。

ウィリアムはじめ多くの人々にとって、アメリカには暗号にかかわるあらゆる機能を集約した中央組織があるべきだというのは自明の理だった。無線信号からインテリジェンスを収集し、破らなくてはならない暗号を解読する組織が当然必要だ。暗号コミュニティにおける長老であり、数多くの暗号ツールを考案しただけでなく、それらを活用する部門を陸軍内に創設して成功に導いた第一人者として、ウィリアムは政府トップレベルでの議論に参加した。こうした議論の末、一九五二年、国家安全保障庁（ＮＳＡ）が誕生することとなる。その間、ウィリアムは、私的な書類の作成に猛烈な勢いで取りかかった。自身の開発した暗号機の技術解説をまとめ、商品化を目指して特許を出願するつもりだったのだ。

エリザベスも書類を作成していた。ただし商業化のためではなく、教育と記録のためである。沿岸警備隊暗号班が使用していた何万通もの傍受通信文や作業用紙、メモ用紙、翻訳文、解読文など大量のファイルを海軍アネックスで調べた[63]。ジョーンズ大尉などの同僚とともに、一九四〇年から一九四五年にかけての暗号班の業務を記録した詳細な技術報告書をまとめ上げた[64]。三二九ページにも及ぶ大著となり、そこには、合計四八のナチ地下無線局と、沿岸警備隊がどのように暗号を破ったかについてくわしい情報が記されている。この著作は機密文書で、その用途は、ほかのインテリジェンス機関が参考文献として使用することに限定されていたが、遠い未来に暗号解読の歴史研究者が参照するかもしれないと想定されてもいた[65]。報告書は五部印刷された。濃い緑色の表紙で、五部すべての全ページに〈トップ・シークレット・ウルトラ〉というスタンプが押された[66]。

技術記録が完成すると、暗号班の文書類のうち保存するものを選別し、残りは処分せよという指示を受けた。[67] エリザベスは、四〇〇〇通の解読文を保存することにした。四八のナチ無線局から傍受した通信文を解読してタイプしたものである。これらを、ワシントンにある国立公文書館内の機密文書区域に移送する手はずを整えた。「政府の墓場」というフレーズがふと頭に浮かぶ。[68] まさに、そういう気分だった。アメリカ政府の霊廟に、自身のこれまでの経験を埋葬するのだ。

この作業が終了すると、エリザベスは、海軍アネックスに別れを告げる準備に入った。[69] 海軍は、エリザベスも含めて職場を去る職員たちに、死ぬまで沈黙を守るとする秘密保持誓約書に署名させた。[70] 生きているかぎり、戦争中に何をしたかを誰にも話すことができないのだ。もしも話せば、訴えられることになる。自分の孫にさえ、真実を語ることができなかった。

勤務最終日、仕事を終えたエリザベスは二階から一階に下り、海兵隊衛兵が警備に立つ回転ドアをくぐって外に出た。[71] それから、ふたりめの衛兵の横を通過して有刺鉄線のフェンスも越えて、ネブラスカ・アベニューの歩道に立った。通りを横断し、数秒だけ立ち止まり、後ろを振り返って、戦争の日々を過ごした平らな屋根の野暮ったい建物を見た。このとき、「あの独特な形態の業務」、すなわち沿岸警備隊のために暗号を解読する仕事にはもう二度と戻らないだろうと確信した。[72]「わたしはふたたび広い世界に戻ってきた」とエリザベスはのちに書いている。「ひとつの時期、ひとつの時代の終わりを迎えたのだ」

エリザベスはまだ沿岸警備隊の職員であり、まもなく、ホワイトハウスの近くにある財務省別館内の、戦前に勤務していたオフィスにあるなじみのデスクに舞い戻った。しかし、エリザベスはそこも立ち去る計画を温めていた。ひとつの仕事をやりとげるあいだだけ、ここにいるつもりだった。海軍アネックスを去る前には、ナチを相手に戦った秘密の戦争の記録を分類しファイルした。今度は財務省で、一九二〇年代と三〇年代の酒密輸事件について同様の作業をする必要がある。酒密輸の記録は、戦時中ずっとほこりをかぶっていた。「いろいろな意味でスリル満点で、多くの事件がとても興味深い探偵小説のようだった」とエリザベスは回想する。[73]「過去は豊富な実績であふれている。後世の人々が理解できるようにすべてを整えておかなくてはならない。彼らが記録文書を調べようと思ったときのために」

一九四五年晩秋から一九四六年夏にかけて、エリザベスはアメリカ合衆国のための最後の一仕事に励んだ。酒密輸の黒幕や麻薬ギャングとの追いつ追われつの奮闘を記録した文書類を整理して、索引を作成したのだ。記録は昔のもので、国家機密も含まれていなかったので、自宅の図書室に数部保管することを許された。この仕事をやりとげたエリザベスは、平時には国家に不要であるという理由で、沿岸警備隊暗号班と、自身の役職を廃止すべきだと財務省に提言した。その案は受け入れられた。一九四六年八月一四日、沿岸警備隊からの通知がエリザベスに届いた。[74]「アメリカ沿岸警備隊がこれまで行ってきた暗号解析業務の縮小に鑑み、人員削減を実施する必要が生じた」ことから、エリザベスは一九四六年九月一二日の勤務終了時に解雇される、という内容である。この時点でのエリザベスの給与は、自身過去最高額の五三九〇ドル、今日に換算すれば六万七〇〇〇ドルであった。

J・エドガー・フーバーは戦後、FBIを大きくするために自身の影響力を行使した。エリザベスは自身の力を、表舞台から退場するために使った。

いずれにせよエリザベスは、政府職員になりたいと願ったことなど一度もなかった。そもそもこの業務にかかわることになったのは、「玄関先に座り込んだ人たち」から何度も頼まれたからにすぎない。戦争が終わった今、国に尽くす業務を優先するために後回しにしていた仕事や楽しみに、エリザベスの目は向かっていた。長らく書きかけのままだったアルファベットの歴史についての子ども向けの本を完成させたい気持ちがまだあった。ラドクリフ大学にいるバーバラに会いに行ったり、ミシシッピ州ビロクシーの陸軍航空隊基地でのジョン・ラムジーのようすを見に行ったりしたかった。それから、ウィリアムとまた一緒に過ごし、力を合わせて働く道を探りたかった。フリードマン夫妻は長年、ぎくしゃくとした孤独な沈黙のなかで暮らしてきた。非常に近しい関係にありながら隔たりのある政府内の陣営で仕事をしながら、自宅でさえも、自由に話すことを恐れていた。そんなことはもうたくさん！　もう終わりだ！　ふたたびなんらかのテーマについて一緒に仕事をしたいと願っていた。そして二人には完璧なアイデアがあった。

　エリザベスとウィリアムは、若いころにリバーバンクで初めて出会った多様な神秘学的理論への関心をずっともち続けていた。絶えず、なぜ人間は真実ではないことを信じてしまうのだろうと不思議がっていた。前年の一二月、まだ戦争が終結していなかったころ、二人は、ワシントンで開かれチケットが完売となった当代一流の読心術師、アメージング・ダニンガーのショーを見に行った。[75] もこもこの茶色の髪でタキシードに身を包んだニューヨーカーのダニンガーは、デバンカーでマジシャンでもあった。[76] ステージ上で、霊媒の通常のやり口を解説し、自分はそのようなトリックは一切使っていないと実証してみせた。そのうえで、なんらかの方法をもちいて聴衆の心を読んだ。ウィリアムと二五名のインテリジェンス専門家たちは、ダニンガーの手法を明らかにしようと、コンスティテューション・ホールを埋め尽くした観客のあちこちに身を潜めていた。「手口についての仮説はいくつか立ったけれども、証拠は得られませんでした」と、エリザベスが娘にあてた手紙に書いている。[77]「ダニンガーが今もなお活躍しているという事実自体が、人間という信じやすい生き物が、神秘的で超自然的なものの存在を信じたいと願っていることの証しなのです」

　はるか昔の一九一七年、リバーバンク初期の時代に二人が退けた理論をその後も多くの人たちが信じ続けていることが、エリザベスとウィリアムの頭にずっとひっかかっていた。フランシス・ベーコンが、シェイクスピアの戯曲に暗号文を仕込んだという説である。ベーコン説にとりつかれた人々はまだ存在しており、活発に活動して新しい論文や主張を発表していた。[78] 一九三四年にギャラップ夫人が、その後一九三六年にジョージ・フェイビアンが他界すると、ベーコン説は、もっとも著名で精力的な二人の支持者を失うことになったが、活動はほかの者たちが受け継いだ。一九三八年、テディ・ローズベルトの息子、セオドア・ジュニアが、ウォルター・マクック・カニンガム博士なる経済学者が考案した暗号システムについての意見をフリードマン夫妻に求めてきた。[79] ローズベルト・ジュニアはダブルデー出版の副社長で、カニンガム博士がこのサイファについての原稿を持ち込んできたのだった。この手法はアナグラムにもとづくもので、夫妻はすぐに、いんちきだと見抜いた。このサイファが愚にもつかないものだと明らかにするために、二人はカニンガムの手法を、『ジュリアス・シーザー』のとあるページに適用した。そこに現れた次のようなメッセージを、ローズベルト・ジュニアに送った。[80]

読者へ　セオドア・ローズベルトがこの戯曲の真の作者であるが、わたくしベーコンがこれを彼から盗み、著者を名乗っている。フリードマンなら、C博士の発明した風変わりなサイファを使って、それを証明できる。

この経験から二人は、自著で懐疑論を展開して、シェイクスピア作品のなかに秘密のメッセージが隠されているという説は単なる空想にすぎないということをきっぱり示さなければならない、と考えるに至った。夫妻は、イギリスの出版社とごくわずかな報酬で出版契約を結び（印税前払い二五〇ポンド）、執筆に取りかかった。このプロジェクトのために、ミリタリー・ロードのお気に入りの家を手放して、キャピトル・ヒルにある広くて天井の高い家を購入することにした。新しい家は、研究の拠点となる二つの図書館、フォルジャー・シェイクスピア図書館と議会図書館に歩いて行けるところにあった。キャピトル・ヒルに住む人の多くはロビイストである。たいしてフリードマン夫妻がキャピトル・ヒルに転居した目的は、図書館の近くに住むためだった。

二人は、貴重な本や書類を新しい家に運び入れ、二階の奥まった部屋に自分たち専用の図書室をもう一度作り、本泥棒への警告として、壁に斧をふたたびかけた。そうして力を合わせて調査と執筆に勤しんだ。猛スピードで過去に駆け戻り、ベーコン説の議論を吟味し、粉砕した。二人の手による『シェイクスピア暗号考（*The Shakespeare Ciphers Examined*）』は、自己欺瞞につける薬、真実の喜びを表す作品となった。ある一節では、〝もし彼が出版をするならば IF HE SHALL PUBLISH〟という秘密のメッセージを暴いたとするフランス人将軍の暗号システムを分析している。二人は、この暗号を使って〝彼女の湿った縮れ毛のなかで IN HER DAMP PUBES〟という文を容易に作ることもできると示した。[81] ジョージ・フェイビアンも、二人の厳しい攻撃に真っ向からさらされた。フェイビアンには「活力と覇気という生来の優れた資質」があったが、実際のところは科学者ではなくセールスマンであり、自分の意に沿わない事実は押し隠した、と書いている。[82] ギャラップ夫人については、「誠実で高潔な女性であり、決して詐欺師ではない」[83] が、「自分が見つけたいものを文章のなかに認め」[84] て、「期待に満ちた心に振り回されるがままになっていた」[85] とある。

フリードマン夫妻の筆致は無情なまでに正直だった。二人はそういう人間だったからだ。それでも、執筆を続けていくうちに、誤りはありながらも、若いころに教えを授けてもらった師にいかに多くの恩義があるかをつくづく感じた。序文でギャラップ夫人に「シェイクスピア作品の著者を究明しようとした夫人の研究がきっかけとなり、われわれはこの問題に一生涯にわたる関心を抱くようになった」と感謝の意を述べている。[86] さらに、ギャラップ夫人と引き合わせてくれたことにたいして、フェイビアンにも謝意を表している。[87]

この感謝は心からのものだった。二人は「気にくわない人間でも良い点は認める」[88]ことにしたのだとエリザベスは述べており、さらに後年、エリザベスは「ジョージ・フェイビアンは、いろいろな点で悪徳だらけの人間であったが、この国にたいして非常に肝要な意義をもつ二、三の事業に着手した」[89]と認めるまでになった。これはたしかに事実であった。邪心や迷信をもちながらも、本物の科学者たちに十分な資金を投じて、実際的な知識の発見を後押しした。ほかの富豪たちならヨットや宝石にかけるであろう巨額の金を、フェイビアンは自然科学の研究資金に提供した。アメリカ初の本格的な暗号解読機関、リバーバンク研究所を創設してみせた。戦争という現実に迫られて作られたアイデア生成所である。研究所では、強大な力をもつ新たな科学が誕生しただけでなく、ひとつの恋愛も始まった。二人の恋人は、新たな科学を広く普及させ、最終的にはファシストを倒す武器にまで磨き上げた。コードやサイファの現代的な世界は、草原にぽつりと建つコテージのなかで始まった。室内では若い恋人たちがテーブルに向かい合ってほほえみを交わし、裕福な男が二人を、際立った人間になれ、とせっついていた。

一九四六年にこの本のための調査に取りかかるまで、エリザベスは、暗号にかかわるようになったのは、予測不能な入り組んだ道を進み、ときには迷い、そこから逃れ、何かを探して走り回るという経験を重ねた偶然の結果であるとつねに語っていた。[90]今、遠く離れた地点から人生を振り返ると、結局のところ道理はあったのだろうと実感する。一本のぴんと張った糸が、何十年も前へとさかのぼり、草原にあったあの型破りな場所へと延びているのだ。

リバーバンクでの日々を鮮やかに描くために、エリザベスはキャピトル・ヒルの新居の椅子に座り、目を閉じる。三〇年前の自分を思い出そうと試みる。一九一六年の夏、裕福な男性の地所にやってきた、独身でしがらみのない、目の前に前途が開けている若い女性だ。[91]

熟れすぎたバナナの匂いがふわりと漂ってくる。風車のなかでウィリアムが飼っていたミバエの匂いだ。夜、炉に火が入る。武器実験庫の近くでは、粉砕機から強い化学臭が発している。フェイビアンの指示でつぶした豚を使った脂身たっぷりの豚肉料理がディナーの皿に盛られている。

銀色に光る川と、草原の頭上に広がる大空。

友人のウィリアム・フリードマンと並んで自転車を漕ぎ、芝生と夏の雨で開花した花のなかを、緑色とピンク色で塗られた景色のなかを駆け抜けていく姿が思い出される。イリノイの傾いた太陽の光がロッジの窓から差し込むなか、ギャラップ夫人とともに作業をする自分の姿が目に浮かぶ。夫人の目に見えているものを自分でもとらえようとして、拡大鏡でシェイクスピアの本のページをのぞき込み、そこに閉じ込められているフランシス・ベーコンの幽霊を解き放とうと試みては失敗を繰り返す。

ギャラップ夫人とフェイビアンから、もっとがんばれ、と叱咤される。メッセージはそこにある、と。

やがて、それはちがう、とエリザベスから、もっとがんばれ、と叱咤される。

自分がまちがっているのではない。ほかの人たちがまちがってきた。

これが契機となり、ナチ退治と、新しい科学の誕生という別の世界に飛び込んでいく。これはみな、二三歳のアメリカ人女性が、自身の疑念を信じて、自分の頭で考えようと決意した日に始まったのだ。

部屋は暗いが、鉛筆の運びは敏捷だ。ワシントンから難問の入った封筒が届いた。重責を担ってはいるが、こうした難問はさっぱり解けない男たちが送ってきたものだ。ウィリアムとともに難問に挑む。ウィリアムはやる気にあふれている。熱く燃えるまなざしを向けてくる。エリザベスに恋をしているのだ。エリザベスはまだ恋に落ちてはいないが、これほど聡明で親切な男性を好きになるのはやぶさかではない。エリザベスは、奇妙な文の並んだ塊をじっと見つめ、メモ用紙に、文を逆さにしたり縦に重ねたり、配列を変えたりして書き写す。文字が輝き、アルファベットがこすれ合って触れないほど熱くなり、そこここに火がつく。やがてエリザベスは、いつでも望むときに発火させる力が自分にあることに気づく。その力を、エリザベスもほかの誰でも自由に使えるようになり、すべてを変えてしまう。パターンの骨格が光を放つ。エリザベスの鉛筆の先端から何かが立ち上り、心臓がどきりと打つ。単語の骨格がぱっと跳び出し、エリザベスは驚いて飛び上がる。

終章　女性暗号解析者のあれこれ

1957 年、自宅図書室のフリードマン夫妻

一九五八年の何事もなければいつもと変わらぬ日だったろう火曜日、政府の人間たちが二人の本を目当てに来訪した。[1] ところどころに雲がかかる、寒い真冬の日のことだ。[2] キャピトル・ヒルの自宅にいたウィリアムとエリザベスは、玄関のノックの音を聞いた。ドアを開けるとそこには政府職員の男たちが三人はいた。[3] 背後の路上には借りてきたトラックがあった。家から何か大きな物を運び出すつもりのようだ。[4] 夫妻は彼らをなかに通した。そのうちのひとりは、国家安全保障庁（ＮＳＡ）保安部長のＳ・ウェズリー・レノルズだった。二人めはレノルズの部下、三人めは司法長官の部下だった。

彼らは、自宅内にある図書室を見せてほしいと言った。夫妻は彼らを二階に案内した。

エリザベスはこのとき六六歳、ウィリアムは六七歳だった。ウィリアムは危うい健康状態にあったが、男たちはそのことを知らなかった。そして、一九五七年七月八日の国防総省令、第５２００．１号に従ってＮＳＡが機密分類変更を検討している書籍や文書を押収する命令を受けてきた、と述べた。[5] その指令とは、以前は機密レベルの低い「部外秘」と指定されていた暗号関連文書が、レベルがより高い「機密」に引き上げられるとするものだった。彼らは本棚から本や書類を取り出しにかかり、夫妻はおののいた。合計、四八点が押収された。[6] ウィリアムの書類が多数入っている個人用金庫ももっていかれた。そのなかには、ウィリアムが作成した暗号学手引書数部と、講演原稿のカードやメモの入った封筒、四〇年前のリバーバンク研究所時代の論文も含め、長年のキャリアにおいて執筆した論文などが保管されていた。

ＮＳＡ内でのちに広まったうわさによれば、ウィリアムは「怒り狂い、本を投げ散らかして『これもあれも持って行け』とどなった」らしい。[7] 自宅を訪れたNSAの下級職員はこれを否定したが、夫妻はいずれも「行われている措置に明らかに動揺」しているようだった、とも述べている。[8] NSAのレノルズは三日後、次のような覚え書きをしたためた。「これらの文書を持ち出すわたしにフリードマン氏は異を唱えなかったが、内心とても傷ついており、これらの文書を押収する理由は安全保障以外にあるのではないかと感じているのは明らかだった。氏は、これらの文書は暗号の歴史にかかわるものであり、アメリカ国民に所属すべきだ、と発言した」[9]

なぜ、第一次世界大戦時の手作業暗号についての情報が取り上げられなくてはならないのか、ウィリアムには理解できなかった。もはや使われていない暗号ばかりだ。[10] 一九一七年や一九一八年に作成された文書を没収する必要が本当にあるのだろうか。この自宅に、二人の知識を保管した聖域にふみこむ必要があるのだろうか。「どこかのまぬけが機密性ありとみなしたものをNSAがごっそり奪っていったよ」とウィリアムは友人に語っている。[11]

男たちが作業を進め、ファイルをトラックまで運んでいくようすを、エリザベスは怒りをこらえ、かろうじて口をつぐんで見つめていた。[12] これはプライバシーの侵害だと憤慨し、ウィリアムの健康に悪影響をおよぼさないかと心配した。戦争終結から一三年間、ワシントンが防諜活動にやっきになるにつれ、ウィリアムの状態は悪化の一途をたどっていた。マンハッタン計画の核機密がソ連のスパイに盗まれ、FBIと下院非米活動調査委員会が赤狩りに励んでいた。「頭のいかれた赤いファシストたちの行進が、アメリカの懸念の種となっている」とJ・エドガー・フーバーが非米活動調査委員会にたいして発言し、FBIが「卑劣な人間がめぐらす邪悪な陰謀」を攻撃して暴露すると約束した。[13] ジョゼフ・マッカーシー上院議員は、証拠もなしに人々のキャリアを打ち砕いた。

ウィリアムの鬱症状は一九四七年に再発していた。最初は医者に、散歩やゴルフの最中に「心理的めまい」をおぼえると訴えた。[14] そのため、歩行中に左に寄ってしまいがちになった。めまいの次には不眠症に襲われ、深刻化していった。一九四九年一月二三日、ウィリアムは眠れないままワシントンの退役軍人病院精神科病棟に駆け込み、重度の精神病患者の病室に入れられた。ウィリアムは環境になじまないままならずに帰宅したが、状態は悪化する一方だった。一九五〇年一月には、仕事をすることも暗号を解くこともままならず、頭や筋肉の働く速度がふだんの三分の一か四分の一まで低下し、激しい絶望に襲われるようになっていた。[15] 自殺願望もあった。息子が、家のなかで首つり用のなわを見つけた。[16] 友人が、ウィリアムの車の後部座席に長いロープがあるのに気づき、これは何かとたずねた。ウィリアムは冗談めかして、「首をつるための木を探してるのさ」と答えた。[17]

必死に解決策を求めていたウィリアムは、一九五〇年三月、新しい精神科医を見つけ出した。ジョージ・ワシントン大学病院のジグモント・レベンゾン博士で、早くから電気ショック療法を推奨していた医師である。[18] ウィリアムは電気ショックを試すことに同意した。一九五〇年三月三一日、第一回の電気ショック療法が始まった。[19] 伝説の人物ウィリアム・フリードマンは、おそらく筋肉弛緩剤も使わず（当時広くは使用されていなかった）、意識のある状態のまま繰り返し感電させられた。ショックが与えられたときに歯をかみしめて顎の骨が折れてしまわないように、分厚い当て物をした舌圧子《ぜっあっし》が口のなかに差し込まれた。一回の治療では五回から一五回の電気ショックが与えられる。その治療コースを六回受けてから、一九五〇年四月一一日、ウィリアムは自宅に戻った。患者は「退院にあたり有頂天と言ってもよいくらいのようすで、彼らしい大げさな身振りで看護婦たちに親戚のおじがするような別れのキスをした。一か月後くらいに、コンスティテューション・ホールで開かれたトスカニーニのコンサートで夫妻を見かけた」とレベンゾンは述べている。[20]

ウィリアムの病気のためにエリザベスはすっかり参ってしまった。髪の毛はこめかみのあたりが白くなり、たぶん二、三センチは背が縮み（今では身長一六〇センチではなく一五七センチと自称していた）、体重は五〇キロと、娘時代よりもやせてしまっていた。ある友人は、「心配事のために体型がいつもほっそりしていた」と気を遣った表現をしている。[21]政府の職を辞したエリザベスは、少額の年金を受けながら、ウィリアムの世話をする時間がますます増えていっていた。ウィリアムが鬱状態にある日の朝には、着替えを手伝い、職場まで車で送り、オフィスまで一緒に歩き、手にペンを握らせ、手を動かしてペンを走らせた。[22]精神病棟に入院して仕事ができないあいだ、ウィリアムあての業務上の郵便物に返事を書いた。どうにかして、友人と過ごす時間や趣味の時間も確保した。インド料理、メキシコ料理、イタリア料理をテーマにしたディナー・パーティーを何度か開き、本格的な料理で友人たちを驚かせた。「たぶん、なにかを作り出したいという密かな欲求を満たすための手段だったのです」[23]。近所の人たちの面倒も見た。羊肉とジャガイモのローストとグレービーソースを載せたトレーと、黄色いバラのつぼみを生けた花瓶を手に、病気になった隣人の家の玄関に現れたこともある。女性有権者同盟の活動も続けており、女性の法的地位、国際関係、財政、コロンビア特別区が早急に州に昇格する必要性などについても調査していた。[24]「すぐにでも、『コロンビア特別区参政権』とラベルの貼られた蛇口を開く準備はできています！」と書いている。

エリザベスが、暗号解読における自身のキャリアをすっかり忘れてしまい、アイデンティティや過去の歴史が押し流されていっても構わない心持ちでいるように見えるときもしばしばあった。しかし、実際はそうではなかった。一九五一年、イリノイ州初の女性判事が創設したシカゴの女性社交クラブから、暗号解読に捧げた人生について講演してほしいと招待があった。最初エリザベスは、考え直すよう説得しようとした。「わたしの人生におけるその側面はもう終わったのです」と、会長あてに書いている。[25]「講演を依頼する相手はもはや過去の人間です！　きっと聴衆はだまされたと思うでしょう」。しかし、エリザベスはそれから講演原稿を書き、シカゴへ向かった。スーツケースのなかには、ランタン用のスライドと、[26]一五枚以上の切り貼りした紙[27]が入っていた。これらは、何を話そうかと頭を悩ませながら、タイプした文章をはさみで切って、新しい順序にテープで貼り直したものである。[28]エリザベスが、戦後シカゴの輝かしい希望にあふれた女性たちに自己紹介をするやいなや、彼女たちはエリザベスの言葉に熱心に聞き入った。

かつてディナー・パーティーでダンスをするために女性たちが集まっていたブラックストーン・ホテルのピンク色の舞踏室で、[29]エリザベスはまず、第二次世界大戦中の職務について自由に話すことはできないが、ほかのことであれば何でも喜んで話すし、どのような質問にも答えると述べた。[30]「おそらくみなさんは、『コードやサイファの専門家』という言葉は、別の世界の人間を指すものにちがいないとお考えでしょう」と言い、これは誤解であると説明をした。[31]子どもの成績表は、じつはコードなのです。Aは良い、Fは悪い。別世界の話ではありません。この世界にあるものなのです。

自身の担当した有名な事件、アイム・アローン号で使われた暗号文のスライドを見せる。[32]「女性暗号家が解決」した、双子のエズラ兄弟が操るヘロインのネットワーク。連結輸出会社の上品なカナダ人ギャングたち。シカゴの女性たちは、講演にくぎづけになり、多数の質問をしてエリザベスを引き留めた。それ以降、エリザベスのもとにはさらなる講演依頼が入ってきた。デトロイトに赴いて、二つの地域の住民を対象に個人宅で講演もした。一方の地域の講演会では、二時間半も質問攻めにあった。[33]エリザベス・スミス・フリードマンの話は、これまでに聞いたなかでもっともすばらしいものだと聴衆は感銘を受けたもようだった。

ときおり、すべてをひとつにまとめて書き残したいという衝動をおぼえた。歴史から忘れ去られるのではないかとも感じていた。ある年の冬、エリザベスはウィリアムとイギリスへ行き、戦争中ともに仕事をした同僚二人とケンブリッジで昼食会に出席した。[34] そのうちのひとりが、エリザベスの陽気な同僚、天文学者のチャビー・ストラットンだった。男たちは食事の席で戦争について議論を始めた。「修道院的な伝統を守るケンブリッジにおける女性の立場をわきまえて、わたしはほとんど話さなかった」とエリザベスはのちに回想する。[35]「でも、記憶の大釜から、わたし自身の思い出がふつふつとわきあがってきた」

昼食会が終わると、罫線の引かれた黄色い用紙[36]を取り出し、いちばん上に「序文」と書いた。[37] それから、一九四五年の対日戦勝日後の感情を描写していった。沿岸警備隊で六年間にわたり、「アメリカの思考や行動をスパイしようとする工作員たちの思考や行動を逆スパイした朝も夜もない刺激的な冒険」を続けたあと、「テントをたたんでそっと立ち去った」。それから七枚にわたり、具体的な点にはふれずに、戦争中に経験したドラマチックな事件や活劇を、著者が作品の冒頭でするようにそれとなく匂わせた。

エリザベスがこの文章を見えない戦争の回顧録にするつもりだったとしても、続きを書くことはなかった。残されているのは、七枚の手書きの紙と、同じ内容をタイプしたものだけだ。エリザベスはのちにタイプ原稿を書類フォルダにはさみ、「未完の作品への序文」と見出しをつけた。

一九五二年一一月四日、トルーマン大統領が国家安全保障庁（NSA）を創設した。[38] マッカーシーの評価が絶頂に達していた時期であり、ウィリアムが電気ショック療法を受けてから二年半後のことである。NSAは、陸軍と海軍にあった通信インテリジェンス部門を統合してひとつの組織にしたものだ。源流部門には、戦間期にウィリアムが設立し育て上げてきた暗号班も含まれる。

誕生時点からNSAは大きな謎に包まれた組織で、その存在自体も秘匿されていた。[39] ウィリアムはNSAの顧問かつ助言役《アドバイザー》という、尊敬を集める年長者にふさわしい役職を引き受けた。しかし、一九五〇年代にN

SAが成長を続けるにつれ、ウィリアムを必要とする場面はどんどん減っていった。NSAは数千名の若い言語専門家や暗号解析者を採用した。彼らはウィリアムの書いた教科書をもとに訓練を受けはしたが、ウィリアムの発言につねに耳を貸すとは限らなかった。メリーランド州フォート・ミードの新たな敷地で本部の建設に着工し、そこでは今日、二万名以上の職員が、盗聴耐性のある濃い藍色のガラスでできた大きな立方体のビル二棟のなかで勤務し、暗号解読のために大量のコンピュータを使用している。コンピュータは「たいていは無意味で、日常業務においてはまったく無能な機械」だというウィリアムの持論が、歴史学者ロバータ・ウォルステッターあての手紙に不機嫌な調子で書かれている。[40]だが、NSAは、いっそう強大になるにつれ、コンピュータの力を、ウィリアムを不快にさせるようなやりかたで活用し始めた。どうもコンピュータにはそれができるという理由だけで、厖大な量の通信信号をかき集め、そのなかの針を見つけるのが困難になるくらいにインテリジェンスという干し草の山をうずたかく積み上げた。一方ではこれまでと同様に、ウィリアムからすれば一般公開すべきような文書をますます大量に秘匿し機密指定していった。一九三〇年代にハーバート・ヤードレーの著作に異議を唱えたときのように、過去にはウィリアムが、秘密をいっそう厳重に守るべきだと訴えた時期もあった。今では友人に、「秘密主義ウイルス」が政府内にばらまかれていると陰鬱な口ぶりで文句を言っていた。[41]

一九五五年四月、ウィリアムは初めて心臓発作に襲われ、その治療のための入院中に間を置かず二度めの発作が起こった。その年の秋、常勤職員としてはNSAを退職した。NSAはきちんとした式を開き、ウィリアムが今後も関与できるようなコンサルタント契約を結んだ。[42]当時の長官ラルフ・ケイナインがウィリアムを高く評価していたのだ。その後、ケイナインの後継に新しい長官が就任した。秘密保持について硬直した考えかたの持ち主で、偉大なる暗号解読者ウィリアムをとくに敬愛してはいなかった。この時期にNSA

がフリードマン夫妻の自宅図書室に押しかけ、ウィリアムはまたもや鬱状態に陥ったのだった。ウィリアムはNSAを公然と批判して秘密主義ウイルスへの警鐘を鳴らしたかったが、秘密情報取り扱い許可が剝奪され、暗号コミュニティや自身の多数の著作から遠ざけられるのではないかと恐れた。[43]

NSAが明らかにウィリアムに屈辱を与えようとしていたのか、単に規則を厳格に守ろうとしていたのかは定かではないが、ウィリアム自身は迫害されていると感じた。精神的にもろくなっていたために、この試練に見舞われると、いともたやすく限界にまで追い込まれた。「自殺願望［を抱えて］ひとりでいるのがこわい」と、一枚ぺらの紙に走り書きしている。[44]「五〇年間断続的に自殺願望と闘い続け……秘密保持の制約にしばられ――懲罰を受けるかもしれないという非現実的な恐れを、依然として感じている」

NSAへの幻滅が猜疑心にまで強まると、ウィリアムは、所蔵する資料を議会図書館に寄贈するという長年の意向を考え直すことにした。自宅図書室にある愛蔵の品々を、これを荒らすために職員をよこしてきたのと同じ政府が管轄する機関に譲り渡すのは耐えられなかった。しばらく検討を重ねてから、ジョージ・C・マーシャル財団に寄贈することに決めた。同財団は、バージニア州レキシントンのバージニア軍事大学内にある民間団体である。マーシャル財団図書館に移送するために、エリザベスの助けを借りて、厖大な量の貴重なコレクションを整理して索引をつける作業に取りかかった。数千冊の本、書類、メモ、写真、ボードゲームの試作品、古く稀少な暗号装置などがあった。つかの間、このプロジェクトでウィリアムは元気を取り戻したかに見えた。「今では生きる強い意欲を感じている。マーシャル財団プロジェクトを完全に満足のいく結果に導く目的があるから」と書いている。[45]だが、体のほうがついてこず、また心臓発作を繰り返した。両脚がはれあがり、フォルジャー・シェイクスピア図書館での講演会を聴きに行ったとき、階段を上がれなかった。[46]エリザベスはいつものようにウィリアムの世話をして、日記帳に体調を記録した。[47]

一九六九年三月一五日。ビルが夜中に転倒。ほんの一時、混乱して記憶を喪失した。

七月二〇日。『マン・オン・ザ・ムーン』。ESとWFFは午前三時までCBSテレビを観た。最後にニール・アームストロングと「バズ」〔宇宙飛行士オルドリンの愛称、この日アームストロングとともにアポロ一一号で月面に着陸〕が月面歩行をして月着陸船に戻った。

九月二四日。WFFの誕生日。スペアリブが食べたいらしい！

一九六九年一一月二日の午前零時を数分回ったところ、ウィリアムを最後の心臓発作が襲い、呼吸が停止した。エリザベスは医者をよんだ。ウィリアムは蘇生しなかった。ウィリアムの遺体は運び出されたが、医者は午前二時すぎまで家にいてエリザベスをなぐさめた。[48]

エリザベスは打ちのめされていたが、習慣から日記帳を手に取った。

愛する人が一二時一五分に亡くなった。[49]

それから、ローマに旅行中のバーバラに短い手紙を書き始める。

気を確かにもってください。愛するお父様が亡くなりました……。

ほんの短い時間しか苦しまなかったのが幸いです。[50]

それから数週間、七五〇通以上のお悔やみの手紙やカードが家に届いた。ジョゼフ・モーボーンはウィリアムを「今世紀最高の頭脳」をもつ、「歴史にいつまでも燦然と輝く座を占める」人物であると形容した。[51]小説家のハーマン・ウォークは「彼が世界の歴史に与えた影響は、国の王や名将らの影響よりも計り知れないほどに大きかった。それなのになんと謙虚な人物であったことでしょうか！」とエリザベスに書いてきた。[52]一九四三年にアーリントン・ホールでウィリアムの下でキャリアを開始し、のちにはNSAのソ連部を指揮するまでになった暗号解読者ワニータ・モリス・ムーディは、あなたの夫は最後の暗号解読者だったとエリザベスに告げた。「今ではこの業務には、より多くの人間と領域がかかわっています。いっそう抽象的で非人間的になりました。今もこれからも、ウィリアム・フリードマンのような人物は存在しません」[53]ウィリアムが会員となっていたワシントンにある男性専用の社交クラブ、コスモス・クラブの理事会から、エリザベスに「女性用特典カード」が送られてきた。[54]二年間、クラブの施設に入館を許可するものである。

エリザベスは次のようなウィリアムの墓碑銘を考えた。[55]

ウィリアム・F・フリードマン
アメリカ合衆国陸軍中佐
一八九一年から一九六九年
知は力なり

エリザベスは、墓石に暗号文を彫り込むことにした。ベーコン引用文の文字に、ベーコン暗号をしこむのだ。ある文字はセリフ〔ひげ飾り〕つきの字体で、残りの文字はセリフなしに指定した。[56]セリフつきがa型で、セリフなしがb型というわけだ。

KnOwl / edGeI / spOwE
（a 型を小文字、b 型を大文字で示す）
babaa / aabab / aabab
W / F / F

つまりWFF、夫のイニシャルとなる。これは暗号で書かれた署名なのだ。
陸軍はウィリアムをアーリントン国立墓地で最大の敬意を払って埋葬した。国旗をかけた棺を引いた六頭の黒い馬が、墓地の曲がりくねった道を墓所に向かう。その後ろには鼓手が付き従う。陸軍のあらゆる部門の人間が葬儀に参列していた。ミネソタ州選出で反戦論者の上院議員、ユージーン・マッカーシーもいた。エリザベスと子どもたちは、マッカーシーの姿を見て驚いた。バーバラとジョン・ラムジーは、一九六八年の大統領選予備選でマッカーシー陣営に協力していた。じつはマッカーシーは、一九四四年にウィリアムの指揮下、アーリントン・ホールで暗号解読者として働いていたという。フリードマン一家はそれまで、そんなことはつゆ知らなかった。

葬儀後、ジョン・ラムジーが心のこもった礼状をマッカーシーに送っている。[57]「貴殿が葬儀に出席してくださり、陸軍式の葬儀が、家族全員にとって多少は耐えられるものになったようです……。わたしの父はやさしく穏やかな人間で、殺戮や戦争、秘匿、スパイなど、貴殿もわたしも嫌悪するものすべてを憎んでいたとお伝えしたく存じます。しかし父は暗号の世界のとりこになり、人生を捧げ、深い罪悪感にかられもしました。さまざまな栄誉にあずかりながらも、父は幸せではありませんでした」

エリザベスはウィリアムの仇を討つことにした。長年にわたる陸軍とNSAからの扱いが口惜しく、夫の貢献が忘れ去られたり抹消されたりすることを恐れて、ウィリアムが受けるべき称賛を獲得するために動き出した。この責務を果たすために、自分自身の功績をまとめることは棚上げにされた。夫のための悲しみや怒りのために、自分のことは二の次になっていたのだ。

葬儀が終わるとすぐに、空っぽになった家で、一九一八年に撮影した〈知は力なり〉の写真がガラス板の下にはさんであるウィリアムのデスクの前に座り、夫の書類についての注釈つき目録の作成に取り組んだ。[58]作業は毎日八時間から一〇時間におよんだ。ウィリアムの論文や著書について簡潔な説明を記しながら、その死を悼んだ。[59]エリザベスを動かしていたのは、このプロジェクトの完成を願っていたであろうウィリアムへの義務感だった。これに加えて、コレクションが公開されれば、一流の歴史家が興味をもって、ウィリアムの名声を確固たるものにするような伝記を書いてくれるかもしれない、と期待してもいた。[60]

マーシャル財団図書館は、週に一、二日エリザベスの手伝いをするタイピストの報酬を払ってくれた。[61]それでも、三〇〇二点にものぼるウィリアムのコレクションに添付する三〇〇二枚のカードを作成し終わるまでには何か月もかかった。それから、すべての資料を、ワシントンから南に車で三時間もかかる遠方にある図書館へ運搬する手配を整えた。一九七一年のある日、男の人たちが自宅に来て、資料の入った箱とウィリアムのデスクをトラックに積み込んだ。ビルがもう一度死ぬのを見ているような気持ちがした、とエリザベスは友人に語っている。エリザベスは、一〇年も乗り回しているくたびれたプリマスを運転して、トラックを追いかけた。自動車のエンジンが、レキシントンまでずっと大きな音であえいでいた。「わたしは言ってみれば、廃墟のただなかにぽつりと立っている小さなおばあさんね」

マーシャル財団図書館でエリザベスは一日六時間作業をして、移動のこと細かな点まで管理し、資料がビルへの敬愛の念をもって注意深く扱われるように目を配った。[62] 記録保管人は、エリザベスの指示を受けるのを喜び（「まるで女王のようにもてなされた」とはエリザベスの弁[63]）、寄贈した資料や、フリードマン夫妻が歩んだ人生、エリザベス個人のキャリアについてエリザベスが話すのを録音した。[64] エリザベスは、ウィリアムの話をつねに優先させてはいたが、自分自身のことにもふれ、夫のコレクションとは別に、自身の個人的な文書類数千点をマーシャル財団図書館に寄贈もした。エリザベスの文書類には、一九二〇年代と三〇年代の酒密輸調査の時代から保管していた書類や、私的な手紙、未完の本の原稿、日記、さらに多くのものがあったが、ウィリアムのコレクションに付けたような索引や注釈は作成しなかった。[65] 記録保管人は、エリザベスの資料を二二個の記録保管箱に収める手助けをし、それらの箱は一階にある保管室の複数の金属製ドアの奥へとうやうやしくしまい込まれた。

その後何年間ものあいだ、研究者たちがマーシャル図書館を訪れて、フリードマン夫妻のファイルをもとに、以前であれば書けなかったであろう著作をものにした。作家のジェームズ・バンフォードは、ひとつにはウィリアムのコレクションを典拠として、『パズルの宮殿（The Puzzle Palace）』を執筆し一九八一年に出版した。これはＮＳＡの歴史について書かれた初の一般読者向けの本であり、ＮＳＡは本作の出版を禁止しようと試みたがそうできなかった。ＮＳＡは一九七九年と一九八三年の二回にわたり職員を図書館に派遣し、ウィリアムの資料を何点かは不明であるが接収した。しかしフリードマン夫妻は索引を入念に作成していたので、バージニア軍事大学の教授ローズ・メアリー・シェルドンの鋭い目をもって、三〇〇二枚の索引カードのうち約二〇〇枚がなくなっていることが判明した。シェルドンは、情報公開法にもとづく請求を何度も申請し、最終的にはＮＳＡが、さらに七〇〇〇点のフリードマン関連文書を公開せざるをえなくなった。過去二〇年のあいだにＮＳＡはみずからの歴史について語るようになってきて、今日では、公開の暗号史会議を開催したり、暗号博物館を運営したりしているが、そうなるまでには時間がかかった。その間フリードマン夫妻が、アメリカ政府の管轄外に、代替となるアーカイヴを作り上げたのだった。そこに行けば、誰もがアメリカの暗号解読について知ることができた。

そうであっても、研究者の注目は一方のフリードマンだけに偏り、もう一方には向けられなかった。図書館にあるエリザベスの資料は、索引がないために謎に包まれており、人々がウィリアムの資料を調べるあいだ総じてほこりをかぶっていた。世界はエリザベスを忘れ、ウィリアムを記憶していた。いずれにせよ、それはエリザベスの望んだことだった。一九七五年、ＮＳＡがエリザベスに、フォート・ミードの大講堂をウィリアム記念講堂と命名することになったので、ウィリアムのブロンズ製胸像を検分・確認してほしいと依頼してきた。[66] エリザベスは記念式典に出席した。式ではＮＳＡの男声合唱団が「自由の証」を歌った。[67] 翌年、ウィリアムの伝記『パープルを破った男（The Man Who Broke Purple）』が出版された〔Ｒ・Ｗ・クラーク『暗号の天才』新庄哲夫訳／新潮選書〕。この作品は夫の職業人生を的確に伝えてはいるが、「わたしが知っていた愛する人」をとらえていない、とエリザベスは感じた。[68]

エリザベスは晩年、貯蓄が底を突き、動脈が硬化する苦しい日々を送った。[69] ビルが恋しくてたまらなかった。手紙のなかのエリザベスは、リバーバンクを輝かせたあの若い女性が、鍛錬を経て、相変わらず機敏ではあるが喜びを失ってしまった人間になったかのように見受けられる。「すべてのやがて生まれてくる子どもたちに、この世について今、忠告しておきたいことがひとつだけあります」とエリザベスはある朝、誰にも出すことのない長い手紙をタイプした（「思いを吐き出さずにはいられなかっただけ」）。[70] そうしてこう続ける。「金持ちに生まれようが、貧しく生まれようが、その中間には払って払って払い続ける人間がいます」。エリザベスは、暗号研究が進みつつある方向、すなわちコンピュータへの依存が高まっていることに反感を抱いていた。『ヒューストン・クロニクル』紙の記者の取材に、「一九二八年に夫からプレゼントされた中国製の青緑色の絹のローブ姿」で応じた。[71] そこで、コンピュータは災いのもとだ、と発言している。「機械がもたらす問題は、メッセージが立ち現れる瞬間を目の当たりにする興奮を誰も二度と体験することができないということです」。死んだら、葬式なしで遺体を火葬してほしい、と子どもたちに伝えた。「数年後には死者を埋葬する土地がもう残されていないでしょう。近い将来、すべての墓地を処分しなくてはならなくなるでしょう」と書いている。[72]「今すでにある混乱に、ちっぽけな人間ひとりを加えなくてもよいでしょう?」

八八歳のときに動脈が破裂した。[73] 一九八〇年一〇月三一日、エリザベスは、ニュージャージー州プレインフィールドの介護施設で亡くなった。ロナルド・レーガンが、大統領第一期に当選する四日前のことである。

エリザベスの死にたいする世間の反応は、一一年前のウィリアムのときよりも静かだった。『ワシントン・ポスト』紙[74]と『ニューヨーク・タイムズ』紙[75]に、敬意あるエリザベスの追悼記事が掲載された。どちらの執筆者も、第二次世界大戦中の暗号解読におけるエリザベスの功績にふれなかった。ほぼまちがいなく、二人ともそのことを知らなかったのだろう。

アーリントン国立墓地でエリザベスの遺灰がウィリアムの墓石の上からまかれ、ウィリアムの名前の下に彼女の名前が彫られた。[76]

最愛の妻
エリザベス・スミス・フリードマン
一八九二年から一九八〇年

それから何年ものあいだ、とりたてて何も起こらなかった。

世間からエリザベスが再発見されるまで、しばらく時間がかかった。少しずつ、人々が目を向け始めた。たいていは女性だった。これまでに語られていること以外にも何かあるのではないか、と彼女たちは推測した。それは正しかった。司法省の歴史研究員バーバラ・オスティカは、エリザベスが昔に担当した酒密輸事件の記録を発見し、エリザベスを連邦政府法執行機関における女性の「希望の光」、先駆者とみなすようになった。[77] FBIで容疑者の手書きのコードやサイファの解読を担当する暗号解析官ジーン・アンダーソンは、エリザベスが出廷した一九三〇年代の裁判記録を見つけ、陪審員に証言をする際の参考とするためにそれらを読み込んだ。[78] さらにエリザベスは、自分が在籍したことのなかったNSAでもファンを獲得した。戦後のNSAでは、キューバ・ミサイル危機で政府指導者にブリーフィングを行ったワニータ・モリス・ムーディ[79]、NSAのナンバー2に上りつめたアン・カラクリスティ[80]など女性暗号解析者が名を上げていた。

一九九〇年代、NSAは大講堂を改称した。ウィリアム・F・フリードマン記念講堂は今では、ウィリアム・F・フリードマンおよびエリザベス・S・フリードマン記念講堂となっている。二〇一四年現在、エリザベスの名前を冠したもうひとつの講堂がワシントン地区にある司法省のビルにある。これは、バーバラ・オスティカの働きかけのおかげである。扉の上に、エリザベス・スミス・フリードマン、インテリジェンス主導型取締のパイオニア、という銘文が掲げられている。

　これらが実現したのには二つの理由がある。ひとつは女性たちがエリザベスの幽霊を探しに行ったこと。もうひとつは、エリザベスの幽霊がアーカイヴのなかで音を立てていたことだ。エリザベスはマーシャル図書館にいて、保管室のドアをがたがたと鳴らしていた。国立公文書館という「政府の墓場」にもエリザベスは存在し、そこに保管されていた見えない戦争の記録文書がようやく機密解除された。幽霊の叫ぶ大きな声は、予期せぬところからも聞こえてきた。ウィリアムのコレクションにある三枚の索引カードに、実際にはエリザベスと沿岸警備隊の働きによってスパイを逮捕した件について、J・エドガー・フーバーとFBIがその手柄を奪った経緯を示す注釈が、簡潔かつ立証可能なかたちで記されているのだ[81]。これらの注釈がエリザベスの手で書かれたのはまちがいない。ウィリアムはそれを知る立場になかったからだ。索引カード一枚一枚がナイフとなってフーバーの肋骨のあいだに差し込まれ、エリザベスは積年の恨みを晴らした。

　エリザベスはもともと、これらのアーカイヴをもとに自分自身の物語を書くつもりだった。結局はそこまで手が回らなかった。執筆の望みは失われたのだろう。それでも、非凡な人生の断片を記録した資料のファイルは、エリザベスが残した場所にそのまま眠っている。それらのファイルには、独特の重みと質感がある。それらを消し去ることも、エリザベスの遺産を消し去ることも不可能だ。エリザベスの遺産は今日、わたしたちの生活に埋め込まれているからだ。スマートフォンやインターネット・ブラウザのなかに、何十億人もの人々が使用しているセキュア・メッセージング・アプリを動かす技術のなかに、企業やインテリジェンス機関がもちいる秘密の処理手順のなかに、わたしたちのポケットにある iPhone に搭載された平凡なソフトウェアのなかに、それらはある。

秘密の通信をめぐり、暗号作成者と暗号解読者、すなわち錠前作りと錠前破りは今もなおダンスを舞っている。もちろん、使われる錠前は昔とはちがう。コンピュータの威力を借りて、エリザベスがたやすく理解できたであろう域を超えて、あらゆることが大幅にスピードアップされ、数学化されてきた。それでも今も、暗号というゲームの根底にはパターンがある。誰かが、単なる雑然としたものにしか見えないようなパターンを作成し、ほかの誰かが、その雑然としたパターンを組み替えてひとつの図にしようとする。まったくのランダムな図にしか見えないものを何度も凝視して、エリザベスは、意味をなす小さな一点を見つけた。それからその地点に立ち、はるか彼方の地平線まで伸びる景色すべてを変換させるようなシステムを考案した。今日でも、このプロセスは変わらない。暗号解読とは、辛抱強さと一定の方式、深い思考を必要とする仕事なのだ。そしてエリザベスには、たぶん同時代の誰よりも、こうした資質が備わっていた。

エリザベスにはつねに謎めいたところがあった。人生の最後の瞬間まで、謙遜あるいは習慣からか、起訴を恐れてからか、それとも謎めいていることをよしとしていたからか、抱えていた秘密をすべて口に出すことを、あらゆる質問に映画のように細部にわたり答えることをためらっていた。

「ミステリをたくさんちらつかせておくこともできるわよ」、とエリザベスは一九七六年にＮＳＡのヴァージニア・ヴァラキのインタビュー内で言った。[82]「きっと、読者の興味をおおいにかき立てることができるでしょう」

「これまでずっと、細部をつなぎあわせようと努力してきましたが、全体図は絶対に見えてこないような気がします……少なくともいくつかの部分は明確になるでしょうが」とヴァラキが返答する。

ヴァラキは、エリザベスの流れを汲む、戦後に活躍した次世代女性暗号解読者のひとりだった。一九五四年にNSAに言語専門家として入庁し、インタビューの時点ではNSA発行の技術雑誌『クリプトログ』を編集している。[83]

「重ねてお礼申し上げます、ミセス・フリードマン」とヴァラキが言う。[84]

「お礼なんて言わないで。とても楽しかったわ」

「いつかあなたの評伝を書いてみたいです」とヴァラキが言う。

「まあ！」とエリザベス。

「女性暗号解析者のあれこれ、というのはどうでしょう。きっと、読者の興味をおおいにそそると思います」[85]

「この前、なにかがあったのだけど」とエリザベスが自問する。エリザベスの話によれば、外出してキャピトル・ヒルを歩いていたときに、近くにいた若い女性二、三人がこちらを見て、エリザベスのことについてしゃべっていたらしい。エリザベスは、そのうちのひとりに見おぼえがあった。何年か前、仕事の関係で会ったことがあったのだ。彼女たちから、ある種の著名人のように扱われて、エリザベスはくすぐったい気分になった。「なんてことでしょう！」

ヴァラキは録音機を停止する。[86] そのあと二人は、どれくらいの時間かわからないが、おそらくインテリジェンス機関にいる共通の知り合いについて話をした。それから録音機をふたたび回し、ほどなくしてインタビューは終了した。

二人は時刻を確認する。

「本当にまだ一時五分？」とエリザベスがたずねる。[87]

「まあ、びっくりです！」とヴァラキ。

エリザベスが暗号解読に捧げた人生について以前に誰かに語ったのはあまりに昔のことだったので、今日の簡潔な会話もまるで長いオペラのように感じられたのだ。

「いくら女でも「こんなに」短い時間でこれほどたくさんおしゃべりした人は、きっとほかにはいないわ」とエリザベスが言う。[88]

インタビュー記録には、ここで女ふたりが笑ったと書かれている。[89]

謝辞

本書が仕上がるまでにはたくさんの方々にお世話になった。わたしの編集者であるデイ・ストリート・ブックスのジュリア・チャイフェッツ。ジュリアはつねにエリザベスの物語に情熱を注いでくれた。たとえ、わたしがどうやってそれを伝えるべきかに迷っていたときでも。そしてわたしたち二人の会話をつうじて、本書は計り知れないほど豊かになった。ジュリアの鋭い視線と才能、信念に感謝する。ショーン・ニューコット、リン・グレイディはじめ、デイ・ストリート・ブックスのチームメンバーのトム・ピトニアク、ケンドラ・ニュートン、ハイディ・リクター、デール・ローバー、ポーラ・スザフランスキー、オーウェン・コリガンにも礼を伝えたい。

次は、わたしのエージェントのラリー・ワイスマンに。ラリーと相談ができ、ノンフィクション作品にたいする鋭敏な感覚の恩恵にあずかり、とてもありがたく思っている。彼の冷静沈着なパートナー、サッシャ・アルパーについても同じである。二人の導きと友情なくして、わたしに本が書けるとはとうてい思えない。

次は司書と記録保管人《アーキヴィスト》の方々へ。フリードマン夫妻の資料ファイルをこれほど丁寧に保管し、索引・注釈を作成してくれた記録保管人なくしては、本書は存在しなかっただろう。ジョージ・C・マーシャル財団のポール・バロンとジェフリー・コザックはすばらしい人たちであり、同財団の図書館は、アメリカ国内で最高レベルの図書館である。バージニア軍事大学古代史教授のローズ・メアリー・シェルドンには驚愕した。教授は長年を費やして、壮大な労作「フリードマン・コレクション――解析と手引き」をまとめ上げた。これは、報酬が一切ない、好きだからこそやりとげた研究であり、自身の時間と知恵を寛大にも読者に分け与えてくれている。NSAの歴史研究員ベッツィ・ロハリー・スムートと、NSAの司書、ルネイ・スタインは、わたしに専門知識を授けてくれ、ファイルも使わせてくれた。フェイビアン・ヴィラ博物館のハンナ・ウォルターズは、ジョージ・フェイビアンのリバーバンク研究所跡を案内し、最盛期のリバーバンクについての大量の質問に答えてくれた。ニューヨーク公共図書館の原稿および記録保管部門のトマス・ラーソン、ジェニバ歴史博物館のジェシカ・ストルーブ、ニューベリー図書館のジョエレン・ディッキー、メリーランド州カレッジ・パーク国立公文書館の職員のみなさんにも感謝する。

カーリ・ウォルグランは長年にわたり、わたしの友人であり、共鳴板でもいてくれる。本書のなかでわたしが好きな箇所のいくつかは、草稿を読んだ彼女の質問や意見から発展したものだ。マルコム・バーンリーとカースティン・ハンコックは有能な研究助手で、重要なファイルを見つけて付箋をつけてくれた。フィル・トマセリは、キューにあるイギリス国立公文書館で、ナチ・スパイ狩りについての資料を発掘した。サンパウロ在住のエドゥアルド・ジュラクは、現地警察の記録保管所にある資料を送ってくれた。リンダ・D・オストマンは、テキサスにある裁判所の倉庫に眠る一九三三年の連結輸出会社事件の記録を見事発見してくれた。さらに、カナダで調査にあたってくれたベス・ロバートソンとリゼット・ラクロワにも感謝したい。

第二次世界大戦中に暗号解読に携わった体験談を聞かせてもらったアメリカ人女性のみなさん、ジュディ・パーソンズ、マーサ・ウォラー、パット・リーオポルド、ヘレン・ナイボールに謝意を表したい。

時間を割き知恵を貸してくれた歴史研究者、暗号マニア、テクノロジー愛好家のみなさんにも礼を述べたい。機械暗号専門家のイギリス人、フィリップ・マークスは、エニグマ暗号について非常に辛抱強く説明し、原稿にある技術関連の箇所を確認してくれた。クレイグ・バウアーが執筆した暗号についての興味深い複数の著書から、わたしは暗号についてのあれこれを学んだ。さらに、クレイグと話すことでいつも理解が明快になった。歴史研究者のリチャード・マガハは、アルゼンチンにおける諜報活動や対諜報活動というわけのわからない水域を進む手助けをしてくれた。掟破り《レネゲイド》のカナダ人作家ジョン・ブライデン〔自由党の政治家として活躍したがのちに保守党に鞍替えした〕は、沿岸警備隊が解読した暗号文が国立公文書館にあることを教えてくれた。バンクーバー在住のジェイソン・ヴァンダーヒルは、カナダの酒密輸シンジケートについてありとあらゆることを知っている。ジェームズ・サマーズは、テクノロジーについて物を書いているときに友人としてもちたいようなタイプの人間で、彼自身も優れたライターかつプログラマーでもある。司法省ATF〔アルコール・たばこ・火器および爆発物取締局〕の粘り強い研究員バーバラ・オスティカと、ニューヨーク公共図書館にあるリバーバンク暗号コレクションについて教えてくれたルネサンス研究者ウィリアム・シャーマンと会って議論するのはとても楽しかった。ただし、本書のなかに暗号や歴史についての誤りがあれば、それはわたしの責任である。

助言と励まし、指針を与えてくれた友人たちにも感謝する。キャリー・フライ、サーシャ・イッセンバーグ、アイリーン・クランシー、クリスティ・ベンダー、ジョン・ホイッティアーファーガソン、ナタリア・ホルト、エロンカ・ドゥーニン、ジョシュ・ディーン、ジェイソン・リーオポルド、ロイ・キーシー、アン・ダシウク、シーラ・ライミング、プニート・バトラ、クリス・マクドゥーガル、スティーヴン・ロドリック、スティーヴ・フォルク、サマンサ・ニューウェル、ロブ・モーリノ、ニール・マスター、イーロン・

グリーン。そして、雑誌での優秀な同僚、『ハフポスト・ハイライン』のグレッグ・ヴァイスとレイチェル・モリス、『ワシントニアン』誌のクリスティン・ヒンマンとマイケル・シェファー。

ミシガン大学とナイト・ウォーレス・フェローシップ・プログラムには、二〇一四年と二〇一五年にわたしと家族をアナーバーに招待していただき、大変お世話になった。いろいろな意味において、本書は、このプログラムから直接生まれた希有な黄金と言えるだろう。チャールズとジュリアのアイゼンドラス夫妻には、人生最高の一年を過ごさせてもらい、心から感謝している。バーギット・リークと、同輩の研究員《フェロー・フェローズ》、ジョン・ディシコとカール・サイモン、そして同大複雑系研究センターにもお礼を述べたい。そもそも、同プログラムに応募するよう勧めてくれたマシュー・パワーにはこれからもずっと感謝している。

公爵夫人《ダッチェス》ゴールドブラットは、美しい文を借用する許可をくれた。

最後に、家族への感謝を伝えたい。フランク、シャリン、ローレン・ファゴン。グロリア・ジュウェル、リン・バウアーとリッチ・バウアー、そしてハウエル一族。なかでも、わたしと人生をともにしてくれている聡明で冒険心ある女性たち、ダナ・バウアーと、わたしたちの娘、ミア・ファゴンに感謝を捧げる。ダナとミアは本書にインスピレーションを与えてくれ、この本を読みたいと言い続けてくれた。二人に次のメッセージを送りたい。

O V M I D A D O O S S D A N E L I T
L E U A D N N H G H I O C Y B I E ?
I Y O A N A A M Y I T N E O U E V !

〔左下のIから縦列を上へ読み、2つめの縦列を下へ、3つめの縦列を上へと読んでいく横棒柵《レール・フェンス》サイファ文〕

訳者あとがき

本書は、二〇世紀前半のアメリカで現代暗号学の基礎を築いたフリードマン夫妻のうち、妻エリザベス（一八九二－一九八〇年）の生涯を追いかけた*The Woman Who Smashed Codes*（Dey Street Books, 2017）の全訳である。本書はNPR（全米公共ラジオ放送）年間最優秀書（二〇一七年）に選ばれ、PBS（全米公共放送網）により『ザ・コードブレイカー』というタイトルで映像化（二〇二三年）もされている。著者のジェイソン・ファゴン氏はジャーナリストで、現在は『サンフランシスコ・クロニクル』紙に所属し、『ハフポスト・ハイライン』、『ニューヨーカー』誌、『ニューヨーク・タイムズ・マガジン』などに寄稿歴がある。フリードマン夫妻の調査を始めたのは、エドワード・スノーデンによる機密文書暴露により、国家安全保障庁（NSA）が一般アメリカ人の電話通話記録を収集していることが発覚したのがきっかけだった、とファゴン氏は語っている。

フリードマン夫妻のうち、夫のウィリアム（一八九一－一九六九年）のほうが主役のように長らく語られてきた。現代暗号史を描いたデイヴィッド・カーンの古典的名著『暗号戦争（*The Codebreakers*）』（秦郁彦・関野英夫訳／ハヤカワ文庫NF、一九七八年）でも、ウィリアムは「史上もっとも偉大な暗号家」と称賛されている。たいして同書におけるエリザベスの記述はごく一部しかない。ウィリアムには、R・W・クラーク『暗号の天才（*The Man Who Broke Purple*）』（新庄哲夫訳／新潮選書、一九八一年）という伝記決定版が存在するが、エリザベスのそれはない。たしかにウィリアムは、アメリカ陸軍内の暗号解読班を率いて、日本の外交暗号（アメリカ側の通称「パープル」）を破り、第二次世界大戦において連合国の勝利に大きく貢献したことで有名だ。その功績は、戦後設立されたNSAにも引き継がれ、ウィリアムはNSAの父と称えられている。

しかし、エリザベスの才能と業績は、じつのところウィリアムにひけをとらなかった。そのことは当のウィリアムも公言している。エリザベスとウィリアムは、まだ何者でもなかった二〇代のころ、二人一緒に暗号の世界に足をふみいれ、頭脳と鉛筆と紙だけをもちいて、暗号作成・解読の技術をいちから作り上げていった。本書の第1部は、風変わりな実業家フェイビアンがシカゴ近郊に設立したリバーバンク研究所が舞台となっている。エリザベスは偶然フェイビアンにスカウトされて、シェイクスピアの戯曲を書いたのはじつはフランシス・ベーコンであるという、いわゆるベーコン暗号研究の助手を務めるためにリバーバンクにやってきた。そこで、遺伝学を研究するウィリアムと出会った。やがて第一次世界大戦が勃発し、ウィリアムとともに陸軍に協力して暗号解読を手がけるようになる。当時のアメリカには、暗号について多少なりとも知識をもっている人間は、ごくわずかしかいなかったのだ。結婚した二人は、大戦終結後、リバーバンクを離れてワシントンDCに赴いた。

第2部に入ると、エリザベスとウィリアムは陸軍の暗号解読組織で暗号解読官として勤務するようになる。やがてエリザベスは、暗号の本を書いて静かにすごしたいと願い家庭に入った。子どもを出産し、穏やかな生活を送っていたエリザベスのもとに、沿岸警備隊の大佐が現れて「あなたの助けが必要なのです」と懇願する。一九二〇年代の禁酒法時代に暗躍していた酒密輸業者摘発のため、彼らが無線でやりとりする暗号通信文の解読が求められていたのだ。エリザベスは「特別捜査官」となり、当初は暗号文を自宅に持ち帰り、「在宅勤務」のスタイルで解読にいそしんだ。さらにはアメリカ各地を飛び回り、麻薬マフィアやギャングも向こうに回す活躍をした。無線インテリジェンスの第一人者となり、裁判で証言台に立つエリザベスは新聞の紙面を飾り、いちやく時の人となった。

しかしその後の第3部で描かれる第二次世界大戦中のエリザベスの記録は、長らく人の目にふれないでいた。そのため、暗号解読者《コードブレイカー》としてのエリザベスの存在が人々の記憶から薄れていったのだろう。著者も、一九四〇年以降のエリザベスの記録が見当たらず、その調査には二年を要したと「著者まえがき」で述べている。じつはエリザベスは秘密裏に、ナチ・ドイツのスパイを狩っていた。南米の親ナチ化をもくろんでいたナチ・ドイツと、ナチ〝親衛隊大尉〟や〝無線技師〟が南米各地に開設した非合法無線局とのあいだを行き交う暗号通信文を秘かに解読していたのである。エリザベスの提言により沿岸警備隊内に創設された暗号解析班の実質的なトップとして、表には出ず、奮闘を続けていた。エリザベスらの貢献のおかげで、南米諸国は枢軸国側に奪い取られずにすんだのだ。ナチ・スパイ狩りの記録は戦後、国家の機密文書として国立公文書館に厳重にしまい込まれ（エリザベスは「政府の墓場」と形容している）、エリザベスの働きを世間が知ることはなかった。

ちなみに連邦捜査局（ＦＢＩ）長官のＪ・エドガー・フーバーは、エリザベス率いる沿岸警備隊暗号解析班の業績を横取りし、自分の手柄として喧伝した。「勝ったチームにいる最強の宣伝家によって、歴史は書かれるものなのだ」（「著者まえがき」）という表現は、見事本質を突いている。

エリザベスは若い娘のころから、情熱の炎を心に燃やしていた。日記や手紙など、個人的な資料を典拠に描かれた本書からは、そうした彼女の心の声がはっきりと響いてくる。日記帳に書きつけた詩、ウィリアムと交わした手紙、インタビューでの会話。自立心にあふれ冒険を追い求める彼女であるからこそ、片田舎から単身で都会に出て、リバーバンクへ、そののちワシントンへとたどりついたのだろう。しかし、フーバーとは異なり、自身の功績を宣伝することは一切なかった。国家の安全保障を最優先し、機密事項を口外しなかった。一時は、家庭で子育てをし、夫を支え、文筆に専念するという夢に傾いた。しかし、エリザベスの力を必要とする政府の男たちが次々と玄関先に現れて座り込むものだから、エリザベスは重い腰を上げることになったのだ。そうして、家庭生活と暗号解読業務を両立させた。戦後長らく不遇をかこっていたウィリアムの病没後、エリザベスは、夫の偉業を将来に伝えるため、大量の資料を整理して、一九七一年にマーシャル財団図書館に寄贈した（先に紹介したウィリアムの伝記は、この資料も典拠として執筆された）。その際、エリザベス自身の個人的な資料も、二二個の記録保管箱に収められた。そこに眠るエリザベスが世の中から再発見されるまで、じつに長い時間を要した。

なお、「これは愛の物語である」と冒頭で著者は宣言している。エリザベス・スミス・フリードマンと、ウィリアム・フレデリック・フリードマン。今から一〇〇年余り前、奇妙な縁でめぐり会った夫妻のようすを、著者は二人の個人資料をもとに詳細に再現しようと試みている。軍や政府機関での職務にとどまらず、暗号は二人の日常にも定着していた。暗号を使ってラブレターを交わし、子どもと手紙をやりとりし、暗号で書いたメニューを作ってホーム・パーティーを開いた。自宅には図書室もしつらえた。ロマンチストな著者の心の機微もうかがえるような、二人のプライベートな姿も本書の魅力のひとつだ。

戦時中のアメリカにおける暗号解読と言えば、みすず書房から二〇二一年に刊行された『コード・ガールズ――日独の暗号を解き明かした女性たち』（ライザ・マンディ著、拙訳）がある。本書を手に取ってくださった読者のなかには、同書をすでに読まれた方もいるかもしれない。『コード・ガールズ』では、第二次世界大戦中アメリカ陸軍・海軍の暗号解読に貢献した、エリザベスをはじめとする有名無名を問わないさまざまな女性たちの働きと生活が描かれていた。ドイツの暗号機エニグマや、日本の外交暗号、船舶暗号などの解読についても、かなりくわしい技術的解説がなされている。翻って本書では、エリザベス・フリードマンを主軸にして、一九一〇年代のベーコン暗号研究から、第一次世界大戦時代の軍事暗号解読、戦間期の酒密輸組織や麻薬ネットワークとの戦い、第二次世界大戦中のナチ・スパイ狩りにいたるまでが語られる。こうしたエリザベス（およびウィリアム）の業績は、戦後の国家安全保障庁（NSA）、中央情報庁（CIA）創設にもつながっている。暗号の技術的側面については『コード・ガールズ』のほうがくわしいが、本書では、エリザベスの多岐にわたる活躍を知ることができる。第3部には、著者も述べているように、現在ウィキペディアのページも存在せず、グーグルで検索しても数件しかヒットしないような謎に包まれた南米ナチ・スパイたちとの、無線暗号文を介した「見えない戦い」が息もつかせぬ勢いで語られている。訳者としては、どちらの作品にもそれぞれの魅力があり、甲乙つけがたい。ほぼ同時代を背景にし、暗号をテーマにした良書二冊を訳出する機会を得て、暗号の歴史、戦時下における暗号解読の重要性、多数の女性たちの貢献について学ぶことができて幸いだったと感謝している。

なお、本文中には多数の書籍から文章が引用されているが、邦訳書の文をそのまま引用した箇所には、訳注を入れてその旨を記している。本文中に訳注のない引用箇所については、邦訳書を参考にしたうえで、本文の文章とのバランスを考えた私訳とした。最後になるが、『コード・ガールズ』に引き続き、本書の翻訳を任せてくださったみすず書房の三村純氏には、今回もまた数多くの教示をいただいた。さらには、円水社の校正者の方からも、深い見識にもとづいた綿密な指摘をいただいた。この場を借りて、お二方に心からお礼申し上げたい。

二〇二四年九月

コード・ガールズ 日独の暗号を解き明かした女性たち	L. マンディ 小野木明恵訳	3600
ヒトラーとスターリン 独裁者たちの第二次世界大戦	L. リース 布施由紀子訳	5500
ヒトラーとスターリン 死の抱擁の瞬間	A. リード/D. フィッシャー 根岸 隆夫訳	8000
21世紀の戦争と政治 戦場から理論へ	E. シンプソン 吉田朋正訳 菊地茂雄日本語版監修	4500
帝国の疫病 植民地主義、奴隷制度、戦争は医学をどう変えたか	J. ダウンズ 仲 達志訳	4500
兵士というもの ドイツ兵捕虜盗聴記録に見る戦争の心理	S. ナイツェル/H. ヴェルツァー 小野寺拓也訳	5800
ファシズム 警告の書	M. オルブライト 白川貴子・高取芳彦訳	3000
パレスチナ和平交渉の歴史 二国家解決と紛争の30年	阿部俊哉	4000

（価格は税別です）

みすず書房

ジェイソン・ファゴン
コードブレイカー
エリザベス・フリードマンと暗号解読の秘められし歴史
小野木明恵訳

2024 年 10 月 10 日　第 1 刷発行

発行所　株式会社 みすず書房
〒113-0033 東京都文京区本郷 2 丁目 20-7
電話 03-3814-0131(営業) 03-3815-9181(編集)
www.msz.co.jp

本文組版 キャップス
本文印刷所 中央精版印刷
扉・表紙・カバー印刷所 リヒトプランニング
製本所 松岳社
装丁 albireo

© 2024 in Japan by Misuzu Shobo
Printed in Japan
ISBN 978-4-622-09736-5
[コードブレイカー]
落丁・乱丁本はお取替えいたします

著者略歴

(Jason Fagone)

アメリカのジャーナリスト．科学，テクノロジー，文化分野を取材する．《サンフランシスコ・クロニクル》紙所属．《ハフポスト・ハイライン》の記者などを経て現職．《ニューヨーカー》誌，《ニューヨーク・タイムズ・マガジン》誌などにも寄稿．《コロンビア・ジャーナリズム・レビュー》誌の「注目の若手記者 10 人」に選出されており，2014-15 年にミシガン大学のナイト・ウォーレス・ジャーナリズム・フェロー．著書に『闘う胃袋――食らえ！　大食いアスリート列伝』(酒井泰介訳，ランダムハウス講談社，2006)，*Ingenious* (2017) など．妻，娘とサンフランシスコ在住．

訳者略歴

小野木明恵〈おのき・あきえ〉翻訳家．大阪外国語大学英語学科卒業．訳書にマンディ『コード・ガールズ』(みすず書房，2021)，ダンカン『索引　～の歴史』(光文社，2023)，モフェット『人はなぜ憎しみあうのか』(早川書房，2020)，ギロビッチ&ロス『その部屋のなかで最も賢い人』(2018)，ニスベット『世界で最も美しい問題解決法』(2017，以上青土社) ほか．

人名索引

＊エリザベスをはじめとするフリードマン一家は頻出するため、立項していない。

タ行

ナ行

ハ行

マ行

ヤ行

ラ行

ワ行

原　注

略　語

ESF　エリザベス・スミス・フリードマン（Elizebeth Smith Friedman）
WFF　ウィリアム・フレデリック・フリードマン（William Frederick Friedman）
ESF COLLECTION　ジョージ・C・マーシャル研究財団（バージニア州レキシントン）所蔵、エリザベス・S・フリードマン・コレクション
WFF COLLECTION　マーシャル研究財団所蔵、ウィリアム・F・フリードマン・コレクション
NARA　米国国立公文書館（ワシントン）
NYPL　ニューヨーク公共図書館、原稿および記録保管部門（ニューヨーク）所蔵、ベーコン・サイファ・コレクション
NSA　国家安全保障庁 2015 年公開（nsa.gov）、ウィリアム・F・フリードマン・コレクション
TNA　イギリス国立公文書館（イギリス、キュー）

著者まえがき

1. David Kahn, *The Codebreakers: The Comprehensive History of Secret Communication from Ancient Times to the Internet*, rev. ed.（New York: Scribner, 1997), 21.〔デイヴィッド・カーン『暗号戦争』秦郁彦・関野英夫訳／ハヤカワ文庫。1967 年刊原書の邦訳であるが一部抄訳〕
2. 同書、392.
3. ウィリアム・F・フリードマン記念講堂式典の式次第、1975 年 5 月 21 日、box 14, file 12, ESF Collection.
4. 連絡主任から主任への覚え書き（編集済）、1949 年 11 月 8 日、box 12, file 15, ESF Collection.
5. アメリカ司法省連邦捜査局の覚え書き、*Subject: Velvalee Dickinson*, R・A・ニュービーからD・M・ラッドあて、1944 年 3 月 14 日。情報公開法にもとづき FBI から取得し、2015 年 12 月に受領。
6. ジェフリー・コザック（マーシャル財団図書館および文書館館長）と著者との会話、2015 年 1 月。
7. "History of USCG Unit #387," Record Group 38, Crane Material, Inactive Stations, box 57, 5750/2, NARA. これは、1940 年から 1945 年にかけての沿岸警備隊班の技術史を記録した 329 ページにおよぶ分厚い文書であり、1945 年もしくは 1946 年に書かれたものである。同班はその存続期間中、名称が何度も変更された。沿岸警備隊暗号解析班、沿岸警備隊第 387 班、その後 1941 年に同班が海軍に吸収されてからは OP-20-GU、さらには OP-G-70 となった。しかし、これらはつねに、1931 年に ESF が創設した組織と同一のものであり、戦争終結に至るまでさまざまな難題に直面しながら発展をとげていった。この技術史のすべてのページと表紙には、「トップ・シークレット・ウルトラ」という判が押されている。著者名は掲載されていない。おそらくは、沿岸警備隊での ESF の上官レナード・T・ジョーンズ大尉が ESF およびチーム内の暗号解読者らと共同で執筆したのだろう。本文書は 2000 年にようやく機密解除された。
8. ESF と沿岸警備隊班は、戦時中に作成した解読文、すなわち解読された通信文をタイプした用紙を保存していた。それらは NARA の二箇所に保管されている。不完全ではあるが解読文一式が、RG38, Records of the Office of the Chief of Naval Operations, CNSG Library, boxes 77–81 にもある。RG 457, Messages of German Intelligence/Clandestine Agents, 1942–1945, subseries SRIC, boxes 1–5 にも大量の解読文がある。なによりもこれらの記録が、ESF が戦時中に本当は何をしていたのか、それがなぜ重要だったのかを理解するのに役立った。国立公文書館で調査中に喜びのあまり叫ぶのは行儀が良くないが、初めて解読文を目にしたとき、わたしはどうやらそうしてしまったようだ。カナダ人歴史研究者のジョン・ブライデンが優れた著書 *Best-Kept Secret: Canadian Secret Intelligence in the Second World War*（Toronto: Lester, 1993）において、これらの文書の重要性を示してくれたことに筆者は多くを負っている。

第 1 部——第 1 章　フェイビアン

1. ヴァージニア・T・ヴァラキによる ESF へのインタビュー記録、1976 年 11 月 11 日、2012 年 1 月 10 日に文字起こし、NSA 暗号学歴史センター。情報公開法にもとづき NSA より取得し、2015 年 10 月に受領。当初の申請者は G・スチュアート・スミス。ヴァラキは NSA の暗号言語専門家であり、40 年間勤続し 1994 年に退職した。2015 年没。"Virginia T. Valaki," obituary, *New Haven Register*, June 7, 2015, http://www.legacy.com/obituaries/nhregister/obituary.aspx?pid=175022791 を参照。
2. 同上、1.
3. ESF は 1892 年 8 月 26 日、インディアナ州ハンティントンにて生まれた。公務職員フォルダ、box 7, folder 3 を参照。
4. ヴァラキによる ESF へのインタビュー、1976 年 11 月 11 日、2012 年 2 月 16 日に文字起こし、10.
5. ヴァラキによる ESF へのインタビュー、1976 年 11 月 11 日、2012 年 1 月 10 日に文字起こし、1.
6. ヴァラキによる ESF へのインタビュー、1976 年 11 月 11 日、2012 年 2 月 16 日に文字起こし、6–13.
7. 同上、6–7.
8. フォレスト・C・ポーグによる ESF へのインタビュー記録、1973 年 5 月 16–17 日、box 16, folder 19, ESF Collection, 3.
9. 同上、2.
10. 第二次世界大戦中の ESF の配給帳には、身長 5

フィート3インチ〔160センチメートル〕、体重120ポンド〔54キログラム〕と記されている。別のところでESF本人が、若い女性としては多少背が低かったと書いている。

11. 記者たちからは青い目とも言われたり、1930年に描かれたESFの肖像画では深緑色になったりしているが、のちに子どもたちが、母の伝記を書く予定の作家に、母の目の色は本当ははしばみ色だったと語っている。Katie Letcher Lyle, "Divine Fire: Elizebeth Smith Friedman, Cryptanalyst," 未発表の原稿、1991年7月4日、ESF Collection, PDFファイル2点、175を参照。
12. ポーグによるESFへのインタビュー、3.
13. Richard Munson, *George Fabyan: The Tycoon Who Broke Ciphers, Ended Wars, Manipulated Sound, Built a Levitation Machine, and Organized the Modern Research Center* (North Charleston, SC: Porter Books, 2013), 3. フェイビアンは6フィート4インチ〔194センチ〕、エリザベスはせいぜい5フィート3インチ〔160センチ〕だった。
14. ヴァラキによるESFへのインタビュー、1976年11月11日、2012年2月16日に文字起こし、8.
15. ポーグによるESFへのインタビュー、2.
16. 同上。
17. ヴァラキによるESFへのインタビュー、1976年11月11日、2012年2月16日に文字起こし、8.
18. 同上。
19. ESF自伝（未発表の原稿）、ESF Collection, PDFファイル、2.
20. ESF日　記、1913年4月22日、box 21, folder 1, ESF Collection. この日の記述では、スミスという名を嫌っているのは、言葉を愛する者として、語彙的にこれほど平凡な名前を負わされるのはあまりに不公平だと感じるからだとも書かれている。「虚栄心とよぶならよべ。でも、語源を調べる楽しみさえないような名前をどうして好きにならなければならないのか？」
21. 同上。
22. "Geneaology from notes of ESF," 1981年7月23日、box 11, folder 21, ESF Collection.
23. "Addenda and Corrections to biographical data re Elizebeth Smith Friedman," box 11, folder 21, ESF Collection.
24. Lyle, "Divine Fire," 166.
25. ESF履歴書、box 11, folder 16, ESF Collection, 3.
26. 同上、13.
27. ESF日記、1913年7月1日。
28. メアリー・ゴールドマンからヴァネッサ・フリードマンあて、1981年2月15日、box 12, folder 14, ESF Collection.
29. ESF日記、1913年2月27日。
30. ESF所有のテニスン詩集、box 22, ESF Collection.
31. ESF, "The Need for Erasmianism," box 12, folder 8, ESF Collection.
32. ESF, "After Senior Philosophy Course," 1915, box 12, folder 9, ESF Collection.
33. ESF日記、1913年3月20日。
34. ESF日記、1913年6月22日。
35. ESF, "The Need for Erasmianism."
36. ESF日記、1913年7月14日。
37. カールトンからESFへ、［1915年？］7月22日、box 1, folder 44, ESF Collection.
38. ESF日記、1916年1月29日。
39. インディアナ州ウォバッシュにある公立高校。"Education and Experience," ESF職員フォルダを参照。
40. ヴァラキによるESFへのインタビュー、1976年11月11日、2012年2月16日に文字起こし、7.
41. Hans Joerg-Tiede, *University Reform: The Founding of the American Association of University Professors* (Baltimore: Johns Hopkins University Press, 2015), 14.
42. National Center for Education Statistics, *120 Years of American Education: A Statistical Portrait,* ed. Thomas D. Snyder (Washington, D.C.: U.S. Department of Education, Office of Educational Research and Improvement, 1993), 83.
43. 同書。
44. ESF日記、1914年10月10日。
45. 同上、1913年7月2日。
46. *Official Report of the Proceedings of the Sixteenth Republican National Convention* (New York: Tenny Press, 1916), 11–13.
47. Associated Press, "Republican Conclave Depressed by Weather; Shows Little Enthusiasm," *Chicago Daily Tribune,* June 9, 1916.
48. 同上。
49. I. E. Sanborn, "Rain Stops Cubs; Double Bill Today with Herzog's Reds," *Chicago Daily Tribune,* June 21, 1916. James Crusinberry, "Sox Lose Chance to Rise by Rain in Mack Series," *Chicago Daily Tribune,* June 9, 1916も参照。
50. Paul Finkelman, "Class and Culture in Late Nineteenth-Century Chicago: The Founding of the Newberry Library," *American Studies* 16 (Spring 1975): 5–22.
51. 同上。
52. 同上。
53. "World's Columbian Exposition of 1893," Chicago Architecture Foundation, http://www.architecture.org/architecture-chicago/visual-dictionary/entry/worlds-columbian-exposition-of-1893/.
54. 機械芸術館本館の床面積は9.5エーカー〔約38500平方メートル〕、一方、連邦議会議事堂は4エーカー〔約16200平方メートル〕である。*Encyclopaedia Brittanica,* New American Supplement to the New Werner Edition, s.v. "World's Fairs"; およびArchitect of the Capitol, "About the U.S. Capitol Building," https://www.aoc.gov/capitol-buildings/about-us-capitol-buildingを参照。
55. "Under 10,000 Wheels," *Chicago Tribune,* August 27, 1893.
56. "Under 10,000 Wheels."
57. "History of the Newberry Library," https://www.newberry.org/newberry-library-history-newberry-library.
58. *Chicago Times,* July 17, 1887, Finkelman, "Class and Culture in Late Nineteenth-Century Chicago" に引用されている。
59. Finkelman, "Class and Culture in Late Nineteenth-Century Chicago."
60. 同上。
61. 同上。

62. "Frequently Asked Questions about Audrey Niffenegger's The Time Traveler's Wife," Newberry, https://www.newberry.org/time-traveler-s-wife. Lawrence S. Thompson, "Tanned Human Skin," *Bulletin of the Medical Library Association* 34, no. 2 (1946): 93-102 も参照。
63. Finkelman, "Class and Culture in Late Nineteenth-Century Chicago."
64. "Chicago Gets a Prize: Librarian Poole's Report on the Probasco Collection," *Chicago Daily Tribune*, November 22, 1890.
65. Finkelman.
66. ジョー・エレン・ディッキー（ニューベリー図書館司書）から著者への電子メール、2017年1月4日。
67. このフォリオの名称は「ウィンザー17」で、現在はペンシルベニア州ブリン・マー・カレッジ図書館の特別コレクション部門にある。Anthony James West, *The Shakespeare First Folio: The History of the Book*, vol. 2 (New York: Oxford University Press, 2003), 233.
68. The Bodleian First Folio: シェイクスピア戯曲ファースト・フォリオのデジタル・ファクシミリ、Bodleian Arch. G c.7, http://firstfolio.bodleian.ox.ac.uk/.
69. 同上。
70. ESF 自伝、1.
71. ヴァラキによる ESF へのインタビュー、1976年11月11日、2012年2月16日に文字起こし、7.
72. 同上。
73. 同上。
74. 同上。
75. ESF 自伝、1.
76. 同上。
77. ポーグによる ESF へのインタビュー、2.
78. 同上。
79. ヴァラキによる ESF へのインタビュー、1976年11月11日、2012年2月16日に文字起こし、8.
80. 同上、8. フェイビアンは「ボタンを押すより早く」やってきた、とエリザベスは回想した。
81. 同上。バート〔Bert〕はNSAの筆記録には「Burt」と綴られているが、John W. Kopec, *The Sabines at Riverbank: Their Role in the Science of Architectural Acoustics* (Woodbury, NY: Acoustical Society of America, 1997), 29 によれば、この人物の氏名は Bert Williams だった。
82. ヴァラキによる ESF へのインタビュー、1976年11月11日、2012年2月16日に文字起こし、8.
83. 同上。
84. 同上。
85. 同上、6.
86. 同上。
87. 同上。
88. 同上、9.
89. 同上、6.
90. ポーグによる ESF へのインタビュー、3.
91. ヴァラキによる ESF へのインタビュー、1976年11月11日、2012年2月16日に文字起こし、9.
92. 同上。
93. ESF 自伝、2.
94. 結局 ESF は、フェイビアンの売り込みの裏には欺瞞があったと確信するに至ったが、そのときは彼が本気でそう信じているようにしか見えなかった。
95. ESF 自伝、2.
96. Munson, *George Fabyan*, 3.
97. 同書、13.
98. 同書。
99. 同書。訪れた女優には、メアリー・ピックフォード、ビリー・バーク、リリー・ラングトリーなどがいた。
100. ヴァラキによる ESF へのインタビュー、1976年11月11日、2012年1月12日に文字起こし、6.
101. ポーグによる ESF へのインタビュー、4; 著者がイリノイ州ジェニバのフェイビアン・ヴィラ博物館を訪問、2015年3月19日。
102. ESF 自伝、3; ポーグによる ESF へのインタビュー、3.

第2章　信じられないが、それは目の前にあった

1. John W. Kopec, *The Sabines at Riverbank: Their Role in the Science of Architectural Acoustics* (Woodbury, NY: Acoustical Society of America, 1997), 36-37.
2. 同書。
3. 同書。
4. Norman Klein, "Building Supermen at Fabyan's Colony," *Chicago Daily News*, April 22, 1921.
5. Richard Munson, *George Fabyan: The Tycoon Who Broke Ciphers, Ended Wars, Manipulated Sound, Built a Levitation Machine, and Organized the Modern Research Center* (North Charleston, SC: Porter Books, 2013), 48.
6. Kopec, *The Sabines at Riverbank*, 42.
7. 同書。
8. Mme. X, "A Visit to a Garden of Eden on Fox River," *Chicago Daily Tribune*, October 2, 1921.
9. Klein, "Building Supermen at Fabyan's Colony."
10. "A Wonder Working Laboratory Near Chicago," *Garard Review*, November 1928, 1.
11. Klein, "Building Supermen at Fabyan's Colony."
12. "Varying the List of Clubs . . ." *Cincinnati Star*, December 21, 1923, Box 14, "The Ideal Scrap Book," NYPL.
13. "Scientist Spends Millions in Experiments to Develop Flapper into Perfect Woman," *Evening Public Ledger* (Philadelphia), July 18, 1922.
14. "War on Debutante Slouch Is Started by Col. Fabyan," July 5, 1922, Box 14, "The Ideal Scrap Book," NYPL.
15. Klein, "Building Supermen at Fabyan's Colony."
16. "Flywheel Discs Cut Resistance," *Kansas City Journal*, March 13, 1923.
17. "Fabyan Tries to Rear Perfect Flapper on Farm," *Chicago Herald Examiner*, July 6, 1922.
18. Leroy Hennessey, "Twas Bill! Nay, Bacon! But Now E'en Fabyan Knows Not Who Did Shakespeare," *Chicago Evening American*, January 1922, Box 14, "The Ideal Scrap Book," NYPL.
19. "Col. George Fabyan Declares War on Profiteers," Box 14, "The Ideal Scrap Book," NYPL.
20. Cinderella, "Chicagoan Wins Name at Sculpture," *Chicago Daily Tribune*, June 1, 1915. これは語り草になっているようだ。フェイビアン・ヴィラ博物館の職員から、フェイビアンは毎日、シマ

ウマの引く馬車に乗っていたが、1日2回ではなく1回だけだったという話を聞いた。
21. Munson, *George Fabyan,* 4.
22. 同書、20.
23. 同書、10.
24. 同書、22.
25. Ripplette ad, *Farmer's Wife* (St. Paul, Minnesota), January 1, 1927.
26. ジョージ・フェイビアンから WFF あて、1926年6月10日、WFF とジョージ・フェイビアンの交わした書簡、Item 734、WFF Collection.
27. アンドリュー・カーネギーとヘンリー・クレイ・フリック。2人は嫌い合い、挑発し合っていた。フリックは、カーネギーの邸宅からほぼ1キロメートルのところに自身の邸宅を建て、自分の家と比較すればライバルの家など「鉱夫の掘っ立て小屋のよう」に見せてやると断言した。Christopher Gray, "Carnegie vs. Frick, Dueling Egoes on Fifth Avenue," *New York Times,* April 2, 2000.
28. "Other Features Around Hearst Castle," California State Parks, http://hearstcastle.org/history-behind-hearst-castle/the-castle/.
29. Klein, "Building Supermen at Fabyan's Colony."
30. アスピリンは1897年、ビタミンは1912年、血液型は1900年に発見され、X線の医療への利用は1895年に開始された。
31. アインシュタインは1915年に一般相対性理論を発表した。American Institute of Physics, "2015: The Centennial of Einstein's General Theory of Relativity," https://www.aip.org/history-programs/einstein-centennial-2015.
32. "Col. Geo. Fabyan Soon to be a Miller De Luxe," *Chicago Herald,* July 12, 1915, Kopec, *The Sabines at Riverbank,* 30–32 に転載。
33. Klein, "Building Supermen at Fabyan's Colony."
34. 同上。
35. Kopec, *The Sabines at Riverbank,* 59–73.
36. "A Wonder Working Laboratory."
37. 同上。
38. "Fabyan May End Noises of City," *Aurora Beacon* (Aurora, Illinois), April 24, 1921.
39. "'Lord of Riverbank' Works in $100,000 Laboratory; Would Find Deafness Cure," box 14, 新聞切り抜きの入った書類フォルダ、NYPL.
40. Klein, "Building Supermen at Fabyan's Colony."
41. 同上。
42. "Scientist Spends Millions."
43. L. Mara Dodge, "'Her Life Has Been an Improper One': Women, Crime, and Prisons in Illinois, 1835 to 1933" (Ph.D. diss., Univeristy of Illinois at Chicago, 1998), 535–41, 718–19.
44. Kopec, *The Sabines at Riverbank,* 37.
45. 同書。
46. "Scientist Spends Millions."
47. 同上。
48. Munson, *George Fabyan,* 50.
49. 同書。
50. 同書。
51. Austin C. Lescarboura, "A Small Private Laboratory," *Scientific American,* September 1923, 154.
52. Kopec, *The Sabines at Riverbank,* 36.
53. Munson, *George Fabyan,* 50.
54. "This Month in Physics History: November 8, 1895: Roentgen's Discovery of X-Rays," *American Physical Society News* 10, no. 10 (November 2001), https://www.aps.org/publications/apsnews/200111/history.cfm.
55. Lescarboura, "A Small Private Laboratory."
56. ヴァラキによる ESF へのインタビュー、1976年11月11日、2012年2月16日に文字起こし、9.
57. ESF 自伝、3; ヴァラキによる ESF へのインタビュー、1976年11月11日、2012年1月12日に文字起こし、6.
58. ヴァラキによる ESF へのインタビュー、1976年11月11日、2012年2月16日に文字起こし、9.
59. ヴァラキによる ESF へのインタビュー、1976年11月11日、2012年1月12日に文字起こし、1.
60. 同上。
61. ポーグによる ESF へのインタビュー、6.
62. 同上。
63. 同上。
64. ポーグによる ESF へのインタビュー、6.
65. "Fashions of Hunting," *Baily's Magazine of Sport and Pastimes* 65, nos. 431–36 (1896): 163.
66. ロナルド・クラークによる ESF へのインタビュー記録、第7ページに記された手書きのメモ、1975年3月25日、box 16, file 22, ESF Collection.
67. Munson, *George Fabyan,* 63.
68. Kopec, *The Sabines at Riverbank,* 30.
69. ESF 自伝、3.
70. クラークによる ESF へのインタビュー、5.
71. "Here Are a Few Expert Suggestions for First Press Agent of U. of C.," *Chicago Tribune,* September 5, 1909.
72. クラークによる ESF へのインタビュー、5.
73. ヴァラキによる ESF へのインタビュー、1976年11月11日、2012年2月16日に文字起こし、5.
74. ESF 自伝、3.
75. 同上。
76. ヴァラキによる ESF へのインタビュー、1976年11月11日、2012年1月12日に文字起こし、7.
77. 同上；ポーグによる ESF へのインタビュー、5.
78. エリザベスが自伝やのちの回想でフェイビアンに案内してもらったと述べていないことから、ここはわたしの推測だ。もしもフェイビアン自身が案内をしていたのなら、エリザベスはそう語ったと思われる。
79. Kopec, *The Sabines at Riverbank,* 3–4.
80. 同書。
81. 同書、42; ポーグによる ESF へのインタビュー、3.
82. Munson, *George Fabyan,* 25.
83. ESF 自伝、5.
84. イリノイ州ジェニバのフェイビアン・ヴィラ博物館を個人的に訪問、2015年3月19日。
85. F. Edwin Elwell, *Diana and the Lion* (彫像、1893)、ホワイト・シティ芸術館で展示。フェイビアン・ヴィラ博物館の掲示によれば、1917年以降にジョージ・フェイビアンが取得した。
86. Munson, *George Fabyan,* 59–60; Kopec, *The Sabines at Riverbank,* 27–28.
87. 同書、2.
88. Wikipedia, s.v. "Fox River (Illiois River tributary),"

最終修正 2017 年 5 月 1 日、https://en.wikipedia.org/wiki/Fox_River_（Illinois_River_tributary）.

89. 地図 “Fabyan Estate Viewed from the Southeast,” Kopec, *The Sabines at Riverbank* にあり ; Munson, *George Fabyan,* 5.
90. フェイビアンにはよくあることだが、この点についての真実は、伝えられているよりも実際は奇妙な話である。フェイビアンはオランダで風車を購入したのではない。イリノイ州ロンバードのドイツ人職人から購入し、今日では 200 万ドルに相当する金額を支払い、風車を分解、大草原を横断して移動させ、フォックス川の反対側の岸に組み立てさせた。“Fabyan Windmill,” Kane County Forest Preserve District, http://www.kaneforest.com/historicsites/fabyanwindmill.aspx を参照。
91. ESF 自伝、2.
92. 同上。
93. これら大判の紙のうち数枚が box 14, NYPL に保存されている。
94. ヴァラキによる ESF へのインタビュー、1976 年 11 月 11 日、2012 年 1 月 12 日に文字起こし、7.
95. この部分は、わたし自身が NYPL でこれらの巻物を扱った体験から推測した。紙はまさに窓のシェードのようだった。重しを置かなければ、ぱっと巻き戻ってしまう。
96. ESF 自伝、5.
97. ヴァラキによる ESF へのインタビュー、1976 年 11 月 11 日、2012 年 1 月 12 日に文字起こし、7.
98. 同上。
99. WFF および ESF, *The Shakespearean Ciphers Examined*（London: Cambridge University Press, 1958）, 210.
100. George Morris, “Clothing Wet, Ardor Undampened, 5,000 Women March,” *Chicago Daily Tribune,* June 8, 1916.
101. 同上。
102. 共和党政策綱領、1916 年 6 月 7 日、http://www.presidency.ucsb.edu/ws/?pid=29634.
103. ESF による女性有権者同盟の国際的な「権利の平等」についてのレポート、1933 年 4 月 6 日、box 7, folder 5, ESF Collection. ESF から女性有権者同盟会長ミス・ベル・シャーウィンあて、1933 年 4 月 14 日、box 7, folder 6, ESF Collection も参照。
104. ESF 日記、1916 年 1 月 29 日。
105. ヴァラキによる ESF へのインタビュー、1976 年 11 月 11 日、2012 年 1 月 12 日に文字起こし、7.

第 3 章　ベーコンの幽霊

1. “Actors' Names — Shakespeare Folio 1623,” box 15, folder “Elizebeth Smith,” NYPL.
2. The Bodleian First Folio: シェイクスピア戯曲ファースト・フォリオのデジタル・ファクシミリ、Bodleian Arch. G c.7, http://firstfolio.bodleian.ox.ac.uk/.
3. WFF and ESF, *The Shakespearean Ciphers Examined*（London: Cambridge University Press, 1958）, 189.
4. Elizabeth Wells Gallup, “Concerning the Bi-literal Cypher of Francis Bacon: Pros and Cons of the Controversy”（1902; Internet Archive, 2008）, 60, https://archive.org/details/concerningbilite00gall.
5. 同上、65.
6. Francis Bacon, *The New Atlantis*（1627; Project Gutenberg, 2008）, https://www.gutenberg.org/files/2434/2434-h/2434-h.htm.〔ベーコン『ニュー・アトランティス』川西進訳／岩波文庫ほか〕
7. Mark Twain, *Is Shakespeare Dead?*（1909; Project Gutenberg, 2008）, https://www.gutenberg.org/files/2431/2431-h/2431-h.htm.
8. Nina Baym, “Delia Bacon: Hawthorne's Last Heroine,” *Nathaniel Hawthorne Review* 20, no. 2（Fall 1994）: 1–10, http://www.english.illinois.edu/-people-/emeritus/baym/essays/last_heroine.htm.
9. WFF and ESF, *Shakespearean Ciphers,* 110.
10. 同書、179, 181.
11. 同書、63.
12. WFF and ESF, *Shakespearean Ciphers,* 188.
13. Francis Bacon, *De Augmentis Scientarium,* translated by Gilbert Wats（Oxford, 1640）; Wells Gallup, “Concerning the Bi-literal Cypher” に記されているサイファに関連するページは 23-27.
14. 同書。
15. 同書。
16. 同書。
17. “A CATALOGVE,” box 13, folder 11, NYPL.
18. “Alphabets for the Catalogue of the Plays,” box 14, NYPL.
19. Elizabeth Wells Gallup, *The Biliteral Cypher of Sir Francis Bacon Discovered in His Works and Deciphered by Mrs. Elizabeth Wells Gallup,* 3rd ed.（1901; Internet Archive, 2008）, 166, http://www.archive.org/details/biliteralcyphero00gallrich/.
20. 同書。
21. 同書。
22. 同書、165.
23. Wells Gallup, *The Biliteral Cypher,* 1st ed.
24. WFF and ESF, *Shakespearean Ciphers,* 192–94.
25. Richard Munson, *George Fabyan: The Tycoon Who Broke Ciphers, Ended Wars, Manipulated Sound, Built a Levitation Machine, and Organized the Modern Research Center*（North Charleston, SC: Porter Books, 2013）, 103.
26. “Bacon-Shakespeare: Mrs. Elizabeth Wells Gallup Throws New Light Upon the Mystifying Question — The Bi-Literal Cipher,” 新聞記事、Box 14, “California glace fruits” という印のついた木箱に収められた切り抜きファイル、NYPL.
27. WFF and ESF, *Shakespearean Ciphers,* 196–99.
28. 同書、198.
29. 同書、202.
30. 同書、196.
31. 同書。
32. 同書、224.
33. John W. Kopec, *The Sabines at Riverbank: Their Role in the Science of Architectural Acoustics*（Woodbury, NY: Acoustical Society of America, 1997）, 4–6.
34. 同書。
35. “The use and the commixture” で始まる 4 ページにわたるタイプ原稿、box 13, 14 番と 15 番のあいだの番号の書かれていないフォルダ、NYPL. この原稿の文章は、フェイビアンの出版物、*The First of the Twelve Lessons in the Fundamental*

Principles of the Baconian Ciphers, and Application to the Books of the Sixteenth and Seventeenth Centuries (Geneva, IL: Riverbank Laboratories, 1916) 内の序文に似ているようである。
36. ESF はギャラップの教えかたを、*Shakespearean Ciphers,* 209 に描写している。また、リバーバンクで受けた最初の解読テストに使われた ESF の作業用紙（合計 8 枚）が、box 15, folder "Elizebeth Smith," NYPL にある。
37. エド・メリルによる ESF へのインタビュー、1939 年 3 月、box 17, folder 14, ESF Collection.
38. WFF and ESF, *Shakespearean Ciphers,* 210–11.
39. ESF は用紙の上部に鉛筆で「役者の名前」、「作業に 8 時間」と書き、解読日時を 1916 年 6 月 5 日、午前 10 時 30 分と記した。
40. 同上。
41. WFF and ESF, *Shakespearean Ciphers,* 210–11.
42. "Col. Geo. Fabyan Soon to be a Miller De Luxe," *Chicago Herald,* July 12, 1915, Kopec, *The Sabines at Riverbank,* 30–32 に転載。
43. 同上。
44. "An Investigation of the Newest Bacon-Shakespeare Cipher Theory," *St. Louis Post-Dispatch Sunday Magazine,* July 9, 1916, in box 14, "The Ideal Scrap Book," NYPL.
45. ジョージ・フェイビアンから軍事情報部長あて、1918 年 3 月 22 日、RG 165, Records of the Military Intelligence Division, Entry 65, box 2243.
46. WFF and ESF, *Shakespearean Ciphers,* 190.
47. 同書、208; ケイト・ウェルズからジョージ・フェイビアンあて、日付不明、box 14, NYPL.
48. エリザベス・ウェルズ・ギャラップの赤い背のついた黒いノート、box 14, NYPL.
49. ニュース記事の切り抜きの入ったさまざまな箱、box 13 and 14, NYPL.
50. ヴァラキによる ESF へのインタビュー、1976 年 11 月 11 日、2012 年 2 月 16 日に文字起こし、10.
51. ポーグによる ESF へのインタビュー、5.
52. 同上。
53. ヴァラキによる ESF へのインタビュー、1976 年 11 月 11 日、2012 年 2 月 16 日に文字起こし、5.
54. Mme. X, "A Visit to a Garden of Eden on Fox River," *Chicago Daily Tribune,* October 2, 1921.
55. ヴァラキによる ESF へのインタビュー、1976 年 11 月 11 日、2012 年 2 月 16 日に文字起こし、5.
56. Katie Letcher Lyle, "Divine Fire: Elizebeth Smith Friedman, Cryptanalyst," 未発表の原稿、1991 年 7 月 4 日、ESF Collection, PDF ファイル 2 点、44.
57. ESF 自伝、8-9; ポーグによる ESF へのインタビュー、6.
58. Gerald M. Haslam, "The Fox River Settlement Revisited: The Illinois Milieu of the First Norwegian Converts to Mormonism in the Early 1840s," *BYU Family Historian* 6 (2007): 59–82.
59. WFF は 1891 年 9 月 24 日生まれなので、あと少しで 25 歳を迎えるところだったと思われる。2 人の年の差は 1 歳と少しだった。
60. マーシャル研究図書館の職員、トニー・クローフォードとリン・ビリバウアーによる ESF へのインタビュー記録、Tape #5、1974 年 6 月 6 日、5.
61. 同上。
62. 同上。
63. 高校でショウジョウバエを使ってこれと同様の実験をした筆者自身の記憶にもとづく。飛び級生物課程のアンダーソン先生に感謝する。
64. Norman Klein, "Building Supermen at Fabyan's Colony," *Chicago Daily News,* April 22, 1921.
65. Kopec, *The Sabines at Riverbank,* 27.
66. 同上。
67. 同上、50.
68. 同上、4, 26.
69. ヴァラキによる ESF へのインタビュー、1976 年 11 月 11 日、2012 年 1 月 12 日に文字起こし、10.
70. Munson, *George Fabyan,* 6.
71. 同書。
72. Kopec, *The Sabines at Riverbank,* 29.
73. 同書、13.
74. クラークによる ESF へのインタビュー。
75. Kopec, *The Sabines at Riverbank,* 23.
76. Munson, *George Fabyan,* 13.
77. 同書。
78. 同書。
79. ゴードン・リム事件についての ESF の談話、1937-38, box 6, リム事件資料の書類フォルダ、ESF Collection.
80. ESF 自伝、6.
81. ヴァラキによる ESF へのインタビュー、1976 年 11 月 11 日、2012 年 1 月 12 日に文字起こし、14.
82. Munson, *George Fabyan,* 58.
83. Kopec, *The Sabines at Riverbank,* 22–23.
84. 同書。
85. 同書。
86. ESF 自伝、5.
87. 同上。
88. Kopec, *The Sabines at Riverbank,* 52.
89. Klein, "Building Supermen at Fabyan's Colony."
90. 同上。
91. George Fabyan, *What I Know About the Future of Cotton and Domestic Goods,* 2nd ed. (Chicago, 1900).
92. Munson, *George Fabyan,* 5.
93. 同書、7.
94. ヴァラキによる ESF へのインタビュー、1976 年 11 月 11 日、2012 年 1 月 12 日に文字起こし、1.
95. ESF 自伝、8.
96. 同上。
97. マーシャル財団職員による ESF へのインタビュー、Tape #5、1974 年 6 月 6 日、5.
98. Klein, "Building Supermen at Fabyan's Colony."
99. ヴァラキによる ESF へのインタビュー、1976 年 11 月 11 日、2012 年 1 月 12 日に文字起こし、8.
100. 同上。
101. WFF and ESF, *Shakespearean Ciphers,* 205–6.
102. ブリス・フェイビアン・アンド・カンパニー社のレターヘッドのついた手紙、1916 年 9 月、box 13, 14 番と 15 番のあいだの番号の書かれていないフォルダ、NYPL.
103. "An Investigation of the Newest Bacon-Shakespeare Cipher Theory."
104. ブリス・フェイビアン社のレターヘッドのついた手紙、1916.
105. WFF and ESF, *Shakespearean Ciphers,* 206.
106. "An Investigation of the Newest Bacon-Shakespeare Cipher Theory." この記事において、『ポス

ト・ディスパッチ』紙の記者が22歳のエリザベスに出会ったときのことを短く記している。「ミス・スミスは、リバーサイド［原文のまま］に来たときには、二文字暗号理論が理にかなっているとは思えなかった、と言った。でも今は、みじんの疑いも抱いていない、と語った」
107. WFF and ESF, *Shakespearean Ciphers,* 211.
108. Eric Powell, "A Brief History of the English Department at the University of Chicago," September 2014, https://english.uchicago.edu/about/history.
109. ヴァラキによるESFへのインタビュー、1976年11月11日、2012年1月12日に文字起こし、12.
110. 同上、13.
111. 同上。
112. WFF and ESF, "Elizabethan Printing and Its Bearing on the Biliteral Cipher," in *Shakespearean Ciphers,* 216-29.
113. William Shakespeare, *Romeo and Juliet,* ed. Brian Gibbons (New York: Bloomsbury, 1980), 2.2.23-25.〔『シェイクスピア全集2　ロミオとジュリエット』松岡和子訳／ちくま文庫ほか〕
114. WFF and ESF, *Shakespearean Ciphers,* 264.
115. 同書。
116. Elizabeth Wells Gallup, "Bacon's Lost Manuscripts, A Review of Reviews," box 14, "California glace fruits"という印のついた木箱に収められた切り抜きファイル、NYPL.
117. "Francis Bacon," 1917年2月10日、box 14, マゼンタ色のスクラップブック、NYPL.
118. ブリス・フェイビアン社のレターヘッドのついた手紙、1916.
119. Ronald Clark, "Preparation," in *The Man Who Broke Purple: Life of Colonel William F. Friedman, Who Deciphered the Japanese Code in World War II* (Boston: Little, Brown, 1977), 7-26.〔R・W・クラーク『暗号の天才』新庄哲夫訳／新潮選書〕
120. 同書。
121. 同書。
122. ポーグによるESFへのインタビュー、5.
123. ジョージ・フェイビアンからWFFあて、1915年6月14日、Item 734, WFF Collection.
124. WFFからジョージ・フェイビアンあて（日付不明）、Item 734, WFF Collection.
125. ジョージ・フェイビアンからWFFあて、1915年8月12日、Item 734, WFF Collection.
126. 同上。
127. Burton J. Hendrick, "The Jewish Invasion of America," *McClure's Magazine,* March 1913, 125.
128. 同上、127.
129. Clark, "Preparation," 16-17.
130. Lyle, "Divine Fire," 59.
131. WFF, "Edgar Allan Poe, Cryptographer," in *On Poe,* ed. Louis J. Budd and Edward Harrison Cady (Durham, NC: Duke University Press, 1993), 40-54.
132. Edgar Allan Poe, "The Gold-Bug," *Dollar Newspaper* (Philadelphia), June 23, 1843, 1 and 4, https://www.eapoe.org/works/tales/goldbga2.htm.〔ポー『アッシャー家の崩壊／黄金虫』小川高義訳／光文社古典新訳文庫ほか〕
133. WFF, "Edgar Allan Poe, Cryptographer."
134. WFF, "Cipher Baconis Gallup," box 13, folder 5, NYPL.
135. Kopec, *The Sabines at Riverbank,* 3.
136. Lyle, "Divine Fire," 53, 60.
137. ESF自伝、9:「わたしたちはサイファの証拠を調べる仕事を何度も一緒にしたので、二人のあいだで……たくさん話し合った。あの最初の夏にもすでに、ギャラップ夫人の『解釈』に信憑性があるのかどうか疑いをもち始めた」
138. フリードマン夫妻は科学者として慎重な態度を保ち、明確にこのように発言したことは一度もないが、わたしは二人がこう考えていたのだと思う。*Shakespearean Ciphers* (288) の最後のページには、シェイクスピア作品に隠されたメッセージを探そうとしている者たちが、真の暗号学を学び、それを活用すれば、論争はすべて「すっかり収まるだろう」と書かれている。つまり、秘密のメッセージを探す者が暗号学を本当に理解すれば、メッセージは見つからないと理解できるだろう、という意味である。

第4章　怖じ気づく者は死んだも同然

1. Anne Carson, *Float* (New York: Knopf, 2016), 138.
2. Barbara W. Tuchman, *The Zimmermann Telegram* (New York: Ballantine, 1958), 160-72.〔バーバラ・W・タックマン『決定的瞬間――暗号が世界を変えた』町野武訳／ちくま学芸文庫〕
3. 同書、172.
4. 同書。
5. 同書、145.
6. 同書、201.
7. 同書、"A Telegram Waylaid," 3-24.
8. 同書、146.
9. 同書、184-86.
10. ESFからWFFあて、1917年1月31日、ESF Collection.
11. 同上。
12. 同上。
13. ESFからWFFあて、1917年2月7日、ESF Collection.
14. 同上。
15. Katie Letcher Lyle, "Divine Fire: Elizebeth Smith Friedman, Cryptanalyst," 未発表の原稿、1991年7月4日、ESF Collection, PDFファイル2点、53, 60. 56. ウィリアムはあるときエリザベスの姉エドナもこうして「揺すって」あげたことがある、とライルは記している。
16. ESFからWFFあて、1917年1月31日。
17. ESFからWFFあて、1917年2月7日。
18. マーシャル財団職員によるESFへのインタビュー、Tape #2, 1974年6月4日、14.
19. ESF自伝、10.
20. 同上。
21. Richard Munson, *George Fabyan: The Tycoon Who Broke Ciphers, Ended Wars, Manipulated Sound, Built a Levitation Machine, and Organized the Modern Research Center* (North Charleston, SC: Porter Books, 2013), 8.
22. ジョージ・フェイビアンから戦争省情報局あて、1917年3月15日、Item 734, WFF Collection.
23. ESF自伝、11.
24. "A Brief History: The Nation Calls, 1908-1923," FBI, https://www.fbi.gov/history/brief-history.

25. Regin Schmidt, *Red Scare: FBI and the Origins of Anticommunism in the United States, 1919–1943* (Copenhagen: Museum Tusculanum, 2000), 83.
26. "April 6, 2017: The 100th Anniversary of the American Entry into World War I," American Battle Monuments Commission, https://www.abmc.gov/news-events/news/april-6-2017-100th-anniversary-american-entry-world-war-i.
27. Joseph W. Bendersky, *The Jewish Threat: Anti-Semitic Politics of the U.S. Army* (New York: Basic Books, 2000), 49.〔ジョーゼフ・W・ベンダースキー『ユダヤ人の脅威――アメリカ軍の反ユダヤ主義』佐野誠ほか訳／風行社〕
28. ラルフ・ヴァン・デマンから司令官代理あて、陸軍戦務学校、カンザス州フォート・レベンワース、1917年4月17日、Item 734, WFF Collection.
29. Paul W. Clark and Laurence A. Lyons, *George Owen Squier: U.S. Army Major General, Inventor, Pioneer, Founder of Muzak* (Jefferson, NC: McFarland, 2014), 187.
30. ヴァラキによるESFへのインタビュー、2012年2月16日に文字起こし、2.
31. ジョゼフ・モーボーンからWFFおよびESFあて、1956年1月8日、box 1, folder 21, ESF Collection.
32. ジョゼフ・モーボーンから戦略大学部長あて、1917年4月11日、Item 734, WFF Collection.
33. ラルフ・ヴァン・デマンからジョージ・フェイビアンあて、1917年4月18日、Item 734, WFF Collection.
34. WFF, Lecture V, 107, in *The Friedman Legacy, Sources on Cryptologic History,* no. 3 (Center for Cryptologic History: 2006).
35. ESF and WFF, "Riverbank Problems in Cryptanalysis,"no. 1, Item 290, WFF Collection.
36. これは26文字の順列の数であり、26! と表され、26×25×24×23×22×21×20×19×18×17×16×15×14×13×12×11×10×9×8×7×6×5×4×3×2×1という掛け算で計算できる。Wolfram Alpha, https://www.wolframalpha.com/input/?i=26! を参照。
37. Lambros D. Callimahos, "Summer Institute for Mathematics and Linguistics," lecture, NSA, Fort Meade, Maryland, 1966, NSA Reading Room, https://www.nsa.gov/resources/everyone/foia/reading-room.
38. David Kahn, *The Codebreakers: The Comprehensive History of Secret Communication from Ancient Times to the Internet,* rev. ed. (New York: Scribner, 1997) は、この分野の歴史を記したもっとも信頼の置ける本であり、この種のことが何百ページにもわたって記述されている。〔デイヴィッド・カーン『暗号戦争』秦郁彦・関野英夫訳／ハヤカワ文庫〕
39. Nadine Akkerman, "The Postmistress, the Diplomat, and a Black Chamber? Alexandrine of Taxis, Sir Balthazar Gerbier and the Power of Postal Control," in Robyn Adams and Rosanna Cox, *Diplomacy and Early Modern Culture* (London: Palgrave Macmillan, 2011), 172–88.
40. 同書。アッカーマンは、アレクサンドリーネの運営するトゥルン・ウント・タクシス郵便は、ヨーロッパ初のブラック・チェンバーだったと思われると述べている。
41. 同書。
42. Betsy Rohaly Smoot, "Pioneers of U.S. Military Cryptology: Colonel Parker Hitt and His Wife, Genevieve Young Hitt," *Federal History* no. 4 (2012): 87–100.
43. 同上。
44. 同上。
45. Parker Hitt, *Manual for the Solution of Military Ciphers* (Fort Leavenworth, KS: Press of the Army Service Schools, 1916).
46. 同書、1–3.
47. WFF and ESF, *An Introduction to Methods for the Solution of Ciphers,* Riverbank, no. 17 (Geneva, IL: Riverbank Laboratories, 1918), 2.
48. Hitt, *Manual for the Solution of Military Ciphers,* 4–14.
49. ここに挙げた頻度表は、ESFが青少年向けに書いた暗号解読の本に記述されていたテクニックを参考にしながら、筆者自身が作ったものである。
50. WFF and ESF, *An Introduction to Methods for the Solution of Ciphers,* 6.
51. Alfred, Lord Tennyson, "In Memoriam A.H.H.," https://www.poetryfoundation.org/poems-and-poets/poems/detail/45349.
52. ESF and WFF, "Riverbank Problems in Cryptanalysis," no. 5b, Item 290, WFF Collection.
53. ESF著の暗号解読の本（未発表の原稿）、box 9, file 12, ESF Collection.
54. WFF and ESF, *An Introduction to Methods.*
55. 同書、3–4.
56. 同書。
57. 同書。
58. 古い1本の鉛筆がフェイビアンのヴィラでガラスケースに展示されている。ヴィラは現在、イリノイ州ケーン郡森林保護区が博物館として維持管理している。
59. WFF and ESF, *An Introduction to Methods,* 3.
60. 同書。
61. 同書、4–5.
62. Hitt, *Manual for the Solution of Military Ciphers,* ESFの注解つき蔵書、Item 150, copy no. 3, WFF Collection.
63. 最初の7冊は1918年にウィリアムがフランスへ派遣される前に執筆し、8冊めの *The Index of Coincidence* は1920年に刊行された。
64. Kahn, *The Codebreakers,* 374.〔カーン『暗号戦争』〕
65. WFF and ESF, *Methods for the Reconstruction of Primary Alphabets,* Riverbank No. 21 (Geneva, IL: Riverbank Laboratories,1918).
66. これは、リバーバンク出版物第16号の進行鍵論文である。ヴァラキによるESFへのインタビューで、ヴァラキは「でも、マニュアルのうちの一冊はあなたも執筆に参加したのではなかったですか……あの、リバーバンク出版物のうちの一冊で」と質問し、エリザベスが「ええ、進行鍵サイファですね。そうです……。当時でも、わたしが共著者のひとりだと認められていました」と答えている。ヴァラキによるESFへのインタビュー、1976年11月11日、2012年1月12日に文字起こし、8.

67. “Chapter II: On the Flexibility of Mind Necessary for Cryptographic Analysis,” box 14, folder 2, NYPL. これは、最終的にリバーバンク出版物第17号となる論文のタイプ原稿の一部で、WFFとESF双方の手書きの編集記号が記入されている。
68. “Appendix I, Historical and General,” box 14, folder 2, NYPL. これはリバーバンク出版物第17号の第7ページと第8ページのタイプ原稿である。原稿をタイプした人物はわかっていないが、その人物は著者の氏名を記していない。だが、注目すべき点がある。原稿の最初のページの一番上に、「エリザベス・スミス・フリードマン著」という文言が鉛筆で書き足されているのだ。しかもWFFの筆跡で。
69. WFFからESFあて、1918年7月15日、box 2, folder 14, ESF Collection.
70. ヴァラキによるESFへのインタビュー、1976年11月11日、2012年1月10日に文字起こし、4.
71. マーシャル財団からヴァネッサ・フリードマンあて、1981年10月6日、box 12, folder 15, ESF Collection.
72. ジョージ・フェイビアンからWFFあて、1922年1月12日、Item 734, WFF Collection.
73. Kahn, *The Codebreakers,* 374.〔カーン『暗号戦争』〕
74. ヴァラキによるESFへのインタビュー、2012年2月16日に文字起こし、2.
75. 同上、10.
76. ヴァラキによるESFへのインタビュー、2012年1月12日に文字起こし、12.
77. 同上、8.
78. ESF自伝、18-24.
79. WFFからトラヴィス・ホーク（『ポピュラー・サイエンス・ウィークリー』記者）あて、1920年1月21日、box 6, folder 13, ESF Collection. ここには、陰謀共犯者の暗号文を解読するためにWFFとESFがもちいたプロセスが詳細に記されている。
80. 同上。
81. Thomas J. Tunney, *Throttled: The Detection of the German and Anarchist Bomb Plotters in the United States* (Boston: Small, Maynard & Co., 1919), 89. Rose Mary Sheldon, “The Friedman Collection: An Analytical Guide,” rev. October 2013, マーシャル財団、PDFファイル、167も参照。後者の資料においてフリードマン夫妻が、二人の解法が氏名の表示なしに前者の本に収録されていると指摘している。
82. ESF自伝、24.
83. Tunney, *Throttled,* 103-4; ESF自伝、23.
84. ESF自伝、13.
85. R. H. Van Deman, “Memorandum for Chief Signal Officer: Subject: Cipher with Running Key,” 1918年3月16日、Item 734, WFF Collection.
86. WFF and ESF, *The Shakespearean Ciphers Examined* (London: Cambridge University Press, 1958), 287.
87. WFF, “On the Flexibility of Mind,” box 14, folder 2, NYPL. これはリバーバンク出版物中の一節のタイプ原稿であり、WFFが「decipherer」〔解読者〕という単語を線で消し、その上に「cryptanalyst」〔暗号解析者〕と書いているのが実際に認められる。
88. Lambros D. Callimahos, “The Legendary William F. Friedman,” *Cryptologic Spectrum* 4, no. 1 (Winter 1974): 9-17.
89. Callimahos, “Summer Institute.”
90. Callimahos, “The Legendary William F. Friedman.”
91. 同上。
92. フレッド・フレンドリーによるESFの葬儀の場での発言、1980年11月5日、“Elizebeth Smith Friedman,” *Cryptologic Spectrum* 10, no. 1 (Winter 1980) に所収 : box 16, file 24, ESF Collection.
93. J・ライヴズ・チャイルズからヴァネッサ・フリードマンあて、1981年9月28日、box 12, folder 14, ESF Collection.
94. ESF自伝、27-30.
95. 同上。
96. 同上。
97. 同上。
98. 同上。
99. WFF, “Second Period, Communications Security” (lecture), 50, NSA.
100. 同上、49.
101. ESFからバーバラ・タックマンあて（日付不明）、box 14, folder 11, ESF Collection.
102. ESF著の暗号解読の本、65.
103. John Holt Schooling, “Secrets in Cipher IV: From the Time of George II to the Present Day,” *Pall Mall Magazine* 8 (January-April 1896): 609-18.
104. 同上、618.
105. 同上。
106. ESF著の暗号解読の本、65-66.
107. Craig P. Bauer, *Unsolved! The History and Mystery of the World's Greatest Ciphers from Ancient Egypt to Online Secret Societies* (Princeton, NJ: Princeton University Press, 2017), 145-46.
108. ESF著の暗号解読の本、65-66.
109. WFFからESFあて、1938年12月21日、ジョン・ラムジー・フリードマンから寄贈された手紙を閉じた青色の大判バインダー、マーシャル研究図書館、ESF Collection. また、WFFからESFあて、1918年9月9日、box 2, folder 16, ESF Collection も参照。
110. WFFからESFあて、1918年9月9日。
111. 同上。
112. “Intermarriage of Jews Presents New Angle of Problem,” *Jewish Criterion* (Pittsburgh), March 9, 1917.
113. “‘Harper's Weekly’ Weakness,” *Jewish Criterion* (Pittsburgh), February 24, 1905.
114. Charles Fleisher, “Will the Jews Commit Suicide Through Mixed Marriages?” *Jewish Criterion* (Pittsburgh), October 25, 1907.
115. Lyle, “Divine Fire,” 85-86.
116. WFFからESFあて、1917年8月7日、box 2, folder 15, ESF Collection.
117. Lyle, “Divine Fire,” 85-86.
118. WFFからESFあて、日付不明の手紙、box 2, folder 13, ESF Collection.
119. イザヤ書31章9節。
120. C. E. Shannon, “A Symbolic Analysis of Relay and Switching Circuits,” *Transactions of the AIEE* 57, no. 12 (1938): 713-23.
121. NSAによるソロモン・カルバックへのオーラル・ヒストリー・インタビュー記録、1982年8月26日。カルバックは、NSAがシャノンの研究に関心を抱いていたと語り、「われわれはベル研究所

と緊密に連絡を取り合っていた。研究所は、そうだな、われわれと協力するのにとても前向きだった」と述べている。
122. C. E. Shannon, “A Mathematical Theory of Communication,” *Bell System Technical Journal* 27, no. 3 (July 1948), http://ieeexplore.ieee.org /document/6773024/.

第5章　脱出計画

1. ESF から WFF あて、1917 年 2 月 7 日、box 2, folder 1, ESF Collection.
2. 同上。
3. 同上。
4. 同上。
5. 同上。
6. ESF から WFF あて、1917 年 1 月 31 日、box 2, folder 1, ESF Collection.
7. ESF 日記、46.
8. WFF から ESF あて、1918 年 9 月 9 日、box 2, folder 16, ESF Collection.
9. 同上。
10. 同上。
11. ESF 自伝、14-15.
12. 同上。
13. クラークによる ESF へのインタビュー、11.
14. WFF から ESF あて、1918 年 7 月 24 日、box 2, folder 14, ESF Collection.
15. “William Friedman and Miss Elizabeth [*sic*] Smith Were Married Monday,” *Geneva Republican* (Geneva, Illinois), May 23, 1917.
16. “Bride and Groom William F. Friedman and Elizebeth S. Friedman,” 写真、1917, ESF Collection.
17. 同上。
18. 同上。
19. “Sheriff Richardson Gets Official Notice: The Sheriff Has Received Plans for Draft of Eligibles,” 同上。
20. “William Friedman and Miss Elizabeth [*sic*] Smith.”
21. ESF 日記、62.
22. Arthur Stringer, *The Prairie Wife* (Indianapolis: Bobbs-Merrill, 1915), 3.
23. ESF 日記、1917 年 6 月 20 日。
24. ESF から WFF あて、1917 年 5 月 8 日、1917, box 2, folder 1, ESF Collection.
25. 同上。
26. Ronald Clark, *The Man Who Broke Purple: Life of Colonel William F. Friedman, Who Deciphered the Japanese Code in World War II* (Boston: Little, Brown, 1977), 39. 〔R・W・クラーク『暗号の天才』新庄哲夫訳／新潮選書〕
27. WFF から ESF あて、1918 年 6 月、“Installment #3,” box 2, folder 13, ESF Collection.
28. Jack Lait, “Recruit Rally Thrills Throng,” *Chicago Herald,* July 9, 1917.
29. 同上。
30. 同上。
31. 同上。
32. ポーグによる ESF へのインタビュー、65
33. 同上。
34. 同上；ESF 自伝、16.
35. ヴァラキによる ESF へのインタビュー、2012 年 1 月 12 日に文字起こし、4.
36. ESF 日記、1917 年 8 月 13 日。
37. ESF 日記。WFF からもらったこの紙片は、42 ページと 43 ページのあいだにはさまれている。
38. ESF 日記、1917 年 8 月 13 日。
39. WFF から ESF あて、1938 年 12 月 21 日、ESF Collection.
40. ESF 日記、1917 年 8 月 13 日。
41. ESF 自伝、16, 26.
42. David Kahn, *The Reader of Gentlemen's Mail: Herbert O. Yardley and the Birth of American Codebreaking* (New Haven, CT: Yale University Press, 2004).
43. Herbert O. Yardley, *The American Black Chamber* (Indianapolis: Bobbs-Merrill, 1931), 20. 〔H・O・ヤードレー『ブラック・チェンバー——米国はいかにして外交暗号を盗んだか』平塚柾緒訳／角川新書〕
44. Kahn, *The Reader,* 3.
45. 同書、“Staffers, Shorthand, and Secret Ink,” 28–35.
46. ヴァラキによる ESF へのインタビュー、2012 年 1 月 12 日に文字起こし、4.
47. ヴァラキによる ESF へのインタビュー、2012 年 2 月 16 日に文字起こし、11.
48. マーシャル財団職員による ESF へのインタビュー、Tape #2, 1974 年 6 月 4 日、11.
49. ポーグによる ESF へのインタビュー、64-66; クラークによる ESF へのインタビュー、6.
50. John W. Kopec, *The Sabines at Riverbank: Their Role in the Science of Architectural Acoustics* (Woodbury, NY: Acoustical Society of America, 1997), 41.
51. 同書。
52. ジョージ・フェイビアンから軍事情報部長あて、1918 年 3 月 22 日。
53. Clark, *The Man Who Broke Purple,* 47 〔クラーク『暗号の天才』〕; Kopec, *The Sabines at Riverbank,* 47–48.
54. 同書。
55. WFF の机は、ガラスシートを外した状態でマーシャル財団に保管されている。
56. ESF 日記、43.
57. WFF から ESF あて、1918 年 6 月 8 日、box 2, folder 13.
58. ESF, “Pure Accident,” *The ARROW,* box 12, folder 9, 401, ESF Collection.
59. ESF 日記、1918 年 7 月、entry 44.
60. 同上。
61. WFF から ESF あて、1918 年 7 月 24 日、box 2, folder 14, ESF Collection.
62. WFF から ESF あて、1918 年 8 月 26 日、box 2, folder 15, ESF Collection.
63. WFF から ESF あて、1918 年 11 月 10 日、box 2, folder 18, ESF Collection.
64. WFF, “Six Lectures on Cryptology by William F. Friedman,” Lecture V, 117, in *The Friedman Legacy, Sources on Cryptologic History,* no. 3 (Center for Cryptologic History: 2006).
65. WFF から ESF あて、1918 年 7 月 21 日、box 2, folder 14, ESF Collection.
66. WFF から ESF あて、1918 年 7 月 23 日、box 2, folder 14, ESF Collection.
67. WFF から ESF あて、1918 年 10 月 6 日、box 2, folder 17, ESF Collection.
68. WFF から ESF あて、1918 年 9 月 9 日、box 2,

folder 16, ESF Collection.
69. WFF, Lecture V, 109, in *The Friedman Legacy*.
70. WFF から ESF あて、1918 年 8 月 4 日、box 2, folder 15, ESF Collection.
71. WFF から ESF あて、1918 年 7 月 6 日、box 2, folder 14, ESF Collection.
72. 同上。
73. WFF から ESF あて、1918 年 10 月 15 日、box 2, folder 17, ESF Collection.
74. WFF から ESF あて、1918 年 7 月 6 日、box 2, folder 14, ESF Collection.「家を出る前に大佐から、ポーカーのことは頭から追い出せと忠告された」
75. Kahn, *The Reader,* 45–49.
76. WFF から ESF あて、1918 年 12 月 16 日、box 2, folder 19, ESF Collection.
77. WFF はこの儀式のことを、WFF から ESF あての手紙、1918 年 12 月 19 日、box 2, folder 19, ESF Collection で描写している。
78. WFF から ESF あて、1918 年 10 月 6 日、box 2, folder 17, ESF Collection.
79. Katie Letcher Lyle, "Divine Fire: Elizebeth Smith Friedman, Cryptanalyst," 未発表の原稿、1991 年 7 月 4 日、ESF Collection, PDF ファイル 2 点、86.
80. 同上。
81. 同上、87.
82. WFF から ESF あて、1918 年 10 月 6 日。
83. WFF から ESF あて、1918 年 7 月 21 日、box 2, folder 14, ESF Collection.「きみが出てくる夢の大半は、ぼくがきみを失う内容で、心の底から恐怖に怯えてぶるぶる震えながら目がさめた」
84. WFF から ESF あて、日付不明の手紙（1918 年 12 月）、box 2, folder 19, ESF Collection.
85. WFF から ESF あて、1918 年 8 月 4 日、box 2, folder 15, ESF Collection.
86. WFF から ESF あて、1918 年 11 月 3 日、box 2, folder 18, ESF Collection. WFF が「vastly」という語を丸で囲み、隣に「なんだいビリー！ きみは不定詞を分離しないほうがいいって知らないのか！」と走り書きしている。
87. WFF から ESF あて、1918 年 9 月 20 日、box 2, folder 16, ESF Collection.
88. WFF から ESF あて、1918 年 12 月 26 日、box 2, folder 19, ESF Collection.
89. "Divine Fire," 84 でライルはそう結論づけており、わたしもおおむね同意する。ライルはエリザベスの存命中にインタビューを果たしており、"Divine Fire" はエリザベスが 20 代に体験した個人的なできごとをとても巧みに記録しているというのがわたしの評価だ。
90. WFF から ESF あて、1919 年 1 月 28 日、box 2, folder 20, ESF Collection.
91. 同上。
92. 同上。
93. 同上。
94. WFF から ESF あて、1918 年 11 月 10 日。
95. WFF から ESF あて、1918 年 10 月 7 日、box 2, folder 17, ESF Collection.
96. 同上。
97. Lyle, "Divine Fire," 96.
98. WFF から ESF あて、1918 年 8 月 30 日、box 2, folder 15, ESF Collection.
99. Heber Blankenhorn, *Adventures in Propaganda: Letters From an Intelligence Officer in France*（Boston: Houghton Mifflin, 1919）, 82. ブランケンホーンはウィリアム同様、ショーモンの GHQ に勤務していた軍事情報部の大尉で、ショーモンでの生活を鮮やかに描写している。
100. 同書、135.
101. 同書、136.
102. 同書。
103. WFF から ESF あて、1918 年 11 月 10 日、box 2, folder 18, ESF Collection.
104. 同上。
105. 同上。
106. WFF から ESF あて、1918 年 12 月 16 日、box 2, folder 19, ESF Collection.
107. 同上。
108. WFF から ESF あて、1918 年 11 月 26 日、box 2, folder 18
109. 海軍情報局から ESF あて、日付不明［1918 年秋？］、Item 734, WFF Collection.
110. ジョン・M・マンリーから ESF あて、1918 年 9 月 12 日、Item 734, WFF Collection.
111. WFF から ESF あて、1919 年 1 月 2 日、box 2, folder 20, ESF Collection.
112. WFF から ESF あて、1918 年 12 月 16 日、box 2, folder 19, ESF Collection.
113. ジョージ・フェイビアンから WFF あて、1918 年 11 月 13 日、Item 734, WFF Collection.
114. WFF から ESF あて、1919 年 1 月 28 日。
115. 同上。
116. WFF から ESF あて、"Good Morning, Flower Face Mine" で始まる日付のない手紙、box 2, folder 20, ESF Collection.
117. ジョージ・フェイビアンから ESF あて、1918 年 11 月 2 日、box 1, folder 42, ESF Collection.
118. ジョージ・フェイビアンから ESF あて、1918 年 9 月 26 日、Item 734, WFF Collection.
119. ジョージ・フェイビアンから ESF あて、1919 年 1 月 6 日、box 1, folder 42, ESF Collection.
120. WFF から ESF あて、1919 年 1 月 28 日。
121. フェイビアンから ESF あて、1919 年 1 月 6 日。
122. 同上。
123. ESF からジョージ・フェイビアンあて、1919 年 1 月 9 日、box 1, folder 43, ESF Collection.
124. WFF から ESF あて、1919 年 2 月 5 日、box 2, folder 20, ESF Collection.
125. ESF 自伝、33.
126. 同上。
127. WFF から ESF あて、1918 年 10 月 6 日、box 2, folder 17, ESF Collection.
128. 同上。
129. ESF 自伝、34.
130. クラークによる ESF へのインタビュー。
131. マーシャル財団職員による ESF へのインタビュー、Tape #2, 1974 年 6 月 4 日、12.
132. ポーグによる ESF へのインタビュー、70.
133. 同上、72.
134. 同上。
135. WFF and ESF, *The Shakespearean Ciphers Examined*（London: Cambridge University Press, 1958）, 217–21.
136. David Kahn, *The Codebreakers: The Comprehensive History of Secret Communication from Ancient Times*

to the Internet, rev. ed. (New York: Scribner, 1997), 376-85.〔デイヴィッド・カーン『暗号戦争』秦郁彦・関野英夫訳／ハヤカワ文庫〕
137. WFF, *The Index of Coincidence and Its Applications in Cryptography* (Washington, D.C.: US Government Printing Office, 1925).
138. James R. Chiles, "Breaking Codes Was This Couple's Lifetime Career," *Smithsonian* (June 1987): 128-44.
139. Kahn, *The Codebreakers,* 376-85.〔カーン『暗号戦争』〕
140. WFF からネリ・フェイビアンあて、1937 年 10 月 30 日、Item 734, WFF Collection; ESF 自伝、37-38.
141. ハーバート・O・ヤードレーから WFF あて、1919 年 8 月 14 日、Item 734, WFF Collection.
142. ジョゼフ・モーボーンから WFF あて、1920 年 11 月 27 日、Item 734, WFF Collection.
143. 同上。
144. WFF からジョゼフ・モーボーンあて、1920 年 11 月 29 日、Item 734, WFF Collection.
145. ジョゼフ・モーボーンから WFF あて、1920 年 12 月 16 日、Item 734, WFF Collection.
146. クラークによる ESF へのインタビュー、11.
147. ポーグによる ESF へのインタビュー、72.
148. 同上、73.
149. 同上。
150. 同上、72.
151. WFF からジョゼフ・モーボーンあて、1920 年 12 月 16 日、Item 734, WFF Collection.
152. 同上。
153. WFF から ESF あて、1919 年 1 月 28 日。
154. WFF から ESF あて、1919 年 1 月 28 日、別のページに書かれた "P.S."、ESF Collection.
155. ESF, "Pure Accident."

第 2 部　射撃訓練

1. Niels Ferguson, Bruce Schneier, and Tadayoshi Kohno, *Cryptography Engineering: Design Principles & Practical Applications* (Indianapolis: Wiley, 2010), 8.
2. WFF, "Second Period, Communications Security" (lecture), 45, NSA.
3. 同上、45-46.
4. WFF, "Communications Intelligence and Security Presentation Given to Staff and Students" (lecture, Breckinridge Hall, Marine Corps School, April 26, 1960), 5, NSA.
5. クラークによる ESF へのインタビュー、16.
6. Thomas V. DiBacco, "Prohibition's First 'Dry' New Year's Eve,"*Washington Times,* December 30, 2015, http://www.washingtontimes.com/news/2015/dec/30/thomas-dibacco-prohibitions-first-dry-new-years-ev/.
7. 同上。
8. "Main Navy and Munitions Buildings," Histories of the National Mall, http://mallhistory.org/items/show/57.
9. 同上。
10. "1921: William Friedman Joined War Department," National Cryptologic Museum Foundation, https://cryptologicfoundation.org/m/cch_calendar_mobile.html/event/2016/07/01/1467349200/1921-william-friedman-joined-war-department/74534.
11. ESF の職員フォルダ、"Personal History Statement," July 1, 1930.
12. ポーグによる ESF へのインタビュー、77.
13. クラークによる ESF へのインタビュー。
14. 同上。
15. "Morning in New York," in David Kahn, *The Reader of Gentlemen's Mail: Herbert O. Yardley and the Birth of American Codebreaking* (New Haven, CT: Yale University Press, 2004), 50-62.
16. 同書、63-71.
17. John Bryden, *Best-Kept Secret: Canadian Secret Intelligence in the Second World War* (Toronto: Lester, 1993), 88-89.
18. Kahn, *The Reader*, 48.
19. ESF から WFF あて、"Friday, 2:30 P.M.," 1921 年夏 , box 2, folder 2, ESF Collection.
20. ESF 自伝、39-40.
21. クラークによる ESF へのインタビュー、16.
22. David Kahn, *Seizing the Enigma: The Race to Break the German U-boat Codes, 1939-1943* (Boston: Houghton Mifflin, 1991), 33.
23. WFF, Lecture V, 156-57, in *The Friedman Legacy, Sources on Cryptologic History*, no. 3 (Center for Cryptologic History: 2006).
24. WFF, "Second Period, Communications Security" (lecture), 18, NSA.
25. ポーグによる ESF へのインタビュー、43.
26. WFF, "Communications Intelligence and Security," 34.
27. WFF からジョージ・フェイビアンあて、1924 年 3 月 10 日、Item 734, WFF Collection.
28. WFF からジョージ・フェイビアンあて、1926 年 6 月 23 日、Item 734, WFF Collection.
29. WFF, "Six Lectures on Cryptology by William F. Friedman," Lecture VI, 149, in *The Friedman Legacy, Sources on Cryptologic History,* no. 3 (Center for Cryptologic History: 2006)
30. Lambros D. Callimahos, "The Legendary William F. Friedman," *Cryptologic Spectrum* 4, no. 1 (Winter 1974): 9-17.
31. 10^{80} 個と考えられている。Wikipedia, s.v. "Observable universe," 最終修正 2017 年 4 月 22 日、https://en.wikipedia.org/wiki/Observable_universe.
32. WFF, "Communications Intelligence and Security," 30.
33. Callimahos, "The Legendary William F. Friedman."
34. Rose Mary Sheldon, "William F. Friedman: A Very Private Cryptographer and His Collection," *Cryptologic Quarterly* 34, no. 1 (2015): 20.
35. アメリカ海軍協会によるジョゼフ・J・ロシュフォート大佐へのインタビュー、メリーランド州アナポリス、1983, 45-47.
36. 同上、47.
37. 同上、45.
38. 同上、40.
39. "The Man, the Machine, the Choice," in Kahn, *Seizing the Enigma*, 31-48.
40. WFF, "Six Lectures on Cryptology by William F. Friedman," Lecture VI, 153, in *The Friedman Legacy.*

41. マーシャル財団職員による ESF へのインタビュー、Tape #5, 1974 年 6 月 6 日、8.
42. WFF からジョージ・フェイビアンあて、1926 年 8 月 10 日、Item 734, WFF Collection.
43. WFF からジョン・M・マンリーあて、1922 年 2 月 4 日、box 13, folder 22, ESF Collection.
44. ESF から WFF あての、ESF による "Monday, 9:30 P.M." という注と、記録保管人による "Washington era between 1921 and 1923" という注のつけられた手紙、box 2, folder 2, ESF Collection.
45. 同上。
46. ESF から WFF あて、"Monday, 9:30 P.M."
47. Katie Letcher Lyle, "Divine Fire: Elizebeth Smith Friedman, Cryptanalyst," 未発表の原稿、1991 年 7 月 4 日、ESF Collection, PDF ファイル 2 点、126.
48. Dictionary.com, s.v. "crypt," 2017 年 5 月 10 日にアクセス, http://www.dictionary.com/browse/crypt.
49. A. A. Milne, "Pinkle Purr," in *Now We Are Six* (New York: Puffin Books, 1992), 89.〔A・A・ミルン著　E・H・シェパード絵『クマのプーさんとぼく』小田島雄志・小田島若子訳／河出書房新社〕
50. Lyle, "Divine Fire," 218.
51. Lyle, "Divine Fire," 128.
52. WFF, "Second Period, Communications Security" (lecture), 20, NSA.
53. 同上。
54. ESF 著の暗号解読の本。
55. 同書。
56. ESF 著の子ども向けのアルファベットの歴史の本、(未発表の原稿)、box 9, file 14, ESF Collection.
57. マーシャル財団職員による ESF へのインタビュー、Tape #5, 1974 年 6 月 6 日、8.
58. Craig P. Bauer, *Unsolved! The History and Mystery of the World's Greatest Ciphers from Ancient Egypt to Online Secret Societies* (Princeton, NJ: Princeton University Press, 2017), 500–3.
59. WFF バックナンバー、パート 5、"(FBI J Edgar Hoover) Bank Robbery. Cases with Dept. of Justice, Ohio State Penitentiary, and Post Office Inspection Service," Item 849, WFF Collection.
60. 同上。
61. ESF 自伝、41–42.
62. 同上。
63. 同上。
64. ESF 自伝、43.
65. ". . . the one-of-a-kind Evalyn Walsh McLean," PBS Treasures of the World, http://www.pbs.org/treasuresoftheworld/hope/hlevel_1/h3_ewm.html.
66. "The International Jew: The World's Problem," *Dearborn Independent* (Dearborn, Michigan), May 22, 1920.
67. Joseph W. Bendersky, *The Jewish Threat: Anti-Semitic Politics of the U.S. Army* (New York: Basic Books, 2000), xiii–xiv.〔ジョーゼフ・W・ベンダースキー『ユダヤ人の脅威――アメリカ軍の反ユダヤ主義』佐野誠ほか訳／風行社〕
68. マーシャル財団職員による ESF へのインタビュー、Tape #5, 1974 年 6 月 6 日、8.
69. クラークによる ESF へのインタビュー。
70. マーシャル財団職員による ESF へのインタビュー、Tape #5, 1974 年 6 月 6 日、8.
71. ポーグによる ESF へのインタビュー、41–42.
72. 同上。
73. 同上。
74. 「ソーファは影のような人で、その人生は明らかに、18 年のあいだに 10 人の子どもを出産したという身体的な宿命ともっぱら深く関係していた」。Lyle, "Divine Fire," 165.
75. WFF から ESF あて、1918 年 7 月 31 日、box 2, file 14, ESF Collection.
76. 同上。
77. 同上。
78. ジョージ・フェイビアンから WFF あて、1924 年 2 月 24 日、Item 734, WFF Collection.
79. WFF からジョージ・フェイビアンあて、1924 年 2 月 25 日、Item 734, WFF Collection.
80. ESF 自伝、63.
81. ESF が所蔵するジョージ・フェイビアン著 *What I Know About the Future of Cotton and Domestic Goods*, 2nd ed. (Chicago, 1900) には、バーバラとジョン・ラムジーについての日記が記されている。box 21, folder 1, ESF Collection.
82. 同上。
83. 同上。
84. 同上。
85. 同上。
86. 同上。
87. Fabyan, *What I Know About the Future*, Item 602, WFF Collection.
88. ESF の職員フォルダ。
89. Ellen NicKenzie Lawson, *Smugglers, Bootleggers, and Scofflaws: Prohibition and New York City* (Albany: State University of New York Press, 2013), 7.
90. David P. Mowry, "Listening to the Rum-Runners: Radio Intelligence During Prohibition," 2nd ed., Center for Cryptologic History, 2014, 16.
91. Commander J. F. Farley, "Radio in the Coast Guard," *Radio News* (January 1942): 43–48.
92. ESF, "Personal History," 職員フォルダ、1931 年 7 月 1 日。
93. クラークによる ESF へのインタビュー、15.
94. U.S. Treasury Department, *Annual Report of the Secretary of the Treasury on the State of the Finances for the Fiscal Year Ended June 30, 1926* (Washington, D.C.: Government Printing Office, 1927).
95. "SA Eliot Ness, a Legacy ATF Agent," Bureau of Alcohol, Tobacco, Firearms and Explosives, https://www.atf.gov/our-history/eliot-ness.
96. Robert G. Folsom, *The Money Trail: How Elmer Irey and His T-men Brought Down America's Criminal Elite* (Washington, D.C.: Potomac Books, 2010), 313.
97. "T-men (1947) Quotes," IMDb.com, http://www.imdb.com/title/tt0039881/quotes.
98. "Elmer Irey Retires: Boss of Treasury T-men Was One of World's Greatest Detectives," *Life* (September 2, 1946).
99. Frederick Van de Water, *The Real McCoy* (Mystic, CT: Flat Hammock Press, 2007).
100. ESF, "History of Work in Cryptanalysis," April 27–June 1930, box 4, folder 17, ESF Collection; ESF, "West Coast," 西海岸密輸作戦についての談話、box 4, folder 23, ESF Collection.
101. クラークによる ESF へのインタビュー。

102. 禁酒法委員長代行ロイ・A・ヘインズから人事委員会あて、1927 年 4 月 22 日、box 4, folder 16, ESF Collection.
103. 禁酒法主任捜査官室から ESF あて、1926 年 2 月 1 日、box 4, folder 10, ESF Collection.
104. "1,000, Following for Your Information," 1926 年 1 月 29 日、box 4, folder 10, ESF Collection.
105. ESF, "History of Work in Cryptanalysis," April 27–June 1930, box 4, file 17, ESF Collection.
106. ESF, "History of Chief Smuggling Interests on the Pacific Coast," box 4, folder 23, ESF Collection.
107. ESF, "A Cryptanalyst," *Arrow* (February 1928), box 12, folder 9, 531–34, ESF Collection.
108. ESF, "Chart Showing Operations of Liquor Smuggling Vesse ls as Directed by Short Wave Radio Through Secret Systems of Communication, Pacific Coast," 1933 年 8 月、box 6, file 1, ESF Collection.
109. クラークによる ESF へのインタビュー。
110. ESF 自伝、52.
111. NBC ラジオ全国放送局員マーガレット・サントリによる ESF へのインタビュー記録、1934 年 5 月 25 日、box 19, folder 6, ESF Collection.
112. ESF, "History of Chief Smuggling Interests."
113. 同上。ジョゼフ・ケネディとバンクーバー酒密輸事業とのつながりについては、さらに Stephen Schneider, *Iced: The Story of Organized Crime in Canada* (Mississauga, Ontario: Wiley, 2009), 207 を参照。
114. エド・メリルによる ESF へのインタビュー。職務のために身の危険にさらされたことはないかと質問された ESF はそっけなく「知っているかぎりなかった」と答えたが、アイム・アローン号裁判中にはボディガードに警護される必要があった。
115. ESF 自伝、52, 92–95.
116. ESF, "History of Work in Cryptanalysis."
117. "Bond for Armatou Lowered to $250," *Galveston Daily News,* March 26, 1930.
118. ESF と、スペシャルテレビ番組 "Codebreakers" のための BBC のインタビュー、box 15, folder 5, ESF Collection.
119. ESF によるバンクーバーへの旅行日誌、大陸を横断するフライト中に子どもたちに向けて書いたもの、1937 年 10 月 16 日から 17 日、box 16, folder 2, ESF Collection.
120. ESF から WFF あて、1932 年、box 2, folder 3, ESF Collection.
121. ESF から WFF あて、1937 年 10 月 21 日、box 2, folder 4, ESF Collection.
122. ESF からジョゼフィーン・コーツあて、1930 年 1 月 23 日、box 1, folder 2, ESF Collection.
123. ESF, "History of Work in Cryptanalysis."
124. ESF, "Memorandum upon a Proposed Central Organization at Coast Guard Headquarters for Performing Cryptanalytic Work," box 5, file 6, ESF Collection.
125. ESF, "History of Chief Smuggling Interests."
126. 同上。
127. 同上。
128. クラークによる ESF へのインタビュー、15–16.
129. box 4, folder 14, ESF Collection 内の酒密輸傍受通信文と作業用紙を参照。
130. クラークによる ESF へのインタビュー、15.
131. 同上 ; ESF, "History of Chief Smuggling Interests."
132. "History of USCG Unit #387," Foreword.
133. ESF, "Memorandum upon a Proposed Central Organization."; アメリカ財務省財務長官室から ESF あて、1931 年 6 月 30 日、ESF 職員フォルダ。
134. ESF 自伝、53.
135. 同上、56.
136. 同上、53.
137. 同上、54.
138. ハイマン・ハーウィッツ、公務職員フォルダ、National Personnel Records Center, National Archives at St. Louis, 2016 年 9 月に請求。
139. ヴァーノン・E・クーリー、公務職員フォルダ、National Personnel Records Center, National Archives at St. Louis, 2016 年 9 月に請求。
140. ロバート・E・ゴードン、公務職員フォルダ、National Personnel Records Center, National Archives at St. Louis, 2016 年 9 月に請求。
141. ESF 自伝、55.
142. 同上。
143. これはわたし自身による評価だ。のちにイギリス安全保障調整局の役人たちが 1940 年にアメリカを訪問し、エリザベス率いる沿岸警備隊の暗号班が国内でもっとも成果を上げているという、わたしと同じ評価を出すに至った。British Security Coordination, *The Secret History of British Intelligence in the Americas, 1940–1945* (New York: Fromm International, 1999), 469–70 を参照。
144. ジョージ・フェイビアンから WFF あて、1932 年 1 月 23 日、Item 734, WFF Collection.
145. ESF による、女性有権者同盟との活動についてのタイトルのない 2 ページの文章、box 7, folder 6, ESF Collection.
146. Franklin Delano Roosevelt, "Inaugural Address,"- March 4, 1933, http://www.presidency.ucsb.edu/ws/?pid=14473.
147. James A. Hagerty, "Roosevelt Address Stirs Great Crowd," *New York Times,* March 5, 1933.
148. ESF による女性有権者同盟についての談話。
149. 同上。
150. "Dachau Opens," United States Holocaust Memorial Museum, https://newspapers.ushmm.org/events/dachau-opens.
151. "Himmler sets up Dachau," The Nazi Concentration Camps, Birbeck University of London, http://www.camps.bbk.ac.uk/documents/003-himmler-sets-up-dachau.html.
152. ESF, "Pure Accident."
153. *United States v. Albert M. Morrison et al.* (E.D. La. 1933), No. 16,981, 5 月 2 日、裁判記録 vol. 1, 141.
154. "Wireless Station Operator Called in Rum Ring Trial," *Times-Picayune* (New Orleans), May 2, 1933. *Times-Picayune* 紙には被告は 24 名と書かれているが、ESF は自伝の 80 ページに 23 名と書いている。ESF は決して数えまちがいなどしないので、わたしは彼女の書いた数に従う。ミネアポリスのギャング、イザドア・"キッド・キャン"・ブルーメンフェルドなど、起訴された男たちのうち数名が出廷せず、混乱を招いた。
155. *United States v. Morrison,* No. 6,981, 5 月 1 日、裁

判記録 vol. 1, 47-62. これはウッドコックの冒頭陳述であり、事件の概要がわかる。
156. 同上、Bill of Exceptions, Exhibit X 29.
157. 同上、5月2日、裁判記録 vol. 1, 170.
158. 同上、Bill of Exceptions.
159. "Greatest Liquor Plot Case Trial Delayed 35 Days," *Times-Picayune* (New Orleans), April 15, 1932.
160. "Code Expert Testifies at Trial," *Times-Picayune* (New Orleans), May 3, 1933.
161. *United States v. Morrison*, No. 16,981, 5月2日、裁判記録 vol. 1, 150-55.
162. 同上、5月1日、裁判記録 vol. 1, 64-76.
163. 同上。
164. 同上、5月1日、裁判記録 vol. 1, 64-76.「ミスター・バーク」とは、ニューオリンズの短波無線通信士チャールズ・アンドレズとやりとりするときにモリソンが使っていた名前である。
165. 同上、5月1日、裁判記録 vol. 1, 47.
166. "Bond Reductions Ordered for Six Held in Rum Plot," *Times-Picayune* (New Orleans), April 15, 1931.
167. ESF自伝、80; 一味の無線通信を初めて傍受したのは1931年3月だった。
168. S. J. Woolf, "Col. Woodcock: Leader of the Dry Army," *New York Times*, November 2, 1930.
169. 同上。
170. *United States v. Morrison*, No. 16,981, 5月2日、裁判記録 vol. 1, 143.
171. 同上、Bill of Exceptions, Exhibit X 29.
172. 同上、5月2日、裁判記録 vol. 1, 145.
173. 同上、5月2日、裁判記録 vol. 1, 1.
174. "Capone Renews Fight for Freedom," *Town Talk* (Alexandria, Louisiana), April 30, 1934.
175. "Leader of City and County Passes Away; Last Rites Monday P.M.," *Sea Coast Echo* (Bay St. Louis, Mississippi), February 1937.
176. 同上、145-47.
177. 同上、162.
178. *United States v. Morrison*, No. 16,981, Bill of Exceptions, Exhibit X 6.
179. 同上、5月2日、裁判記録 vol. 1, 150.
180. 同上、164-66.
181. 同上、168-69.
182. "Five Men Found Guilty of Liquor Plotting Charge," *Times-Picayune* (New Orleans), May 7, 1933.
183. "Woodcock Move Clears Five Men in Rum Plot Case," *Times-Picayune* (New Orleans), May 9, 1933.
184. ESF自伝、88.
185. Lyle, "Divine Fire," 174.
186. ESF自伝、70.
187. 同上。
188. Lyle, "Divine Fire," 174.
189. ESF自伝、70-71.
190. 同上。
191. ESF自伝、84-85.
192. 同上、82.
193. 同上、83.
194. ヴァラキによるESFへのインタビュー、1976年11月11日、2012年1月10日に文字起こし、16.
195. 同上。
196. "About Henry L. Stimson," Stimson Center, https://www.stimson.org/content/about-henry-l-stimson.
197. Kahn, *The Reader*, 98.
198. Frank Rowlett, *The Story of Magic: Memoirs of an American Cryptologic Pioneer* (Laguna Hills, CA: Aegean Park Press, 1998), 6-33.
199. 同書。
200. "We Discover the Black Chamber," 同書、34-39.
201. 同書。
202. Rowlett, *The Story of Magic*, 59-76.
203. Craig P. Bauer, *Secret History: The Story of Cryptology* (Boca Raton, FL: CRC Press, 2013), 296-300.
204. 同書、301-4.
205. WFF, "Important Contributions to Communications Security, 1939-1945," 1, NSA.
206. Fischer, Willis and Panzer, "Memorandum Concerning a Bill for the Relief of William F. Friedman," August 21, 1950, NSA.
207. 同上。
208. WFF, "Important Contributions," 3-5.
209. Timothy J. Mucklow, "The SIGABA/ECM II Cipher Machine: 'A Beautiful Idea,'" Center for Cryptologic History, National Security Agency, 2015.
210. 同上。
211. WFF, "Important Contributions," 5.
212. ポーグによるESFへのインタビュー、24.
213. 同上、53.
214. バーバラ・フリードマンからロナルド・クラークあて、1976年9月26日、および "P.S.," 1976年10月6日、box 14, folder 14, ESF Collection.
215. ポーグによるESFへのインタビュー、27.
216. 同上、46.
217. Michael M. Phillips, "The Lobotomy Files: One Doctor's Legacy," *Wall Street Journal*, http://projects.wsj.com/lobotomyfiles/?ch=two.
218. ウィリアムが1940年代に治療を開始した際の担当精神科医は、フリーマンの後輩であるジョージ・ワシントン大学のジグモント・レベンゾン博士だった。Zigmond Lebensohn, "The History of Electroconvulsive Therapy in the United States and Its Place in American Psychiatry: A Personal Memoir," *Comprehensive Psychiatry* 40, no. 3 (1999): 173-81を参照。
219. ESF, "A Cryptanalyst," *Arrow* (February 1928), box 12, folder 9, 531-34, ESF Collection.
220. ESFからバーバラ・フリードマンあて、1945年2月12日、box 3, folder 26, ESF Collection.
221. Irving Stone, *Immortal Wife* (Garden City, NY: Doubleday, 1944).
222. 同書、33.
223. 同書、134.
224. 同書、140-41.
225. WFFからジョン・ラムジー・フリードマンあて、1945年8月13日、box 4, folder 8, ESF Collection.
226. 1928年のフリードマン家のクリスマスカード、Item 568, WFF Collection.
227. "Friedman's Wishing Tree," box 13, folder 9, ESF Collection.
228. "The Single Intelligence School, Pap Problem No. 1," およびその他のスカベンジャー・ハントの材料(封筒、暗号文など)、box 13, folder 9, 1938年

11月6日。
229. ヴァージニア・コーダーマンからヴァネッサ・フリードマンあて、1981年10月2日、box 12, folder 15, ESF Collection.
230. 同上。
231. Item 2097, WFF Collection.
232. Item 2098, WFF Collection.
233. WFFからESFあて、1938年11月29日。
234. WFFはモダニズム小説に当惑させられたが、そうした本を収集し、読んで理解に努めた。美しいと感じられる文章もしばしばあり、ジョイス研究者と文通もした。そのなかには、ジョイスの実際の学友で、『若い芸術家の肖像』の「クランリー」の着想のもととなったJ・F・バーンもいた。バーンは、「Chaocipher」と命名する解読不可能なサイファを発明したと主張していた。WFFはバーンに、そのサイファは無意味だと伝えた。Sheldon, "The Friedman Collection: An Analytical Guide," 466, and Item 1405.1 in the WFF Collectionを参照。
235. Giambattista della Porta, *De furtivis literarum notis, vulgo de Ziferis* (Naples, 1563; forgery, London, 1591), Item 119, WFF Collection.
236. WFF, "Communications Intelligence and Security," 9.
237. ESF所有の大学院課程の用紙、box 4, folder 23, ESF Collection.
238. Bauer, *Unsolved!* 83-86には、WFFが1944年にNSAで始めたヴォイニッチ研究グループについて、さらには、NSAの技術をもちいて不可解な手稿を理解しようと試みたことについてのくわしい記述がある。
239. WFFのNSAでの講演、1958年, box 8, folder 4, ESF Collection.
240. FBI, "The Hoover Legacy, 40 Years After: Part 2: His First Job and the FBI Files," June 28, 2012, https://www.fbi.gov/news/stories/copy_of_the-hoover-legacy-40-years-after.
241. Sheldon, "The Friedman Collection: An Analytical Guide," 434.
242. この絵はWFF Collectionにあるほぼすべての本の内側に貼り付けられている。
243. WFF and ESF, *The Shakespearean Ciphers Examined* (London: Cambridge University Press, 1958), 208.
244. Leroy Hennessey, "Twas Bill! Nay, Bacon! But Now E'en Fabyan Knows Not Who Did Shakespeare," *Chicago Evening American* (January 1922): box 14, "The Ideal Scrap Book," NYPL.
245. ジョージ・フェイビアンからWFFあて、1931年9月16日、Item 734, WFF Collection.
246. 同上、1934年5月10日。
247. 同上、1935年5月31日。
248. 同上。
249. Richard Munson, *George Fabyan: The Tycoon Who Broke Ciphers, Ended Wars, Manipulated Sound, Built a Levitation Machine, and Organized the Modern Research Center* (North Charleston, SC: Porter Books, 2013), 141-42.
250. コーラ・ジェンセンからWFFおよびESFあて、1936年5月29日、box 7, folder 18, ESF Collection.
251. Munson, *George Fabyan,* 141-42.
252. ジェンセンからWFFおよびESFあて。
253. "Will of Col. Fabyan Filed Tuesday Leaves $175,000 to Widow," ジェンセンから送られた1936年の新聞切り抜き、box 7, folder 18, ESF Collection.
254. John W. Kopec, *The Sabines at Riverbank: Their Role in the Science of Architectural Acoustics* (Woodbury, NY: Acoustical Society of America, 1997), 56.
255. 同書。
256. "Buy $800,000 Fabyan Estate as Playground," ジェンセンから送られた1936年の新聞切り抜き、box 7, folder 18, ESF Collection.
257. ジョージ・フェイビアンからWFFあて、1935年7月29日、Item 734, WFF Collection.
258. "Colonel Fabyan's last letter to me"で始まる赤鉛筆で書かれたWFFのメモ、Item 734, WFF Collection.
259. ヴァラキによるESFへのインタビュー、2012年1月12日に文字起こし、2-3.
260. 同上。
261. Herbert O. Yardley, *The American Black Chamber* (Indianapolis: Bobbs-Merrill, 1931) のWFFによる注釈つきの一冊、Item 604, 43, WFF Collection.〔H・O・ヤードレー『ブラック・チェンバー――米国はいかにして外交暗号を盗んだか』平塚柾緒訳/角川新書〕
262. 同上、44.
263. 同上。
264. Kahn, *The Reader,* 104.
265. Yardley, *The American Black Chamber,* Foreword.〔ヤードレー『ブラック・チェンバー』〕
266. 同書。
267. Kahn, *The Reader,* 131.
268. Yardley, *The American Black Chamber,* Foreword.〔ヤードレー『ブラック・チェンバー』〕
269. 同書、90-119.
270. Yardley, *The American Black Chamber,* 329.〔ヤードレー『ブラック・チェンバー』〕
271. 同書、331.
272. WFF所有の同書。
273. Kahn, *The Reader,* 113.
274. 同書、117.
275. WFF, "World War I Codes and Ciphers" (lecture, SCAMP, 1958), 22-23, NSA.
276. WFF所有のYardley, *The American Black Chamber,* 45.〔ヤードレー『ブラック・チェンバー』〕
277. 同書の前付け。
278. Kahn, *The Reader,* 173-86.
279. T. M. Hannah, "The Many Lives of Herbert O. Yardley," *Cryptologic Spectrum* 11, no. 4 (1981): 5-29.
280. "Extract from R.I.P. No. 98," April 5, 1943, 118-23, NSA.
281. サントリによるESFへのインタビュー。
282. 同上。
283. ESF自伝、76.
284. サントリによるESFへのインタビュー。
285. ESF自伝、71.
286. ESFの手がけたゴードン・リム事件で使用された中国語の電信コードブック、342.3, WFF Collection.
287. サントリによるESFへのインタビュー。
288. ESFのエズラ事件ファイルでは、エズラ兄弟の

上海での連絡先として「Paul A. Yip」があがっている。この人物の背景については、Kathryn Meyer and Terry Parssinen, *Webs of Smoke: Smugglers, Warlords, Spies, and the History of the International Drug Trade* (Plymouth, UK: Rowman & Littlefield, 1998), 159 を参照。この本では Yip を「青幇《チンパン》の一員、アヘンの売人、二重スパイ」と描写している。エズラ事件のファイルは、box 6, folder 25, ESF Collection にある。

289. エズラ事件についての米税関の覚え書き、Frederick S. Freed, 税関監督官、1933 年 6 月 8 日、box 11, folder 10, ESF Collection; Leah Stock Helmick, "Key Woman of the T-men," *Reader's Digest* (September 1937): 51–55 も参照。
290. Freed memorandum, June 8, 1933.
291. "Ezra Gang Falls in Trap of Woman Expert in Puzzles," *San Francisco Chronicle,* September 28 or 29, 1933, box 18, folder 5, ESF Collection.
292. 同上。
293. 同上。
294. "Woman Jails Dope Runners," Universal Service, box 18, folder 5, ESF Collection.
295. ESF から F・E・ポリオあて、1938 年 2 月 14 日、box 1, folder 9, ESF Collection.
296. Helmick, "Key Woman of the T-men."
297. Trusted Media Brands, "Expansion (1930s–70s)," http://www.tmbi.com/history/.
298. "Extract from R.I.P. No. 98."
299. Ronald Clark, *The Man Who Broke Purple: Life of Colonel William F. Friedman, Who Deciphered the Japanese Code in World War II* (Boston: Little, Brown, 1977), 179.〔R・W・クラーク『暗号の天才』新庄哲夫訳／新潮選書〕
300. 同書、180.
301. ESF バンクーバー旅行日誌。
302. A. H. Williamson, "Woman Translates Code Jargon in Assizes at Trial of Five Chinese," 新聞切り抜き、box 18, folder 6, ESF Collection.
303. 同上。
304. 同上。
305. "Woman Helps Canada Break Big Opium Ring," *New York Times,* February 8, 1938.
306. Staff Correspondent, "Canada Smashes Opium Ring with U.S. Woman's Aid," *Christian Science Monitor,* February 9, 1938.
307. A. H. Williamson, "Woman Translates Code Jargon in Assizes at Trial of Five Chinese," box 18, folder 6, ESF Collection.
308. "These Women Make Their Hobbies Pay," *Look,* February 15, 1938, 46.
309. James W. Booth, "Lady Manhunter," *Detective Fiction Weekly,* September 28, 1940, 60–73.
310. ブースの書いた小説の一覧は、フィル・スティーヴンソン・ペインが管理する the Crime, Mystery & Gangster Fiction Magazine Index にある。http://www.philsp.com/homeville/cfi/s116.htm#A2001.
311. セオドア・アダムズから ESF あて（電報）、box 6, folder 4, ESF Collection.
312. 同上。
313. ESF 自伝、73.
314. WFF から ESF あて、1938 年 12 月 29 日。
315. 同上。
316. ESF から T・N・アルフォード夫人あて、10 月 19 日（年の明記なし、1938 年または 1939 年）、box 1, folder 9, ESF Collection.
317. WFF, "Important Contributions to Communications Security, 1939–1945," 1, NSA.
318. 同上。
319. Rowlett, *The Story of Magic,* 142.
320. WFF, "Important Contributions."
321. WFF から ESF あて、1939 年 1 月 6 日、ESF Collection.
322. Martin Gilbert, "The Night of Broken Glass," in *Kristallnacht: Prelude to Destruction* (New York: Harper Perennial, 2006), 23–41.
323. 同書、47.
324. エドナ・ディニウスから ESF あて、1939 年 1 月 1 日、小さな青いバインダー。
325. WFF から ESF あて、1939 年 1 月 6 日、ESF Collection.
326. 同上、1938 年 12 月 21 日、大判の青いバインダー。
327. 同上。
328. 同上。
329. "Munich Cardinal Praises Hitler's 'Personal Habits,'" *Washington Post,* January 1, 1939.
330. Voices of the Manhattan Project, "Columbia University," 原子力遺産財団およびロスアラモス歴史協会、http://manhattanprojectvoices.org/location/columbia-university.
331. WFF から ESF あて、1939 年 1 月 6 日、26.
332. 同上、1938 年 11 月 29 日。
333. 同上。
334. 同上。
335. 同上。
336. 同上、21. ウィリアムが引用したテニスンの詩は「粉屋の娘（The Miller's Daughter）」という官能的な詩だった。「できれば首飾りになって／一日中上に下にと揺れていたい／その心地よい胸の上で／娘の笑いやため息につれて」https://www.poetryfoundation.org/poems-and-poets/poems/detail/50267.
337. William Makepeace Thackeray, "Song of the Violet," in *The Complete Works of William Makepeace Thackeray* (Boston: Houghton Mifflin, 1889), 291.
338. WFF から ESF あて、1939 年 1 月 6 日、23.
339. 同上。
340. 同上。
341. 同上、19.

第 3 部——第 1 章　祖母死す

1. Fugazi, "Caustic Acrostic," 1997 年 3 月から 9 月にかけて End Hits に収録、Dischord Records No. 110, コンパクトディスク。
2. Heinz Höhne, *The Order of the Death's Head: The Story of Hitler's SS,* trans. Richard Barry (New York: Penguin, 2000), 260–66.
3. 同書。
4. 同書。
5. "The SS (Schutzstaffel): Background and Overview," Jewish Virtual Library, http://www.jewishvirtuallibrary.org/background-and-overview-of-the-ss.
6. Höhne, *The Order of the Death's Head,* 3.

7. 同書、1.
8. Bob Graham, "World War II's First Victim," *Telegraph* (London), August 29, 2009, http://www.telegraph.co.uk/history/world-war-two/6106566/World-War-IIs-first-victim.html.
9. Höhne, *The Order of the Death's Head,* 260–66.
10. Steven M. Gillon, *FDR Leads the Nation into War* (New York: Basic Books, 2011), 8–9.
11. 同書。
12. 同書。
13. フランクリン・デラノ・ローズベルトの記者会見、1939年9月1日、http://www.presidency.ucsb.edu/ws/?pid=15798.
14. Richard L. McGaha, "The Politics of Espionage: Nazi Diplomats and Spies in Argentina, 1933–1945" (Ph.D. diss., Ohio University, 2009), 392–93.
15. 同上。
16. 同上。
17. Franklin D. Roosevelt, "Message to Congress on Appropriations for National Defense," 1940年5月16日の演説、http://www.presidency.ucsb.edu/ws/?pid=15954.
18. Frank Knox, "Our Heavy Responsibilities to the Nation," 合衆国知事会議セントルイス会議での演説、1941年2月20日、http://www.ibiblio.org/pha/policy/1941/1941-02-20a.html.
19. Stefan Rinke, "German Migration to Latin America (1918–1933)," in Thomas Adam, ed., *Germany and the Americas: O–Z* (Santa Barbara, CA: ABC-CLIO, 2005), 27–31.
20. Stefan Zweig, *Brazil: Land of the Future,* trans. Andrew St. James (New York: Viking Press, 1941), 82.〔シュテファン・ツヴァイク『未来の国ブラジル』宮岡成次訳／河出書房新社〕
21. 同書。
22. 同書、214.
23. Waldo Frank, *South of Us: The Characters of the Countries and the People of Central and South America* (New York: Garden City Publishing, 1940), 113–14.
24. "Interrogation of Edmund Von Thermann, German Ambassador to the Argentine from 1934 to 1942," RG 59, General Records of the Department of State, Entry 188, box 26, NARA.
25. U.S. Bureau of Foreign and Domestic Commerce, *Commerce Reports, Part 1* (Washington, D.C.: Government Printing Office, 1915), 1011, https://books.google.com/books?id=1eA9AQAAMAAJ.
26. "German Immigration to Brazil."
27. Stephen Bonsal, "Greater Germany in South America," *The North American Review* 176 (January 1903): 58–67.
28. "German Political Designs with Reference to Brazil," *The Hispanic American Historical Review* 2, no. 4 (November 1919): 586–610, http://www.jstor.org/stable/2505875.
29. Thermann interrogation.
30. Victoria González-Rivera and Karen Kampwirth, eds., *Radical Women in Latin America: Left and Right* (University Park: Pennsylvania State University Press, 2001), 241–42.
31. David Sheinin and Lois Baer Barr, eds., *The Jewish Diaspora in Latin America: New Studies on History and Literature* (New York: Garland Publishers, 1996), 210.
32. McGaha, "The Politics of Espionage," 271.
33. 同上、272.
34. Uki Goñi, *The Real Odessa: Smuggling the Nazis to Perón's Argentina* (London: Granta, 2003), 37–38.
35. Thermann interrogation.
36. McGaha, "The Politics of Espionage," 98–99.
37. Thermann interrogation.
38. George E. Sterling, "The History of the Radio Intelligence Division Before and During World War II," 未発表の原稿、PDF ファイル、http://www.w3df.com, 78–79.
39. Hedwig Elisabeth Weigelmayer Sommer interrogation by Boyd V. Sheets, RG 65, Classification 64 (IWG), box 211, 57, NARA.
40. 同上。
41. Rachel Field, *All This and Heaven Too* (New York: Macmillan, 1939).〔レイチェル・フィールド『世界大ロマン全集 46・47巻：すべてこの世も天国も』大久保康雄訳／創元社〕ESF と連合国側インテリジェンスの観点から見たこの本については、Sterling, "History of the Radio Intelligence Division," 60 および Rose Mary Sheldon, "The Friedman Collection: An Analytical Guide," rev. October 2013, マーシャル財団、PDF ファイル、345–46 を参照。
42. Sterling, "The History of the Radio Intelligence Division," 78–79.
43. Sommer interrogation, 57.
44. 「グスタフ・ウッツィンガー」は偽名である。本名はヴォルフ・エーミール・フランチョクだが、南米ではおおむねグスタフ・ウッツィンガーで通っていたため、本書ではこちらの名前をもちいている。ウッツィンガーについての情報の大部分は、ドイツのヴァンゼー捕虜収容所で戦後に行われた尋問による。Robert Murphy, "Reporting the Interrogation of Wolf Emil Franczok, Alias Gustav Utzinger," 1947年10月24日、RG 65, Records of the Federal Bureau of Investigation, box 18, 64-27116, NARA を参照。この文書には、ページ番号の付されたものが二つある。ウッツィンガーの宣誓陳述書を含む封入物の冒頭部と、その続きにある尋問報告書である。
45. ESF の講演、Mary Barteleme Club, Crystal Ballroom, Blackstone Hotel, Chicago, 1951年11月30日、box 17, folder 10, ESF Collection.
46. 同上。
47. クラークによる ESF へのインタビュー。
48. ボーグによる ESF へのインタビュー、4.
49. R・ルイス・ベンソンによる ESF へのインタビュー、1976年1月9日、情報公開法にもとづき NSA より取得し、2015年10月に受領。当初の申請者は G・スチュアート・スミス。
50. "Robert Gordon and Elizebeth S. Friedman at a Desk," 写真、1940年、ESF Collection.
51. "History of USCG Unit #387."
52. ベンソンによる ESF へのインタビュー。
53. ESF 自伝、78.
54. 同上、77.
55. Bennett Lessmann, "The Story of the SS Arauca: A Wartime Saga in Broward County," *Broward Legacy* 31, no. 1 (2011): 1–12.

56. "Arauca messages," box 6, folder 5, ESF Collection.
57. 同上。
58. 同上。
59. 同上。
60. ESF, "foreword to uncompleted work," box 9, folder 11, ESF Collection. ESF による手書きの修正が入った 6 ページの原稿。
61. L. T. Jones, "History of OP-20-GU (Coast Guard Unit of NCA)," 1943 年 10 月 16 日、RG 38, CNSG Library, box 115, 5750/193, NARA.
62. 同上。
63. WFF, "Communications Intelligence and Security Presentation Given to Staff and Students"(海兵隊学校ブレッキンリッジ・ホールでの講演、1960 年 4 月 26 日)、22.
64. ベンソンによる ESF へのインタビュー。
65. "History of USCG Unit #387," 5–7.
66. 同上、11.
67. 同上、8.
68. 同上、62.
69. 同上、62–67.
70. 同上。
71. 同上、5–7.
72. 同上。
73. 同上。
74. 『サン・ミケーレ物語 (*The Story of San Michele*)』を書籍サイファに使ったことについては、Sterling, "History of the Radio Intelligence Division," 80 を参照。『人生の夢 (*Soñar la vida*)』と『神の奴隷 (*O Servo De Deus*)』については "History of USCG Unit #387," 20 を参照。
75. ハンブルクからリオ、1941 年 10 月 31 日、RG 457, SRIC, No. 3810.
76. Sterling, "History of the Radio Intelligence Division," 60–61. "History of USCG Unit #387," 67, および 1006.1, WFF Collection にある新聞切り抜きへの ESF の欄外書き込みも参照。
77. ESF が作業に使い注釈を書き込んだ *All This and Heaven Too*、Item 1006, WFF Collection, 15.
78. Craig P. Bauer, *Secret History: The Story of Cryptology* (Boca Raton, FL: CRC Press, 2013), 255.
79. "The Man, the Machine, the Choice," in David Kahn, *Seizing the Enigma: The Race to Break the German U-boat Codes, 1939–1943* (Boston: Houghton Mifflin, 1991).
80. Bauer, *Secret History,* 256–83.
81. 同書。
82. Andrew Hodges, *Alan Turing: The Enigma* (London: Vintage, 2014), xviii.〔アンドルー・ホッジス『エニグマ アラン・チューリング伝(上・下)』土屋俊・土屋希和子訳/勁草書房〕
83. "History of USCG Unit #387," 216–30. 沿岸警備隊がエニグマ機を初めて解読した件についてのすべての詳細は、こちらに記録されている。
84. Mavis Batey, "Knox, (Alfred) Dillwyn (1884–1943)," 2004, rev. ed. 2006, Oxford Dictionary of National Biography, http://dx.doi.org/10.1093/ref:odnb/37641.
85. "History of USCG Unit #387," 230.
86. Kent Boese, "Lost Washington: Harvey's Restaurant," *Greater Greater Washington,* June 23, 2009, https://ggwash.org/view/2073/lost-washington-harveys-restaurant.
87. "Biography of John Edgar Hoover," John Edgar Hoover Foundation, http://www.jedgarhooverfoundation.org/hoover-bio.asp.
88. Pamela Kessler, *Undercover Washington: Where Famous Spies Lived, Worked, and Loved* (Sterling, VA: Capital Books, 2005), 35–36.
89. ベンソンによる ESF へのインタビュー。
90. Michael Newton, *The FBI Encyclopedia* (Jefferson, NC: McFarland, 2003), s.v. "women agents," 374.
91. Curt Gentry, *J. Edgar Hoover: The Man and His Secrets* (New York: W. W. Norton, 2001), e-book, location 5837.〔カート・ジェントリー『フーヴァー長官のファイル(上・下)』吉田利子訳/文藝春秋〕
92. Henry M. Holden, *FBI 100 Years: An Unofficial History* (Minneapolis, MN: Zenith Press, 2008), 37.
93. 同書。
94. Raymond J. Batvinis, *The Origins of FBI Counter-Intelligence* (Lawrence: University Press of Kansas, 2007), 10–26.
95. British Security Coordination, *The Secret History of British Intelligence in the Americas, 1940–1945* (New York: Fromm International, 1999), 468.
96. Gentry, *J. Edgar Hoover,* location 7845.〔ジェントリー『フーヴァー長官のファイル』〕
97. British Security Coordination, *The Secret History,* 3.
98. 同書、468.
99. Roosevelt, "Message to Congress on Appropriations."
100. Knox, "Our Heavy Responsibilities."
101. J. Edgar Hoover, "How the Nazi Spy Invasion Was Smashed," *The American Magazine* (September 1944): 20–21, 94–100.
102. FBI, "History of the SIS Division," vol. 1, NARA, リチャード・マガハから提供された 3 点の PDF ファイル。
103. 同上。
104. スタンリー・A・ピメンテルによるジョン・J・ウォルシュ(元SIS捜査官)へのインタビュー記録、2003 年 5 月 19 日、国立法執行博物館、25-26, http://www.nleomf.org/museum/the-collection/oral-histories/john-j-walsh.html.
105. British Security Coordination, *The Secret History,* 468.
106. ベンソンによる ESF へのインタビュー。
107. エリザベスは生涯、お気に入りの詩を書き写したりタイプしたりして手許に置いていた。そのなかには、第一次世界大戦で恋人が戦死した若い女性をうたったエイミー・ローウェル作の「パターンズ (Patterns)」や、ニューメキシコ州在住の教師で平和主義詩人のペギー・ポンド・チャーチ作の「人間への最後通牒 (Ultimatum for Man)」(1940 年) などがある。チャーチの土地は政府に接収され、核兵器研究を目的としたロスアラモス研究所が建設された。box 11, folder 20, ESF Collection を参照。
108. ESF から WFF あて (軍需部ビルの住所あて) 1940 年 6 月、box 2, folder 5, ESF Collection.
109. 同上、1940 年 6 月 7 日。
110. 同上。
111. WFF から ESF あて、1940 年 6 月 4 日、box 3,

folder 7, ESF Collection.

112. 同上、1940年6月10日。

第2章　マジック

1. Frank Rowlett, *The Story of Magic: Memoirs of an American Cryptologic Pioneer* (Laguna Hills, CA: Aegean Park Press, 1998), 151–53.
2. 同書。
3. "Genevieve Grotjan Feinstein,"NSA Cryptologic Hall of Honor, https://www.nsa.gov/about/cryptologic-heritage/historical-figures-publications/hall-of-honor/2010/gfeinstein.shtml.
4. Rowlett, *The Story of Magic,* 151–53. グローチャンの洞察についての技術的な明快で優れた説明と、パープル突破の全般的な過程については、Craig P. Bauer, *Secret History: The Story of Cryptology* (Boca Raton, FL: CRC Press, 2013), 301–10のパープルについての章を参照。
5. 同書。
6. ジュネビーブ・グローチャン・ファインスタイン、NSAのオーラル・ヒストリー、1991年5月12日。
7. 同上。
8. 同上。
9. 同上。
10. 同上。
11. 同上。
12. Jeffrey Kozak, "Marshall & Purple," マーシャル財団、http://marshallfoundation.org/blog/marshall-purple/.
13. WFF, "Contributions in the Fields of Communications Security and Communications Intelligence," 日付不明、NSA.
14. David Kahn, *The Codebreakers: The Comprehensive History of Secret Communication from Ancient Times to the Internet,* rev. ed. (New York: Scribner, 1997). 〔デイヴィッド・カーン『暗号戦争』秦郁彦・関野英夫訳／ハヤカワ文庫〕
15. Rowlett, *The Story of Magic*, 160–64.
16. 同書。
17. 同書。
18. Kahn, "One Day of MAGIC," in *The Codebreakers,* 1–67.〔カーン『暗号戦争』〕
19. David Stafford, "Churchill and Intelligence —— Adventures in Shadowland, 1909–1953," *Finest Hour* 149 (Winter 2010–11), https://www.winstonchurchill.org/publications/finest-hour/finest-hour-149/churchill-and-intelligence-adventures-in-shadowland-1909-1953.
20. ジョージ・C・マーシャルからトマス・E・デューイあて、1944年9月27日、Papers of George Catlett Marshall, vol. 4: Aggressive and Determined Leadership, マーシャル財団、http://marshallfoundation.org/library/digital-archive/to-thomas-e-dewey1/.
21. ボーグによるESFへのインタビュー、24; ローズ・メアリー・シェルドンと著者との会話、2015年1月。
22. Ulrich Steinhilper, *Spitfire on My Tail: A View from the Other Side* (Keston, UK: Independent Books, 2009), 306.
23. Henry Steele Commager, *The Story of World War II,* rev. Donald L. Miller (New York: Simon & Schuster, 2001), 38–41.
24. "Historical Background: The Jews of Hungary During the Holocaust," Yad Vashem, http://www.yadvashem.org/yv/en/education/newsletter/31/jews_hungary.asp.
25. Charles Lindbergh, "We Will Never Accept a Philosophy of Calamity," speech, Keep-America-Out-of-War rally, Chicago, 1940年8月4日、http://www.ibiblio.org/pha/policy/1940/1940-08-04a.html.
26. Charles Lindbergh, "Who Are the War Agitators?" speech, Des Moines, Iowa, 1941年9月11日、http://www.charleslindbergh.com/americanfirst/speech.asp.
27. British Security Coordination, *The Secret History of British Intelligence in the Americas, 1940–1945* (New York: Fromm International, 1999), Introduction by Nigel West.
28. 同書。
29. Jennet Conant, *The Irregulars: Roald Dahl and the British Spy Ring in Wartime Washington* (New York: Simon & Schuster, 2008), 84–86.
30. 同書、xiv, 10–11.
31. 同書、99–126.
32. Roald Dahl, "Lucky Break," in *The Wonderful Story of Henry Sugar* (New York: Puffin, 2000), 201.〔ロアルド・ダール『奇才ヘンリー・シュガーの物語』山本容子絵／柳瀬尚紀訳／評論社〕
33. Conant, 30.
34. British Security Coordination, *The Secret History,* 66–87.
35. 同書。
36. 同書、193–96.
37. 同書、"Part VII: Counter-Espionage," 345–403.
38. Mark Riebling, *Wedge: From Pearl Harbor to 9/11: How the Secret War Between the FBI and CIA Has Endangered National Security* (New York: Touchstone, 2002), 3–15〔マーク・リーブリング『FBI対CIA——アメリカ情報機関 暗闘の50年史』田中昌太郎訳／早川書房〕; John Pearson, *The Life of Ian Fleming* (London: Bloomsbury, 2013).
39. 同書、John Bryden, *Best-Kept Secret: Canadian Secret Intelligence in the Second World War* (Toronto: Lester, 1993), 66も参照。
40. 同書、67.
41. Thomas F. Troy, "Donovan's Original Marching Orders," *Studies in Intelligence* 17, no. 2 (1973): 39–67, https://www.cia.gov/library/center-for-the-study-of-intelligence/kent-csi/vol17no2/html/v17i2a05p_0001.htm.
42. British Security Coordination, *The Secret History,* 471–72.
43. 同書。
44. James Chadwick, "Frederick John Marrian Stratton, 1881–1960," *Biographical Memoirs of Fellows of the Royal Society* 7 (November 1961): 280–93.
45. ベンソンによるESFへのインタビュー。
46. Bob King, "The RSS from 1939 to 1946," November 22, 1944.
47. "History of USCG Unit #387," Foreword.
48. 同上、68–84.

49. Jones, "History of OP-20-GU."
50. Franklin Delano Roosevelt, "Fireside Chat 16: On the Arsenal of Democracy," December 29, 1940, University of Virginia Miller Center, https://millercenter.org/the-presidency/presidential-speeches/december-29-1940-fireside-chat-16-arsenal-democracy.
51. 同上。
52. Associated Press, "'God With Us Up to Now,' Hitler Says: Victory Sure in 1941 Army Men Are Told," *The Brownsville Herald*, 1940 年 12 月 31 日。
53. Associated Press, "Charred London Greets '41 With Cry 'To Hell With Hitler,'" *Washington Post*, 1941 年 1 月 1 日。
54. Ronald Clark, *The Man Who Broke Purple: Life of Colonel William F. Friedman, Who Deciphered the Japanese Code in World War II* (Boston: Little, Brown, 1977), 158.〔R・W・クラーク『暗号の天才』新庄哲夫訳／新潮選書〕
55. Mary W. Standlee, *Borden's Dream: The Walter Reed Army Medical Center in Washington, D.C.* (Washington, D.C.: Borden Institute, 2007), 214, 299-304, 334-36.
56. William C. Porter, "Psychiatry and the Selective Service," *War Medicine* 1 (May 1941): 364-71.
57. Major M. R. Kaufman（ウォルター・リード神経精神科担当医師）, "The Problem of the Psychopath in the Army," in *Proceedings of the Annual Congress of Correction of the American Prison Association* 89 (1942): 128-38.
58. William C. Porter, "The Military Psychiatrist at Work," *The American Journal of Psychiatry* 98, no. 3 (November 1941): 317-23.
59. Clark, *The Man Who Broke Purple*, 159.〔クラーク『暗号の天才』〕
60. 同書。
61. ESF からロナルド・クラークへ、1976年3月9日、box 13, folder 30, ESF Collection.
62. Robert L. Benson, "The Origin of U.S.-British Intelligence Cooperation (1940-1941)," *Cryptologic Spectrum* 7, no. 4 (1977): 5-8.
63. 同上、159.
64. 同上。
65. 同上。
66. "'Court-martial' proceedings against William F. Friedman," box 13, file 14, ESF Collection.

第 3 章　親衛隊大尉と無線技師

1. ボーグによる ESF へのインタビュー、79.
2. U.S. Department of Justice, Federal Bureau of Investigation, memorandum, *re: Siegfried Becker*, Francis E. Crosby to FBI Director, 1944 年 2 月 15 日、RG 65, box 18, 64-27116, NARA.
3. Francis E. Crosby, "Memorandum for the Ambassador," 1944 年 2 月 4 日、RG 65, box 18, 64-27116, NARA.
4. Richard L. McGaha, "The Politics of Espionage: Nazi Diplomats and Spies in Argentina, 1933-1945" (Ph.D. diss., Ohio University, 2009), 22.
5. U.S. Department of Justice, Federal Bureau of Investigation, memorandum, *Subject: Johannes Siegfried Becker*, Francis E. Crosby to J. Edgar Hoover, 1944 年 11 月 22 日、ベッカー関連文書のイギリス側による英訳もあり、RG 65, box 18, 64-27116, NARA.
6. Crosby, "Memorandum for the Ambassador."
7. "CSDIC Preliminary Interrogation Report on Heinrich VOLBERG," 1946 年 2 月 25 日、Records of the Security Service, KV2/89, TNA.
8. McGaha, "The Politics of Espionage," 211.
9. U.S. Department of Justice, Federal Bureau of Investigation, "Radio CEL, Albrecht Gustav Engels, Was., Et Al., Brazil — Espionage," RG 38, CNSG Library, box 77, NARA, 36.
10. McGaha, "The Politics of Espionage," 236.
11. Charles F. Hemphill Jr., "Re: Johannes Siegfried Becker," 1944 年 4 月 5 日、RG 65, box 18, 64-27116, NARA.「対象者の指の爪は非常に独特で、ぐるりと巻いて先端が指先に達している。この特徴は非常に目立ち、奇形であるかのように見えた、とハンス・ムートは述べた」
12. David Kahn, *Hitler's Spies: German Military Intelligence in World War II* (New York: Macmillan, 1978), 266.
13. 同書。
14. McGaha, "The Politics of Espionage," 185.
15. Katrin Paehler, "Espionage, Ideology, and Personal Politics: The Making and Unmaking of a Nazi Foreign Intelligence Service" (Ph.D. diss., American University, 2002), 46.
16. 同上、215-16.
17. Theodor Paeffgen interrogation by Henry D. Hecksher, 1945 年 9 月 10 日、RG 65, box 183, NARA.
18. Hedwig Elisabeth Weigelmayer Sommer interrogation by Boyd V. Sheets, RG 65, Classification 64 (IWG), box 211, 11, NARA; W. Wendell Blanke, "Interrogation Report of Karl Gustav Arnold," 1946 年 11 月 20 日、13, NARA も参照。
19. 同上。
20. 同上、59-60.
21. 同上、22.
22. McGaha, "The Politics of Espionage," 231-32.
23. Sommer interrogation, 15.
24. McGaha, "The Politics of Espionage," 185.
25. U.S. Department of Justice, "Radio CEL," 59-61.
26. "The Starziczny Case," in Stanley E. Hilton, *Hitler's Secret War in South America 1939-1945* (Baton Rouge: Louisiana State University Press, 1999), e-book, location 1948; U.S. Department of Justice, "Radio CEL," 124 も参照。
27. 同書。
28. U.S. Department of Justice, "Radio CEL," 58.
29. Sommer interrogation, 17.
30. Utzinger interrrogation.
31. 同上、26.
32. Utzinger interrogation, enclosure no. 3.
33. ウラジーミル・ベズデク、公務職員フォルダ、National Personnel Records Center, National Archives at St. Louis, 2016 年 9 月に請求。
34. Lekan Oguntoyinbo, "Vladimir Bezdek: Retired WSU Professor, Linguist," *Detroit Free Press*, May 19, 2000.
35. U.S. Department of Justice, "Radio CEL."

36. "History of USCG Unit #387."
37. 1941年と1942年のブラジル解読文の大半はRG 457, subseries SRIC, box 3, SRIC 1793-2591およびbox 5, SRIC 3723-3983, NARAにある。Hemphill Jr., "Re: JOHANNES SIEGFRIED BECKER;" U.S. Department of Justice, "Radio CEL"も参照。
38. 同上。
39. "History of USCG Unit #387," 71.
40. "Final Report, British-Canadian-American Radio Intelligence Discussions, Washington, D.C., April 6-17, 1942," RG 38, CNSG Library, Box 82, 5050/67, NARA.
41. "History of USCG Unit #387," 68.
42. 同上。
43. 同上。
44. FBI, "Subject: Frederick Duquesne, Interesting Case Write-Up," 1985年3月12日、PDFファイル8点。SISは沿岸警備隊の通し番号とは異なる通し番号をもちいていたが、通信文の文章はまったく同一である。たとえば、エリザベスが自身のコレクションのボックス6、フォルダ6に保管している、メキシコからドイツに送られた数通の解読文は、FBI/SISのデュケイン資料に含まれる通信文とすべて一致する。
45. FBI, "History of the SIS Division," vol. 1, 288.
46. Jones, "History of OP-20-GU."
47. Raymond J. Batvinis, "Ducase," in *The Origins of FBI Counter-Intelligence* (Lawrence: University Press of Kansas, 2007), 226-56.
48. 同書。
49. "History of USCG Unit #387," 22-32; Jones, "History of OP-20-GU."
50. Bativinis, "Ducase," in *The Origins of FBI Counter-Intelligence.*
51. 同上。
52. "History of USCG Unit #387," 22-32.
53. 沿岸警備隊ではこの通信回路を回路2-Cとよび、終戦まで監視を続けた。"History of USCG Unit #387," 22.
54. Marc Wortman, "Fritz Duquesne: The Nazi Spy with 1,000 Faces," *Daily Beast*, February 26, 2017, http://www.thedailybeast.com/fritz-duquesne-the-nazi-spy-with-1000-faces.
55. Batvinis, "Ducase," in *The Origins of FBI Counter-Intelligence,* 256.
56. Rose Mary Sheldon, "The Friedman Collection: An Analytical Guide," 2013年10月改訂、マーシャル財団、PDFファイル、345, text for Item 1006, WFF Collection.
57. Jones, "History of OP-20-GU."
58. ヘンリー・モーゲンソー・ジュニアの日記、vol. 473, 1941年12月14日から16日、37, フランクリン・D・ローズベルト図書館博物館ウェブサイト。
59. ヘンリー・モーゲンソー・ジュニアの日記、vol. 457, 1941年11月1日から5日、237-64, フランクリン・D・ローズベルト図書館博物館ウェブサイト。
60. Peter Moreira, *The Jew Who Defeated Hitler: Henry Morgenthau Jr., FDR, and How We Won the War* (New York: Prometheus Books, 2014), 40.
61. モーゲンソーの日記、1941年11月1日から5日。
62. Moreira, *The Jew Who Defeated Hitler,* 85.
63. モーゲンソーの日記、1941年11月1日から5日。
64. James Nye, "Revealed: The Banker Who Shaped the Modern Financial World after WWII Was a Soviet Spy Who Wanted America to Become Communist," *Daily Mail* (London), March 5, 2013.
65. モーゲンソーの日記、1941年11月1日から5日。
66. Ronald Clark, *The Man Who Broke Purple: Life of Colonel William F. Friedman, Who Deciphered the Japanese Code in World War II* (Boston: Little, Brown, 1977), 170.〔R・W・クラーク『暗号の天才』新庄哲夫訳／新潮選書〕
67. 真珠湾攻撃直後の軍需部ビルのようすは、フリードマンの班に所属していた日本語専門家、ジョン・B・ハートの非常に鮮明な回想にもとづく。3ページ、日付不明、1944年、NSA.
68. Wikipedia, s.v. "Attack on Pearl Harbor," 最終修正2017年5月17日、https://en.wikipedia.org/wiki/Attack_on_Pearl_Harbor.
69. ハート。
70. 同上。
71. WFF, "Certain Aspects of 'MAGIC' in the Cryptological Background of the Various Official Investigations into the Attack on Pearl Harbor," 1957年3月、NSA.
72. WFF, "Second Period, Communications Security" (lecture), NSA.
73. R・ルイス・ベンソンによるESFへのインタビュー、1976年1月9日、情報公開法にもとづきNSAから取得し、2015年10月に受領。
74. 同上。
75. "FDR's Day of Infamy Speech: Crafting a Call to Arms," *Prologue* 33, no. 4 (Winter 2001), https://www.archives.gov/publications/prologue/2001/winter/crafting-day-of-infamy-speech.html.
76. ESFおよびWFFの第二次世界大戦配給帳は、ジョン・ラムジー・フリードマンからマーシャル財団に提供された、手紙を閉じた黒いフォルダのなかにある。
77. ベンソンによるESFへのインタビュー。
78. 同上。
79. Colin Burke, "What OSS Black Chamber? What Yardley? What 'Dr.' Friedman? Ah, Grombach? Or Donovan's Folly," http://userpages.umbc.edu/~burke/whatossblack.pdf.
80. Evan Thomas, "Spymaster General," *Vanity Fair* (March 2011), http://www.vanityfair.com/culture/2011/03/wild-bill-donovan201103.
81. モーゲンソーの日記、1941年12月14日から16日、37.
82. ウィリアム・J・ドノヴァンからモーゲンソーあて、1941年12月14日、同上53にあり。
83. 同上、37.
84. ESFからドノヴァン大佐あて、情報調整局主任連絡士官経由、1941年12月29日、box 15, folder 14, ESF Collection.
85. 同上。
86. 同上。
87. Thomas, "Spymaster General."
88. ESFからドノヴァン大佐あて。
89. ESFからT・N・アルフォード夫人あて、1939年10月19日、box 1, folder 9, ESF Collection.

90. Boris Fausto, *A Concise History of Brazil*, trans. Arthur Brakel (Cambridge, UK: Cambridge University Press, 1999), 228.
91. John Bryden, *Best-Kept Secret: Canadian Secret Intelligence in the Second World War* (Toronto: Lester, 1993), 108–9.
92. 同書。
93. ブラジルからドイツ、1941 年 12 月 10 日、RG 457, SRIC, No. 2210.
94. Bryden, *Best-Kept Secret*, 108–9.
95. 同書。
96. 南米からドイツ、1942 年 3 月 14 日、RG 457, SRIC, No. 2418.
97. Rhode Island Radio, "Radio Intelligence Division," http://www.61thriftpower.com/riradio/rid.shtml.
98. Eric Niderost, "Voyages to Victory: RMS Queen Mary's War Service," Warfare History Network, 2017 年 1 月 16 日、http://warfarehistorynetwork.com/daily/wwii/voyages-to-victory-rms-queen-marys-war-service/.
99. 南米からドイツ、1942 年 3 月 7 日、RG 457, SRIC, No. 2414.
100. 南米からドイツ、1942 年 3 月 8 日、RG 457, SRIC, No. 2413.
101. 南米からドイツ、1942 年 3 月 12 日、RG 457, SRIC, No. 2418.
102. 同上。
103. 南米からドイツ、1942 年 3 月 14 日、RG 457, SRIC, No. 2419.
104. Niderost, "Voyages to Victory."
105. クイーン・メリー号が危機に瀕していると察知した連合国暗号解読者は ESF だけではなかった。イギリスとカナダの暗号機関でも同様の通信文を解読していた。複数の目撃者が同一の犯罪を通報するようなものである。Bryden, *Best-Kept Secret*, 121 を参照。
106. サンティアゴからハンブルク、1942 年 3 月 5 日、RG 457, SRIC, No. 3739.
107. ブラジルからハンブルク、1942 年 3 月 7 日、RG 457, SRIC, No. 3799.
108. ブラジルからドイツ、1942 年 3 月 16 日、RG 457, SRIC, No. 3831.
109. ブラジルからハンブルク、1942 年 3 月 17 日、RG 457, SRIC, No. 3821.
110. Jones, "History of OP-20-GU."
111. John Humphries, "The Man From Brazil," in *Spying for Hitler: The Welsh Double-Cross* (Cardiff: University of Wales Press, 2012), 199–211.
112. Leslie B. Rout Jr. and John F. Bratzel, "Climax of the Espionage War in Brazil: 1942–55," in *The Shadow War: German Espionage and United States Counterespionage in Latin America during World War II* (Frederick, MD: University Publications of America, 1986), 172–222.
113. 同書。
114. ブラジルからドイツ、1942 年 3 月 18 日、RG 457, SRIC, No. 3964.
115. Rout and Bratzel, "Climax of the Espionage War in Brazil."
116. 同書。
117. George E. Sterling, "The History of the Radio Intelligence Division Before and During World War II," 未発表の原稿、PDF ファイル、http://www.w3df.com, 85.
118. 同上。Jones, "History of OP-20-GU" も参照。
119. J. Edgar Hoover, "How the Nazi Spy Invasion Was Smashed," *The American Magazine* (September 1944): 20–21, 94–100.
120. Rout and Bratzel, "Climax of the Espionage War in Brazil."
121. Jones, "History of OP-20-GU."
122. Rout and Bratzel, "Climax of the Espionage War in Brazil."
123. 同書。
124. Sommer interrogation, 23.
125. Rout and Bratzel, "Climax of the Espionage War in Brazil."
126. ドイツからチリ、1942 年 3 月 23 日、RG 457, SRIC, No. 3809.
127. C. F. Hemphill, "Osmar Alberto Hellmuth," 1944 年 1 月 1 日、RG 65, box 18, 64-27116, NARA.

第 4 章　回路 3 − N

1. Ronald Clark, *The Man Who Broke Purple: Life of Colonel William F. Friedman, Who Deciphered the Japanese Code in World War II* (Boston: Little, Brown, 1977), 258–59.〔R・W・クラーク『暗号の天才』新庄哲夫訳／新潮選書〕
2. WFF, "Bletchley Park Diary," ed. Colin MacKinnon, http://www.colinmackinnon.com/files/The_Bletchley_Park_Diary_of_William_F._Friedman_E.pdf.
3. ESF からバーバラ・フリードマンあて、1942 年 5 月 22 日、box 3, folder 22, ESF Collection.
4. 同上。
5. WFF から ESF あて、"YOUR RENOWN" で始まる電報、1942 年 5 月、box 1, General Correspondence, ESF Collection.
6. WFF から ESF あて、"BOARD OF OVERSEERS" で始まる電報、1942 年 5 月、box 1, General Correspondence, ESF Collection.
7. バーバラ・フリードマンから WFF あて、日付不明、box 4, folder 8, ESF Collection.
8. WFF からバーバラ・フリードマンあて、1944 年 10 月 11 日、box 3, folder 21, ESF Collection.
9. Jennifer Wilcox, "Sharing the Burden: Women in Cryptology During World War II," Center for Cryptologic History, NSA, 2008.
10. 同上。
11. パトリシア・ライアン・リーオポルドと著者との会話、2015 年 1 月。Craig Bauer and John Ulrich, "The Cryptologic Contributions of Dr. Donald Menzel," *Cryptologia* 30, no. 4 (2006): 306–39 も参照。DOI: 10.1080/01611190600920951.
12. ESF, "foreword to uncompleted work."
13. Wilcox, "Sharing the Burden."
14. マーサ・ウォラーと著者との会話、電子メールにて、2015 年 3 月。
15. "Star of David; Badges and Armbands," National Holocaust Centre and Museum, UK, https://www.nationalholocaustcentre.net/star-of-david.
16. Jones, "History of OP-20-GU."
17. 同上。

18. "R.I.P. No. 98, Appendix II, American Measures Against Communications Intelligence Publicity," 1943 年 4 月 5 日、RG 457, Friedman Collection, Entry UD-15D19, box 22, NARA, 400-401.
19. F. H. Hinsley and C. A. G. Simkins, *British Intelligence in the Second World War, Vol. 4, Security and Counter-Intelligence*（London: Her Majesty's Stationery Office, 1990）, 149.
20. ［修正済み］MI5 の J. M. A. グワイヤーあて、1943 年 4 月 26 日、KV2/2845, TNA.
21. "R.I.P. No. 98, Appendix II," RG 457.
22. 同上、384.
23. 同上、394-97.
24. BSC, 472.
25. 同上、473.
26. Jones, "History of OP-20-GU."
27. "Final Report, British-Canadian-American Radio Intelligence Discussions."
28. "Brief of Minutes, Committee B, Method of Obtaining W/T Intelligence From Intercepted W/T Traffic, Including D/F Bearings," British-Canadian-American Radio Intelligence Discussions, Washington, D.C., April 8, 1942, RG 38, CNSG Library, Box 82, 5050/67, NARA. "Recordings of Final Report, British-Canadian-American Radio Intelligence Discussions, Washington, D.C.," April 6-17, 1942, envelope no. 2, list of April 8, 1942, speakers, RG 38, CNSG Library, Box 82, 5050/68, NARA も参照。
29. ベンソンによる ESF へのインタビュー。
30. "History of USCG Unit #387," 15.
31. 同上、95-96.
32. これら通信回路のすべてについて、"History of USCG Unit #387" に記述がある。
33. L. T. Jones, "Memorandum to Op-20-G, Subj: Clandestine Radio Intelligence," 1944 年 9 月 7 日、情報公開法にもとづき NSA から取得し、2015 年 10月に受領。当初の申請者はG・スチュアート・スミス。
34. 同上。
35. John B. Kennedy, "When Woman Is Boss," interview with Nikola Tesla, *Collier's*, January 30, 1926, http://www.tfcbooks.com/tesla/1926-01-30.htm.
36. Jones, "Memorandum to Op-20-G."
37. 同上。
38. "History of USCG Unit #387," 37-38.
39. 同上、199.
40. アルゼンチンからベルリン、1943 年 10 月 22 日、Serial CG3-2213, RG 38, CNSG Library, box 79, 3824/3, NARA.
41. ハンブルクからアイスランド、1944 年 6 月 1 日、RG 457, SRIC, No. 3687.
42. ベルリンからアルゼンチン、1943 年 11 月 11 日、Serial CG3-2348, RG 38, CNSG Library, box 79, 3824/3, NARA.
43. ベンソンによる ESF へのインタビュー、Jones, "History of OP-20-GU."
44. ベンソンによる ESF へのインタビュー。
45. 同上。
46. 同上。
47. ESF の給与支払い票、1945 年 7 月、過去の彼女の給与と政府職員等級が記載されている。職員フォルダ。
48. ドイツから、宛先不明、1942 年 , RG 457, SRIC, No. 3648.
49. たとえば、「コメント」で始まる ESF 手書きのメモがホッチキスで綴じられた、ベルリンからアルゼンチンへの通信文、1944 年 4 月 6 日、Serial CG4-4142, RG 38, CNSG Library, box 79, 3824/3, NARA を参照。あるいは、アルゼンチン行きの補給船ヨール号から発信された通信文、1944 年 6 月 27 日、Serial CG4-5077-A, RG 38, CNSG Library, box 79, 3824/2, NARA のどれかを参照。
50. ベルリンからアルゼンチン、1944 年 5 月 30 日、Serial CG4-4847, RG 38, CNSG Library, box 79, 3824/3, NARA. ベルリン発の通信文には、クルトという名前の男が「若い女性を背負って階段を降りていたときにベルリンが爆撃を受け、脚にギプスがはめられた」と書かれている。ESF は赤い鉛筆で「巧妙な策」と書いている。
51. 政府暗号学校、覚え書き、*CLANDESTINE*, G・G・スティーヴンズ少佐から D.D.（S）あて、1942 年 12 月 24 日、HW14/62, TNA.
52. 同上。
53. George E. Sterling, "The History of the Radio Intelligence Division Before and During World War II," 未発表の原稿、PDF ファイル、http://www.w3df.com, 19-20.
54. David P. Mowry, "Cryptologic Aspects of German Intelligence Activities in South America during World War II," Series IV, vol. 11（2011）, Center for Cryptologic History, National Security Agency, 85-86.
55. "History of USCG Unit #387," 231.
56. 同上、Mowry, "Cryptologic Aspects."
57. 同上。
58. Utzinger interrogation, 4.
59. 同上。
60. 1944 年 8 月にウッツィンガーが逮捕されたあとに交わされた FBI のメモには、ウッツィンガーがドイツから南米に向かう前に、ヒルデ・ブルクハルトという名の女性の面倒を見てほしいと友人たちに頼んでいた、と書かれている。ブルクハルトはルームメイトに、自分とウッツィンガーは 2 人とも第六局に勤務していると話していた。連邦捜査局の覚え書き、標題 "Gustav Utzinger, with aliases," ジェームズ・P・ジョイス・ジュニアからジョン・エドガー・フーバーあて、1945 年 10 月 5 日、RG 65, Classification 64（IWG）, box 14 を参照。また、回路 3-N 解読文のうちの一通に、「ブラウズ・アウゲ」が「指向性短波送信機数台の組み立てに関わった」とある。これは、彼女が第六局にいたことを強く示唆している。ベルリンからアルゼンチン、1943 年 10 月 26 日、Serial CG3-2236, RG 38, CNSG Library, box 79, 3824/3, NARA を参照。
61. ベルリンからアルゼンチン、1943 年 10 月 26 日、Serial CG3-2236.
62. ベルリンからアルゼンチン、1944 年 2 月 8 日、Serial CG4-3535, RG 38, CNSG Library, box 79, 3824/3, NARA. 沿岸警備隊の暗号解読者は、「アーンフラウ」と「ルーナ」の関係について確信はもっていなかった。解読文の「アーンフラウ」

の横に、「祖母?」「母親?」「妻?」などとときおり書き込んでいた。だが筆者としては、解読文の文脈から、彼女はウッツィンガーの祖母であるとかなりの程度確信している。
63. ベルリンからアルゼンチン、1943年10月28日、Serial CG4-2837, RG 38, CNSG Library, box 79, 3824/3, NARA.
64. ベルリンからアルゼンチン、1944年4月29日、Serial CG4-4447, RG 38, CNSG Library, box 79, 3824/3, NARA.
65. 同上、3.
66. 同上、4.
67. 同上、3.
68. 同上。
69. Waldo Frank, *South American Journey* (New York: Duell, Sloan and Pearce, 1943).
70. 同書、76.
71. 同書、83-85, 128.
72. 同書、213.
73. 同書、217.
74. Utzinger interrogation, 4-5.
75. Arthur F. Carey, "Gustav Edward Utzinger, with Aliases, Espionage," August 15, 1945, RG 65, Classification 64 (IWG), box 14.
76. McGaha, "The Politics of Espionage," 189.
77. Carey, "Gustav Edward Utzinger."
78. Utzinger interrogation, 5.
79. 同上、4.
80. Utzinger interrogation, enclosure no. 3.
81. "Camp 020 Interim Report on the Case of General Friedrich Wolf," October 1945, RG 59, Entry 1088, box 26.
82. アルゼンチンからベルリン、1943年10月14日、Serial CG3-2179, RG 38, CNSG Library, box 79, 3824, NARA.
83. アルゼンチンからベルリン、1943年1月20日、Serial CG3-896, RG 38, CNSG Library, box 80, 3824/4, NARA.
84. Sommer interrogation, 38.
85. Utzinger interrogation, Sommer interrogation. ディートリッヒ・ニーブールがウッツィンガーにエニグマ機1台を提供し、さらには、赤回路用のエニグマ機1台が狼ルートで到着する前に少なくとも1台がベッカーから提供されていた。
86. "History of USCG Unit #387," 212.
87. アルゼンチンからベルリン、1943年2月28日、RG 38, Serial CG3-933, CNSG Library, box 80, 3824/4, NARA.
88. ベルリンからアルゼンチン、1943年2月28日、RG 38, Serial CG3-860, CNSG Library, box 80, 3824/4, NARA.
89. Earl R. Beck, *Under the Bombs: The German Home Front, 1942-1945* (Lexington: University Press of Kentucky, 1986), 35.
90. 同書、24.
91. 同書。
92. Joseph Goebbels, "Nation, Rise Up, and Let the Storm Break Loose," February 18, 1943, German Propaganda Archive, Calvin College, http://research.calvin.edu/german-propaganda-archive/goeb36.htm.
93. Goñi, *The Real Odessa*, xxiii.
94. 同書、20-22.
95. "Summary of Traces, BECKER Siegfried," address book, July 11, 1945, KV2/89, TNA.
96. Utzinger interrogation, 8.
97. 同上、2-5.
98. Goñi, *The Real Odessa*, 22.
99. 沿岸警備隊では緑のエニグマ暗号文の解読について、"History of USCG Unit #387," 230-61 に記録している。沿岸警備隊とイギリス双方におけるこの暗号機の解読については、Philip Marks, "Enigma Wiring Data: Interpreting Allied Conventions from World War II," *Cryptologia* 39, no. 1 (2015): 25-65. DOI: 10.1080/01611194.2014.915263 を参照。
100. Hinsley and Simkins, *British Intelligence, Vol. 4*, 182.
101. Marks, "Enigma Wiring Data;" "History of USCG Unit #387," 262 も参照。
102. 同上。
103. クラークによる ESF へのインタビュー。
104. ベンソンによる ESF へのインタビュー。
105. "History of USCG Unit #387," 212.
106. Marks, "Enigma Wiring Data."
107. "History of USCG Unit #387," 212-15.
108. 同上、262.
109. アルゼンチンからベルリン、1943年1月18日、Serial CG3-921, RG 38, CNSG Library, box 80, 3824/4, NARA.
110. ESF, "foreword to uncompleted work."
111. ジョージ・ビショップからヴァネッサ・フリードマンあて、1981年9月22日、box 12, folder 14, ESF Collection.
112. ESF Personal History Statement.
113. WFF からバーバラ・フリードマンあて、1944年1月16日、box 3, folder 24, ESF Collection.
114. ウォラーと著者との電子メールでの会話、2015年3月。
115. WFF, "Bletchley Park Diary."
116. ESF から WFF あて、1943年5月31日、box 2, folder 7, ESF Collection.
117. 同上、1943年5月16日。
118. 同上、1943年4月27日。
119. 同上、1943年5月9日。
120. ESF, "foreword to uncompleted work."
121. "History of USCG Unit #387," 156.
122. David P. Mowry, "Regierungs-Oberinspektor Fritz Menzer: Cryptographic Inventor Extraordinaire," *Cryptologic Quarterly* 2, nos. 3 and 4 (1983-84): 21-36.
123. "History of USCG Unit #387," 195-202.
124. 同上、203-6.
125. 同上。
126. Utzinger interrogation.
127. Sommer interrogation, 27.
128. ベルリンからアルゼンチン、9月18日、20日、21日、Serial CG3-1949, RG 38, CNSG Library, box 79, 3824/3, NARA.
129. ベルリンからアルゼンチン、1943年11月21日、Serial CG3-2477, RG 38, CNSG Library, box 79, 3824/3, NARA.
130. McGaha, "The Politics of Espionage," 269.
131. アルゼンチンからベルリン、1943年7月14日、

Serial CG3-1586, RG 38, CNSG Library, box 80, 3824/4, NARA.
132. アルゼンチンからベルリン、1943年5月12日、Serial CG3-1788, RG 38, CNSG Library, box 80, 3824/4, NARA.
133. アルゼンチンからベルリン、1943年7月24日、Serial CG3-1582, RG 38, CNSG Library, box 80, 3824/4, NARA.
134. アルゼンチンからベルリン、1943年5月12日、Serial CG3-1788, RG 38, CNSG Library, box 80, 3824/4, NARA.
135. アルゼンチンからベルリン、1943年8月15日、Serial CG3-1658, RG 38, CNSG Library, box 80, 3824/4, NARA.
136. アルゼンチンからベルリン、1943年7月24日。
137. アルゼンチンからベルリン、1943年2月28日、Serial CG3-858, RG 38, CNSG Library, box 80, 3824/4, NARA.
138. Utzinger interrogation, enclosure no. 5.
139. Utzinger interrogation, 8.
140. アルゼンチンからベルリン、1943年8月28日、Serial CG3-1893, RG 38, CNSG Library, box 80, 3824/4, NARA.
141. McGaha, "The Politics of Espionage," 296-338.
142. アルゼンチンからベルリン、1943年7月14日、Serial CG3-1608, RG 38, CNSG Library, box 80, 3824/4, NARA.
143. "Interim Report on the Case of Osmar Alberto Hellmuth," RG 65, 64-27116, NARA.
144. 同上。
145. 同上。
146. Goñi, *The Real Odessa,* xxiii.
147. Utzinger interrogation, 8. 解読文によればベッカーらは、ペロンの名前や、彼のグループ名「大佐の山荘」について言及している。
148. "Interim Report on the Case."
149. 同上。
150. アルゼンチンからベルリン、1943年7月15日、Serial CG3-1445, RG 38, CNSG Library, box 80, 3824/4, NARA.
151. アルゼンチンからベルリン、1943年5月12日、Serial CG3-1702, RG 38, CNSG Library, box 80, 3824/4, NARA.
152. Utzinger interrogation, enclosure no. 4.
153. アルゼンチンからベルリン、1943年12月11日、Serial CG3-2746, RG 38, CNSG Library, box 81, NARA.
154. アルゼンチンからベルリン、1943年10月8日、Serial CG3-2103, RG 38, CNSG Library, box 80, 3824/4, NARA.
155. アルゼンチンからベルリン、1943年10月7日、Serial CG3-2125, RG 38, CNSG Library, box 80, 3824/4, NARA.
156. "Interim Report on the Case."
157. アルゼンチンからベルリン、1944年6月13日、Serial CG4-4991, RG 38, CNSG Library, box 79, 3826/2, NARA.
158. アルゼンチンからベルリン、1944年1月6日、Serial CG4-2907, RG 38, CNSG Library, box 81, 3824/4, NARA.
159. "Interim Report on the Case."
160. Oliver Hoare, ed., *Camp 020: MI5 and the Nazi Spies* (Richmond, UK: Public Record Office, 2000).
161. Gilbert King, "The Monocled World War II Interrogator," Smithsonian.com, November 23, 2011, http://www.smithsonianmag.com/history/the-monocled-world-war-ii-interrogator-652794/.
162. Ian Cobain, "How Britain tortured Nazi PoWs," October 26, 2012, *Daily Mail* (UK), http://www.dailymail.co.uk/news/article-2223831/How-Britain-tortured-Nazi-PoWs-The-horrifying-interrogation-methods-belie-proud-boast-fought-clean-war.html.
163. "Interrogation of Hellmuth at Camp 020 by Lieut. Colonel Stephens," 1943年11月17日、RG 65, box 19, 64-27116, NARA.
164. Hoare, ed., *Camp 020,* 267.
165. "Interim Report on the Case."
166. 同上。

第5章　人形の女

1. "History of USCG Unit #387," 215, 262.
2. 同上、262.
3. 同上。
4. Richard L. McGaha, "The Politics of Espionage: Nazi Diplomats and Spies in Argentina, 1933-1945" (Ph.D. diss., Ohio University, 2009), 284-92.
5. 同上；ベッカーのボリビア人の友人、エリアス・ベルモンテが、アルゼンチンのナチ集団と、ボリビア国内のクーデター陰謀者らのあいだを取り持っていた。RG 38, CNSG Library, Box 79にある、1944年1月から4月のあいだに送信されたベルリンからアルゼンチン、およびアルゼンチンからベルリンへの通信文の解読文も参照。
6. アルゼンチンからベルリン、1944年1月17日、Serial CG4-3174, RG 38, CNSG Library, box 81, 3824/4, NARA.
7. アルゼンチンからベルリン、1943年12月28日、Serial CG4-2758, RG 38, CNSG Library, box 81, 3824/4, NARA.
8. "History of USCG Unit #387," 262.
9. 同上、263-66.
10. 同上、270.
11. J. Lloyd Mecham, *The United States and Inter-American Security, 1889-1960* (Austin: University of Texas Press, 1965), 214-15.
12. ワシントンからISK、1944年2月19日、cable no. CXG204, HW 19, Records of the Government Code and Cypher School: ISOS Section and ISK Section, subseries 361, TNA.
13. ワシントンからISK、1944年2月24日、cable no. CXG228, HW 19/361, TNA.
14. ISKからワシントン、1944年2月20日、telegram no. CXG636, HW 19/361, TNA.
15. アルゼンチンからベルリン、1944年1月26日、Serial CG4-3780, RG 38, CNSG Library, box 81, 3824/4, NARA.
16. Sommer interrogation, 5.
17. ベルリンからアルゼンチン、1944年2月21日、Serial CG4-3831, RG 38, CNSG Library, box 81, 3824/3, NARA.
18. ベルリンからアルゼンチン、1944年1月26日、Serial CG4-3780, RG 38, CNSG Library, box 81,

3824/3, NARA.
19. ベルリンからアルゼンチン、1944年3月2日、Serial CG4-3736, RG 38, CNSG Library, box 81, 3824/4, NARA.
20. ベルリンからアルゼンチン、1944年4月5日、Serial CG4-4132, RG 38, CNSG Library, box 81, 3824/3, NARA.
21. ベルリンからアルゼンチン、1944年2月4日、Serial CG4-3785, RG 38, CNSG Library, box 81, 3824/3, NARA.
22. Sunday Express Correspondent, "Britain Smashes South America Spy Ring," *Sunday Express* (London), January 30, 1944.
23. C・H・カーソンからラッド氏にあてた覚え書き、*Subject: Osmar Alberto Hellmuth*, 1945年2月27日、ヤング・ジーグフィールド作の「Security Calypso」の歌詞も添付されている、RG 65, box 20, 64-27116, NARA.
24. アメリカ司法省連邦捜査局の覚え書き、*re: Osmar Alberto Helmuth* [*sic*], *Memorandum for the Ambassador*, D・M・ラッドからFBI長官あて、1943年12月16日、RG 65, box 18, 64-27116, NARA.
25. クロズビーからFBI長官あて、1944年2月15日、Crosby, "Memorandum to the Ambassador."
26. FBIの覚え書き、*Memorandum No. 205, Series 1944, Memorandum for All Legal Attaches,* ジョン・エドガー・フーバー、1944年9月30日、RG 65, box 19, 64-27116, NARA.
27. George E. Sterling, "The History of the Radio Intelligence Division Before and During World War II," 未発表の原稿、PDFファイル、http://www.w3df.com, 91-92.
28. Utzinger interrogation, enclosure no. 4.
29. Carey, "Gustav Edward Utzinger;" Rout and Bratzel, *The Shadow War*.
30. アルゼンチンからベルリン、1944年3月25日、Serial CG4-3971, RG 38, CNSG Library, box 81, 3824/4, NARA.
31. アルゼンチンからベルリン、1944年3月22日、Serial CG4-3945, RG 38, CNSG Library, box 81, 3824/4, NARA.
32. アルゼンチンからベルリン、1944年4月9日、Serial CG4-4174, RG 38, CNSG Library, box 81, 3824/4, NARA.
33. Sommer interrogation, 38.
34. ベルリンからアルゼンチン、1944年2月8日、Serial CG4-3535.
35. アルゼンチンからベルリン、1944年3月22日、Serial CG4-3890, RG 38, CNSG Library, box 81, 3824/4, NARA.
36. John Jenkisson, "The FBI vs. New York Spies," *New York World Telegram*, June 22, 1945.
37. ESFからエドワード・C・ウォーレス（ニューヨーク州南部地区連邦検事）あて、1944年4月1日、box 7, folder 1, ESF Collection.
38. Jenkisson, "The FBI vs. New York Spies."
39. R・A・ニュービーからD・M・ラッドあて、1944年3月14日。
40. 同上。
41. 同上。
42. アメリカ司法省連邦捜査局、テレタイプ、*Kin. Velvalee Dickinson,* ニューヨークから長官あて、1944年3月18日。情報公開法にもとづきFBIから取得し、2015年12月に受領。
43. アメリカ司法省連邦捜査局、覚え書き、*Subject: Velvalee Dickinson,* J. エドガー・フーバーからニューヨーク特別捜査官責任者あて、1944年3月23日。情報公開法にもとづきFBIから取得し、2015年12月に受領。
44. ESFからウォーレスあて。
45. フーバーからニューヨーク特別捜査官責任者あて、1944年3月23日。
46. George Kennedy, "The War's No. 1 Woman Spy," *West Sunday Star,* August 20, 1944, box 7, folder 2, ESF Collection.
47. "Doll Woman Enters Guilty Plea in Censor Case; Faces Ten Years," *New York Times,* July 29, 1944.
48. Kennedy, "The War's No. 1 Woman Spy."
49. 同上。
50. J. Edgar Hoover, "Hitler's Spying Sirens," *The American Magazine* (December 1944): 40-41, 92-94.
51. アルゼンチンからベルリン、1944年4月6日、Serial CG4-4163, RG 38, CNSG Library, box 81, 3824/4, NARA.
52. アルゼンチンからベルリン、1944年8月11日、Serial CG4-5629, RG 38, CNSG Library, box 81, 3284/4, NARA.
53. Utzinger interrogation, enclosure no. 4.
54. 同上、4.
55. Sommer interrogation, 32.
56. Rout and Bratzel, *The Shadow War,* 454.
57. J. Edgar Hoover, "How the Nazi Spy Invasion Was Smashed," *The American Magazine* (September 1944): 20-21, 94-100.
58. "Battle of the United States," *Army-Navy Screen Magazine* 42, Steven Spielberg Film and Video Archive, United States Holocaust Memorial Museum, https://collections.ushmm.org/search/catalog/irn1003973; ノーカット版は https://www.youtube.com/watch?v=pdMTRjRvqGk にある。
59. Mark Harris, *Five Came Back: A Story of Hollywood and the Second World War* (New York: Penguin Books, 2014), 233.
60. ESFおよびWFF, "BULLETIN ** 1944 ** F R I E D M A N," box 4, folder 6, ESF Collection.
61. 同上。
62. "1945, Summary of Air Operations, January," in Royal Institute of International Affairs, *Chronology and Index of the Second World War, 1938-1945* (1947; repr., London: Meckler, 1975), 317.
63. Randall Hansen, *Fire and Fury: The Allied Bombing of Germany, 1942-1945* (New York: NAL Caliber, 2008), 260.
64. 同書、263.
65. アメリカ司法省連邦捜査局、特使からの極秘の私信、*Subject: Johannes Siegfried Becker, Buenos Aires,* ジョン・エドガー・フーバーからフレデリック・B・ライアン（国務省外国活動関係課長）あて、1945年4月21日、RG 65, box 20, 64-27116, NARA.
66. "Summary of Traces, BECKER Siegfried."
67. Utzinger interrogation, 14.
68. 同上、21.

69. 同上、12-14.
70. 同上、enclosure no. 4.
71. Uki Goñi, *The Real Odessa: Smuggling the Nazis to Perón's Argentina* (London: Granta, 2003), xxiii, 107.
72. United Press, "Rebels Slay President, Seize Power in Bolivia," *Washington Post*, July 22, 1946.
73. ESFからバーバラ・フリードマンあて、1945年2月9日、box 3, folder 26, ESF Collection.
74. ESFからバーバラ・フリードマンあて、1945年2月22日、box 3, folder 25, ESF Collection.
75. ESFからバーバラ・フリードマンあて、1945年4月12日、box 3, folder 26, ESF Collection.
76. WFFからA・J・マクグレイル夫人あて、1945年11月29日。WFFがA・ジョン・マクグレイル大佐の功績を記入した「ハーバード優等生名簿」用紙に添付されている、NSA。
77. ESFからバーバラ・フリードマンあて、1945年5月3日、box 3, folder 27, ESF Collection.
78. 同上。
79. 同上、1945年5月11日。
80. 同上、1945年5月9日。
81. 同上。
82. 同上、1945年6月18日。
83. 同上、1945年6月4日。
84. 同上、1945年7月4日。
85. Randy Rezabek, "TICOM: The Last Great Secret of World War II," *Intelligence and National Security* 27, no. 4 (2012): 513-30, http://dx.doi.org/10.1080/02684527.2012.688305.
86. ESFからバーバラ・フリードマンおよびジョン・ラムジー・フリードマンあて、1945年7月14日、子どもたちにあてたタイプライターで打った手紙、box 3, folder 27, ESF Collection.
87. 同上。
88. 同上。

第6章　ヒトラーの隠れ家

1. 戦後ヨーロッパを視察した折のWFFの日記、1945年7月26日に口述し、1945年9月2日に署名、青色の大判バインダーに綴じられた13枚のタイプ原稿、マーシャル財団、3-4.
2. 同上。
3. Army Security Agency, "European Axis Signal Intelligence in World War II as Revealed by TICOM Investigations and by Other Prisoner of War Interrogations and Captured Material, Principally German," May 1, 1946, NSA, 37-44.
4. 同上。
5. 戦後ヨーロッパ視察時のWFFの日記、4.
6. "European Axis Signal Intelligence."
7. 同上。
8. 同上。
9. Randy Rezabek, "The Teams," TICOM Archive, http://www.ticomarchive.com/the-teams.
10. 戦後ヨーロッパ視察時のWFFの日記、1.
11. 同上、4.
12. 同上、2.
13. 戦後ヨーロッパ視察時のWFFの日記、8.
14. TICOMは、ウィリアムの権威ある論文「一致指数」をフランス語からドイツ語に訳したものを見つけた。Rose Mary Sheldon, "The Friedman Collection: An Analytical Guide," 2013年10月改訂、マーシャル財団、PDFファイル、90を参照。
15. Item 167.3, WFF Collection.
16. WFFからESFあて、1917年10月6日。
17. WFFからバーバラ・フリードマンあて、1945年3月15日、box 4, folder 8, ESF Collection.
18. 戦後ヨーロッパ視察時のWFFの日記、5.
19. 同上、5-7.
20. 同上、5.
21. Heike Görtemaker, *Eva Braun: Life With Hitler* (New York: Alfred A. Knopf, 2011), 216.〔ハイケ・B・ゲルテマーカー『ヒトラーに愛された女——真実のエヴァ・ブラウン』酒寄進一訳／東京創元社〕
22. 戦後ヨーロッパ視察時のWFFの日記、7.
23. 同上、6. マーシャル財団のウィリアムのコレクションにその文鎮はない。その破片がどうなったのか誰も知らないようだ。
24. ESFからWFFあて、1945年7月26日、box 2, folder 8, ESF Collection.
25. 1945年にイギリスを訪れた際につけていたWFFのらせんとじの日記帳、box 13, folder 13, ESF Collection, 21.
26. Andrew Hodges, *Alan Turing: The Enigma* (London: Vintage, 2014), 574-664.〔アンドルー・ホッジス『エニグマ　アラン・チューリング伝（上・下）』土屋俊・土屋希和子訳／勁草書房〕
27. 同書、614-15.
28. 1945年イギリス視察時のWFFの日記、16.
29. WFFから部隊長あて、Army Security Agency, "Report on Temporary Duty, ETO," 1945年10月1日、NSA.
30. 同上。
31. 1945年イギリス視察時のWFFの日記、8.
32. 同上、36.
33. 同上、27-28.
34. Peter J. Kuznick, "Defending the Indefensible: A Meditation on the Life of Enola Gay Pilot Paul Tibbets Jr.", *The Asia-Pacific Journal* 6, no. 1 (2008), http://apjjf.org/-Peter-J.-Kuznick/2642/article.html.
35. 1945年イギリス視察時のWFFの日記、28.
36. 同上、32-33.
37. 同上。
38. ESFからWFFあて、1945年8月12日、box 2, folder 8, ESF Collection.
39. 同上、1945年8月7日。
40. 1945年イギリス視察時のWFFの日記、37-38.
41. WFFからESFあて、1945年8月10日、box 3, folder 9, ESF Collection.
42. 同上、1945年8月14日。
43. WFFからジョン・ラムジー・フリードマンあて、1945年8月13日、box 4, folder 8, ESF Collection.
44. ESFからWFFあて、1945年8月15日、box 2, folder 8, ESF Collection.
45. 同上。
46. 同上、1945年9月4日。
47. 同上、1945年8月16日。
48. 同上、日付なし（1945年8月下旬）。
49. 同上。
50. WFFからESFあて、1945年8月19日、box 3, folder 9, ESF Collection.

51. ESF から WFF あて、1945 年 8 月 26 日、box 2, folder 8, ESF Collection.
52. 同上。
53. WFF から ESF あて、1945 年 8 月 29 日、box 3, folder 9, ESF Collection.
54. 同上。
55. Douglas MacArthur, "General MacArthur's Radio Address to the American People," 1945 年 9 月 2 日、https://ussmissouri.org/learn-the-history/surrender/general-macarthurs-radio-address.
56. ESF から WFF あて、1945 年 9 月 4 日、box 2, folder 8, ESF Collection.
57. Harry S. Truman, "Radio Address to the American People After the Signing of the Terms of Unconditional Surrender by Japan," 1945 年 9 月 1 日、http://www.presidency.ucsb.edu/ws/?pid=12366.
58. ESF からバーバラ・フリードマンあて、1945 年 4 月 12 日、box 3, folder 26. 今やアメリカ人は、「真に戦後の国際世界のために」戦う必要がある、とエリザベスは書いている。
59. ESF から WFF あて、1945 年 9 月 4 日、box 2, folder 8, ESF Collection.
60. 同上。
61. WFF, "Report on Temporary Duty."
62. わたしの知るかぎり、フリードマン夫妻のどちらも、再会のこの瞬間について書き残していない。WFF が手紙のなかで、帰路の日程と帰宅の日時について書いている内容から、再会の場面を推測したことをここに告白する。
63. ESF, "foreword to uncompleted work."
64. "History of USCG Unit #387."
65. 同上、"Foreword."
66. 同上。2 部が海軍 OP-20-G に、1 部が沿岸警備隊の幹部に、1 部が陸軍に、1 部がイギリスのインテリジェンス機関に配布された。
67. ESF, "foreword to uncompleted work."
68. 同上。
69. 同上。
70. 同上。
71. ESF, "foreword to uncompleted work."
72. 同上。
73. 同上。
74. H・L・モーガン（アメリカ沿岸警備隊民間職員部門部長代理）から ESF あて、1946 年 8 月 14 日、box 6, folder 8, ESF Collection. このフォルダには、人員削減の通知が入っていた封筒もあり、その封筒の表と裏に、ESF が、自分の役職を廃止したのは自分自身の発案だったというメモを記している。
75. ESF からバーバラ・フリードマンあて、1944 年 12 月 3 日、box 3, folder 25, ESF Collection.
76. Wikipedia, s.v. "Joseph Dunninger," 最終修正 2014 年 3 月 9 日、http://www.geniimagazine.com/magicpedia/Joseph_Dunninger.
77. ESF からバーバラあて、1944 年 12 月 3 日。
78. WFF および ESF, *The Shakespearean Ciphers Examined* (London: Cambridge University Press, 1958), 9.
79. 同書、161-63.
80. 同書。
81. 同書、258. フリードマン夫妻は、科学的な洞察や暗号解読の偉業で広く知られていたが、2 人がそれと同時に、鋭敏かつ残酷で、すばらしく独特なやりかたで、とてもおもしろいふるまいもできたことを示す一例がこの一節である。
82. 同書、205.
83. 同書、264.
84. 同書。
85. 同書、265.
86. 同書、ix.
87. 同書。
88. ESF からパーシヴァル・ホワイト夫人あて、1958 年 3 月 28 日、box 1, folder 23, ESF Collection.
89. ヴァラキによる ESF へのインタビュー、2012 年 2 月 16 日に文字起こし、5.
90. ESF, "Pure Accident."
91. ESF は執筆中にこのような回想をしたにちがいない。なぜなら、1916 年と 1917 年にベーコン暗号研究についての自分の意見が「徐々に具体化」していったことを描写する一節が本のなかにあるからだ。著書のほかの部分では複数の一人称「わたしたち（we）」で書かれているが、この部分だけは単数形の「わたし（I）」がもちいられている。WFF and ESF, *Shakespearean Ciphers,* 211.

終章　女性暗号解析者のあれこれ

1. NSA によるドナルド・F・コフィーへのオーラル・ヒストリー・インタビュー記録、1982 年 11 月 4 日。
2. Weather Underground, "Weather History for KDCA, December 30, 1958," https://www.wunderground.com/history/airport/KDCA/1958/12/30/DailyHistory.html.
3. あるいは 4 人だったかもしれない。NSA 保安部長の S・ウェズリー・レノルズが、クックという名の NSA 職員 1 名と、司法長官付きの職員 1 名とともにフリードマン夫妻宅を訪問したと書いている。コフィーを入れれば 4 人になる。S・ウェズリー・レノルズのメモ、1959 年 1 月 2 日、RG457, Entry UD-15D19, "Reclassification of Friedman Articles," box 57 を参照。
4. コフィーのオーラル・ヒストリー。
5. ギャリソン・B・カヴァデールからウィリアム・G・ブライアンあて（日付不明）、RG457, Entry UD-15D19, box 57; Rose Mary Sheldon, "The Friedman Collection: An Analytical Guide," 2013 年 10 月改訂、マーシャル財団、PDF ファイル、5 も参照。
6. Ronald Clark, *The Man Who Broke Purple: Life of Colonel William F. Friedman, Who Deciphered the Japanese Code in World War II* (Boston: Little, Brown, 1977), 252〔R・W・クラーク『暗号の天才』新庄哲夫訳／新潮選書〕; "Inventory of the material taken from Friedman's house," RG457, Entry UD-15D19, box 57 も参照。
7. コフィーのオーラル・ヒストリー。
8. 同上。
9. S・ウェズリー・レノルズのメモ。
10. Sheldon, "Analytical Guide," 7.
11. Clark, *The Man Who Broke Purple,* 252.〔クラーク『暗号の天才』〕
12. コフィーのオーラル・ヒストリー。
13. J. Edgar Hoover, "Speech Before the House Com-

mittee on Un-American Activities," 1947年3月26日の演説、http://voicesofdemocracy.umd.edu/hoover-speech-before-the-house-committee-speech-text/.
14. ジグモント・レベンゾンからロナルド・クラークあて、1976年5月10日、box 1, folder 38, ESF Collection.
15. 同上。
16. ジョン・ラムジー・フリードマンからロナルド・クラークあて（日付不明）、box 14, folder 14, ESF Collection.
17. Sheldon, "A Very Private Cryptographer," 15.
18. Lebensohn, "Electroconvulsive Therapy . . . A Personal Memoir."
19. レベンゾンからクラークあて、1976年5月10日。
20. 同上。
21. ミュリアル・ポリットからESFあて、1981年10月6日、box 12, folder 15, ESF Collection.
22. 同上。
23. ESFからアン［?］あて、1951年10月24日、box 1, folder 17, ESF Collection.
24. 同上。
25. 同上。1951年10月13日。
26. 同上。
27. メアリー・バーテルミ・クラブでのESFの講演。講演原稿は、「序論」と記された番号の振られていないページが最初にあり、さらに14ページ続いている。最後のページは文が途中で切れている。最後の数ページが失われたか、損なわれたと思われる。
28. ESFからアン［?］あて、1951年11月8日、box 1, folder 17, ESF Collection.
29. Irene Powers, "Benefit Fetes Aglitter with Holiday Spirit,"*Chicago Tribune,* November 18, 1951.
30. メアリー・バーテルミ・クラブでのESFの講演、「序論」
31. 同上、1.
32. 同上、1-7.
33. ESFからアン［?］あて、1951年12月26日、box 1, folder 17, ESF Collection.
34. ESF, "foreword to uncompleted work."
35. 同上。
36. ESF, "Notes for 'Foreword, 1959," box 17, folder 20, ESF Collection. これは、「未完の作品への序文」のタイプ原稿の下書きとなった7枚の手書き原稿である。
37. ESF, "foreword to uncompleted work."
38. James Bamford, *The Puzzle Palace: A Report on NSA, America's Most Secret Agency* (New York: Houghton Mifflin, 1982).
39. 同書。
40. WFFからロバータ・ウォルステッターあて、1969年9月17日、box 14, folder 12, ESF Collection.
41. Clark, *The Man Who Broke Purple,* 252.〔クラーク『暗号の天才』〕
42. "Ceremony Honoring William F. Friedman," Arlington Hall Post Theatre, 1955年10月12日、box 14, folder 12, ESF Collection.
43. WFFの日付不明の手紙、box 14, file 12, ESF Collection.
44. Clark, *The Man Who Broke Purple,* 258-59.〔クラーク『暗号の天才』〕
45. WFFからウォルステッターあて、1969年9月17日。
46. ESFからジョン・ラムジー・フリードマンあて、1967年3月20日、box 4, folder 2, ESF Collection.
47. ESFの日記帳、1969年、box 20, ESF Collection.
48. 同上。
49. 同上。
50. ESF Collection.
51. ジョゼフ・モーボーンからESFあての電報、box 14, folder 1, ESF Collection.
52. ハーマン・ウォークからESFあて、1969年11月3日、box 14, folder 1, ESF Collection.
53. ワニータ・モリス・ムーディからESFあて、1969年11月7日、box 14, folder 2, ESF Collection.
54. コスモス・クラブ「女性用特典カード」、1969年11月14日、box 17, folder 24, ESF Collection.
55. ESFによるWFFの墓碑の素描、box 13, folder 31, ESF Collection.
56. 同上。ESFの素描にはa型とb型が明確に描かれており、この特定の行をさらに詳しく写した図案も作成している。のちにESFはロナルド・クラークに、「WFF」は暗号文であるとはっきりと述べている。ESFからクラークあて、1976年10月7日、box 15, folder 4, ESF Collectionを参照。Elonka Dunin, "Cipher on the Elizebeth and William Friedman tombstone at Arlington National Cemetery Is Solved," http://elonka.com/friedman/index.html も参照。
57. ジョン・ラムジー・フリードマンからユージーン・マッカーシーあて、1969年11月12日、box 293, ユージーン・J・マッカーシー文書類、ミネソタ歴史協会。
58. ESFから家族と友人あての手紙、1970年1月28日、box 13, folder 31, ESF Collection.
59. 同上。
60. 同上。
61. 同上。
62. ESFからロナルド・クラークあて、1974年6月12日、box 15, folder 1, ESF Collection.
63. 同上。
64. マーシャル財団職員によるESFへのインタビュー。
65. ESFコレクションにある数千点の文書類について唯一手引きとなるものは、18ページからなる「内容物リスト」だけである。これには、22個の箱に収められているフォルダの名前が列挙されているが、フォルダの中身までは記されていない。
66. ESFからデイヴィッド・カーンあて、カーボン紙2枚に書かれた日付のない手紙、box 15, folder 2, ESF Collection.
67. ウィリアム・F・フリードマン記念講堂式典の式次第、1975年5月21日、box 14, folder 12, ESF Collection.
68. ESFからマーシャル財団あて、1977年7月14日、box 15, folder 4, ESF Collection.
69. ESFからスチュアートとメイベルあて、1974年4月30日、box 15, folder 1, ESF Collection.
70. ESFのタイプした日記、1967年2月7日、box 3,

folder 20, ESF Collection.
71. Connie Lunnen, "She Has a Secret Side," *Houston Chronicle,* May 24, 1972.
72. WFF および ESF の埋葬についての希望、box 16, folder 23, ESF Collection.
73. Maureen Joyce, "Elizebeth Friedman, U.S. Cryptanalyst, Pioneer in Science of Code-Breaking Dies," *Washington Post,* November 2, 1980.
74. 同上。
75. Alfred E. Clark, "E.S. Friedman, 88, Cryptanalyst Who Broke Enemy Codes, Dies," *New York Times,* November 3, 1980.
76. アーリントン国立墓地でのジョン・ラムジー・フリードマンによる追悼演説、1980 年 11 月、box 6, folder 26, ESF Collection.
77. バーバラ・オスティカ（司法省 ATF 歴史研究員）、著者との会話、2015 年 4 月。
78. ジーン・アンダーソン（FBI 暗号解析・組織犯罪記録班、暗号解析者）、著者との電子メールでの会話、2015 年 9 月。
79. "Juanita Moody,"NSA Center for Cryptologic Heritage, Hall of Honor, https://www.nsa.gov/about/cryptologic-heritage/historical-figures-publications/hall-of-honor/2003/jmoody.shtml.
80. "Ann Caracristi,"NSA Center for Cryptologic Heritage, Hall of Honor, https://www.nsa.gov/about/cryptologic-heritage/historical-figures-publications/women/honorees/caracristi.shtml.
81. Sheldon, "Analytical Guide." Items 658、1006、1006.1 についての記述を参照。
82. ヴァラキによる ESF へのインタビュー、2012 年 2 月 21 日に文字起こし、8.
83. ヴァラキの死亡記事。
84. ヴァラキによる ESF へのインタビュー、2012 年 1 月 12 日に文字起こし、5.
85. 同上。
86. 同上、6.
87. ヴァラキによる ESF へのインタビュー、2012 年 2 月 21 日に文字起こし、8.
88. ヴァラキによる ESF へのインタビュー、2012 年 1 月 10 日に文字起こし、8.
89. 同上。記録には「（両名とも笑う）」とある。

本文写真出典

ジョージ・C・マーシャル研究財団（v, 24, 43, 116, 139, 158, 213, 223, 414 頁）; ニューヨーク公共図書館、原稿および記録保管部門（39, 55 頁）; ハーティトラスト・デジタル・ライブラリー（112 頁）; イギリス国立公文書館（282 頁）; 米国国立公文書館（315 頁）.